Glorify

Glorify

365

DEVOCIONAIS PARA UMA VIDA CONECTADA COM DEUS

MUNDO CRISTÃO

Os textos bíblicos foram extraídos da Nova Versão Transformadora (NVT), da Tyndale House Foundation, salvo indicação específica.

Créditos de imagens: Marek Piwinicki/Unsplash, p. 5; Adobe Stock, jan.; Hans Ott/Unsplash, fev.; Dylan Taylor/Unsplash, mar.; Joshua Ketttle/Unsplash, abr.; Click and Learn Photography/Unsplash, mai.; Mark Basarab/Unsplash, jun.; Mamdhilla Shakeeb/Unsplash, jul.; Mick Haupt/Unsplash, ago.; Joshua Earke/Unsplash, set.; Alex Quezada/Unsplash, out.; Liana/Unsplash, nov.; Yannick Apollon, dez.

CIP-Brasil. Catalogação na publicação
Sindicato Nacional dos Editores de Livros, RJ

G483g

Glorify
Glorify : 365 devocionais para uma vida conectada com Deus / Glorify. - 1. ed. - São Paulo : Mundo Cristão, 2024.
416 p.

ISBN 978-65-5988-374-5

1. Bíblia - Uso devocional. 2. Devoções diárias. I. Título.

24-93526 CDD: 242.2
CDU: 27-532.4

Meri Gleice Rodrigues de Souza - Bibliotecária - CRB-7/6439

Categoria: Devocional
1ª edição: outubro de 2024

Edição
Daniel Faria
Guilherme Lorenzetti
Revisão
Ana Luiza Ferreira
Produção e diagramação
Felipe Marques
Colaboração
Gabrielli Casseta
Capa
Douglas Lucas

Publicado no Brasil com todos os direitos reservados por:
Editora Mundo Cristão
Rua Antônio Carlos Tacconi, 69
São Paulo, SP, Brasil
CEP 04810-020
Telefone: (11) 2127-4147
www.mundocristao.com.br

O cristianismo não é apenas uma crença, mas um relacionamento vivo e vibrante com Deus, em que cada dia é uma nova oportunidade para conhecê-lo mais profundamente e ser transformado por sua graça.

Billy Graham

Apresentação

Ao longo de toda a Bíblia encontramos o princípio de que devemos buscar o Senhor diariamente, separando um tempo unicamente para estar em sua presença, meditando em sua Palavra, orando e louvando.

Esse tempo de devocional é crucial para a saúde de nossa fé e para nosso crescimento espiritual. E é por isso que o Glorify existe: nossa missão é ajudar todo cristão a conectar-se com Deus diariamente.

Agora, com um devocionário para todos os dias ao longo de um ano inteiro, avançamos ainda mais nesse propósito e missão.

Este livro será seu companheiro diário por 365 dias, com conteúdo firmemente bíblico para sua edificação.

Nosso desejo é que você abra este livro e a sua Bíblia a cada manhã — ou no fim de cada dia — e mergulhe em águas profundas com o Senhor. Que a cada página o Espírito Santo fale com você e que todos os dias deste seu novo ano sejam transformados pelas leituras aqui propostas.

Glorify

Introdução

COMO USAR

O livro de Salmos talvez seja o primeiro devocional da história da igreja, e é assim que muitos leem os 150 cânticos do Saltério ainda hoje: como um recurso valioso para uma conexão diária com Deus. Os salmistas entendiam a importância de um relacionamento contínuo com o Senhor e destacaram isso em várias de suas composições: "Feliz é aquele que [...] tem prazer na lei do SENHOR e nela medita dia e noite" (Sl 1.1-2); "Como eu amo a tua lei; penso nela o dia todo!" (Sl 119.97).

Conectar-se com Deus diariamente continua sendo importante, ainda mais em nossos dias. Vivemos na era da informação e estamos constantemente expostos a uma quantidade quase infinita de estímulos que buscam distrair nossa atenção e corromper nossa mente com valores que não condizem com o evangelho. É por isso que não podemos passar um dia sem meditar na Palavra do Senhor e orar — é por meio dessas disciplinas espirituais que o Espírito corrige as rotas do nosso coração e nos ajuda a interpretar a realidade à luz das verdades reveladas por Deus em sua Palavra.

Esta edição especial de *Glorify* foi elaborada a partir de duas premissas essenciais: *cada dia importa* e *toda a Bíblia importa*. Os 365 textos aqui reunidos o acompanharão ao longo do ano. A ideia é que este livro seja um recurso valioso para motivá-lo a desenvolver o hábito de ler a Bíblia e meditar nela diariamente, pois, como o apóstolo Paulo disse a Timóteo: "Toda a Escritura é inspirada por Deus e útil para nos ensinar o que é verdadeiro e para nos fazer perceber o que não está em ordem em nossa vida" (2Tm 3.16).

Além disso, este devocional é dividido em temas semanais. Ao todo são 52 temas compostos de sete textos que o ajudarão a ter uma compreensão mais aprofundada de um assunto, como um livro bíblico, ou um tópico específico, como jejum, louvor e adoração, produtividade à luz da Bíblia, entre outros.

Cada página foi pensada — desde o seu conteúdo até o seu projeto gráfico — para convidá-lo a desfrutar da presença de Deus de pelo menos quatro maneiras:

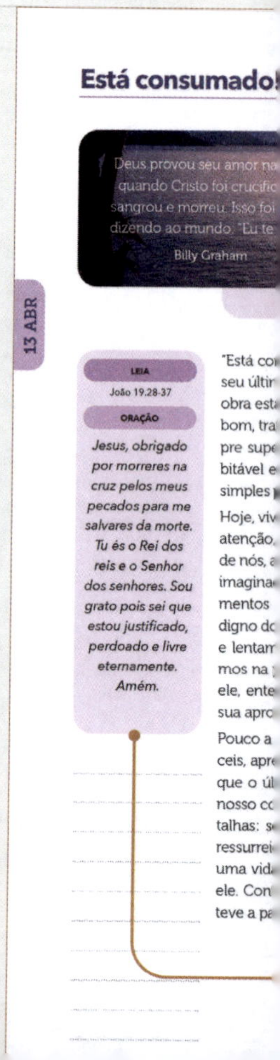

Inspire-se

Cada devocional apresenta uma citação relacionada ao tema proferida por nomes inspiradores da história da igreja — de Agostinho de Hipona a Timothy Keller, de Charles Spurgeon a Eugene Peterson — e também um versículo em destaque que você pode memorizar ao longo do dia e até compartilhar com alguém.

Aprofunde-se

Leia este devocional com sua Bíblia ao lado, pois cada texto está relacionado a uma passagem bíblica. Antes de iniciar o devocional do dia, leia a passagem bíblica indicada pedindo ao Espírito que atraia seu interesse e sua atenção a um detalhe específico do texto, como uma frase ou até mesmo uma palavra relevante para sua situação hoje.

Aplique

Assim como um bom sermão, cada devocional diário nada mais é do que a explicação e aplicação do texto bíblico à nossa realidade. Dessa forma, você poderá entender e experimentar como verdades bíblicas escritas originalmente em outra época e para outras pessoas ainda dizem respeito a nossos dilemas atuais.

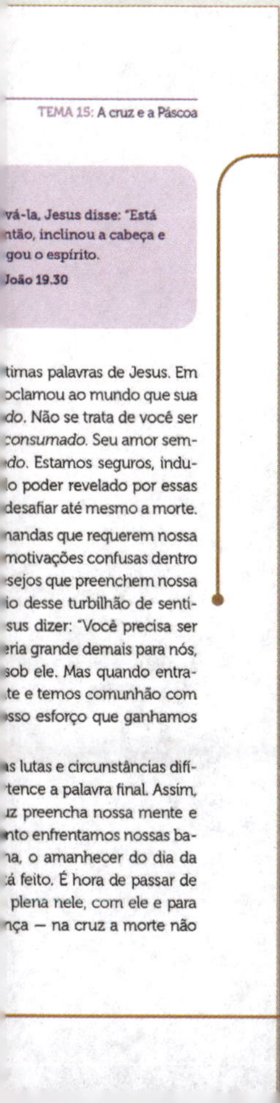
TEMA 15: A cruz e a Páscoa

vá-la, Jesus disse: "Está
ntão, inclinou a cabeça e
gou o espírito.
João 19.30

timas palavras de Jesus. Em
oclamou ao mundo que sua
do. Não se trata de você ser
consumado. Seu amor sem-
do. Estamos seguros, indu-
lo poder revelado por essas
desafiar até mesmo a morte.
nandas que requerem nossa
motivações confusas dentro
sejos que preenchem nossa
io desse turbilhão de senti-
sus dizer: "Você precisa ser
eria grande demais para nós,
sob ele. Mas quando entra-
te e temos comunhão com
sso esforço que ganhamos

as lutas e circunstâncias difí-
tence a palavra final. Assim,
iz preencha nossa mente e
nto enfrentamos nossas ba-
na, o amanhecer do dia da
á feito. É hora de passar de
plena nele, com ele e para
nça — na cruz a morte não

Medite

Por fim, ore a Deus pedindo que ele aplique as verdades do texto bíblico ao seu coração e o ajude a viver de acordo com essas verdades ao longo do dia. Cada devocional se encerra com uma sugestão de oração curta, mas ela é isso: apenas uma sugestão. Procure orar com suas próprias palavras e, se assim quiser, use o espaço disponível para registrar seus pensamentos e reflexões. Converse com Deus e, depois, silencie, a fim de também desfrutar da presença dele na calmaria e quietude da alma.

O último devocional do ano, lá no dia 31 de dezembro, encerra com a seguinte afirmação: "Nada é mais importante do que um relacionamento verdadeiro e sincero com ele". Nossa esperança é que, ao longo dessa jornada de 365 dias, você também experimente essa verdade.

JANEIRO

Siga seu propósito

TEMA 01: Em busca de propósito

O segredo da existência não consiste somente em viver, mas em saber para que se vive.

Fiodor Dostoiévski

Devemos prosseguir para outras cidades e lá também anunciar minha mensagem. Foi para isso que vim.

Marcos 1.38

LEIA

Marcos 1.35-39

ORAÇÃO

Senhor Jesus, que neste ano eu mantenha o foco no principal: em ti! Protege-me das distrações e conduze-me pelos teus caminhos. Em teu nome. Amém.

Ao começar um novo ano, frequentemente estabelecemos novas metas, mas logo nos distraímos. Precisamos de disciplina e foco para manter nossos compromissos — e deixar que nosso sim seja sim e que nosso não seja não. Dizer "não" pode decepcionar outros, mas nos mantém em sintonia com nosso propósito.

Em Marcos 1, vemos o início do ministério de Jesus, em Cafarnaum. Ele expulsou um demônio e curou a sogra de Simão. Era um sábado e, assim que o sol se pôs, muitos doentes e endemoniados estavam à sua porta a fim de serem curados e libertos. No dia seguinte, Jesus acordou cedo e retirou-se para um local isolado antes de ser procurado por Simão e seus amigos: "Todos estão à sua procura!".

Jesus era o assunto da cidade, e todos queriam receber seu toque milagroso. Contudo, após passar a manhã em oração, Jesus diz aos que foram encontrá-lo que era hora de seguir para a próxima cidade e continuar pregando o evangelho da salvação: "Foi para isso que vim". A prioridade de Jesus era pregar o evangelho e seu propósito era salvar almas, e não apenas realizar milagres. Já pensou se Jesus tivesse ficado em Cafarnaum? Ao longo dos Evangelhos, vemos que Jesus teve sabedoria para seguir seu propósito, pois sempre que a expectativa por seus milagres ameaçava distraí-lo de sua missão, Jesus seguia para um novo local a fim de pregar.

Sem dúvida isso decepcionou muitos, mas Jesus sabia que era essencial manter o foco. É hora de parar e avaliar o que estamos fazendo e de recusar o que não está alinhado com nosso propósito e com as prioridades divinas. Se nos dedicarmos de todo o coração às tarefas que Deus nos encarregou, imitaremos nosso Salvador, a verdadeira razão de nossa vida.

Deus transforma o passado em propósito

TEMA 01: Em busca de propósito

Se um homem ainda não descobriu a causa pela qual morrerá, ele ainda não está preparado para viver.

Martin Luther King Jr.

Assim que viu Jesus, gritou e caiu diante dele. Então disse em alta voz: "Por que vem me importunar, Jesus, Filho do Deus Altíssimo? Suplico que não me atormente!".

Lucas 8.28

Compartilhar nossa fé parece intimidante, uma vez que nos expõe ao julgamento alheio, mas é uma maneira de aproximar pessoas do evangelho que proclama a salvação pela graça. Na passagem bíblica de hoje, o homem liberto da possessão demoníaca experimentou o poder desse evangelho.

Esse homem vivera atormentado e afastado da sociedade durante muitos anos; andava nu e morava em um cemitério. Quando viu Jesus, caiu de joelhos e o reconheceu como o Filho do Deus Altíssimo. Os demônios foram expulsos e entraram em uma manada de porcos que se afogaram penhasco abaixo. Já o homem foi curado física e espiritualmente.

Ele ficou tão grato que implorou a Jesus para acompanhá-lo e permanecer ao seu lado, mas Jesus tinha outros planos para ele: "Volte para sua família e conte a eles tudo que Deus fez por você". E foi isso o que ele fez. O que antes era um fardo se transformou em uma história impactante de transformação divina, e esse homem se tornou prova viva do poder restaurador e salvador de Jesus.

Hoje, muitos desfrutam da eternidade ao lado de Jesus graças a esse homem e sua decisão de testemunhar sobre o que Deus fez por ele. As pessoas podem negar a Cristo, contestar as Escrituras e ignorar profecias, mas é impossível refutar o poder transformador de Deus na vida de alguém. Nossas experiências de sofrimento e vitória em Cristo demonstram sua fidelidade e mostram que ele pode transformar o mal em bem.

Deus deseja que compartilhemos nossas histórias, pois ele nunca desperdiça nossa dor. Há um plano grandioso e um futuro promissor para aqueles que creem, confiam e obedecem. Não apesar de nosso passado, mas por causa dele.

LEIA

Lucas 8.27-39

ORAÇÃO

Senhor Deus, peço que me dês coragem para compartilhar minha história. Liberta-me da vergonha de meus pecados, a fim de que eu tenha convicção de que sou salvo pela graça, mediante a fé. Amém.

Encontrando propósito em tempos difíceis

TEMA 01: Em busca de propósito

Senhor, não permitas que eu viva inutilmente.

John Wesley

Tem misericórdia de mim, ó Deus, tem misericórdia! Em ti me refugio. À sombra de tuas asas me esconderei, até que passe o perigo.

Salmos 57.1

LEIA

Salmo 57

ORAÇÃO

Senhor, obrigado pelo exemplo do teu servo Davi de como adorar em meio às dificuldades. Ajuda-me a honrar-te nos bons e maus momentos. Em nome de Jesus. Amém.

Um aspecto difícil da vida é que a chegada de um novo ano nem sempre apaga as circunstâncias do ano que passou. A doença continua, e a dor é esmagadora — à luz de desafios assim, metas e resoluções perdem sua relevância. O salmo de hoje reflete um momento da vida de Davi no qual a dura realidade contrastava com as promessas divinas. Davi fora ungido como o futuro rei, mas era perseguido por Saul, a quem servia lealmente.

Davi então se vê forçado a buscar refúgio em uma caverna para salvar sua vida. Não julgaríamos Davi se ele tivesse clamado a Deus em um tom frustrado, derrotado e sem esperança. Contudo, as palavras do salmo 57 não são proferidas exclusivamente em tom de lamento. O salmista não nega a escuridão de sua realidade, mas opta por cantar louvores sobre a beleza e o caráter de Deus. Davi, assim, busca despertar sua alma para a verdade de que Deus é conhecido por sua fidelidade e seu amor inabalável (Sl 57.10). A lembrança dessa verdade sobre Deus tranquiliza o futuro rei de Israel e o leva a louvar: "Meu coração está firme; por isso canto louvores a ti!" (57.7).

Na aparente sentença de morte para seus sonhos dentro de uma caverna, Davi voltou-se para o Senhor, e isso transformou seu coração. A escuridão foi um campo de treinamento para o destino de Davi, fazendo-o escolher entre encarar esse período como um recomeço ou sucumbir ao desespero — uma escolha que muitas vezes também precisamos fazer. Que Deus renove nosso interior e trabalhe em nosso coração a fim de nos preparar para as suas promessas. E lembre-se: o louvor pode não mudar nossas circunstâncias, mas mudará profundamente nosso coração.

Sua dor tem um propósito

TEMA 01: Em busca de propósito

Pense em José, em Gênesis. Rejeitado, caluniado, oprimido e esquecido por outros, mas visto por Deus.

Jackie Hill Perry

"Antes de morrer, nosso pai mandou que lhe disséssemos: 'Por favor, perdoe seus irmãos pelo grande mal que eles lhe fizeram, pelo pecado que cometeram ao tratá-lo com tanta crueldade' [...]". Quando José recebeu a mensagem, começou a chorar.

Gênesis 50.17

Quando o sofrimento nos atinge, muitas perguntas nos vêm à mente: Onde está Deus? Por que ele deixa isso acontecer? Em momentos assim, podemos nos inspirar na história de José. Ele foi jogado em um poço, vendido como escravo por seus irmãos e preso injustamente. José poderia ter ficado amargurado, mas anos depois ele disse a seus irmãos: "Vocês pretendiam me fazer o mal, mas Deus planejou tudo para o bem" (Gn 50.20).

Os planos dos irmãos de José, na verdade, faziam parte do plano de Deus. Nada foge do controle divino. Deus é absolutamente intencional e tem um propósito. Deus estava um passo (gigantesco) à frente dos irmãos de José, e por isso permitiu que suas más intenções se adequassem ao seu maravilhoso propósito. Desde o início, Deus planejou que José passasse por dificuldades. Mas por quê? Não apenas para o crescimento espiritual do próprio José, mas para que outras vidas fossem salvas.

Deus não tem dúvidas de como tudo se encaixará para o bem daqueles que o amam. Isso significa que suas provações têm mais significado do que você imagina. Deus não apenas usa coisas ruins para o bem, mas também pretende que, ao longo desse processo, sejamos exemplo e testemunho para que outros conheçam a Cristo. Que vocação elevada cada um de nós recebeu! Assim como foi com José, Deus não deixou de direcionar sua vida. Do começo ao fim, tudo seguiu conforme o plano de Deus para você.

LEIA

Gênesis 50.15-21

ORAÇÃO

Amado Deus, agradeço-te por me dares a certeza de que mesmo quando a vida não faz sentido aos meus olhos, tu estás no controle. Em nome de Jesus. Amém.

Buscando a Deus ou objetivos pessoais?

TEMA 01: Em busca de propósito

Não desperdice a sua vida, e não aceite nada menos que o plano de Deus para você.

Billy Graham

Marta, Marta, você se preocupa e se inquieta com todos esses detalhes. Apenas uma coisa é necessária. Quanto a Maria, ela fez a escolha certa, e ninguém tomará isso dela.

Lucas 10.41-42

LEIA

Lucas 10.38-42

ORAÇÃO

Senhor Jesus, alinha meu coração à tua vontade. Quero ouvir e seguir tuas palavras, em vez de me concentrar em meus desejos. Em teu nome. Amém.

Não gostamos de admitir, mas a verdade é que muitas vezes desejamos mais a satisfação de completar um objetivo do que encontrar a Cristo. Essa é uma batalha de todas as manhãs, quando deparamos com nossa lista de tarefas e com inúmeras notificações que exigem nossa atenção. Enquanto isso, nossa Bíblia permanece sobre a mesa, uma espécie de convite silencioso de paz em meio a tanto ruído. Infelizmente, é fácil ignorá-la e ir atrás daquilo que "precisamos" fazer.

Sem nos darmos conta, agimos como Marta, consumida por suas obrigações. Lucas relata que, um dia, Marta recebeu Jesus em sua casa. É uma história curta, mas sabemos que ela reclamou de Maria, sua irmã, a qual estava sentada ouvindo Jesus, e não ajudando com os afazeres domésticos.

Jesus amava as duas irmãs, mas, naquele momento, estava mais encantado com Maria, que desejava estar com ele, do que com Marta, que buscava servi-lo. É por isso que ele a corrige gentilmente, mostrando-lhe o caminho certo a ser seguido com seu trabalho.

Marta amava Jesus, mas não parou a seus pés. Ela é a ilustração de que, em primeiro lugar, nosso coração deve estar no lugar certo. Será que Marta revisou suas prioridades e colocou Jesus acima de todo o resto? Aparentemente não.

Podemos passar muitos dias sem nunca parar e sentar aos pés de Jesus, e é por isso que a história de Marta nos desafia a examinar nosso coração. Como podemos separar tempo para aproveitar a presença do Senhor? Se nos comprometermos a colocar Deus à frente de nossos objetivos, deixaremos de nos preocupar com nossos "muitos afazeres".

Qual o seu propósito aqui?

TEMA 01: Em busca de propósito

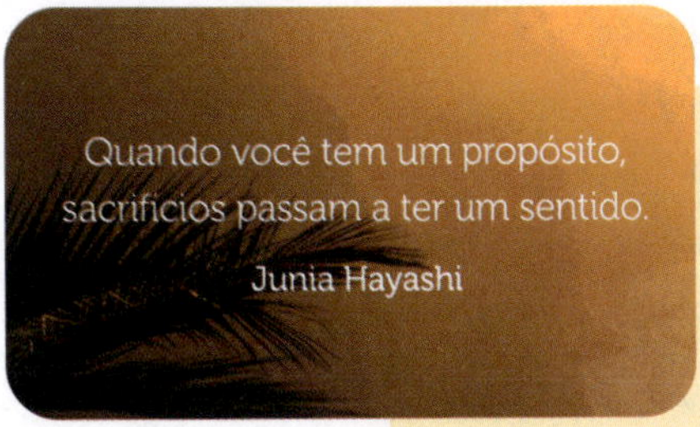

Deus é tão rico em misericórdia e nos amou tanto que, embora estivéssemos mortos por causa de nossos pecados, ele nos deu vida juntamente com Cristo.

Efésios 2.4-5

Quando você planeja seu dia ou mesmo sua semana, o que você mais quer fazer? Qual é seu sonho, seu projeto de vida, aquilo que você foi designado para realizar? Deus tem um caminho, um propósito e um plano para sua vida.

Efésios 2.10 nos lembra que somos a obra-prima das mãos de Deus, feitos para viver de forma íntegra e cumprir as coisas boas que ele planejou para nós. Ele desenhou cada detalhe de quem somos, e isso inclui nossa personalidade, habilidades, experiências e paixões.

De acordo com o dicionário, uma obra-prima é a criação mais linda de um artista ou de um escritor; algo de grande perfeição e que se destaca. É assombrosa a ideia de que existe alguém que sente isso por nós: o Rei do universo, Criador de todas as coisas. Deus ama suas criaturas e nos fez com o fim principal de glorificá-lo e nos alegrarmos nele.

Muitas vezes nos concentramos mais no que fazemos de errado do que em quem somos. Olhamos no espelho e não vemos uma obra-prima de Deus. Não deixe que essas mentiras penetrem em seu coração, pois não é isso que nosso Criador pensa a nosso respeito. Quando ouvimos sua Palavra — e não nossos pensamentos —, nós o ouvimos dizer o quanto ele nos ama. A Palavra de Deus é o espelho que reflete nossa verdadeira identidade: somos o tesouro, a obra-prima de Deus. Quanto antes você enxergar isso, mais cedo poderá viver seu propósito. Você foi criado à imagem divina. Que possamos caminhar à luz dessa verdade!

LEIA

Efésios 2.4-10

ORAÇÃO

Amado Deus, ajuda-me a alcançar meu potencial e cumprir meu propósito este ano. Desejo que minha vida seja conduzida por ti, para que eu seja tudo o que desejas para mim. Amém.

Colocando Jesus em primeiro lugar

TEMA 01: Em busca de propósito

Quando nosso coração não conhece o propósito de Deus, ele fabrica os seus próprios.

Leandro Vieira

Eu te vi em teu santuário e contemplei teu poder e tua glória. Teu amor é melhor que a própria vida; com meus lábios te louvarei.

Salmos 63.2-3

LEIA

Salmos 63.1-8

ORAÇÃO

Senhor Deus, peço que os desejos da minha alma sejam satisfeitos quando estiverem alinhados com a tua vontade. Em nome de Jesus. Amém.

Certa mulher serviu ao Senhor durante anos, mas, em vez de buscar ajuda, ela mesma se encarregava da maior parte do trabalho. Liderava ministérios, ensinava na escola dominical, cantava no coral, intercedia, aconselhava... enfim, estava exausta e ansiava pelo céu. Mas como ainda havia muito trabalho, ela temia nunca morrer. Eventualmente, ela morreu.

Apesar de fictícia, essa história ilustra o comportamento de muitos de nós hoje, pois em algum momento de nosso serviço a Deus somos tentados a estabelecer nossa própria agenda. Em nosso ministério, podemos começar a trabalhar para o ministério em si, perdendo o foco em Jesus. E, assim, todo propósito se esvai — uma verdade que vale para todas as áreas de nossa vida. A busca por felicidade, oportunidades, ou até mesmo ser um bom pai ou uma boa mãe, pode se colocar no caminho de nosso relacionamento com Jesus.

O que você tanto deseja? O que realmente quer? O salmista, na passagem de hoje, buscou a Deus como sua prioridade. Quando Deus reina em nosso coração, bênçãos e oportunidades se derramam mais rapidamente do que podemos conceber. Ao nos concentrarmos em Jesus, descobrimos, assim como o salmista, que seu amor é melhor do que a própria vida. Podemos até alcançar algum tipo de satisfação por conta própria, mas ela nunca será completa.

Quando somente Deus é nosso verdadeiro tesouro e recompensa, quando ele é tudo o que desejamos, amamos e adoramos, então ele concede os desejos de nosso coração. Nada ou ninguém pode nos satisfazer como Jesus.

Estabelecendo uma rotina

TEMA 02: Gerenciando o tempo e a rotina

> Sempre ouvimos: "A vida é curta, melhor aproveitá-la". Que tal: "A eternidade é longa, melhor se preparar para ela"?
>
> Josemar Bessa

> **Portanto, meus amados irmãos, sejam fortes e firmes. Trabalhem sempre para o Senhor com entusiasmo, pois vocês sabem que nada do que fazem para o Senhor é inútil.**
>
> **1Coríntios 15.58**

A cada dia, temos a forte impressão de que o tempo está passando mais depressa. É comum ouvir pessoas reclamarem que as 24 horas do dia não são suficientes para dar conta de tantas demandas. Lutamos constantemente contra inúmeras distrações que sugam ainda mais o nosso tempo e, diante dessa realidade, é urgente estabelecermos uma rotina bem estruturada, a fim de aproveitar melhor cada momento e realizar tudo o que planejamos.

Ao longo dos próximos dias, aprenderemos como podemos melhorar nossa organização de forma produtiva e satisfatória. Aprenderemos também sobre a importância de separar momentos em nosso dia para a vida de oração e leitura da Bíblia. Ao dedicarmos tempo para estar com Deus, todo o restante de nosso dia é abençoado e conduzido por ele.

Nosso objetivo é que possamos perceber que, com uma boa organização, teremos êxito em nossa vida profissional, familiar e espiritual, contando com o auxílio do Senhor para gerenciar melhor esse bem tão precioso que nos foi confiado por ele: o tempo.

Por meio da boa condução do Espírito Santo e da sabedoria das Escrituras, poderemos, enfim, ser libertos da aflição em relação à aparente falta de tempo, e assim honrar a Deus por meio de nossas atividades. Sempre equilibrando o trabalho e o descanso, e colocando o Senhor no centro de tudo. Dessa forma, assim como o apóstolo Paulo, poderemos trabalhar com entusiasmo em prol do reino de Deus.

LEIA

1Coríntios 15.58

ORAÇÃO

Pai, eu te agradeço pelo tempo, essa dádiva preciosa que me concedeste. Dá-me sabedoria para organizar todos os âmbitos de minha vida. Em nome de Jesus. Amém.

A diligência que multiplica talentos

TEMA 02: Gerenciando o tempo e a rotina

A vida é curta demais para fazermos tudo o que queremos, mas é longa o suficiente para fazermos tudo o que Deus quer que façamos.

Autor desconhecido

O preguiçoso nem mesmo cozinha o animal que caçou, mas o que trabalha com dedicação valoriza tudo que possui.

Provérbios 12.27

LEIA

Mateus 25.14-30

ORAÇÃO

Deus, ajuda-me a ser diligente na gestão do tempo para que eu possa multiplicar os talentos que me confiaste, servindo aos outros e honrando teu nome. Em nome de Jesus. Amém.

A palavra *diligência* possui vários significados, sendo um deles "prontidão". É estar envolvido de maneira eficaz em uma tarefa. Quando somos diligentes, tornamo-nos cuidadosos e empenhados no que fazemos. Essas características são fundamentais para alcançarmos um bom gerenciamento do nosso tempo e aproveitarmos ao máximo cada momento.

Em um de seus ensinamentos, Jesus ilustrou a importância da diligência ao contar a história de um homem que distribuiu uma quantia em dinheiro entre três de seus empregados (Mt 25.14-30). Os dois primeiros foram diligentes, aplicaram o dinheiro e o fizeram render. O terceiro, porém, enterrou o dinheiro na areia e esperou o tempo passar. Ao devolver a quantia intacta ao seu senhor, ele pensou que estava agindo corretamente — contudo, foi repreendido duramente por sua atitude preguiçosa.

Devemos aprender com isso, pois nosso tempo é um recurso precioso. Por isso, precisamos ser diligentes na sua administração e trabalhar com empenho para organizá-lo bem. Assim como os dois primeiros servos, poderemos fazer render aquilo que nos é confiado por Deus — nesse caso, tirar o máximo proveito do tempo, seja no trabalho, na família, no lazer ou em qualquer outra área. A falta de diligência e de uma administração eficiente do tempo nos paralisa enquanto observamos, com frustração e desânimo, os dias passarem.

Para sermos diligentes, é crucial realizar um bom planejamento e empenhar-nos com dedicação na realização das tarefas. Portanto, busque se planejar para ser produtivo, a fim de abençoar as pessoas ao seu redor e glorificar o nome do Senhor. Que o Espírito Santo ajude você a multiplicar seu tempo e seus talentos para a glória de Deus.

O que significa remir o tempo?

TEMA 02: Gerenciando o tempo e a rotina

As alegrias do céu compensarão as tristezas da terra. Este mundo é apenas uma morada temporária e logo passará.

Charles H. Spurgeon

Não ajam de forma impensada, mas procurem entender a vontade do Senhor.

Efésios 5.17

Certa vez, o pr. John Piper afirmou que as redes sociais servirão no dia do juízo para provar que a falta de oração e de leitura bíblica nunca poderão ser justificadas por falta de tempo. Essa realidade, por mais dura que seja, pode nos fazer pensar sobre como estamos vivendo nossa vida.

O apóstolo Paulo nos deixou um grande ensinamento quando falou sobre a necessidade de "remir o tempo", ou seja, aproveitar "ao máximo cada oportunidade nestes dias maus" (Ef 5.16). No contexto em que Paulo estava ensinando, essa "oportunidade" dizia respeito a viver uma vida condizente com o evangelho, buscando compreender a vontade de Deus e fugindo dos vícios.

Tudo isso é de extrema importância, pois os dias são maus. Essa era a realidade da época de Paulo, e também é a nossa. Vivemos neste mundo caído, onde a maldade domina. Por isso, não podemos desperdiçar nosso tempo com coisas sem sentido que não levam a lugar nenhum. As redes sociais são um exemplo claro disso. Diariamente perdemos um tempo precioso, focados em atividades que não contribuem em nada para nosso crescimento espiritual. Com isso, ao fim do dia, muitos não percebem que passaram horas envolvidos em coisas sem importância e gastaram pouquíssimo tempo com as coisas de Deus.

Não podemos jogar nosso tempo fora com aquilo que não é proveitoso. A questão não está em não usar as redes sociais, mas sim em usá-las com equilíbrio e, principalmente, usá-las para sermos edificados em meio à realidade conturbada ao nosso redor. Que Deus nos ajude a exercer esse equilíbrio e a usar nosso tempo com sabedoria.

LEIA

Efésios 5.15-17

ORAÇÃO

Senhor, ensina-me a remir o tempo em um mundo cheio de distrações. Ajuda-me a focar as coisas que realmente importam. Em nome de Jesus. Amém.

Organização e priorização

TEMA 02: Gerenciando o tempo e a rotina

Passar tempo com Deus é a chave para nossa força e para o sucesso em todas as áreas da vida.

Chris Hodges

Há um momento certo para tudo, um tempo para cada atividade debaixo do céu.

Eclesiastes 3.1

LEIA

Eclesiastes 3.1-8

ORAÇÃO

Senhor, peço discernimento para organizar minha vida segundo teus princípios. Ajuda-me a priorizar meu tempo de forma a honrar a ti. Em nome de Jesus. Amém.

A Bíblia é uma grande bênção de Deus para nós. Por meio dela, temos livre e constante acesso ao Pai, um privilégio muitas vezes negligenciado pelo povo de Deus. As Escrituras nos orientam em tudo, e, por isso, podemos recorrer a ela para saber qual é a vontade de Deus a respeito de vários assuntos.

Um desses assuntos é que existe um tempo certo para todas as coisas. Isso pode parecer sem muita importância, mas cometemos muitos erros por não sabermos lidar com essa verdade. Um exemplo disso é que nos envolvemos em diversas atividades que nos sufocam com o receio de não dar conta de tudo. Somado à falta de organização, acabamos rodeados pelo caos.

A Bíblia aborda exatamente esse problema quando nos ensina, em Eclesiastes, que existe uma ocasião certa para tudo. Ou seja, é necessário senso de prioridade e uma boa organização para fazermos cada coisa no tempo oportuno. O texto de Eclesiastes diz que existe um tempo de plantar e um tempo de colher o que se plantou; tempo de chorar e tempo de rir; tempo de procurar e tempo de desistir.

Para aplicar essa verdade em nosso dia a dia é necessário organização. Comece colocando suas tarefas numa lista e, a partir daí, organize-as de acordo com a prioridade. Busque focar o mais urgente e reserve tempo para realizar essas tarefas primeiro, preocupando-se com as demais apenas após finalizar aquelas nas quais você já começou a trabalhar. Avalie também se algo deveria ser excluído da sua lista — às vezes tentamos encaixar projetos que simplesmente não condizem com nosso momento de vida.

Daniel sobre o tempo com Deus

TEMA 02: Gerenciando o tempo e a rotina

> Nada pode acalmar nossa alma mais ou nos preparar melhor para os desafios da vida do que passar tempo a sós com Deus.
>
> Billy Graham

> Quando Daniel soube que a lei tinha sido assinada, foi para casa e, como de costume, ajoelhou-se no quarto no andar de cima, com as janelas abertas na direção de Jerusalém.
>
> **Daniel 6.10**

No meio de toda a correria e dos compromissos, algo que nunca podemos negligenciar são os momentos com Deus. Infelizmente, é comum abrirmos mão do tempo com o Senhor sempre que temos de sacrificar algo.

A Bíblia relata como Daniel, ainda muito jovem, foi levado para a Babilônia para servir na corte de Nabucodonosor. Por causa de sua inteligência, Daniel foi rapidamente promovido ao cargo de administrador no reino. Sua rotina de trabalho era intensa, mas três vezes ao dia ele ia para sua casa, entrava em seu quarto e orava.

Daniel era abençoado por Deus em tudo o que fazia, e isso despertou a inveja de algumas pessoas que tramaram um plano para prejudicá-lo. Essas pessoas induziram o rei a decretar que durante três dias todas as petições fossem feitas somente ao rei. Quem desobedecesse seria lançado na cova dos leões, mas isso não amedrontou Daniel. Ele seguiu sua rotina de orações, foi lançado aos leões, mas Deus o livrou da morte.

Essa história nos mostra o quanto Daniel era aplicado naquilo que fazia e o quanto ele priorizava o tempo com o Senhor. Chama a atenção o fato de ele ser tão disciplinado com seu tempo que até seus inimigos sabiam disso. Hoje, não corremos o risco de sermos condenados por orar. No entanto, corremos o sério risco de desagradar ao Senhor por deixar a oração e o tempo com Deus em segundo plano.

Precisamos dar um passo atrás, reorganizar nossa agenda e reservar momentos diários com Deus. O objetivo não é passar longas horas em oração, mas sim a regularidade de um tempo com o Senhor.

LEIA

Daniel 6.1-28

ORAÇÃO

Senhor, quero valorizar e priorizar o tempo contigo acima de todas as coisas. Que eu possa aprender com Daniel a ser diligente na oração e na leitura da Palavra. Em nome de Jesus. Amém.

Vencendo a procrastinação

TEMA 02: Gerenciando o tempo e a rotina

Toda ação de nossa vida toca alguma corda que vibrará na eternidade.

E. H. Chapin

O preguiçoso logo empobrece, mas os que trabalham com dedicação enriquecem. O jovem sábio faz a colheita no verão, mas o que dorme durante a colheita é uma vergonha.

Provérbios 10.4-5

LEIA

Provérbios 10.4-5

ORAÇÃO

Senhor, ensina-me a valorizar cada momento que me deste, evitando a procrastinação. Que eu possa usar cada dia para tua glória. Em nome de Jesus. Amém.

Em uma de suas interações com Deus, durante seu suplício, Jó afirmou que nossos dias estão determinados por Deus: "Estabeleceste a extensão de nossa vida; sabes quantos meses viveremos" (Jó 14.5). Isso nos faz pensar no quanto o tempo é precioso. Em relação ao dinheiro, por exemplo, podemos trabalhar para conseguir mais, mas com o tempo não funciona assim. Recebemos do Senhor uma quantia limitada de tempo.

Compreender isso nos ensina sobre os perigos da procrastinação, isto é, adiar ou postergar as tarefas que precisamos realizar ou as decisões que precisamos tomar. Ao procrastinar, perdemos tempo, deixamos de cumprir prazos e falhamos com nossas responsabilidades. Tudo isso impacta negativamente nossos relacionamentos e nos afunda em estresse e desânimo. Por isso, é importante vencer esse mau hábito ao estabelecer, entre outras coisas, metas realistas e um cronograma organizado.

Sempre que possível, elimine distrações. Desative as notificações, mantenha o local de trabalho organizado e concentre-se na tarefa atual. Aqui, é importante lembrar-se do princípio do tempo para cada coisa. Foque o que se propôs a fazer neste momento e não fique pensando no restante dos itens de sua lista. Também é importante ter alguém com quem você possa compartilhar suas metas e conquistas, numa espécie de encorajamento e incentivo mútuo.

E, por fim, o mais importante: quando orar, mantenha o hábito da confissão. Lembre-se de como você tem gastado o tempo e preste contas a Deus sobre isso. Caso sinta que usou mal as horas do dia, peça perdão ao Senhor e ore para que ele lhe mostre o quanto o tempo é precioso e a importância de aproveitá-lo ao máximo.

Gerenciando o tempo para a glória de Deus

TEMA 02: Gerenciando o tempo e a rotina

O tempo é o depósito que cada pessoa tem no banco de Deus, mas ninguém sabe qual é o saldo.

R. W. Sockman

No sétimo dia, Deus havia terminado sua obra de criação e descansou de todo o seu trabalho. Deus abençoou o sétimo dia e o declarou santo, pois foi o dia em que ele descansou de toda a sua obra de criação.

Gênesis 2.2-3

A palavra hebraica *shabath* descreve o ato de descansar. Entre outras coisas, ela significa "parar" e está relacionada a momentos em que precisamos nos afastar das correrias do dia a dia para ter um tempo de alívio para o corpo e a mente.

Nessa busca por um melhor gerenciamento do tempo, não podemos esquecer de reservar momentos para o descanso. Deus não precisa de descanso, mas ele nos deu o exemplo ao descansar de sua obra de criação no sétimo dia, estabelecendo assim um padrão de trabalho e descanso que é bom para o ser humano.

Durante os últimos dias, aprendemos lições valiosas sobre o gerenciamento do tempo e compreendemos a importância de estabelecer uma rotina bem estruturada para aproveitar cada momento a fim de realizar as tarefas necessárias. Também destacamos a importância da diligência, ou seja, empenhar-nos prontamente e com cuidado em tudo o que fazemos. Por fim, estudamos sobre o significado de remir o tempo e sobre como agir respeitando as prioridades e reconhecendo que há tempo para tudo o que desejamos fazer.

Tudo isso nos auxilia a viver de acordo com a vontade de Deus, sendo abençoados e abençoando vidas. A finalidade de estabelecer uma rotina saudável vai além de sermos apenas mais produtivos. Trata-se de buscarmos remir o tempo e aproveitar cada oportunidade que o Senhor nos dá para viver à luz do evangelho. Dessa forma, poderemos trabalhar com alegria e empenho, mas também descansar com a plena confiança de que o Senhor está no controle de todas as coisas.

LEIA

Gênesis 2.2-3

ORAÇÃO

Senhor Deus e amado Pai, ajuda-me a envolver-me com prontidão, fazendo sempre o meu melhor, e ensina-me também a descansar, seguindo o teu exemplo. Em nome de Jesus. Amém.

O batismo de Jesus

TEMA 03: Escolhidos

Faça escolhas a cada dia para ter certeza de que sua vida expressa o seu compromisso com Jesus.

John Mark Comer

Enquanto Jesus saía da água, o céu se abriu, e ele viu o Espírito de Deus descer como uma pomba e pousar sobre ele. E uma voz do céu disse: "Este é meu Filho amado, que me dá grande alegria".

Mateus 3.16-17

LEIA

Mateus 3.13-17

ORAÇÃO

Senhor Jesus, obrigado por vires a este mundo de uma forma que ninguém esperava. Obrigado por morreres na cruz para que eu possa ser um filho amado de Deus. Em teu nome. Amém.

Você consegue imaginar Jesus pedindo que você o batize? É provável que João Batista tenha ficado tão chocado quanto nós ficaríamos! Mas lá estava Jesus, entrando no rio Jordão. João superou seu espanto inicial e obedeceu, batizando assim seu primo mais novo, o Filho de Deus.

E quando Jesus saiu da água, algo inacreditável aconteceu. Os céus se abriram, e o Espírito Santo desceu sobre Jesus como uma pomba (Mt 3.16). Na sequência, a voz do Pai estrondou do céu: "Este é meu Filho amado, que me dá grande alegria"!

Antes mesmo de Jesus iniciar seu ministério, mesmo antes de realizar qualquer milagre ou de começar a anunciar o amor do Pai ao mundo, o próprio Jesus experimentou esse amor. Ele sabia que fora escolhido e que não estava sozinho. Não importava o que acontecesse, ele sabia que o Pai estava ao seu lado. A afirmação que ecoou do céu sustentou Jesus, encorajando-o a seguir em frente mesmo nos dias em que ele quis desistir — mesmo quando à sua frente estava o Calvário e a cruz.

Se você foi batizado em Cristo pela fé, essa mesma afirmação proferida por Deus também se aplica a você. Se você confiou em Jesus, sua vida é vivida sob a mesma proclamação: "Este é o meu filho amado que me dá grande alegria!". Essa verdade sustentará você nos dias maus, dias em que desistir e recuar parecer o certo a fazer. Viva todos os dias sabendo que você é amado por Deus, que o Espírito repousa sobre você, e que os céus estão abertos com uma afirmação eterna a seu respeito.

Palavras do Senhor a Josué

TEMA 03: Escolhidos

Dá-me um coração forte para carregar meus próprios fardos e o dos outros. Dá-me um coração de fé para lançar todos os fardos sobre ti, ó Senhor.

John Baillie

Enquanto você viver, ninguém será capaz de lhe resistir, pois eu estarei com você, assim como estive com Moisés. Não o deixarei nem o abandonarei.

Josué 1.5

Você já se imaginou na situação de Josué? Ele simplesmente teria de suceder Moisés como o líder do povo de Deus. Moisés, o "servo do Senhor" (Dt 34.5), alguém cujo "trabalho ilustrou verdades que seriam mais tarde reveladas" (Hb 3.5). Mas agora ele está morto e é a vez de Josué liderar os israelitas. Que grande bênção — e que grande responsabilidade. No primeiro capítulo do livro de Josué, vemos claramente que ele estava sentindo o peso da responsabilidade.

Portanto, Deus instrui Josué a prestar muita atenção às palavras da lei. Ele deveria cumpri-las, meditar sobre elas dia e noite e colocá-las em prática. Deus enfatiza isso falando diretamente com Josué, encorajando-o e fortalecendo-o com duas promessas importantes. Em primeiro lugar, havia a promessa de paz, uma vez que Deus prometeu a Josué que lhe daria todos os lugares onde colocasse os pés. Já a segunda promessa dizia respeito à presença pessoal de Deus: "Eu estarei com você, assim como estive com Moisés" (Js 1.5).

Quando Deus nos chama e nos escolhe, ele sabe que haverá ocasiões em que nossa fé será colocada à prova, mas ele diz para não cedermos. Este ano, não permita que o medo roube as bênçãos que Deus deseja lhe dar. À medida que Josué se submeteu às palavras de Deus, as suas próprias palavras foram revestidas de poder e autoridade sobrenaturais, algo que foi percebido pelo povo, que respondeu assim ao novo líder: "Faremos tudo que você ordenar e iremos aonde nos enviar. Obedeceremos a você como obedecemos em tudo a Moisés" (Js 1.16-17). Se você se comprometer a meditar na palavra de Deus, suas palavras também serão poderosas. Então, levante-se hoje. Deus escolheu você. Seja forte e muito corajoso.

LEIA

Josué 1.1-9

ORAÇÃO

Senhor Jesus, ajuda-me a ser forte e corajoso. Capacita-me para liderar outros à luz da tua Palavra, para que tu sejas glorificado e teu nome, engrandecido. Amém.

Zaqueu: o perdido que foi salvo

TEMA 03: Escolhidos

Aquele que crê no Senhor não se preocupa com o amanhã, mas labuta alegremente com o coração sereno.

Martinho Lutero

Hoje chegou a salvação a esta casa, pois este homem também é filho de Abraão. Porque o Filho do Homem veio buscar e salvar os perdidos.

Lucas 19.9-10

LEIA

Lucas 19.1-10

ORAÇÃO

Senhor Jesus, ajuda-me a olhar para além da minha zona de conforto. Peço-te encontros e oportunidades para conduzir as pessoas a ti ao longo deste ano. Em teu nome. Amém.

"Zaqueu era um homem tão pequeno", diz a canção infantil. Apesar dessas palavras, o objetivo da música não é zombar de Zaqueu. O chefe dos cobradores de impostos era conhecido por enganar as pessoas, e isso quer dizer que Zaqueu vivia uma vida pequena e desonesta. Ele não era capaz de ver Jesus daquele ponto de vista. Precisava de um lugar mais alto e, então, subiu numa árvore de onde, finalmente, pôde ver Jesus. Ao passar por ali, Jesus avistou Zaqueu e se convidou para ir à sua casa — um convite que mudaria para sempre a vida de Zaqueu.

Essa história nos lembra que Jesus vem em nossa direção para nos salvar. A multidão que presenciou o diálogo entre Jesus e Zaqueu não gostou do que viu. "Ele foi se hospedar na casa de um pecador!", muitos resmungaram. Isso nos dá uma ideia do status de um coletor de impostos no Israel do primeiro século — Zaqueu era um traidor de seu próprio povo. Jesus, contudo, foi atrás dele, e vem até nós também.

Essa história também nos lembra que Jesus nos envia a outras pessoas. Depois que Zaqueu foi transformado, ele dá metade de seus bens aos pobres. Após um encontro com a graça de Deus, Zaqueu se desloca para as margens da sociedade com profunda generosidade. E assim nós também devemos fazer.

O último versículo da história mostra o ponto de vista de Jesus: "o Filho do Homem veio buscar e salvar os perdidos" (Lc 19.10). Essa é uma declaração de missão, tão belamente ilustrada na história de Zaqueu. Ao imaginarmos Zaqueu no topo de uma árvore, lembramos que Jesus veio atrás de nós, e ouvimos seu chamado para participar do resgate de toda a humanidade.

Jesus chama os primeiros discípulos

TEMA 03: Escolhidos

Se descubro em mim algum desejo que nada neste mundo consegue satisfazer, a explicação mais provável é que fui criado para outro mundo.

C. S. Lewis

"Sigam-me, e eu farei de vocês pescadores de gente." No mesmo instante, deixaram suas redes e o seguiram.

Mateus 4.19-20

Quando Jesus chamou seus primeiros discípulos, eles imediatamente abandonaram tudo o que tinham para segui-lo. Ao ler esse relato de Mateus, mais de dois milênios após esses acontecimentos, podemos pensar que seguir Jesus era mais fácil para eles do que para nós. Jesus estava fisicamente presente com eles, caminhava ao lado deles e interagia com eles diariamente. Hoje, não podemos ver, ouvir, tocar Jesus ou mesmo falar pessoalmente com ele. Será por isso então que é tão difícil aceitar seu chamado e segui-lo?

Próximo de sua morte, Jesus deixou claro que sua ausência não significava que ele não estaria mais presente. Pelo contrário, ele disse a seus discípulos que havia algo de positivo em sua partida: "É melhor para vocês que eu vá, pois, se eu não for, o Encorajador não virá. Se eu for, eu o enviarei a vocês" (Jo 16.7). A presença do Espírito é um maravilhoso presente de Deus para cada discípulo, tanto naquela época quanto agora.

Hoje, respondemos ao chamado de Jesus para segui-lo atendendo aos sussurros do Espírito Santo, que nos traz a presença de Deus, que fala por meio de sua Palavra e que nos conduz em oração e comunhão. O Espírito Santo nos guia a cada passo do caminho e nos dá sabedoria e visão para seguir Jesus. Mas o trabalho do Encorajador vai além: ele nos transforma de dentro para fora.

O Espírito de Deus nos permite viver em retidão e alcançar nosso potencial. Portanto, viva hoje no poder do Espírito Santo. Deixe que ele fale com você e o oriente. Permita que o Espírito Santo sensibilize e quebrante seu coração, a fim de que você possa seguir Jesus aonde onde quer que ele o leve!

LEIA

Mateus 4.18-22

ORAÇÃO

Senhor Jesus, eu te agradeço por teres me chamado; recebo e aceito teu convite. Quero me libertar de tudo o que me impede de estar mais próximo de ti. Em teu nome. Amém.

O chamado de Jeremias

TEMA 03: Escolhidos

Nosso alto e privilegiado chamado é fazer a vontade de Deus, pelo poder de Deus, para a glória de Deus.

J. I. Packer

Eu o conheci antes de formá-lo no ventre de sua mãe; antes de você nascer, eu o separei e o nomeei para ser meu profeta às nações.

Jeremias 1.5

LEIA

Jeremias 1.4-10

ORAÇÃO

Senhor Jesus, nas áreas em que sou fraco, tu és forte. Onde tenho dúvidas, tu me enches de fé. Capacita-me e guia-me. Em teu nome. Amém.

O que você faz quando surge algo para o qual não está preparado? Como reage quando algo o tira da sua zona de conforto? Algo tão imprevisível que o deixa sem compreender muito bem o que está acontecendo? Em resumo: o que você faz quando Deus o chama?

Basta perguntar a Jeremias. Deus pronuncia um chamado divino sobre ele antes mesmo de Jeremias ser apresentado a este mundo: "antes de você nascer, eu o separei e o nomeei para ser meu profeta às nações". A escolha de Jeremias não tem nada a ver com seu desempenho como profeta ou com seu status social. É simplesmente a decisão divina de Deus escolher usar Jeremias para seus propósitos.

Ao ouvir que, desde muito cedo, Deus tinha planos para sua vida, Jeremias protesta e passa a listar suas inadequações. Ele diz que é jovem demais para ser um porta-voz de Deus para todos os povos. O profeta está convencido de que não possui as qualificações necessárias para esse tipo de ministério, mas Deus não lhe dá ouvidos. Ele sabe que Jeremias está apto para exercer essa função, não porque o profeta possuía algum dom extraordinário, mas porque o próprio Deus o havia chamado.

Muitos levantam as mesmas objeções a Deus. Temos certeza de que não somos qualificados para a tarefa que nos é proposta. Contudo, Deus não nos chama para abandonar-nos em seguida. A fidelidade de Deus nos capacita para responder aos desafios que estão à nossa frente. Portanto, assim como Deus estava com Jeremias, ele também estará com você.

A conversão de Saulo

TEMA 03: Escolhidos

O cristão foi chamado para viver uma vida sobrenatural, e a ele foi dado o poder para viver essa vida.

D. G. Barnhouse

Quando se aproximava de Damasco, de repente uma luz do céu brilhou ao seu redor. Ele caiu no chão e ouviu uma voz lhe dizer: "Saulo, Saulo, por que você me persegue?".

Atos 9.3

Se você fosse um seguidor de Jesus e morasse perto de Jerusalém, não gostaria de ouvir a batida de Saulo na sua porta. O sangue de Saulo fervia de uma "ânsia de matar os discípulos do Senhor" (At 9.1). Tal determinação sanguinária e ódio pelos seguidores de Jesus o conduziram a um local distante, onde ele teria um encontro inesperado.

Enquanto ele estava viajando e se aproximava de Damasco, de repente uma luz do céu brilhou ao seu redor. Ele caiu por terra e ouviu uma voz que perguntava: "Saulo, Saulo, por que me persegue?". Naquele momento, de maneira repentina, a jornada assassina de Saulo foi interrompida divinamente. Deus havia permanecido em silêncio enquanto Saulo prosseguia com seu plano assassino de invadir Damasco e perseguir "os seguidores do Caminho" (At 9.2). Porém, quando Paulo se preparava para seu ataque mais brutal, Deus interveio em favor do seu povo. Sem aviso, o curso da vida de Saulo mudou para sempre. O perseguidor e assassino se transformaria em um humilde servo do corpo de Cristo.

Isso ainda acontece, mesmo em nossos dias. Sem avisar, Jesus bate à nossa porta. Ele nos afasta dos amores menores com os quais comprometemos nossa vida. Ofusca nossos olhos para essas coisas, a fim de nos ajudar a enxergar o que realmente importa. Surpreendentemente, o choque nos traz de volta à vida. Esse texto ainda nos ensina outra lição importante: ninguém está tão longe que o amor de Jesus não possa alcançá-lo. Que possamos clamar hoje por uma santa visitação a nossos amigos que parecem distantes de Deus.

LEIA

Atos 9.1-9

ORAÇÃO

Senhor Jesus, oro por todos os "Saulos" próximos de mim; transforma-os de dentro para fora. Dá-me coragem e fé para continuar orando por aqueles que parecem distantes de ti. Em teu nome. Amém.

O chamado de Abraão

TEMA 03: Escolhidos

Não somos chamados para ser aceitos; somos chamados para glorificar a Deus.

Paul Washer

Farei de você uma grande nação, o abençoarei e o tornarei famoso, e você será uma bênção para outros. Abençoarei os que o abençoarem e amaldiçoarei os que o amaldiçoarem. Por meio de você, todas as famílias da terra serão abençoadas.

Gênesis 12.2-3

LEIA

Gênesis 12.1-8

ORAÇÃO

Pai celestial, tu me abençoas para que eu abençoe outros. Capacita-me a dar um passo de fé, obedecer a teus mandamentos e experimentar tua graça. Em nome de Jesus. Amém.

Estima-se que tomamos cerca de 35 mil decisões diariamente. Uma das escolhas mais importantes que devemos fazer diariamente é se escolhemos andar pela fé ou pelo que vemos. Abraão foi um homem que andou pela fé, e sua história está registrada na passagem de hoje. Ele foi escolhido pelo Senhor para receber promessas incríveis e se tornar o pai do povo escolhido de Deus.

O que Deus fez na vida de Abraão é, até certo ponto, o que ele deseja fazer em nossa vida. E quando vemos como Abraão respondeu à promessa feita por Deus, descobrimos duas coisas que devemos imitar.

Primeiro, Abraão obedeceu, embora a ordem de Deus para sair de casa fosse difícil de obedecer. Ele estava deixando sua família de origem, sua terra natal, seu conforto e tudo o que conhecia. O destino era desconhecido, e as promessas de Deus... bem, pareciam impossíveis de se concretizar. Abraão tinha 75 anos quando deixou Harã, justamente a fase da vida em que as pessoas começam a buscar mais sossego e segurança. Abraão não. Ele estava disposto a iniciar uma jornada incerta porque acreditava que Deus cumpriria o que havia prometido.

Em segundo lugar, Abraão prestou adoração. Ele construiu um altar ao Senhor e invocou o nome do Deus que havia se revelado a ele. Quando chegou a Canaã, Abraão parou para adorar ao Senhor e agradecê-lo por sua provisão e proteção durante a longa jornada. Obediência e adoração! É isso que Deus está procurando, mesmo quando parece que saímos de casa e estamos em uma jornada longa e incerta. Algum dia chegaremos à terra que Deus prometeu. Ah, que grande dia será!

Em espírito e em verdade

TEMA 04: Louvor e adoração no dia a dia

É inútil louvar a Deus com a boca e a língua se o desonramos com a nossa vida.

João Calvino

Está chegando a hora, e de fato já chegou, em que os verdadeiros adoradores adorarão o Pai em espírito e em verdade.

João 4.23

Na passagem de hoje, presenciamos o encontro de Jesus com uma mulher samaritana e adúltera. A conversa parece banal à primeira vista — algo sobre um poço, sede e água —, mas revela verdades profundas sobre adoração. Os samaritanos tinham seu próprio local sagrado, diferente de onde os judeus adoravam. A convivência entre os dois grupos era difícil, por isso a mulher se espantou ao ver um homem judeu pedindo-lhe água.

Mal sabia essa mulher que estava diante do próprio Deus, o único capaz de suprir nossa sede de sentido, propósito, pertencimento, contentamento. As coisas deste mundo jamais saciarão verdadeiramente nosso coração. É isso o que Jesus nos ensina.

Verdadeiros adoradores são aqueles que reconhecem que estão sedentos e que somente a presença de Deus pode saciá-los. Salmos 63.1 diz que nossa alma é como terra seca e sedenta e que precisa buscar a Deus intensamente. Há uma afirmação semelhante também em Salmos 42.1: "Como a corça anseia pelas correntes de água, assim minha alma anseia por ti, ó Deus".

Neste mundo, muitas coisas prometem nos saciar, e, por um tempo, até conseguem, mas se não buscarmos o agir constante do Espírito em nós, nossa vida permanecerá seca e vazia. Ao nos enchermos de Deus diariamente, vamos transbordar em louvor, pois é o Espírito Santo que nos capacita a sermos verdadeiros adoradores.

Portanto, se queremos uma vida de louvor, precisamos ter sede pela presença de Deus e por uma íntima comunhão com seu Espírito. A boa notícia é que Deus promete estar perto daqueles que o adoram em espírito e em verdade: "Se me buscarem de todo o coração, me encontrarão" (Jr 29.13).

LEIA

João 4.1-27

ORAÇÃO

Amado Deus, anseio por adorar-te em espírito e em verdade, reconhecendo assim que só tu podes saciar a sede da minha alma. Em nome de Jesus. Amém.

Aproximando-se do trono com confiança

TEMA 04: Louvor e adoração no dia a dia

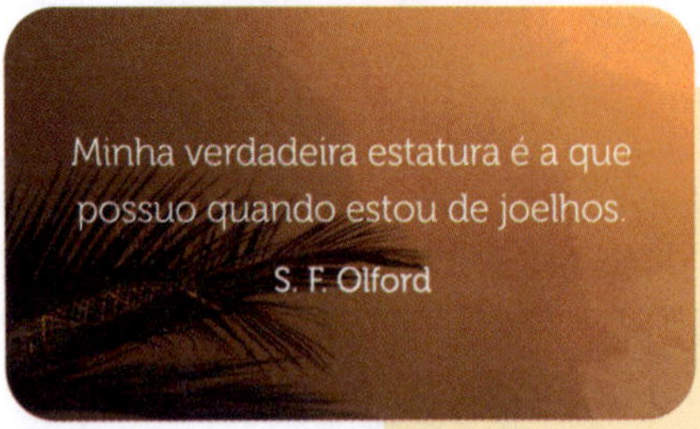

Assim, aproximemo-nos com toda confiança do trono da graça, onde receberemos misericórdia e encontraremos graça para nos ajudar quando for preciso.

Hebreus 4.16

LEIA

Hebreus 4.14–5.10

ORAÇÃO

Senhor Deus, sou grato por me aproximar de teu trono com confiança, sabendo que encontrarei misericórdia e graça. Que minha vida seja um constante ato de adoração. Em nome de Jesus. Amém.

O autor de Hebreus nos convida a nos aproximarmos de Deus confiantes de que receberemos de nosso Pai misericórdia e ajuda. No templo havia um lugar onde apenas o sumo sacerdote podia entrar, e somente uma vez por ano, depois de um extenso ritual de preparação com sacrifícios pelos seus pecados e pelos pecados do povo. Era o lugar santíssimo, onde ficava a arca da aliança, um símbolo da presença de Deus.

A Bíblia nos conta que no momento em que Jesus expirou, após ter pago com seu sangue o preço pelos nossos pecados, o véu que separava o lugar santíssimo do restante do templo se rasgou (Mt 27.50-51): o acesso a Deus estava aberto.

Hoje, graças ao sacrifício de Cristo, podemos chegar diante do trono da graça de Deus com liberdade e desfrutar de sua bondade, e isso é um presente maravilhoso! Porém, muitos de nós ainda se sentem intimidados diante da presença de Deus em razão da culpa por seus pecados. Mas é justamente próximo do trono que encontraremos a graça e misericórdia que nos purifica de todo a injustiça; se nos arrependermos, Deus nos permite o privilégio de estar diante dele e adorá-lo.

Esse é o convite do Senhor para todos nós. Podemos entrar no lugar santíssimo e clamar "Aba, Pai", sabendo que ele inclina seus ouvidos para nós e ouve nossa oração. Por isso, todos os dias, dedique um tempo, escolha um local e aproveite a presença do seu Pai. Converse com ele sobre seus medos e suas alegrias e permita-se maravilhar-se por aquele que está assentado no trono, o único digno de louvor, honra, glória e poder (Ap 5.13).

Uma adoração como a de Davi

TEMA 04: Louvor e adoração no dia a dia

A adoração não faz parte da vida cristã; ela é a própria vida cristã.

Gerald Vann

Quando ele estava à mesa, uma mulher entrou com um frasco de alabastro contendo um perfume caro e derramou o perfume sobre a cabeça dele.

Mateus 26.7

Todos queremos ser adoradores genuínos e, para isso, precisamos ter um coração como o de Davi: "O sacrifício que desejas é um espírito quebrantado; não rejeitarás um coração humilde e arrependido" (Sl 51.17).

Alguém com o coração como o de Davi é aquele que se arrepende de seus erros e os assume, que sabe de suas limitações e de sua completa dependência da graça e do amor de Deus. Por isso, essa pessoa se humilha diante da mão do Senhor e busca continuamente sua face, seus conselhos, seu perdão e a transformação que somente o Espírito Santo pode operar em seu caráter e em suas motivações.

Os Evangelhos de Mateus e Marcos narram o momento em que uma mulher de coração quebrantado realiza um ato de adoração diante de Jesus (Mt 26.6-13; Mc 14.3-9). Essa mulher se aproximou de Jesus e derramou sobre sua cabeça um unguento, um perfume muito caro. Os discípulos prontamente questionaram esse ato dispendioso, mas para essa mulher, cujo nome não é mencionado, a presença de Jesus era mais valiosa que qualquer bem. Foi isso que a motivou a entregar o que tinha de mais caro, como um ato de adoração.

Essa mulher ofereceu uma adoração extravagante, intensa, apaixonada e humilde, pois reconheceu o valor do Mestre: ele era digno do melhor que ela podia oferecer, o que ainda assim era pouco diante de quem Jesus era. Sua atitude impressionou tanto Jesus que ele mesmo afirmou que esse gesto seria sempre lembrado, não pelo valor do sacrifício, mas pela demonstração do coração dessa adoradora anônima da cidade de Betânia. Que possamos aprender com ela a ter um coração quebrantado e disposto a dedicar o melhor para nosso Senhor.

LEIA

Mateus 26.6-13

ORAÇÃO

Senhor, dá-me um coração como o de Davi. Ajuda-me a oferecer sempre o melhor de mim em cada gesto de serviço. Em nome de Jesus. Amém.

Integralidade de vida

TEMA 04: Louvor e adoração no dia a dia

A maior forma de louvor é o som de pés consagrados buscando os perdidos e indefesos.

Louie Giglio

Todo o meu ser louve o Senhor; louvarei seu santo nome de todo o coração.

Salmos 103.1

LEIA

Salmo 103

ORAÇÃO

Senhor, que todo o meu ser te louve. Ensina-me a viver em constante adoração, refletindo teu amor em cada ato. Em nome de Jesus. Amém.

Davi nos ensina que louvor e adoração não têm a ver somente com música ou dança: a adoração é um estilo de vida. "Todo o meu ser louve ao Senhor" — esse refrão entoado por Davi mostra como devemos viver. A integralidade de nossa vida pertence a Deus e, por isso, devemos viver para trazer glória e louvor ao seu santo nome com tudo o que somos e com tudo o que temos.

Infelizmente, muitos não compreendem sua identidade como adoradores. Não adoramos apenas quando levantamos nossas mãos ou abrimos nossos lábios em canções durante as reuniões da igreja. Claro que esses momentos são uma grande oportunidade de deixarmos transbordar nosso coração com aquilo de que ele está cheio: amor, maravilhamento e alegria pela presença e pela obra redentora de Deus.

Entretanto, também adoramos quando estamos no trabalho, na escola ou faculdade, no momento de lazer, ou até mesmo na academia nos exercitando. Adoramos quando testemunhamos de Cristo ao vivermos de modo digno do evangelho no nosso dia a dia. Em todos os momentos podemos e devemos adorar ao Senhor, orar, dar graças, perceber a sua presença e bendizê-lo, em nosso espírito, com nossas palavras, nosso corpo, nossas atitudes... enfim, com todo o nosso ser.

Uma vida integral de adoração também ocorre quando nossa mente e nosso coração estão repletos não apenas de maravilhamento, mas também de gratidão. Para os que amam o Senhor é inevitável que, ao se lembrarem das bênçãos, seu coração (assim como o do salmista) transborde de louvor: "Todo o meu ser louve o Senhor; que eu jamais me esqueça de suas bênçãos" (Sl 103.2).

Escolhendo a melhor parte

TEMA 04: Louvor e adoração no dia a dia

Fé verdadeira significa entregar-se totalmente. Significa colocar toda esperança na fidelidade de Deus e em suas promessas.

Francis Chan

Sua irmã, Maria, sentou-se aos pés de Jesus e ouvia o que ele ensinava.

Lucas 10.39

Maria e Marta foram as irmãs que hospedaram Jesus em sua casa. Marta certamente queria agradar o Mestre e, por isso, passou a trabalhar para que a estadia de Jesus fosse perfeita. Seu trabalho era um gesto de amor, mas, por se deixar levar por tantos afazeres — mesmo que destinados a Jesus —, ela se desgastou, e acabou se distraindo em meio a tantas atividades. Isso gerou ansiedade, preocupação e até mesmo dúvidas sobre o amor do Senhor por ela. Marta chega a questionar Jesus: "Senhor, não o incomoda que minha irmã fique aí sentada enquanto eu faço todo o trabalho?" (Lc 10.40).

Maria, por sua vez, ajustou suas perspectivas e prioridades à luz da presença de Jesus. Ela se dá conta de que a coisa mais importante que poderia fazer era se sentar aos pés do Mestre, ouvi-lo e aprender. Para sermos adoradores na nossa rotina tão agitada, precisamos aprender o que Maria, aparentemente, não demorou a concluir: nada, nem ninguém, é mais importante que Jesus. O privilégio é todo nosso de podermos nos assentar aos pés dele e adorá-lo.

Infelizmente, é muito comum ficarmos tão desgastados, ansiosos e distraídos com as coisas desta vida que perguntamos se o Senhor realmente está vendo nosso labor e nossas dificuldades. Porém, assim como Jesus via Marta e a amava a ponto de ajudá-la a reajustar seu foco, ele nos enxerga e conhece nosso coração. Ele se importa conosco e nos convida para estar aos seus pés.

Somente em Cristo podemos repousar em meio aos pesos desta vida. Aos cansados e sobrecarregados, ele dá alívio! Então, mesmo que seu dia seja agitado, encontre um tempo para estar a sós com o Mestre. Ao fazer isso, você poderá descansar na certeza de que fez a escolha certa.

LEIA

Lucas 10.38-42

ORAÇÃO

Senhor, ajuda-me a fazer a escolha certa, assim como Maria. Que eu possa priorizar o tempo contigo acima das distrações. Em teu nome. Amém.

Adorando em meio à dor

TEMA 04: Louvor e adoração no dia a dia

Um verdadeiro adorador é aquele que aprendeu a confiar em Deus durante a tempestade.

David Wilkerson

Por que você está tão abatida, ó minha alma?
Por que está tão triste?
Espere em Deus! Ainda voltarei a louvá-lo,
meu Salvador e meu Deus!

Salmos 42.5-6

LEIA

Salmo 42

ORAÇÃO

Senhor, mesmo em meio à tempestade, escolho confiar em ti. Que minha alma seja fortalecida por meio da esperança, pois tu és meu Salvador e meu Deus. Em nome de Jesus. Amém.

Adorar a Deus não diz respeito a uma atitude ritualística ou a um lugar específico. Adoração é trilhar o caminho da graça, numa busca pela presença do Espírito. Há muito mais que Deus tem para revelar a nós e, à medida que crescemos em conhecimento e intimidade, desenvolvemos nossa jornada diária de adoração. Podemos adorar o Senhor agora mesmo, onde estivermos e independentemente das situações.

Claro, quando nosso coração está cheio de gratidão, as palavras de louvor chegam fácil e rapidamente a nossos lábios. Por outro lado, em momentos de tristeza, parece mais difícil confiar na provisão de Deus. Mesmo assim, podemos ter a certeza de que ele é bom; e se trouxermos à memória a misericórdia que nos alcançou, essa lembrança também nos sustentará.

Foi isso que Paulo e Silas experimentaram, mesmo em um cárcere úmido e frio. Apesar da circunstância, eles louvaram e exaltaram o nome do Senhor. Eles estavam presos por fazer a vontade de Deus, mas não deixaram seu coração se abater pelo medo e pelo desânimo. Em vez disso, confiaram na soberana graça de Deus, que os capacitou a adorar.

Enquanto louvavam, aquele lugar se encheu da presença de Deus, que os libertou da prisão e, por meio do testemunho deles, trouxe salvação à família do carcereiro. A adoração nos liberta das prisões da nossa mente, mostra-nos a salvação de Deus e nos faz instrumentos em suas mãos para que outros sejam alcançados. Existem hoje situações que estão desafiando ou desanimando você? Lembre-se de Paulo e Silas e das palavras do salmista: "Por que você está tão abatida, ó minha alma? Por que está tão triste? Espere em Deus! Ainda voltarei a louvá-lo, meu Salvador e meu Deus!" (Sl 42.11).

Maravilhamento!

TEMA 04: Louvor e adoração no dia a dia

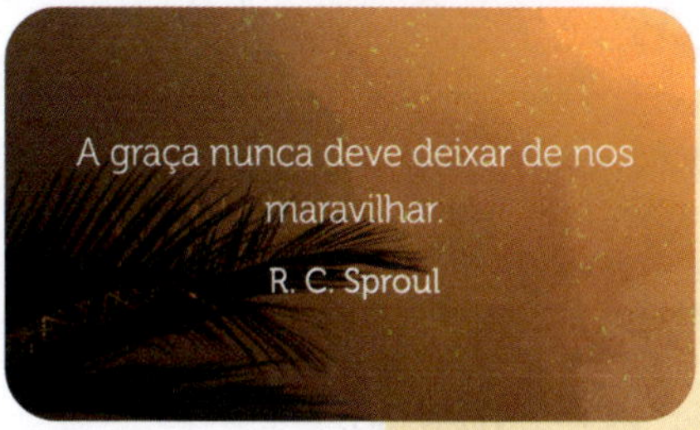

Teu amor é melhor que a própria vida; com meus lábios te louvarei. Sim, te louvarei enquanto viver; a ti em oração levantarei as mãos.

Salmos 63.3-4

No salmo 63, escrito pelo rei Davi, vemos um homem maravilhado e fascinado pelo amor, pela bondade e pela graça demonstradas por Deus. Tamanho assombro faz com que Davi deseje abrir os lábios e levantar as mãos numa atitude de louvor e adoração.

O que leva Davi a esse maravilhamento e o faz querer bendizer intensamente a Deus é o fato de meditar constantemente sobre o ser e a obra do Senhor em seu favor. Davi afirma que, durante toda a noite, permanecia acordado pensando em Deus e meditando a seu respeito. E, quanto mais refletia acerca de Deus, mais maravilhado ficava.

O livro de 2Samuel relata um momento em que a gratidão e a alegria de Davi diante de Deus foram tão intensas que ele começou a dançar, cantar e se alegrar com todas as forças enquanto trazia a arca da aliança de volta a Jerusalém, um episódio que simbolizava o retorno da presença de Deus junto a seu povo.

Contudo, nem todos compartilhavam da mesma empolgação do rei. Mical, esposa de Davi, disse a ele que sua atitude de louvor tão intensa e exuberante não condizia com os protocolos e com a rigidez da monarquia. A resposta de Davi? "Continuarei a celebrar diante do SENHOR. Estou disposto a me tornar ainda mais desprezível e até mesmo a ser humilhado aos meus próprios olhos!" (2Sm 6.21-22).

Assim como Davi, fomos escolhidos por Deus por sua infinita graça e bondade, não por nossos méritos! E se queremos aprender a adorá-lo com intensidade, temos de refletir sempre sobre tão grande graça que nos alcançou. Isso nos encherá de maravilhamento, e nossos corações transbordarão em palavras e atitudes de louvor ao Deus da nossa vida!

LEIA

2Samuel 6

ORAÇÃO

Senhor, ensina-me a viver em constante maravilhamento por tua graça e teu amor. Que eu possa exaltar-te com meus lábios e levantar minhas mãos em adoração. Em nome de Jesus. Amém.

Olhe para o alto

TEMA 05: Reflexões sobre 1Pedro

Meu caro amigo, eu sou um pobre pecador ainda. Eu tenho que olhar para Cristo todos os dias como eu fiz pela primeira vez.

Charles H. Spurgeon

Todo louvor seja a Deus, o Pai de nosso Senhor Jesus Cristo. Por sua grande misericórdia, ele nos fez nascer de novo, por meio da ressurreição de Jesus Cristo dentre os mortos.

1Pedro 1.3

LEIA

1Pedro 1.3-9

ORAÇÃO

Senhor, regozijo-me na esperança eterna que tenho como membro de tua família. Obrigado por me adotares como filho e fazeres de mim um sacerdote real. Em nome de Jesus. Amém.

Você está passando por uma provação tão intensa que se pergunta se é possível superá-la? Está preocupado com uma dificuldade particular que parece não ter fim? Às vezes, são os pequenos problemas e tensões diárias que nos desgastam e desanimam.

Qualquer que seja a fonte de nossa adversidade, Pedro nos ajuda a recuperar a esperança e a alegria. Na passagem de hoje, o apóstolo nos lembra de três coisas. Primeiro, Deus reservou uma herança imperecível e eterna para nós no céu (1Pe 1.3-4). É para lá que devemos voltar nossos olhos, em vez de nos concentrarmos em nossos problemas, pois se colocarmos todas as nossas esperanças nesta vida, as provações continuarão a nos desesperar. Porém, como filhos de Deus, temos uma promessa que supera qualquer sofrimento temporal.

Em segundo lugar, Pedro diz que Deus está no controle de nossas circunstâncias (1Pe 1.5). Isso não significa que Deus é responsável por todas as provações, mas que ele é capaz de usá-las para o nosso bem. Nosso amoroso Pai garante que nossas provações cumpram um propósito único para cada um de seus filhos. Ele é soberano sobre toda adversidade, incluindo sua duração: pequena e momentânea se comparada à eternidade (2Co 4.17).

Por fim, Pedro ensina que Deus usa provações para fortalecer nossa fé e para testificar às pessoas sobre nossa salvação (1Pe 1.6-7).

Então, como devemos agir durante as provações? Devemos nos alegrar em nossa esperança eterna, suportar as adversidades, amar a Jesus e continuar confiando nele: "Isso resultará em louvor, glória e honra no dia em que Jesus Cristo for revelado" (1Pe 1.7).

Ser santo, porque ele é santo

TEMA 05: Reflexões sobre 1Pedro

Muitas vezes, eu oro: "Senhor, faze-me tão santo quanto é possível a um pecador perdoado".
Robert Murray M'Cheyne

Se alguém lhes perguntar a respeito de sua esperança, estejam sempre preparados para explicá-la.
1Pedro 3.15

LEIA

1Pedro 3.13-17

ORAÇÃO

Senhor Jesus, quero ser um exemplo para os outros. Peço por mais oportunidades de refletir tua bondade. Em teu nome. Amém.

Como você reage quando presencia uma atitude hostil de alguém em relação à fé cristã? Pode ser que você seja o tipo de pessoa que deixa sua raiva transbordar em uma discussão; talvez você seja do tipo que fica mais quieto. É difícil saber como responder àqueles que demonstram aversão à nossa fé, mas Pedro nos dá bons conselhos.

Primeiramente, o apóstolo diz que mesmo ao fazer o que é certo os cristãos estariam sujeitos ao sofrimento e à perseguição (1Pe 3.14). Uma vez que o mundo acha que santidade e reverência a Deus são indevidas, e até mesmo ofensivas, não é de surpreender que ao assumir uma posição pela retidão você seja alvo de críticas intensas. Mas não tema a intimidação; lembre-se: quando você é perseguido, você é abençoado.

Em vez de deixar o temor tomar conta de nossa caminhada, Pedro aconselha que nos consagremos a Cristo como o Senhor de nossa vida. Um seguidor de Jesus não é mais escravo do mundo, mas um servo de Cristo e de sua justiça. De certa maneira, o caminho para a santidade é tornar-se menos apaixonado pelas coisas deste mundo e mais maravilhado pela grandeza e majestade de Deus como o verdadeiro Senhor sobre todas as coisas.

Ao concluir seu argumento, Pedro orienta os cristãos a terem esperança, mesmo em meio a um contexto de perseguição. E essa esperança deveria ser transmitida também aos outros: "Se alguém lhes perguntar a respeito de sua esperança, estejam sempre preparados para explicá-la. Façam-no, porém, de modo amável e respeitoso. Mantenham sempre a consciência limpa. Então, se as pessoas falarem mal de vocês, ficarão envergonhadas ao ver como vocês vivem corretamente em Cristo" (1Pe 3.15). Esperança e santidade, portanto, são inseparáveis, pois o lugar onde colocamos nossa esperança determina se caminharemos em santidade ou se sucumbiremos às seduções deste mundo.

Nossa pedra angular

TEMA 05: Reflexões sobre 1Pedro

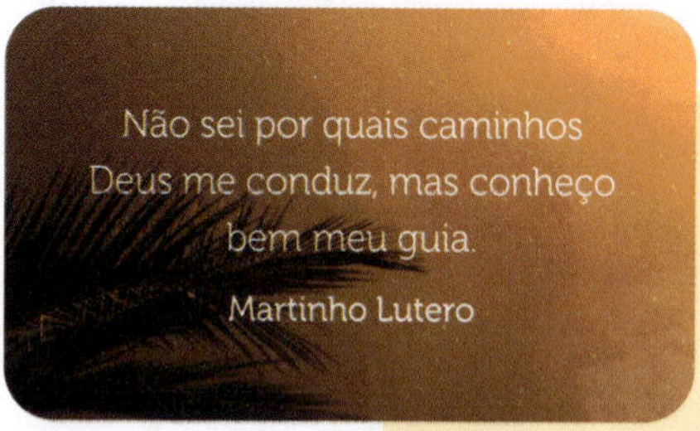

Vocês, porém, são povo escolhido, reino de sacerdotes, nação santa, propriedade exclusiva de Deus. Assim, vocês podem mostrar às pessoas como é admirável aquele que os chamou das trevas para sua maravilhosa luz.

1Pedro 2.9

LEIA

1Pedro 2.4-10

ORAÇÃO

Senhor Jesus, ajuda-me a ser uma pedra viva, edificada e colocada onde tu quiseres para o avanço do teu reino. Em teu nome. Amém.

Um dos maiores problemas para os entusiastas da jardinagem é o grande volume de pedras que se amontoam em jardins e campos. De fato, essa pode ser uma das razões pelas quais em alguns países, como a Irlanda, existem tantos campos cercados por paredes. O problema não é tanto manter o jardim, mas sim remover as pedras de lá.

Na passagem de hoje, a palavra "pedra" ocorre cinco vezes ao longo de sete versículos, sempre em um sentido positivo, como um bom alicerce para edificação. Para nós, as pedras podem ser um incômodo, algo que atrapalha. Mas para o público de Pedro, essa palavra carregava uma dupla promessa. Primeiro, a grande esperança de Israel era que Deus retornasse a um templo reedificado, construído sobre a rocha e a pedra angular. Exércitos inimigos derrubaram o templo, mas Deus o reergueria por meio de Jesus.

Em hebraico, a palavra "pedra" (*eben*) é muito parecida com a palavra "filho" (*ben*). A promessa de Deus foi enviar seu Filho, aquele sobre quem nossa vida seria reconstruída. Essas duas promessas estão intrinsecamente entrelaçadas nessa passagem. Para Pedro, Jesus é a pedra e o fundamento do novo templo, um "templo espiritual" (1Pe 2.5). O texto nos diz que Jesus havia sido rejeitado por muitos, mas os que confiassem nele nunca seriam abalados e permaneceriam firmes eternamente. Se você confiar em Jesus hoje, ele tornará sua vida sólida e firme, e a usará para ser um abrigo para muitas outras pessoas em um mundo de instabilidade.

FEVEREIRO

Representando o Senhor

TEMA 05: Reflexões sobre 1Pedro

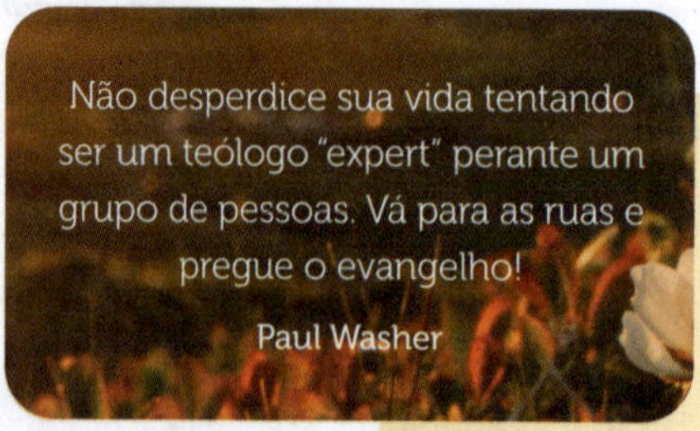

Pois vocês são livres e, no entanto, são escravos de Deus; não usem sua liberdade como desculpa para fazer o mal. Tratem todos com respeito e amem seus irmãos em Cristo. Temam a Deus e respeitem o rei.

1Pedro 2.16-17

LEIA

1Pedro 2.11-17

ORAÇÃO

Senhor Jesus, quero descansar em tua graça e cumprir teus propósitos para minha vida. Dá-me uma maior compreensão de teus caminhos, pois eles são mais altos que os meus. Em teu nome. Amém.

Ao aceitar Jesus como Salvador, experimentamos uma espécie de novo começo, um novo momento de misericórdia. Fomos feitos novas criaturas em Cristo, mas e agora? Como devemos nos comportar à luz dessa nova identidade? Pedro nos ajuda com as respostas a perguntas complexas. Depois de entender quem você realmente é dentro dos propósitos de Deus, é vital que você aprenda a viver de maneira adequada.

Pedro afirma que seus leitores devem evitar os desejos carnais. Os habitantes do mundo antigo (e hoje, na verdade, as coisas não são diferentes) tinham a tendência de supor que, quanto mais prazer alguém pudesse sentir, melhor. Nada estava fora dos limites. Contudo, para Pedro, havia algo a mais em jogo, considerações que vão além de um desejo momentâneo. Aquele que tem a verdadeira vida em união com Cristo não deve dar vazão desenfreada a certos desejos, pois esses impulsos carnais "lutam contra a alma" (1Pe 2.11).

O mundo precisa ver nossa verdadeira natureza santa, precisa ver pessoas cuja conduta busca honrar a Deus. Embora os descrentes não saibam, chegará o dia em que Jesus Cristo voltará, e, naquele momento, eles dirão: "Esses cristãos estavam certos o tempo todo. Este é o dia para o qual viveram".

Então, ouça novamente as palavras do apóstolo: "Procurem viver de maneira exemplar entre os que não creem. Assim, mesmo que eles os acusem de praticar o mal, verão seu comportamento correto e darão glória a Deus quando ele julgar o mundo" (1Pe 2.12). Que possamos viver nossos dias como bons representantes e embaixadores de nosso Senhor Jesus.

Chamados para ser diferentes

TEMA 05: Reflexões sobre 1Pedro

> Sim, lutamos pela liberdade, sim, lutamos pela justiça. Mas lutamos com armas diferentes. Nós lutamos com a graça.
>
> Philip Yancey

> **Pois, "se quiser desfrutar a vida e ver muitos dias felizes, refreie a língua de falar maldades e os lábios de dizerem mentiras".**
>
> **1Pedro 3.10**

Muitos conhecem a sensação de entrar em um carro novo. Você olha em volta, vê onde estão as luzes, verifica os ângulos dos espelhos, identifica o lugar dos comandos. Ao tentar acender a lanterna, acaba ligando os limpadores do para-brisa. Tudo parece posicionado diferente. Esses pequenos hábitos são mais difíceis de serem mudados do que imaginamos.

O mesmo é verdade quando se trata de cristãos aprendendo a traçar um novo caminho por este mundo perigoso. Devemos substituir hábitos antigos a fim de nos adaptar a um novo padrão de vida. Como então devemos nos comportar em um mundo que não nos entende e que, às vezes, chega até a ser hostil ao tipo de vida para a qual fomos chamados a viver?

Pedro recorre ao salmo 34 a fim de resumir qual deve ser a conduta dos cristãos neste mundo: "Afaste-se do mal e faça o bem; busque a paz e esforce-se para mantê-la" (1Pe 3.11). A paz pode ser ilusória, mas devemos buscá-la como quem busca um tesouro. Você deve esforçar-se e aprender esse novo hábito, um hábito que vai de encontro à nossa natureza caída.

Os cristãos são chamados a serem distintos e separados, mesmo que isso gere ridicularização, perseguição e críticas. Podemos ser tentados a revidar, mas, em vez disso, deixamos que o Espírito Santo acalme nosso coração furioso. Portanto, clame ao Senhor hoje para que ele o oriente e o capacite a desenvolver esses novos hábitos do coração, pois assim o mundo verá o amor de Jesus através de nós. E ao orarmos, tenhamos a certeza de que ele nos ouve: "Os olhos do Senhor estão sobre os justos, e seus ouvidos, abertos para suas orações" (1Pe 3.12).

LEIA

1Pedro 3.8-14

ORAÇÃO

Senhor Jesus, quero desenvolver hábitos e desejos piedosos; quero dizer adeus à velha maneira de viver. Em teu nome. Amém.

Fidelidade em meio às dificuldades

TEMA 05: Reflexões sobre 1Pedro

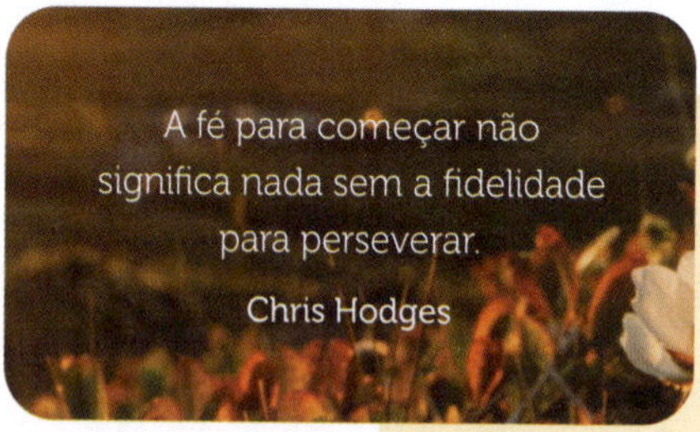

Alegrem-se muito, pois essas provações os tornam participantes dos sofrimentos de Cristo, a fim de que tenham a maravilhosa alegria de ver sua glória quando ela for revelada.

1Pedro 4.13

LEIA

1Pedro 4.12-19

ORAÇÃO

Senhor Jesus, agradeço-te por transformares o mal em bem. Peço uma perspectiva eterna para agir de acordo com a tua vontade. Em nome de Jesus. Amém.

Em 8 de janeiro de 1956, o missionário Jim Elliot foi martirizado junto com outros quatro amigos. Ele deixou esposa e uma filha de menos de um ano. Jim e seus amigos missionários foram a um povoado pequeno, mas violento, na porção equatoriana da floresta amazônica. Visitaram o povo huaorani, sem saber que alguém havia mentido para os nativos sobre suas verdadeiras intenções. Por isso, foram atacados e mortos por dez guerreiros locais.

A maioria das pessoas ficaria longe dos huaorani. Mesmo assim, menos de dois anos depois, a esposa e a filha de Jim se mudaram para aquela área, e muitos guerreiros se tornaram cristãos. Jim desejava que mais pessoas se dedicassem à obra missionária e, com sua morte, inspirou mais pessoas do que jamais poderia ter feito em vida.

Em 1Pedro 4.14 encontramos um resumo do tema da passagem de hoje: "Se vocês forem insultados por causa do nome de Cristo, abençoados serão". Ninguém, é óbvio, gosta de ser perseguido. E os primeiros cristãos devem ter ficado surpresos por estarem sofrendo, mesmo após a ressurreição de Jesus.

Entretanto, Pedro incentiva seus leitores a enxergar as circunstâncias à luz da eternidade: Jesus virá em breve, e nós, os que cremos, teremos "a maravilhosa alegria de ver sua glória quando ela for revelada" (1Pe 4.13). Devemos confiar nossa vida a Deus fazendo o que é bom. Nosso chamado é para trazer gentileza renovada, vida abundante e sabedoria profunda sobre nossa casa, família e comunidade. E mesmo quando isso nos custar, lembremos das palavras do apóstolo: "Portanto, se vocês sofrem porque cumprem a vontade de Deus, continuem a fazer o que é certo e confiem sua vida àquele que os criou, pois ele é fiel" (1Pe 4.19).

Verdadeira liderança

TEMA 05: Reflexões sobre 1Pedro

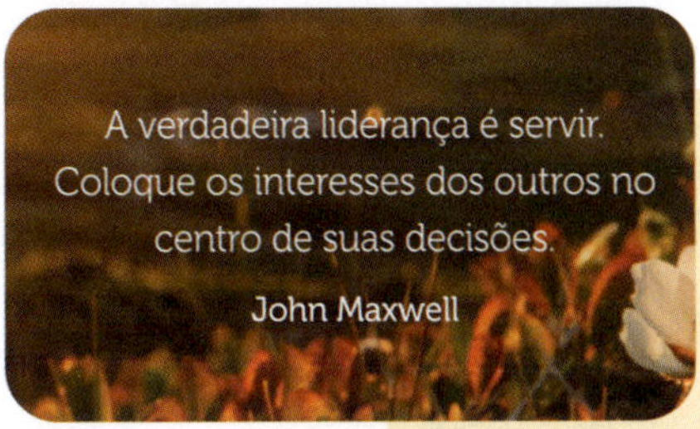

Não abusem de sua autoridade com aqueles que foram colocados sob seus cuidados, mas guiem-nos com seu bom exemplo. E, quando vier o Grande Pastor, vocês receberão uma coroa de glória sem fim.

1Pedro 5.3-4

Liderança é uma palavra que está na moda. No entanto, nas falas de Pedro, ela nunca é mencionada. Em vez de "liderar", o apóstolo prefere utilizar outros verbos, como "cuidar" e "pastorear". Aos presbíteros — ou pastores — das igrejas para as quais estava escrevendo, Pedro diz que um pastor digno de confiança é aquele que se preocupa, em primeiro lugar, com as necessidades de seu rebanho.

Pedro aprendeu pessoalmente com o Grande Pastor o que é fundamental sobre pastorear: não há necessidade de impor seu poder sobre as ovelhas; em vez disso, seja um bom exemplo e entregue sua vida para proteger o rebanho. Sim, Jesus é o modelo de serviço, sacrifício e humildade pelo qual todos os outros pastores devem viver. Um padrão que não condiz com muitos líderes hoje.

A forma como a liderança ocorre no mundo é, naturalmente, mandar e comandar, pressionar as pessoas em vez de guiá-las gentilmente. Você pode até conseguir que as ovelhas façam o que você quer agindo assim, mas isso não é saudável. Essa abordagem pode parecer "forte", mas, na verdade, é fraca. O chamado para ser um pastor humilde é o chamado para a verdadeira força na qual ninguém precisa intimidar ninguém.

Mas esse chamado não é fácil de ser colocado em prática. Acreditamos que devemos ser duros quando ocupamos posições de autoridade. Ficamos ansiosos por ter de fazer tantas coisas e somos tentados a pressionar as pessoas. É por isso que Pedro termina sua exortação com um convite para lançarmos todas as nossas preocupações sobre o próprio Deus. O comando é claro: pegue tudo o que está pesado e deposite nas mãos de Deus. Ele é forte o suficiente para lidar com isso, e ficará feliz em aliviá-lo de suas ansiedades.

LEIA

1Pedro 5.1-11

ORAÇÃO

Senhor Jesus, ajuda-me a ser um bom pastor para todos ao meu redor. Peço que teu Espírito me capacite e me revista de humildade. Em teu nome. Amém.

Explicando o jejum

TEMA 06: O que é o jejum?

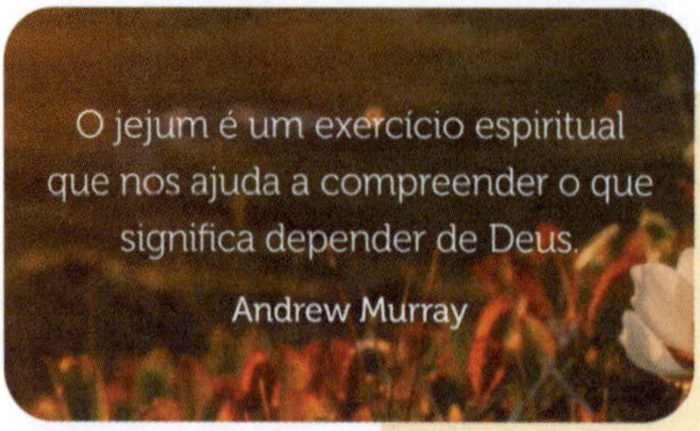

Por isso, o SENHOR diz: "Voltem para mim de todo o coração, venham a mim com jejum, choro e lamento!".

Joel 2.12

LEIA

Joel 2.12-13

ORAÇÃO

Senhor, guia-me no exercício do jejum como uma expressão de meu anseio por mais intimidade contigo. Em nome de Jesus. Amém.

Jejuar é o ato de se abster total ou parcialmente de alimentos por um período definido visando um propósito. Hoje em dia, é cada vez mais comum as pessoas jejuarem por motivos de saúde e até mesmo de estética. Mas a Bíblia recomenda o jejum como um ato de renúncia na busca de mais intimidade com Deus. Mesmo assim, as Escrituras não apresentam regras fixas sobre como ou quando jejuar. O Antigo Testamento, por exemplo, institui um único dia de jejum: o Dia da Expiação (Lv 23.27).

Porém, há inúmeros exemplos de pessoas na Bíblia que jejuaram em busca da presença, do discernimento e do favor de Deus: Davi, Ester, Daniel, Esdras, os apóstolos e o próprio Jesus. Aliás, o Senhor pressupõe que nós, seus discípulos, jejuaríamos e afirmou isso aos fariseus: "Por acaso os convidados de um casamento jejuam enquanto festejam com o noivo? Um dia, porém, o noivo lhes será tirado, e então jejuarão" (Lc 5.34-35).

A igreja primitiva entendeu a recomendação do Senhor e tinha a prática do jejum como atitude importante em diversos momentos. Atos 13.1-4 relata que, enquanto os irmãos na igreja em Antioquia jejuavam e buscavam ao Senhor, o Espírito Santo mostrou-lhes que deviam separar Paulo e Barnabé para o trabalho missionário. Mais adiante, em Atos 14.23, vemos que Paulo e Barnabé oravam e jejuavam antes de designar presbíteros em cada igreja.

Assim também nós, hoje, devemos buscar jejuar. Não como algo místico ou que possui algum poder em si mesmo, mas como um ato que nos ajuda a subjugar nossa carne e desenvolver domínio próprio. Assim, poderemos nos concentrar mais nas coisas do Espírito para que o Senhor mude nosso coração.

O jejum que agrada a Deus

TEMA 06: O que é o jejum?

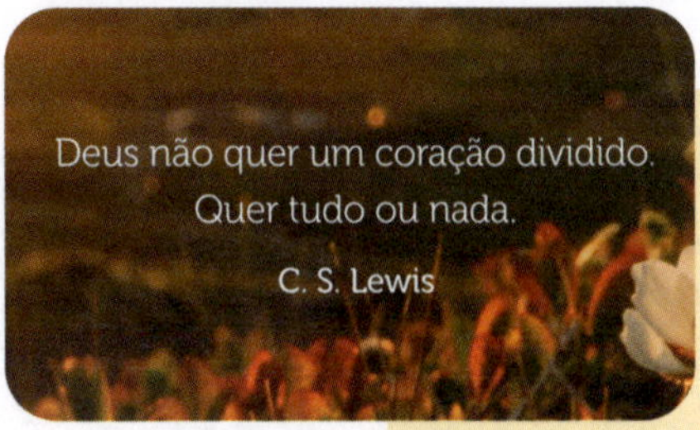

Quando jejuarem, não façam como os hipócritas, que se esforçam para parecer tristes [...]. Mas, quando jejuarem, penteiem o cabelo e lavem o rosto. Desse modo, ninguém notará que estão jejuando, exceto seu Pai.

Mateus 6.16-18

Nessa passagem de Mateus, Jesus nos ensina sobre qual deve ser nossa motivação ao jejuarmos e que, com a atitude correta, o jejum pode nos trazer muitos benefícios espirituais. Temos de entender que não se trata de um ritual ou um ato de mera religiosidade, nem deve ser feito para mostrar algo aos outros. O jejum diz respeito à intenção de renúncia e de mortificação da nossa carne, para nos mantermos mais suscetíveis à presença e ao agir do Espírito de Deus.

Devemos, portanto, aliar o jejum à oração e ao estudo da Palavra, na busca de discernimento, direção e intimidade com nosso Pai, que nos vê em secreto enquanto o buscamos. É preciso estar claro para nós que de nada adianta nos dedicarmos à prática do jejum se não apresentarmos a Deus arrependimento e mudança de postura naquilo que não o agrada em nossos pensamentos, palavras e atitudes. Em Isaías 58, o Senhor diz a Israel que o jejum oferecido pelo povo era vazio e não o agradava: "Dizem: 'Jejuamos diante de ti! Por que não prestas atenção? Nós nos humilhamos com severidade, e tu nem reparas!'. 'Vou lhes dizer por quê', eu respondo. 'É porque jejuam para satisfazer a si mesmos'" (Is 58.3).

O Senhor continua dizendo, por meio do profeta, que o jejum que o agrada é aquele que nos motiva a lutar contra a impiedade, a libertar os oprimidos e a dividir o pão com o faminto. "Então sua luz virá como o amanhecer, e suas feridas sararão num instante. Sua justiça os conduzirá adiante, e a glória do Senhor os protegerá" (Is 58.8).

LEIA

Isaías 58

ORAÇÃO

Pai celestial, ensina-me a jejuar de maneira que te agrade verdadeiramente. Que meu jejum seja um ato de humildade, e não uma exibição de falsa piedade. Em nome de Jesus. Amém.

O jejum de Daniel

TEMA 06: O que é o jejum?

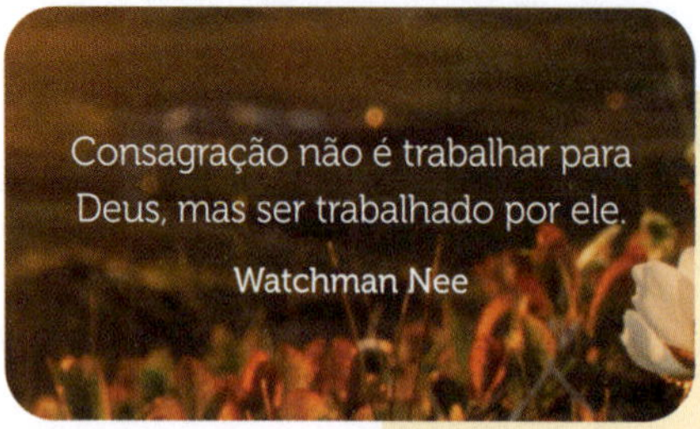

Então me voltei para o Senhor Deus e supliquei a ele com oração e jejum. Também vesti pano de saco e coloquei cinzas sobre a cabeça.

Daniel 9.3

LEIA

Daniel 9

ORAÇÃO

Senhor, que eu possa aprender com o exemplo de Daniel e buscar-te com um coração sincero. Dá-me sabedoria e entendimento enquanto busco tua face em humildade e arrependimento. Em nome de Jesus. Amém.

Podemos aprender muito com Daniel sobre como jejuar. Ele era um jovem pertencente à corte de Judá que, por ordem do rei da Babilônia, foi levado junto com outros jovens para residir em seu palácio, quando Judá foi destruído e seu povo, levado cativo.

O primeiro capítulo do livro de Daniel nos diz que, mesmo estando no palácio do rei com a possibilidade de se deliciar com as mais finas iguarias, Daniel e três amigos decidiram, num gesto de consagração a Deus, fazer um jejum parcial, ingerindo apenas legumes e água. A atitude desses quatro rapazes agradou a Deus, que lhes conferiu conhecimento, inteligência, sabedoria e entendimento muito maior do que todos os outros na corte do rei.

Já em outro momento de sua vida, vemos Daniel novamente realizando um jejum com o intuito de se humilhar, buscar a face do Senhor e clamar por perdão para as ações do seu povo rebelde. O capítulo 9 diz que, enquanto Daniel ainda orava, o anjo Gabriel apareceu e lhe instruiu acerca de eventos futuros relacionados não apenas ao povo de Israel, mas à vinda do Messias e de seu governo: "Assim que você começou a orar, foi dada uma ordem, e agora estou aqui para lhe dizer qual foi essa ordem, pois você é muito precioso para Deus" (Dn 9.23).

Aprendemos com Daniel que o jejum serve como um ato de consagração a Deus, um ato que reflete nossa busca por santidade e pureza. E, quando aliado a oração e súplicas, o jejum também demonstra humilhação e arrependimento. Quando praticamos um jejum, seja ele total (abstenção completa de alimentos e bebidas), seja parcial (renúncia de alguns alimentos que sejam da nossa preferência), o Senhor se agrada de nós e revela seus propósitos para podermos aprofundar-nos em seu conhecimento.

O jejum comunitário

TEMA 06: O que é o jejum?

Então Ester enviou esta resposta a Mardoqueu: "Vá, reúna todos os judeus de Susã e jejuem por mim [...] Minhas criadas e eu faremos o mesmo. Depois, irei à presença do rei, mesmo que seja contra a lei. Se eu tiver de morrer, morrerei".

Ester 4.16

Na maioria das vezes, realizamos o jejum como um ato individual, mas nessa passagem do livro de Ester vemos a conclamação de um jejum comunitário. Ester era uma jovem judia que foi escolhida para ser a rainha de toda a Pérsia. Porém, enquanto ocupava essa posição, um inimigo de seu povo tramou a destruição dos judeus e obteve a aprovação do rei — que não sabia que sua rainha era judia.

Pelas leis da Pérsia, nem mesmo a rainha podia ir ao rei sem ser convidada. Temendo por sua vida e por seu povo, Ester conclama todos os judeus a jejuarem e orarem juntamente com ela por livramento e proteção diante de uma iminente aniquilação. Em outra situação de perigo, Esdras, o líder da caravana de exilados que retornavam da Pérsia para Jerusalém, também convocou o povo para um jejum: "Ali, junto ao canal de Aava, ordenei que todos nós jejuássemos e nos humilhássemos diante de nosso Deus. Oramos para que ele nos proporcionasse uma viagem segura e nos protegesse, como também a nossos filhos e a nossos bens" (Ed 8.21).

Em ambos os casos, sabemos que Deus ouviu o clamor do seu povo e trouxe livramento e proteção. Essas histórias nos ensinam que não somente podemos, mas devemos, jejuar individual e também coletivamente, como corpo de Cristo, clamando a Deus por nossa igreja, pelas vidas uns dos outros, pela nossa cidade e por nosso país. Ao realizarmos um jejum como um ato de arrependimento pelos nossos pecados como indivíduos e como comunidades de fé, sabemos que Deus nos ouve, assim como ouviu seu povo nos tempos de Ester e Esdras.

LEIA

Ester 4

ORAÇÃO

Senhor, inspira-nos a buscar-te como comunidade de fé através do jejum e da oração. Que possamos nos unir em humildade e propósito comum, clamando por tua intervenção e misericórdia. Em nome de Jesus. Amém.

O jejum e a intercessão

TEMA 06: O que é o jejum?

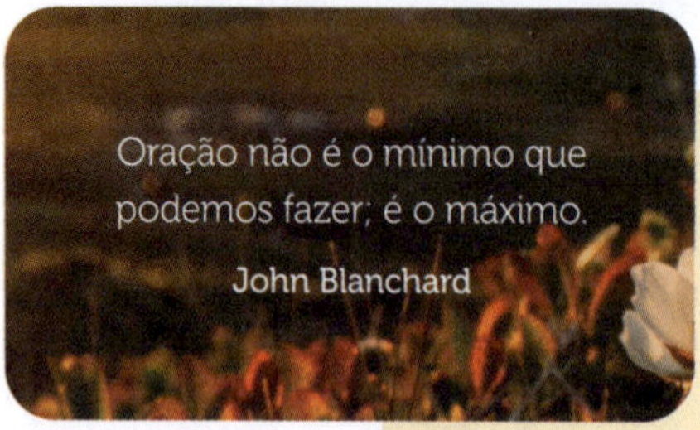

Davi suplicou ao Senhor que poupasse a criança. Jejuou e passou a noite prostrado no chão. Os oficiais do palácio insistiram para que ele se levantasse e comesse com eles, mas Davi se recusou.

2Samuel 12.16-17

LEIA

2Samuel 12.1-20

ORAÇÃO

Senhor, que meu coração seja sempre humilde e contrito diante de ti. Ajuda-me a usar o jejum e a oração como ferramentas para buscar tua graça e misericórdia. Ensina-me também a aceitar tua vontade soberana. Amém.

Na passagem de hoje, aprendemos sobre a importância de orar e jejuar em favor das pessoas que amamos. Sabemos que Davi pecou ao adulterar com Bate-Seba e ao tentar ocultar esse adultério com um homicídio (2Sm 11). Como consequência de seus atos, seu filho, fruto desse adultério, ficou doente. Davi então se prostrou em jejum e oração diante do Senhor.

Com essa atitude, Davi demonstrou um coração quebrantado, que se humilha diante de Deus em arrependimento por seus pecados. No meio de sua angústia, o rei intercedeu em favor de si mesmo e de seu filho que acabara de nascer. Em momentos de dificuldade devemos buscar a Deus, e o jejum nos ajuda a demonstrar um espírito contrito, de renúncia e dependência. Assim como Davi, devemos jejuar em favor de nossos familiares e amigos, pedindo por conversão, livramento e ajuda do Senhor.

Com Davi aprendemos também a reconhecer a vontade soberana de Deus e sua bondade, mesmo quando nossas orações não recebem as respostas que gostaríamos. Apesar da súplica, a criança morreu, mas Davi não reclamou com Deus nem blasfemou seu nome. Ao contrário, ele se levantou, trocou suas vestes e foi à casa do Senhor para adorá-lo. O jejum não mudou as circunstâncias de Davi, mas mudou seu coração, trazendo perdão, confiança, fortalecimento e graça para que ele pudesse enfrentar os problemas vindouros.

Do mesmo modo, jejuamos não porque o jejum em si tenha algum poder, mas como um gesto sacrificial que demonstra nossa vontade de abrir mão daquilo de que gostamos — ou mesmo necessitamos — para nos dedicar ao Senhor e buscar seu favor também para aqueles que amamos.

O jejum e o fortalecimento da fé

TEMA 06: O que é o jejum?

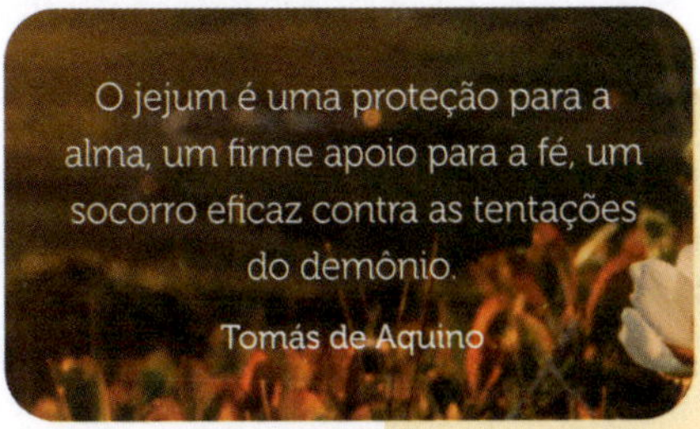

> Eu lhes digo a verdade: se tivessem fé, ainda que do tamanho de uma semente de mostarda, poderiam dizer a este monte: "Mova-se daqui para lá", e ele se moveria. Nada seria impossível para vocês.
>
> **Mateus 17.20**

O Evangelho de Mateus narra a história de um pai aflito, pois seu filho, possuído de um espírito maligno, encontrava-se doente e machucado. Então ele procurou os discípulos de Jesus pedindo que expulsassem o demônio do menino, mas eles não conseguiram. Somente Jesus foi capaz de expulsar o demônio e trazer alívio àquela família.

Os discípulos, então, questionam o Mestre sobre por que não conseguiram expulsar o demônio, e o Senhor responde: "Porque a sua fé é muito pequena [...] se tivessem fé, ainda que do tamanho de uma semente de mostarda, poderiam dizer a este monte: 'Mova-se daqui para lá', e ele se moveria. Nada seria impossível para vocês, mas essa espécie não sai senão com oração e jejum" (Mt 17.20-21).

Muitos, ao lerem essa passagem, entendem que há castas específicas de demônios que somente seriam expulsos pelo jejum e pela oração. Mas o que o texto ensina é que o jejum e a oração, na verdade, expulsam nossa incredulidade, capacitando-nos assim a exercer nossa autoridade em Cristo sobre o mundo espiritual. Sabemos que o mundo espiritual existe e que há forças das trevas que se levantam contra os filhos da luz. E também sabemos que nossa autoridade não vem do jejum ou da oração, mas de Cristo e da ação do Espírito em nós.

Porém, muitas vezes estamos fracos e desanimados e não conseguimos resistir às tentações e investidas do maligno. Por isso é importante dedicarmo-nos ao jejum e à oração para fortalecer nossa fé. Jesus incentivou seus discípulos a praticarem essas disciplinas espirituais para que pudessem subjugar a carne e não confiar em si mesmos. Aprender a depender de Deus e de sua graça nos capacita para viver o impossível e ser instrumentos de Deus em meio a este mundo mau.

LEIA

Mateus 17.14-21

ORAÇÃO

Senhor, fortalece minha fé para que eu possa enfrentar as adversidades com a autoridade que me deste em Cristo. Em nome de Jesus. Amém.

O jejum de Jesus

TEMA 06: O que é o jejum?

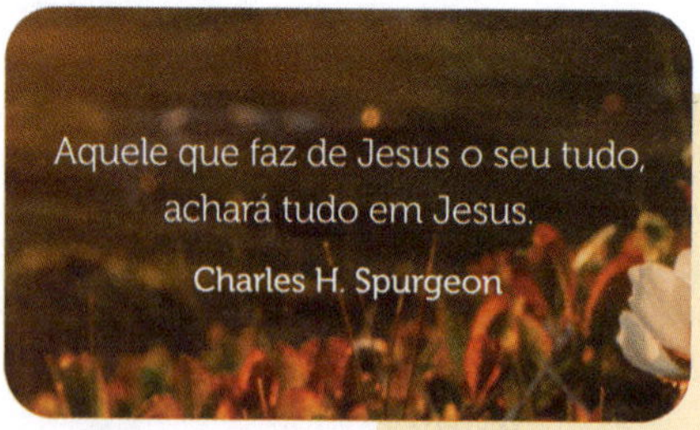

Em seguida, Jesus foi conduzido pelo Espírito ao deserto para ser tentado pelo diabo. Depois de passar quarenta dias e quarenta noites sem comer, teve fome.

Mateus 4.1-2

LEIA

Mateus 4.1-11

ORAÇÃO

Senhor, que eu possa seguir o exemplo de Jesus em jejum e oração, buscando fortalecimento espiritual e maior proximidade contigo. Ajuda-me a praticar o jejum de maneira sábia e saudável. Em nome de Jesus. Amém.

Em todas as áreas, Jesus deve ser nosso exemplo de como agradar a Deus e ter um relacionamento com o Pai. Mateus relata que Jesus foi levado pelo próprio Espírito de Deus a um período de jejum para seu fortalecimento espiritual. Após passar quarenta dias jejuando, sendo sustentado e fortalecido pelo Espírito de Deus, Jesus foi capaz de responder e de resistir a todas as investidas de Satanás contra sua vida, seu caráter e seu relacionamento com Deus.

O exemplo do Senhor ensina que o jejum, quando feito com a intenção de buscar a presença do Espírito Santo pela mortificação da nossa carne, nos fortalece espiritualmente; assim poderemos, como Jesus, resistir às tentações e aos enganos lançados pelo inimigo. Isso não quer dizer que devemos jejuar por um período tão prolongado como os quarenta dias que Jesus passou no deserto. Ao jejuar, devemos fazê-lo com zelo pelo Senhor, mas também com responsabilidade por nosso corpo e nossa saúde, sempre buscando um direcionamento do Espírito para não corrermos nenhum risco desnecessário.

Podemos fazer um jejum total por um curto período, ou mesmo um jejum parcial, mas o importante é fazermos isso como um ato de dedicação ao Senhor, um ato sacrificial e de consagração. Certo é que, como cristãos, devemos praticar mais o jejum e aliá-lo à oração e ao estudo da Palavra para fortalecer nosso espírito e nossa fé, adquirir domínio próprio, buscar a direção do Senhor e também demonstrar arrependimento e quebrantamento. Quando feito com essas intenções de coração o jejum agradará a Deus e nos levará para mais perto dele.

A oração de Neemias

12 FEV

TEMA 07: Reflexões sobre Neemias

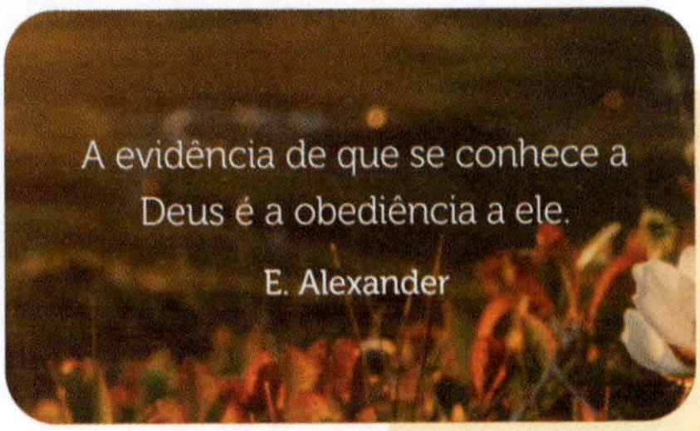

Se voltarem para mim e obedecerem a meus mandamentos e viverem de acordo com eles, então, mesmo que estejam exilados nos confins da terra, eu os reunirei e os trarei de volta ao lugar que escolhi para estabelecer meu nome.

Neemias 1.9

Um dos grandes atributos que definiram a vida de Neemias foi a quantidade de tempo que ele passou em oração. Sempre que precisava de orientação, força, provisão ou proteção, Neemias fazia uma oração. Por causa dessa sua atitude de dependência, Deus usou Neemias para cumprir seus propósitos. Isso também é verdade para os cristãos hoje: Deus nos usará se o buscarmos e nos colocarmos à sua disposição. Ele deseja que seus filhos façam parte de sua obra e tem um propósito para cada um de nós.

Se você deseja seguir o exemplo de Neemias, primeiro reconheça Deus como o soberano governante do universo. Embora ele seja nosso Pai amoroso e amigo leal, nunca devemos esquecer que ele também é nosso Criador todo-poderoso, cuja santidade está além da nossa compreensão. Não queremos pensar em Deus apenas como "o homem lá de cima" ou entrar em sua presença de maneira leviana.

Como alguém que respeitava a santidade de Deus, Neemias se aproximou dele em arrependimento, admitindo não apenas a gravidade de seu próprio pecado, mas também o do povo de Israel: "Olha do alto e vê que oro noite e dia por teu povo, Israel. Confesso que temos pecado contra ti" (Ne 1.6). Não podemos esconder, negar ou nutrir o pecado e esperar que o Senhor atenda nossas orações. Precisamos do Espírito Santo para nos ajudar a permanecer sensíveis ao pecado e dispostos a lidar com ele imediatamente.

A razão pela qual Neemias se destacava não tinha nada a ver com suas habilidades naturais; antes, foi porque ele desenvolveu um relacionamento de dependência do Senhor por meio da oração. O mesmo pode ser verdade para você.

LEIA

Neemias 1.1-11

ORAÇÃO

Senhor Jesus, eu te agradeço pelo dom da oração. Obrigado por poder me comunicar diretamente contigo. Obrigado também porque sei que estás intercedendo por mim. Em teu nome. Amém.

Neemias em Jerusalém

TEMA 07: Reflexões sobre Neemias

A experiência de santidade não é um dom que recebemos, como a justificação, mas algo que somos claramente exortados a conseguir com esforço.

Jerry Bridges

"O que você deseja que eu faça?", perguntou o rei. Depois de orar ao Deus dos céus, respondi: "Se lhe parecer bem, e se o rei for favorável a mim, seu servo, peço que me envie a Judá para reconstruir a cidade onde meus antepassados estão sepultados".

Neemias 2.4-5

LEIA

Neemias 2.1-10

ORAÇÃO

Senhor Jesus, agradeço-te por teres colocado uma responsabilidade em meu coração pelo teu reino. Como Neemias, dá-me coragem para cumprir meu chamado e enfrentar com fé os obstáculos. Em teu nome. Amém.

Quando Neemias ouviu sobre a desesperadora condição dos judeus que retornaram do exílio para Jerusalém, seu coração ficou pesado. Enquanto conversava com o rei, orou e, com ousadia, foi direto ao ponto que o afligia: "Se lhe parecer bem, e se o rei for favorável a mim, seu servo, peço que me envie a Judá para reconstruir a cidade onde meus antepassados estão sepultados" (Ne 2.5).

Sempre que o Senhor colocar uma responsabilidade em nosso coração, ele abrirá uma porta para que sua vontade seja cumprida. Nesse caso, Deus usou a expressão triste e a oração desesperada de Neemias para preparar um rei pagão para enviá-lo em missão. Qual é a sua reação quando sente que o Senhor está chamando você para uma tarefa que parece estar além de suas habilidades? Você faz uma lista de todos os motivos que acredita que possam impedi-lo?

Podemos imaginar que Neemias tenha sido sufocado por uma sensação de inadequação. Como ele poderia ajudar? Ele nem ao menos estava perto de Jerusalém e, como servo do rei, não tinha liberdade para simplesmente fazer as malas e partir. Deus já sabe tudo sobre você e sobre a situação. Ele não está pedindo sua permissão para prosseguir; antes, está chamando-o para seguir em frente com fé. Você até pode recusar, mas correrá o risco de perder as bênçãos de uma vida de obediência.

O Senhor o capacitará para o que ele o chamou a fazer. E porque o Espírito Santo habita em nós, temos tudo de que precisamos para cumprir nossa missão. Em vez de permitir que a inadequação o impeça de obedecer, busque em oração a visão e o poder de Deus para essa situação.

A inspeção dos muros de Jerusalém

TEMA 07: Reflexões sobre Neemias

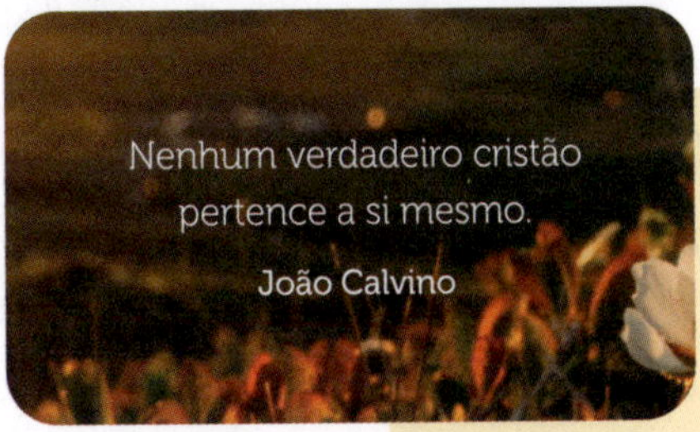

Eu lhes respondi: "O Deus dos céus nos dará êxito. Nós, seus servos, começaremos a reconstruir este muro. Vocês, porém, não têm nenhuma parte, nenhum direito legal ou histórico sobre Jerusalém".

Neemias 2.20

Não importa quem somos, todos nós nos decepcionaremos algum dia. A decepção é simplesmente uma resposta emocional a uma expectativa ou esperança frustrada, seja porque planos deram errado, seja porque alguém não correspondeu. E a decepção leva ao desânimo, um estado de espírito em que ficamos com o coração enfraquecido e perdemos a confiança em Deus, em nós mesmos ou nos outros.

Quando Neemias chegou a Jerusalém, seus habitantes estavam desanimados, pois a muralha da cidade havia sido destruída — o que os deixava vulneráveis a ataques inimigos. Além disso, havia obstáculos significativos para a reconstrução desses muros. Contudo, Neemias os encorajou a começar, explicando que o Senhor havia mostrado favor a Israel ao inclinar o coração do rei persa a aprovar o projeto de reconstrução: "O Deus dos céus nos dará êxito. Nós, seus servos, começaremos a reconstruir este muro" (Ne 2.20).

Por meio da confiança que Neemias tinha em Deus, o desespero e o desânimo deram lugar à esperança e à motivação para trabalhar diligentemente. A visão daquelas paredes desabadas por mais de um século criou entre os pagãos a impressão de que Deus abandonara seu povo, o que, claramente, não era o caso.

Nós também estamos diante de uma escolha: ficar desapontados e aceitar nosso desânimo ou, como Neemias, manter o foco no Senhor, que é maior do que qualquer problema que podemos enfrentar. Embora obstáculos e decepções possam surgir, a Palavra de Deus direciona nossa esperança para suas promessas, seus bons propósitos, sua fidelidade e sua provisão. Com a força de Deus, podemos perseverar e continuar construindo, tijolo por tijolo, dia a dia, momento a momento.

LEIA

Neemias 2.11-20

ORAÇÃO

Querido Pai celestial, estou decidido a fixar meus olhos em ti. Não vou me concentrar no problema em questão, mas terei a esperança que vem somente de ti. Em nome de Jesus. Amém.

A distribuição do trabalho

TEMA 07: Reflexões sobre Neemias

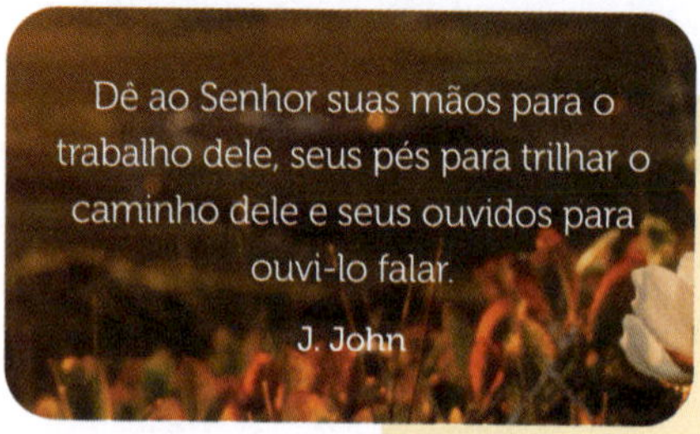

Então o sumo sacerdote Eliasibe e os outros sacerdotes começaram a reconstruir a porta das Ovelhas. Eles a consagraram, colocaram as portas no lugar e reconstruíram o muro até a torre dos Cem, que também consagraram, e até a torre de Hananel.

Neemias 3.1

LEIA

Neemias 3.1-2

ORAÇÃO

Senhor Jesus, peço comunhão com outras pessoas a fim de trabalharmos juntos em prol do teu reino. Faze-me conhecer irmãos que estejam dispostos a trabalhar em conjunto e dar frutos. Amém.

O capítulo 3 de Neemias é uma daquelas partes da Bíblia que parecem compostas tão somente por nomes impronunciáveis e por pessoas há muito esquecidas. Ao ler a Bíblia, você pode ficar desanimado ao chegar a uma seção assim. Mas é nesse capítulo que é contada a história da obra de reconstrução dos portões e dos muros de Jerusalém — a missão para a qual Neemias havia sido enviado a realizar.

Esse capítulo também relata como o trabalho foi realizado depois de Neemias ter despertado as pessoas para fazê-lo. O principal ensinamento de um capítulo como esse é que, ao reconstruir nossa vida, precisamos e devemos buscar a ajuda uns dos outros. Todo o povo de Jerusalém foi envolvido na reconstrução de seus muros e portões. A cidade inteira se dedicou a esse projeto por um período de 52 dias. Observe que todos estavam lá: os sacerdotes começaram o trabalho, e com eles estavam os levitas. Ali também estavam guardas, agricultores, ourives, fabricantes de perfumes e até mesmo o governador. Muitas pessoas trabalharam na obra, e todas de maneira voluntária. E, mesmo sem receber por seu trabalho, cada um completou a tarefa que lhe fora atribuída.

À medida que lemos esse capítulo e passeamos pelos muros de Jerusalém, cada porta e torre reerguida nos instrui sobre uma parte de nossa vida que precisa ser vigiada, trabalhada, reconstruída ou reparada. Basta examinar sua própria vida hoje, e você poderá identificar áreas que precisam de reparos. Isso é o que Neemias nos chamou para fazer: dedicarmo-nos com diligência e prontidão a fim de nos tornarmos tudo o que Deus pretende que sejamos enquanto trabalhamos incessantemente na tarefa que ele pôs em nossas mãos.

Oposição à reconstrução

TEMA 07: Reflexões sobre Neemias

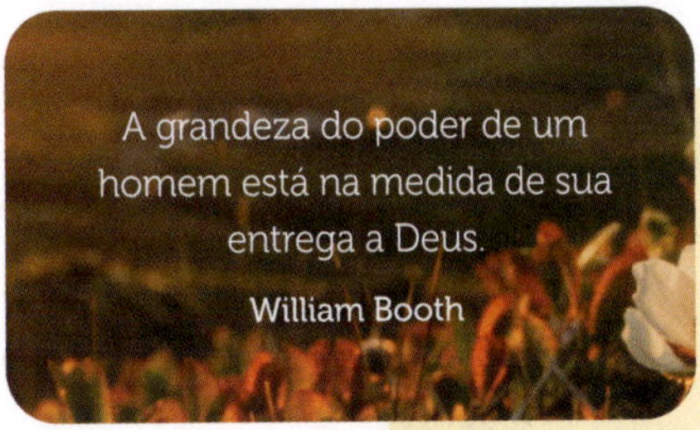

Ouve-nos, nosso Deus, pois estamos sendo ridicularizados. Que essa zombaria caia sobre a cabeça deles, e que eles próprios se tornem prisioneiros numa terra estrangeira!

Neemias 4.4

Você já deve ter ouvido falar da Lei de Murphy: se algo pode dar errado, dará errado. Essa "lei" pode ser aplicada a diversas situações. Por exemplo, se você tentar consertar algo, o conserto vai demorar mais do que você espera, ou vai custar mais do que você imagina, ou o objeto vai quebrar antes de ser pago, ou alguém não vai gostar dele quando estiver pronto, e assim por diante.

Chegamos a uma situação semelhante no livro de Neemias. O projeto de reconstrução dos muros e dos portões de Jerusalém sofria oposição severa e violenta. Assim como Neemias, temos um inimigo que se opõe a nós com astúcia e poder — e, apesar de todos os nossos esforços para nos recuperar de danos e feridas, as batalhas simplesmente não dão trégua. Em situações assim, quase invariavelmente, a estratégia do inimigo é nos desencorajar por meio da ridicularização e da zombaria.

"O que esse punhado de judeus fracos pensa que está fazendo? Imaginam que serão capazes de construir o muro em um dia só porque ofereceram alguns sacrifícios" (Ne 4.2). Consegue perceber o desprezo e o escárnio nessas palavras? Talvez elas até lhe sejam familiares, pois é provável que você tenha escutado algo semelhante: "Quem você pensa que é? Você acha que é melhor do que nós? Seu entusiasmo não vai durar".

Neemias considera esse ataque um insulto ao próprio Deus. Observe que ele não argumenta, nem dá o troco. Simplesmente responde orando. Isso nos lembra as palavras de Pedro sobre Jesus: "Não revidou quando foi insultado, nem ameaçou se vingar quando sofreu, mas deixou seu caso nas mãos de Deus, que sempre julga com justiça" (1Pe 2.23). Esse é um exemplo maravilhoso de como lidar com esse tipo de ataque.

LEIA

Neemias 4.1-6

ORAÇÃO

Pai celestial, sei que enfrentarei muita oposição em minha vida. Por isso, peço proteção, provisão e poder para superar os esquemas e truques do diabo. Em nome de Jesus. Amém.

O Livro da Lei

TEMA 07: Reflexões sobre Neemias

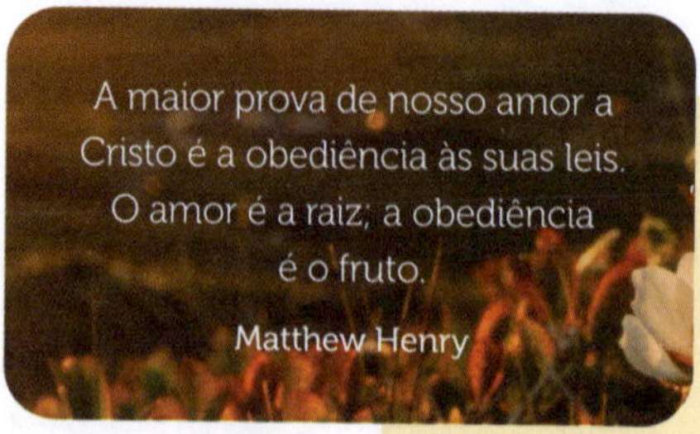

Esdras estava sobre a plataforma, à vista de todo o povo. Quando o viram abrir o Livro da Lei, todos se levantaram. Esdras louvou o Senhor, o grande Deus, e todo o povo disse: "Amém! Amém!", com as mãos erguidas.

Neemias 8.5-6

LEIA

Neemias 8.1-12

ORAÇÃO

Querido Jesus, eu amo tua Palavra, pois as Escrituras apontam para ti. Obrigado por nos dares a Bíblia. Ajuda-me a ser guiado por ela todos os dias. Em teu nome. Amém.

Como cristãos, sabemos que fazer parte de uma comunidade de fé e ler a Bíblia são atividades essenciais. Mesmo assim, por que, muitas vezes, saímos de um culto ou de uma celebração com um sentimento de vazio e desânimo? A resposta pode estar na maneira como ouvimos.

O livro de Neemias registra uma época em que os israelitas estavam desesperados para ouvir o Senhor. Depois de setenta anos de cativeiro, o povo finalmente voltou para sua terra e, após o trabalho árduo na reconstrução de casas, dos muros de Jerusalém e até mesmo do templo, eles se reuniram para ouvir Esdras ler a Palavra de Deus. O exemplo do povo de Israel nessa ocasião nos ajuda a saber como abordar as Escrituras em busca da voz de Deus.

Primeiro, eles ouviram pacientemente enquanto Esdras lia o Livro da Lei desde a manhã até o meio-dia. Embora possamos ter pressa, o Senhor não compartilha de nossa percepção do tempo: ele deseja nos ensinar a esperar. Eles também escutavam com atenção para ouvir o que Deus tinha a dizer. Além disso, ouviram com humildade, pois quando Esdras abriu o pergaminho, eles se levantaram em sinal de reverência e se curvaram em adoração. Houve também uma atitude de humildade e arrependimento, uma vez que os israelitas choraram por seus pecados enquanto as palavras do Livro da Lei ecoavam.

Um último ponto digno de nota é que eles ouviram com atenção: seu desejo era "entender cada passagem" (Ne 8.8) a fim de obedecer a elas. Enquanto você lê o devocional de hoje e estuda a Bíblia, peça ao Senhor que o ajude a ouvir como os israelitas fizeram naquele dia. Você pode ter certeza de que colocar esses princípios em prática abrirá seus ouvidos para ouvir o próprio Deus falar diretamente ao seu coração.

A leitura pública da Lei

TEMA 07: Reflexões sobre Neemias

Quer ouvir a voz de Deus? Leia a Bíblia. Quer ouvir a voz de Deus de maneira audível? Leia a Bíblia em voz alta.

Augustus Nicodemus

Liam o Livro da Lei de Deus, explicavam com clareza o significado do que era lido e ajudavam o povo a entender cada passagem.

Neemias 8.8

A força que vem da alegria de um relacionamento restaurado com nosso Pai é diferente de qualquer outra força que possamos experimentar. A alegria do Senhor é incessante, inabalável, poderosa e vem de uma paz interna com Deus, e não de circunstâncias passageiras. E esse sentimento está disponível a nós por meio do sacrifício de Cristo.

Essa passagem revela o desejo de Deus de estabelecer a alegria como o fundamento para segui-lo. A nação de Israel havia acabado de reconstruir os muros ao redor de Jerusalém e estava aprendendo novamente o que é viver em obediência à Palavra de Deus. Quando ela foi lida, o povo caiu em pranto em razão da vergonha por sua desobediência. Mas, em vez do lamento, Neemias convida o povo a se alegrar: "Este é um dia consagrado ao nosso Senhor. Não fiquem tristes, pois a alegria do SENHOR é sua força!" (Ne 8.10). Deus deseja que sejamos um povo marcado pela alegria que só pode advir do relacionamento restaurado com nosso Criador.

Nossa força é consequência da alegria de dependermos totalmente de nosso Pai celestial. É apenas na dependência absoluta que o Senhor é capaz de trabalhar totalmente em nós e por nosso intermédio. Deus quer ser sua força hoje. Ele quer enraizar você em sua alegria inabalável ao longo deste ano. Ele deseja guiá-lo até as águas calmas e fazer uma obra poderosa em seu coração a fim de aumentar seu regozijo nele. Então, pare por um momento e deixe que as palavras dos levitas falem a seu coração: "Aquiete-se! Não fique triste! Hoje é um dia santo!" (Ne 8.11).

LEIA

Neemias 8.1-12

ORAÇÃO

Senhor Jesus, tu és a minha força e alegria. Que nada venha a impossibilitar o meu trabalho e esforço. Em teu nome. Amém.

Praticando a paciência

TEMA 08: A paciência na prática

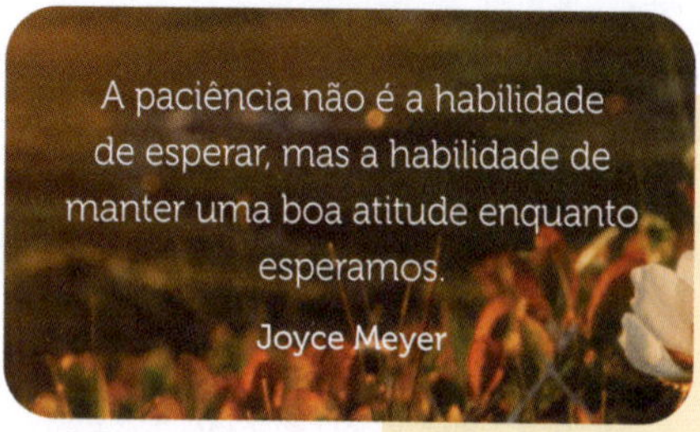

Quem tem entendimento controla sua raiva; quem se ira facilmente demonstra grande insensatez.

Provérbios 14.29

LEIA

Provérbios 14.29

ORAÇÃO

Senhor, tua Palavra ensina o valor da paciência na vida dos que te amam. Ajuda-me a compreender o significado da paciência e a praticá-la. Em nome de Jesus. Amém.

A paciência é uma virtude fundamental para todos nós. Ela envolve a capacidade de manter a calma e a perseverança diante de situações desafiadoras, obstáculos ou atrasos. É uma qualidade que nos permite lidar com as adversidades da vida de forma tranquila e equilibrada, aguardando com confiança o momento certo para agir ou para receber as bênçãos que esperamos.

Em toda a Bíblia, ensinamentos a respeito da paciência são encontrados nos mais diversos contextos. Veja, por exemplo, as palavras do apóstolo Paulo à igreja em Colosso: "Visto que Deus os escolheu para ser seu povo santo e amado, revistam-se de compaixão, bondade, humildade, mansidão e paciência" (Cl 3.12). A abrangência desse assunto ao longo da Bíblia reforça a noção de que necessitamos aprender cada vez mais sobre essa virtude tão importante e também colocá-la em prática. Por isso, neste e nos próximos devocionais, vamos aprender com a Bíblia aspectos práticos de como ser mais paciente e assim lidar melhor com nossa família, amigos, pessoas na igreja e onde mais estivermos inseridos.

Começamos com esta boa exortação de Salomão: "Quem tem entendimento controla sua raiva; quem se ira facilmente demonstra grande insensatez". Provérbios e Eclesiastes deixam muito claro o contraste entre o sábio e o insensato. Um dos versículos mais conhecidos sobre esse assunto é Provérbios 9.10: "O temor do Senhor é o princípio da sabedoria". Assim, aprendemos que somos verdadeiramente sábios quando conhecemos a Deus por meio de sua Palavra e o servimos de todo o coração.

E, de acordo com Provérbios, um dos indícios de nossa sabedoria é quando lidamos com paciência nas mais diversas situações que a vida exige. Consegue ver a importância que essa virtude tem para nós que servimos a Deus e o quanto necessitamos exercê-la constantemente?

O dilema do equilíbrio

TEMA 08: A paciência na prática

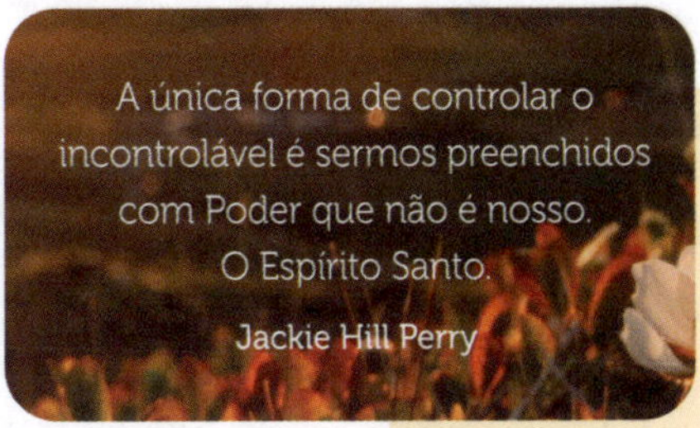

Por isso, irmãos, sejam pacientes enquanto esperam a volta do Senhor. Vejam como os lavradores esperam pacientemente as chuvas do outono e da primavera. Com grande expectativa, aguardam o amadurecimento de sua preciosa colheita.

Tiago 5.7

Vivemos um dilema diariamente. Por um lado, estamos cheios de preocupação com a vida; fazemos planos para o futuro e empenhamo-nos em melhorar e avançar em projetos nos quais estamos inseridos. Por outro lado, desejamos ardentemente que Cristo retorne para que estejamos com ele na eternidade, livres de todos os problemas que nos assolam nesta vida.

É preciso entender que esse dilema não é algo completamente ruim; isso faz parte da nossa realidade, e precisamos lidar com ele de forma equilibrada. Se focarmos excessivamente a vida terrena, podemos nos esquecer de que somos filhos de Deus e de que não estamos destinados a viver apenas neste mundo. Agora, se nos concentrarmos somente na eternidade, podemos ser negligentes com esta vida e acabar pecando, pois somos chamados por Cristo a sermos bons administradores do tempo que ele nos concedeu.

O ponto central é o equilíbrio, mas para que esse equilíbrio seja efetivo é necessário exercermos constantemente a paciência. O exercício saudável da paciência fará com que tenhamos uma conduta equilibrada, agindo com sabedoria enquanto aguardamos Cristo e a eternidade. A ilustração de Tiago é muito instrutiva, pois o agricultor precisa buscar o equilíbrio entre fazer o que está em suas mãos (trabalhar a terra, plantar a semente, cuidar do solo) e, ao mesmo tempo, aguardar que Deus envie as chuvas no tempo certo para que seu trabalho dê frutos.

Portanto, paciência não significa preguiça e apatia, mas a consciência de que precisamos fazer o que está ao alcance de nossas mãos, e ao mesmo tempo, aguardar e confiar que Deus faça aquilo que compete a ele. Nesse contexto, a paciência também está diretamente relacionada à confiança de que Deus conhece nossas necessidades e fará tudo de que precisamos no tempo que ele determinou.

LEIA

Tiago 5.7-12

ORAÇÃO

Amado Deus, que eu possa planejar minha vida sem me esquecer de que és tu quem fazes as coisas acontecerem. Que o retorno glorioso de Cristo seja sempre um desejo ardente do meu coração. Amém.

Paciência e amor

TEMA 08: A paciência na prática

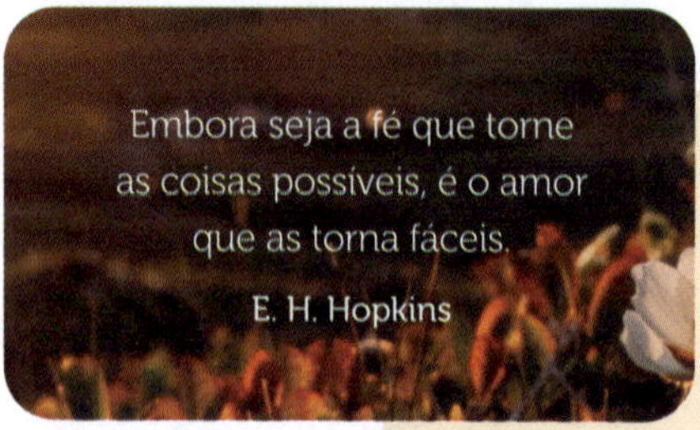

O amor é paciente e bondoso.

1Coríntios 13.4

LEIA

1Coríntios 13.1-7

ORAÇÃO

Senhor, ensina-me a cultivar a paciência e a abrandar o ritmo frenético imposto pela tecnologia. Ajuda-me a expressar o amor que vem de ti em cada interação. Em nome de Jesus. Amém.

A era digital nos trouxe incontáveis benefícios. Por exemplo, conseguimos trabalhar sem a necessidade de nos deslocar diariamente até um local fixo e também manter contato com amigos e familiares distantes. No entanto, como tudo tem seu preço, essa vida totalmente conectada nos faz viver constantemente em um ritmo acelerado. Sentimos a necessidade incontrolável de conferir a todo momento as redes sociais, as notícias, ou qualquer outro aplicativo que costumamos usar. Além disso, toda a velocidade proporcionada pela tecnologia contribui também para nos deixar mais irritados e impacientes.

Alguém afirmou que ao mesmo tempo que aproximam quem está longe, as redes sociais afastam quem está perto. É muito comum trocarmos a interação com quem está à nossa volta — às vezes, até mesmo na nossa frente em uma mesa de restaurante, por exemplo — para conversarmos com quem está longe. É evidente que precisamos desacelerar um pouco e, principalmente, ser mais pacientes e mais envolvidos na interação com outras pessoas. Precisamos desenvolver hábitos mais pessoais e menos virtuais, e isso requer... paciência. Esse assunto é tão importante que Paulo, ao nos ensinar sobre o amor, fez questão de colocar a paciência como uma de suas características. Ou seja, o maior de todos os dons que recebemos de Deus é demonstrado quando somos pacientes.

Paciência e amor estão diretamente relacionados. Quando agimos com paciência, demonstramos amor. Simples assim. Nesse sentido, é urgente dedicar mais tempo para estar pessoalmente com outras pessoas e ser intencional em conversar face a face com os amigos, familiares e idosos — um dos grupos mais afetados pelas novas formas de comunicação. Também demonstramos amor quando dedicamos tempo para discipular os novatos na fé, que necessitam de ajuda e direcionamento para compreender tudo o que está relacionado à vida com Deus.

Paciência nas tribulações

TEMA 08: A paciência na prática

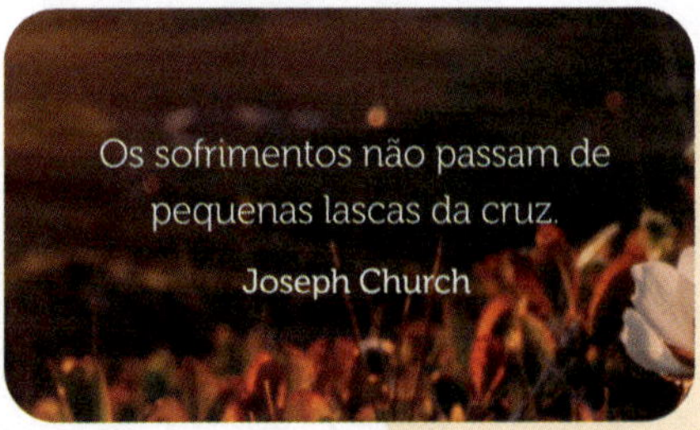

Alegrem-se em nossa esperança.
Sejam pacientes nas dificuldades
e não parem de orar.

Romanos 12.12

A Bíblia garante que passaremos por tribulações; isso faz parte da caminhada de todos os cristãos. Mas quanto tempo dura cada tribulação? Gostaríamos de ter a resposta a essa pergunta quando enfrentamos momentos difíceis. Jó passou por grandes aflições e, além de não saber quanto tempo elas durariam, também não entendeu, no início, o motivo de seus sofrimentos. Assim também é conosco. Às vezes, Deus nos permite passar por tribulações para provar nossa fé e nos fazer crescer, mas há também outras situações que são apenas consequências do curso natural da vida, e não estamos imunes a elas.

Independentemente do motivo, a Bíblia nos ensina a passar por esses momentos com paciência, e esse é um dos ensinamentos do apóstolo Paulo: precisamos confiar que todas as coisas estão sob a soberania divina e aguardar que o tempo e os propósitos de Deus se cumpram em nossa vida. Ser paciente na tribulação não significa não sofrer, mas sim enfrentar cada etapa com o coração conectado a Cristo, entendendo que as dificuldades fazem parte do processo de amadurecimento.

Para isso, a oração, a leitura da Bíblia e as conversas com outros irmãos na fé são essenciais para atravessar esse processo com paciência e confiança. Quando lemos as Escrituras, somos encorajados pelas histórias de irmãos e irmãs do passado que enfrentaram situações parecidas com as nossas — e até mesmo piores. Já a oração nos conecta com o Senhor, acalma o nosso coração e move o agir de Deus em nosso favor. E, por fim, conversar com outros cristãos sobre nossos problemas é uma das maneiras que Deus tem para encorajar e fortalecer seu povo.

LEIA

Romanos 12.1-13

ORAÇÃO

Senhor, ajuda-me a ser paciente nas tribulações, confiando que tu estás no controle de todas as coisas. Que eu possa encontrar força na oração e conforto em tua Palavra. Em nome de Jesus. Amém.

Suportando com paciência

TEMA 08: A paciência na prática

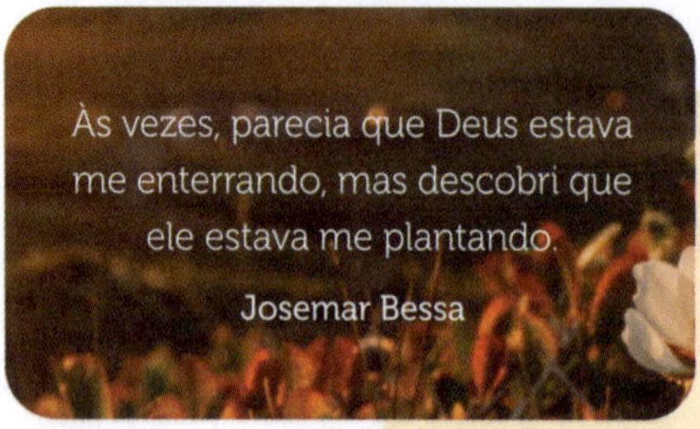

Fui crucificado com Cristo; assim, já não sou eu quem vive, mas Cristo vive em mim. Portanto, vivo neste corpo terreno pela fé no Filho de Deus, que me amou e se entregou por mim.

Gálatas 2.20

LEIA

Gálatas 2.17-21

ORAÇÃO

Senhor, ensina-me a auxiliar os outros com paciência e a refletir teu caráter. Que eu possa oferecer suporte e encorajamento aos que estão em dificuldades. Em nome de Jesus. Amém.

Depois de vários anos buscando ser fiel à Lei, Paulo teve um encontro com Jesus. Naquele dia, seu coração foi tomado por Cristo e ele foi transformado em um novo homem. Um ferrenho perseguidor dos cristãos passou a ser perseguido por causa da fé. Paulo experimentou o novo nascimento e encontrou o verdadeiro propósito de sua vida, sendo agraciado por Deus com o chamado para ser um pregador do evangelho.

Após vários anos de trabalho árduo, Paulo foi preso pelas autoridades romanas. No entanto, seu encarceramento não foi marcado por solidão e desespero. Diversos irmãos o visitaram, o que de certa forma o ajudou a vencer esses momentos difíceis. Todo o suporte que Paulo recebeu foi fruto de seus próprios ensinamentos. Na carta aos Efésios, por exemplo, ele destacou a importância de suportarmos uns aos outros com humildade, mansidão, paciência e amor (Ef 4.1-4). Ser igreja do Senhor Jesus significa, entre outras coisas, oferecer sustento e auxílio uns aos outros, não por obrigação, mas por genuíno amor. E, nesse sentido, a paciência é fundamental, pois ela nos ajuda a olhar para a necessidade de outros — não a nossa — em primeiro lugar.

Assim, entendemos que exercer a paciência significa ir além da busca pelo benefício próprio; paciência é um dom que o Espírito Santo concede à igreja para que ninguém fique sem apoio ou suporte. Exercer a paciência nos aproxima de Cristo, que é cheio de amor, graça, bondade e misericórdia. Quando agimos da mesma forma, abençoamos vidas e contribuímos para o bom andamento de seu reino.

Companheiros da paciência

TEMA 08: A paciência na prática

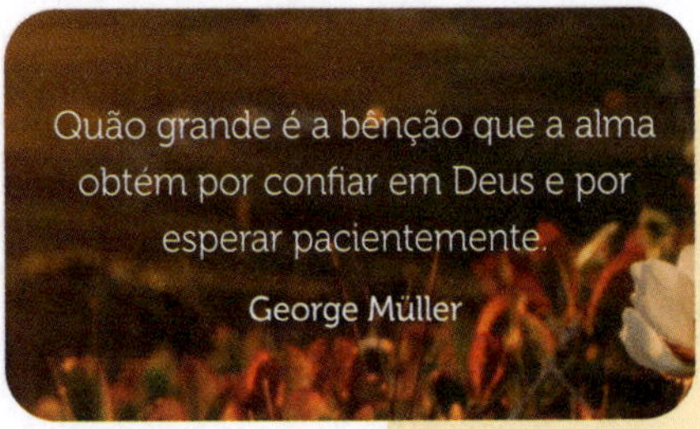

Visto que Deus os escolheu para ser seu povo santo e amado, revistam-se de compaixão, bondade, humildade, mansidão e paciência. Sejam compreensivos uns com os outros e perdoem quem os ofender.

Colossenses 3.12-13

Não somos cristãos apenas porque dizemos que somos seguidores de Cristo. A Bíblia cita características que devem ser encontradas em nossa vida e que vão atestar se, de fato, somos cristãos verdadeiros. A paciência é uma dessas características, porém ela nunca é apresentada sozinha: ser paciente, de acordo com as Escrituras, implica possuir outras virtudes.

Um exemplo está na passagem de hoje, que nos adverte, como povo escolhido de Deus, a nos revestir não apenas de paciência, mas também de compaixão, bondade, humildade e mansidão. Paulo também nos ensina a perdoar seguindo o exemplo de nosso Senhor. Uma questão interessante sobre esse trecho de Colossenses é que suas instruções dizem respeito à nossa relação com as outras pessoas, ou seja, devemos tratar os outros com compaixão, bondade, humildade e assim por diante.

Outro ponto digno de nota é o fato de essas características estarem ligadas umas às outras. É impossível agir com compaixão e não ser bondoso, ou ser manso e, ao mesmo tempo, impaciente. Quando entendemos isso, fica claro para nós a grandiosidade da vida cristã e a forma como a Palavra de Deus nos direciona para que sejamos, de fato, cada vez mais parecidos com Jesus.

Diante de tão grande chamado, é necessário reconhecer nossa total dependência de Jesus, pois por nós mesmos e por nossa própria força não conseguiremos fazer coisa alguma. Portanto, ore e busque no Senhor o crescimento nas virtudes cristãs que você precisa desenvolver. Deus sempre nos ouve e se alegra em atender nossas orações segundo a sua vontade.

LEIA

Colossenses 3.1-17

ORAÇÃO

Senhor, reveste-me das virtudes da compaixão, bondade, humildade, mansidão e paciência. Que eu possa demonstrar essas qualidades em todas as minhas interações. Em nome de Jesus. Amém.

Deus, o maior exemplo de paciência

TEMA 08: A paciência na prática

Na verdade, o Senhor não demora em cumprir sua promessa, como pensam alguns. Pelo contrário, ele é paciente por causa de vocês. Não deseja que ninguém seja destruído, mas que todos se arrependam.

2Pedro 3.9

LEIA

2Pedro 3.1-15

ORAÇÃO

Senhor, ensina-me a refletir esse atributo em minha vida diária, sendo paciente com os outros e esperando confiantemente em teu tempo perfeito. Em nome de Jesus. Amém.

Uma das formas de aprender mais sobre Deus é através de seus atributos, ou seja, as características que encontramos a seu respeito na Bíblia. Um desses atributos é a longanimidade, definida assim no dicionário: "Paciência para suportar as ofensas dos outros ou os próprios sofrimentos". As Escrituras nos incentivam a sermos pacientes, e é claro que Deus, sendo perfeito, nos dá o padrão a ser seguido: ele é um Deus longânimo, ou seja, paciente.

É isso que Pedro revela em sua segunda epístola. O fato de Deus não agir de forma imediata contra todo o mal significa que ele está sendo paciente a fim de que mais pessoas se arrependam, creiam e não se percam. Sendo assim, essa é a questão que fica para nós: Se Deus, o grande Criador do universo, é paciente, e sua paciência beneficia todos os seres humanos, por que pensamos ter o direito de agir diferente?

Ao orar para sermos mais parecidos com nosso Senhor, estamos orando para sermos mais pacientes. Então, não se surpreenda se Deus colocar você diante de situações nas quais sua paciência será testada, tanto em relação aos outros como até mesmo em relação ao agir de Deus em sua vida. Muitas vezes, a aparente demora de Deus em nos atender também é um meio que ele usa para exercitar nossa longanimidade. Para encerrar esse tema, vale mais uma vez recorrermos a Pedro: "E lembrem-se de que a paciência de nosso Senhor permite que as pessoas sejam salvas" (2Pe 3.15). Assim como Jesus suportou a ofensa da negação de Pedro, da mesma forma ele também suporta nossas ofensas e, por sua bendita paciência, permite que sejamos salvos.

A disciplina de um atleta

TEMA 09: A Bíblia e os esportes

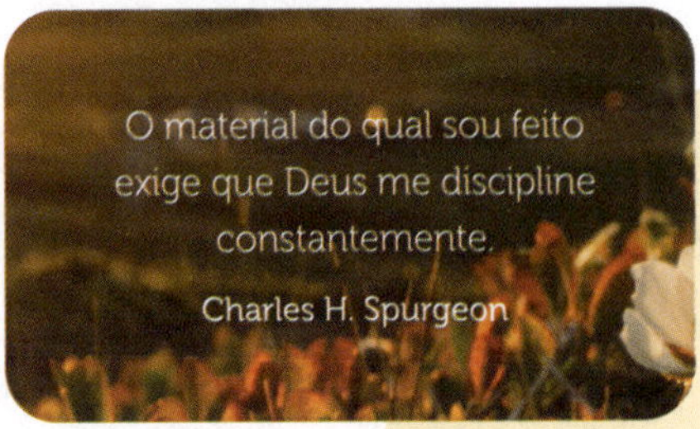

Por isso não corro sem objetivo nem luto como quem dá golpes no ar. Disciplino meu corpo como um atleta, treinando-o para fazer o que deve, de modo que, depois de ter pregado a outros, eu mesmo não seja desqualificado.

1Coríntios 9.26-27

Bíblia e esporte? Esse parece um tema pouco usual para um estudo devocional, mas, na verdade, há muito a aprender sobre a relação desses dois temas aparentemente desconexos.

Em nossos dias, as competições esportivas representam uma das principais formas de entretenimento e não só envolvem a paixão de torcedores, mas também movimentam muito dinheiro por meio de patrocínio e direitos de transmissão. Porém, esse interesse não é novidade. Nos tempos do Novo Testamento, gregos e romanos eram apaixonados por diversos tipos de esportes e competições. Corridas, hipismo e pugilismo, por exemplo, eram bastante populares entre os povos antigos.

É por isso que encontramos várias menções a esses esportes no Novo Testamento. O apóstolo Paulo buscava sempre trazer elementos da cultura local como referência para pregar e escrever suas cartas. E, como bom exegeta cultural, ele observou a enorme influência que os esportes exerciam na vida dos gentios e os utilizou como metáforas para ilustrar a vida cristã. Paulo menciona, por exemplo, corridas e combate. Já o apóstolo João, quando faz menção às coroas a serem dadas aos vencedores (Ap 2.10; 3.11), provavelmente tinha em mente o troféu que os atletas ganhavam ao término das competições.

Um dos objetivos do Novo Testamento era ensinar os cristãos do primeiro século sobre questões espirituais, como perseverança, disciplina, crescimento espiritual, foco e trabalho em equipe para a expansão do reino de Deus. Nesse sentido, o esporte foi uma excelente fonte de ilustrações. Que nosso objetivo seja exercitar não apenas o corpo, mas sobretudo o Espírito, no amor, na fé, na santidade e na verdade do evangelho. Só assim, ao fim da jornada, poderemos dizer como Paulo: "Lutei o bom combate, terminei a corrida e permaneci fiel" (2Tm 4.7).

LEIA

1Coríntios 9.24-27

ORAÇÃO

Senhor, que meu coração esteja firmemente focado no prêmio eterno que prometeste. Ajuda-me a aprender com a disciplina e dedicação dos atletas. Em nome de Jesus. Amém.

Esporte e o crescimento espiritual

TEMA 09: A Bíblia e os esportes

Cresçam na graça e no conhecimento de nosso Senhor e Salvador Jesus Cristo.

2Pedro 3.18

LEIA

2Pedro 3

ORAÇÃO

Senhor, desejo me dedicar diariamente à leitura da Bíblia, à oração e à comunhão. Que eu possa ser fortalecido em meu espírito, assim como um atleta treina seu corpo para enfrentar os desafios. Amém.

Precisamos crescer em graça e também no conhecimento de Jesus. Essa é a belíssima instrução que Pedro escreve em uma de suas cartas. Mas como podemos buscar esse crescimento? A busca pela maturidade espiritual deve ser constante em nossa vida, e nesse aspecto isso se assemelha à rotina de treino de um atleta de alto rendimento. A fim de desenvolver adequadamente os músculos do corpo, um atleta precisa de exercício constante para ganhar força e condicionamento, e o mesmo vale para o aprimoramento de uma técnica específica.

Todo atleta se dedica diariamente à prática da atividade física para estar preparado para competir. E o mesmo se dá com nossa "musculatura" espiritual. Se queremos crescer no relacionamento com Cristo e sua Palavra, precisamos nos dedicar, o que significa deixar de lado a preguiça, o comodismo e as inúmeras distrações da nossa agenda a fim de iniciarmos um programa de exercícios que nos fortalecerão no Senhor. Não conseguiremos vencer os desafios desta vida e crescer espiritualmente sem ler a Bíblia, orar e aprender a ser discípulos de Jesus.

Se você parar de se exercitar, talvez não perceba as mudanças no seu corpo imediatamente, mas depois de algum tempo verá os prejuízos da inatividade: seu corpo ficará enfraquecido, desarticulado e sem disposição. Corremos o mesmo risco em nossa vida espiritual. Por isso devemos buscar as coisas do Espírito de Deus com dedicação e foco — até mesmo com mais afinco do que nos dedicamos às atividades físicas e outras questões da vida. Pois como bem nos ensina o apóstolo Paulo: "O exercício físico tem algum valor, mas exercitar-se na devoção é muito melhor, pois promete benefícios não apenas nesta vida, mas também na vida futura" (1Tm 4.8).

Bíblia, esporte e disciplina

TEMA 09: A Bíblia e os esportes

O vigor de nossa vida espiritual está na proporção exata do lugar que a Bíblia ocupa em nossa vida e em nossos pensamentos.

George Müller

O atleta precisa ser disciplinado sob todos os aspectos. Ele se esforça para ganhar um prêmio perecível. Nós, porém, o fazemos para ganhar um prêmio eterno.

1Coríntios 9.25

A igreja de Corinto possuía muitos dons e manifestações da presença de Deus, mas isso não impediu que seus membros fossem repreendidos por Paulo por sua falta de zelo e disciplina. Os irmãos de Corinto estavam sempre arrumando desculpas para seus atos, em vez de buscarem arrependimento e a renúncia dos desejos pessoais.

Por isso, Paulo escreve para repreendê-los e incentivá-los a buscar o domínio próprio que vem por meio da disciplina. Podemos afirmar que todo atleta precisa de disciplina e renúncia se quiser ser um competidor vitorioso, e o mesmo vale para todo cristão. Devemos ter tempo de lazer, procurar estar com os amigos e realizar atividades que apreciamos, mas essas coisas não podem substituir (ou impedir) nosso tempo com Deus.

E não pense que seu tempo diário de comunhão com Deus será sempre fácil, ou até mesmo agradável. A leitura da Bíblia pode exigir tempo e renúncia — por exemplo, não será fácil acordar mais cedo todos os dias para orar e fazer um devocional. Além disso, em nosso tempo a sós com Deus, a Palavra e o Espírito podem (na verdade, vão) confrontar nossos hábitos e pensamentos pecaminosos. Em momentos assim, lembre-se do que diz o autor de Hebreus: "Nenhuma disciplina é agradável no momento em que é aplicada; ao contrário, é dolorosa. Mais tarde, porém, produz uma colheita de vida justa e de paz para os que assim são corrigidos" (Hb 12.11).

Certamente não é agradável renunciar aos prazeres que o mundo oferece, mas todo esforço que fazemos será recompensado. A recompensa? Nada do que podemos encontrar neste mundo, mas sim o prazer de desfrutar da presença de Jesus, não somente hoje, mas por toda a eternidade.

LEIA

1Coríntios 9.24-27

ORAÇÃO

Pai celestial, fortalece meu domínio próprio na caminhada contigo. Ajuda-me a priorizar meu tempo a fim de que eu persevere nas práticas que produzirão um fruto duradouro de justiça e paz. Em nome de Jesus. Amém.

MARÇO

Bíblia, esporte e perseverança

TEMA 09: A Bíblia e os esportes

A perseverança que dura só pode nascer da motivação marcada pela fé, pelo amor e pela glória de Deus.

Trillia Newbell

Portanto, uma vez que estamos rodeados de tão grande multidão de testemunhas, livremo-nos de todo peso que nos torna vagarosos e do pecado que nos atrapalha, e corramos com perseverança a corrida que foi posta diante de nós.

Hebreus 12.1

LEIA

Hebreus 12.1-13

ORAÇÃO

Deus, dá-me perseverança e resiliência para correr a maratona da fé. Em tempos difíceis, lembra-me da promessa de que tu dás força ao cansado e de que a recompensa é eterna. Em nome de Jesus. Amém.

O livro de Hebreus foi escrito para cristãos que estavam sofrendo perdas e perseguição por causa do evangelho. Por isso, o autor dessa carta escreve para incentivá-los a permanecer em Cristo, firmes na fé e na esperança, mesmo diante dos desafios. O autor encoraja seus leitores a perseverar usando como exemplo a maratona, uma corrida de longa distância (pouco mais de 42 quilômetros) e que é uma das provas mais desgastantes e difíceis do atletismo.

Assim como uma maratona, a vida cristã nem sempre será fácil e, às vezes, exigirá muito esforço e renúncia. Por isso, devemos correr com perseverança, mantendo um ritmo constante, permanecendo firmes no compromisso de fidelidade ao Senhor e a seus ensinamentos, pois ele "dá forças aos cansados e vigor aos fracos" (Is 40.29). Para vencermos a corrida da vida cristã, não podemos desistir, mas devemos sempre continuar prosseguindo para o alvo que é Cristo.

O ator Sylvester Stallone, famoso por interpretar o lutador Rocky Balboa no cinema, afirmou em várias entrevistas que o boxe lhe ensinou que o importante não é quão forte você consegue bater, mas o quanto consegue apanhar sem cair; e se cair, quantas vezes consegue levantar e recomeçar.

Assim também, nós, que cremos em Cristo e fomos alcançados e fortalecidos por ele, devemos perseverar na fé, jamais desistindo, até alcançarmos a linha de chegada. Quando sua vida parecer como uma corrida desgastante e repleta de desafios, que as palavras do Cristo ressurreto possam lhe dar esperança: "Ao vitorioso, darei o fruto da árvore da vida que está no paraíso de Deus" (Ap 2.7).

Bíblia, esporte e foco

TEMA 09: A Bíblia e os esportes

De todas as coisas que Cristo deseja para nós, amá-lo e ter nossa atenção focada nele são as mais importantes.

R. T. Kendall

Esquecendo-me do passado e olhando para o que está adiante, prossigo para o final da corrida, a fim de receber o prêmio celestial para o qual Deus nos chama em Cristo Jesus.

Filipenses 3.13-14

Todo atleta, seja de qual for a modalidade, passa meses e até anos se preparando arduamente para uma competição importante. E é bem provável que muitos desses atletas, durante todas as sessões de treinamento, imaginem a si próprios no lugar mais alto do pódio dos torneios nos quais vão competir. Isso ajuda a manter o foco em busca do alvo: a vitória.

Paulo diz que era dessa mesma forma que ele conduzia sua vida e seu ministério, e é por isso que ele prosseguia com determinação a fim de alcançar o prêmio de estar junto a Cristo, um prêmio que valia toda a sua dedicação: "concentro todos os meus esforços nisto" (Fp 3.13). Ou seja, todo o empenho de Paulo tinha uma finalidade definida: alcançar a vida eterna com Cristo.

É por meio dessa esperança que Paulo nos convida a correr ao seu lado a fim de que também alcancemos esse prêmio. E essa "maratona espiritual" tem uma característica curiosa, pois é formada apenas por pessoas pecadoras e imperfeitas, corredores que, assim como Paulo, ainda não alcançaram a perfeição para a qual foram chamados por Cristo. Mesmo assim, devemos prosseguir para o alvo, sem remoer o passado, as dores, as tristezas e os fracassos. Pelo contrário, devemos focar nossos esforços "olhando para o que está adiante" (Fp 3.13). Podemos, e devemos, aprender com o passado, mas não podemos ficar presos nele. Pois o Senhor sempre nos dá a oportunidade de recomeçar e seguir em frente.

LEIA

Filipenses 3.12-16

ORAÇÃO

Pai, dá-me a força para esquecer as falhas do passado e me concentrar nas oportunidades e desafios que estão adiante, sabendo que cada passo me aproxima mais do prêmio que me chamaste a alcançar. Amém.

Bíblia, esporte e trabalho em equipe

TEMA 09: A Bíblia e os esportes

O trabalho em equipe é uma expressão do amor mútuo e da unidade que Cristo deseja para sua igreja.

John Piper

Não te peço apenas por estes discípulos, mas também por todos que crerão em mim por meio da mensagem deles. Minha oração é que todos eles sejam um, como nós somos um, como tu estás em mim, Pai, e eu estou em ti.

João 17.20-21

LEIA

João 17.20-25

ORAÇÃO

Pai celestial, obrigado por nos chamares para ser parte de tua missão. Ajuda-nos a viver em unidade e a usar nossos dons para o avanço do teu reino. Em nome de Jesus. Amém.

Em muitas Bíblias, essas palavras de Jesus no trecho em destaque são precedidas pelo subtítulo "A oração final". É isso mesmo que você leu. Antes de ser traído, preso, julgado injustamente e crucificado, Jesus orou por nós e por nossa unidade. Esse era um tema importante para Jesus, pois ele sabia que a vida cristã seria semelhante a uma corrida de revezamento.

Nessa modalidade, quatro atletas correm cem metros cada segurando um bastão, o qual deve ser dado ao próximo corredor. Esses atletas precisam treinar para serem rápidos, mas também devem praticar para que haja sincronismo no momento da passagem do bastão; qualquer hesitação pode custar a vitória. Ao fim da corrida, todos da equipe serão vitoriosos, independentemente do trecho que percorreram.

Assim também acontece com a igreja de Jesus. Somos chamados para ser discípulos e fazer discípulos. Recebemos o bastão da verdade de Deus de irmãos que vieram antes de nós, e devemos repassar esse bastão às futuras gerações: "Pois eu lhes transmiti aquilo que recebi" (1Co 11.23).

Os dons, talentos, recursos, a experiência de vida, tudo o que Deus nos dá e nos permite viver deve ser usado na expansão do reino, pois somos apenas despenseiros daquilo que Deus nos confiou. E assim como em um time, no qual cada jogador coopera com seus talentos e habilidades para que a equipe vença, devemos colaborar para o cumprimento do propósito de Deus no mundo: "Juntos, todos vocês são o corpo de Cristo, e cada um é uma parte dele" (1Co 12.27).

A história de Eric Liddell

TEMA 09: A Bíblia e os esportes

Portanto, assim declara o Senhor, Deus de Israel: Prometi que membros de sua família, da tribo de Levi, sempre seriam meus sacerdotes. Agora, porém, declara o Senhor: Isso não acontecerá! Honrarei aqueles que me honram, e desprezarei aqueles que me desprezam.

1Samuel 2.30

Talvez você não conheça a história do escocês Eric Liddell. Ele é famoso por ser o último atleta do Reino Unido a ganhar o ouro na prova dos 400 metros rasos, nos jogos olímpicos de Paris em 1924. Sua história é tão marcante que foi adaptada para os cinemas no filme *Carruagens de fogo*.

Eric era um missionário presbiteriano que nasceu na China, campo missionário de sua família. Era também um atleta muito dedicado e, por isso, foi selecionado para competir nos 100 e 200 metros pela Grã-Bretanha nos Jogos de Paris. Era considerado favorito para a medalha de ouro, mas a prova seria disputada num domingo, e Liddell chocou o mundo do esporte quando anunciou sua desistência assim que soube a data da competição. O motivo? Domingo era o dia do Senhor, e para Eric era mais importante dedicar esse tempo a Cristo do que vencer uma olimpíada!

Liddell optou então por competir na modalidade dos 400 metros — que não era sua especialidade —, pois essa final ocorreria em um dia de semana. Antes da prova, um dos fisioterapeutas da equipe entregou-lhe um papel com o versículo: "Honrarei aqueles que me honram". Como Deus é fiel à sua Palavra, Eric ganhou a medalha de ouro.

A história desse atleta é inspiradora, pois nos ensina a colocar Deus, e nosso relacionamento com ele, como prioridade. De certa forma, Eric agiu como a mulher do vaso de alabastro (Mt 26.6-13), que não se deixou levar pela opinião alheia e ofereceu a Jesus o que ela tinha de mais precioso. Que histórias como a de Eric nos inspirem a demonstrar um amor mais sacrificial e dedicado àquele que não poupou a própria vida por nós.

LEIA

1Samuel 2.27-36

ORAÇÃO

Senhor, ajuda-me a viver com coragem e fé, escolhendo honrar-te em todas as decisões, mesmo quando isso possa custar meu sucesso. Em nome de Jesus. Amém.

Jesus na Festa dos Tabernáculos

TEMA 10: Reflexões sobre o Evangelho de João

O novo nascimento não diz respeito a melhorar quem você é, mas a criar um novo "você".

John Piper

No último dia, o mais importante da festa, Jesus se levantou e disse em alta voz: "Quem tem sede, venha a mim e beba! Pois as Escrituras declaram: 'Rios de água viva brotarão do interior de quem crer em mim'".

João 7.37-38

LEIA

João 7.37-39

ORAÇÃO

Querido Jesus, agradeço-te, pois tu sacias nossa sede de sentido e missão nesta vida. Só em tua presença há plenitude de alegria que satisfaz os desejos mais profundos. Em teu nome. Amém.

Jesus foi a Jerusalém para a Festa dos Tabernáculos, uma das grandes comemorações da tradição judaica. Essa celebração relembrava e comemorava o tempo em que os israelitas viveram no deserto após a saída do Egito, no êxodo. O povo de Israel foi guiado pela graça de Deus após ser liberto do jugo do faraó, e experimentou a provisão divina com água e alimentos.

No oitavo e último dia da celebração, Jesus se levantou no templo e gritou: "Quem tem sede, venha a mim e beba". Jesus está fazendo aqui uma afirmação extraordinária: embora seus ancestrais tivessem obtido água de uma rocha durante sua peregrinação no deserto, de agora em diante a água fluiria através dele!

Contudo, Jesus não estava se referindo à água comum. Essa água que ele promete viria por meio do Espírito Santo. O mesmo João, adiante em seu Evangelho, narra os eventos que sucederam a ressurreição de Jesus. Em uma tarde de domingo, o Cristo ressurreto apareceu a seus discípulos e os comissionou: "Assim como o Pai me enviou, eu os envio" (Jo 20.21). Mas eles não estariam sozinhos nessa missão. Para ajudá-los a cumprir esse grandioso chamado, Jesus sopra sobre eles e diz: "Recebam o Espírito Santo".

Isso nos dá uma visão não apenas do chamado de Jesus, mas também do nosso próprio chamado. Devemos ir a Jesus para beber da água viva, mas não apenas para saciar nossa própria sede. Por meio de nossa vida e ministério podemos ser o povo através do qual Deus restaurará a terra seca ao nosso redor.

A mulher adúltera

TEMA 10: Reflexões sobre o Evangelho de João

O verdadeiro evangelho não promete saúde, bem-estar ou dinheiro. Promete coisas celestiais e não terrenas.

John MacArthur Jr.

Então Jesus se levantou de novo e disse à mulher: "Onde estão seus acusadores? Nenhum deles a condenou?". "Não, Senhor", respondeu ela. E Jesus disse: "Eu também não a condeno. Vá e não peque mais".

João 8.10-11

Esperamos que um pai amoroso cuide de seus filhos quando eles são magoados, perseguidos ou incompreendidos. Mas você pode se surpreender ao perceber que Deus conforta seus filhos mesmo quando eles pecam. Jesus não veio para condenar o mundo, mas para salvar qualquer um que coloque sua fé e esperança nele.

Considere a resposta que ele deu à mulher pega em adultério pelos fariseus. Eles a colocaram aos pés de Jesus com um plano simples em mente: envergonhá-la antes de apedrejá-la e, ao mesmo tempo, armar uma armadilha para Jesus. Mas, em vez de pegar uma pedra, Jesus se abaixou para oferecer perdão àquela mulher prestes a sofrer uma morte terrível. Note: o Senhor não defendeu as ações pecaminosas dela, mas sim estendeu compaixão e uma oportunidade de transformar a vida dela ao aceitar o perdão de Deus: "Eu também não a condeno. Vá e não peque mais".

O Senhor entende nossa fragilidade e conhece as dolorosas consequências do nosso pecado. Certamente ansiamos por conforto quando estamos sofrendo, e a boa notícia é que Deus não nos abandona em momentos de necessidade. Ele nos defende do acusador, vem em nossa direção, levanta-nos do pó e nos dá uma nova vida livre da condenação.

Quando pecamos contra o Senhor, podemos nos sentir indignos de seu cuidado e consolo. Por vezes, a vergonha por nossos atos nos impede até mesmo de orar pedindo perdão. No entanto, a misericórdia de Deus se baseia em seu caráter e não em nossa conduta. Então, você receberá Jesus em seu coração hoje? Ele está aqui para ajudar e direcionar você.

LEIA

João 8.1-11

ORAÇÃO

Amado Pai, quando merecíamos o castigo, tua misericórdia nos alcançou e nos curou. Obrigado por tua graça! Em nome de Jesus. Amém.

Jesus cura um cego de nascença

TEMA 10: Reflexões sobre o Evangelho de João

Quão doce soa o nome de Jesus aos ouvidos de quem crê! Acalma suas tristezas, cura suas feridas e afasta seu medo.

John Newton

Devemos cumprir logo as tarefas que nos foram dadas por aquele que me enviou. A noite se aproxima, quando ninguém pode trabalhar. Mas, enquanto estou aqui no mundo, eu sou a luz do mundo.

João 9.4-5

LEIA

João 9

ORAÇÃO

Amado Jesus, peço que me concedas maior visão espiritual. Aumenta minha percepção acerca das realidades eternas. Em teu nome. Amém.

No capítulo 9 de João, vemos Jesus apresentar a luz do mundo para alguém que desde o nascimento estava acostumado apenas com a escuridão. Um pouco antes, nesse mesmo Evangelho, lemos que Jesus tinha dito aos fariseus: "Eu sou a luz do mundo. Se vocês me seguirem, não andarão no escuro, pois terão a luz da vida" (Jo 8.12). Na passagem de hoje, vemos uma das muitas implicações práticas dessa verdade sobre Jesus.

Nessa história, Jesus não apenas faz uma afirmação a seu respeito, mas demonstra isso com uma ação. A cura do cego foi um sinal, uma amostra do que ele faria pelo mundo inteiro. As palavras do homem que foi curado exemplificam perfeitamente o que acontece com aqueles que são purificados por Jesus: "Eu era cego e agora vejo!" (Jo 9.25). Sem Jesus, não podemos ver: tateamos pelo caminho e passamos a vida vagando pela escuridão. Mas aqui estão as boas-novas: Jesus sabe como nos encontrar e se oferece para tocar nossos olhos e restaurar nossa visão.

Ainda assim, precisamos prestar atenção a um aspecto muito interessante dessa história. O cego teve de descer ao tanque de Siloé para se lavar. Ele tinha um papel a desempenhar na restauração de sua visão. Ele teve que se lavar de sua sujeira; a lama precisava ser removida antes que ele pudesse ver.

A realidade é que nem todos conseguimos ver com clareza. Mas Jesus está aqui hoje e tem a intenção de restaurar nossa visão. Então, deixe que ele toque seus olhos e desça às águas vivas para ser purificado.

Jesus, o Bom Pastor

TEMA 10: Reflexões sobre o Evangelho de João

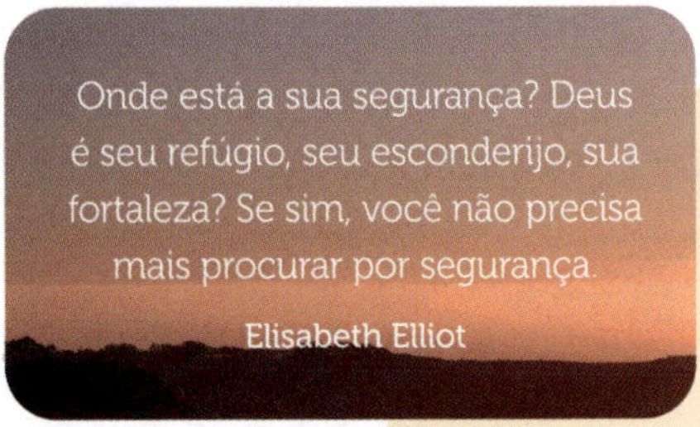

O porteiro lhe abre a porta, e as ovelhas reconhecem sua voz e se aproximam. Ele chama suas ovelhas pelo nome e as conduz para fora.

João 10.3

Se você é como a maioria das pessoas hoje, provavelmente não sabe muito sobre pastorear ovelhas. Contudo, essa era uma profissão comum nos tempos bíblicos. Todas as noites, os pastores locais podiam ser vistos conduzindo seu rebanho para um local onde as ovelhas dormiriam juntas. E todas as manhãs, eles chamavam suas ovelhas para fora a fim de conduzi-las ao pasto.

Também era parte do trabalho do pastor encontrar comida e água, proteger as ovelhas de predadores, resgatar as que se perdiam e cuidar das fracas ou feridas. O pastor passava o dia no meio de seu rebanho, e dormia do outro lado da porta do aprisco para manter os lobos longe. Embora fosse um trabalho humilde e exaustivo, Cristo o usou para descrever a si mesmo.

O Deus onisciente e onipotente do universo se humilhou, tornou-se homem e viveu entre "ovelhas" humanas pecadoras e obstinadas. Deu sua vida para que todos os que cressem pudessem se tornar parte de seu rebanho.

Jesus faz por nós exatamente o que os pastores faziam: alimenta, protege, traz de volta, fortalece os fracos e cuida dos feridos. Ser uma ovelha de Cristo significa estar protegido da ameaça de destruição. Ele conhece seu rebanho, nos chama pelo nome e nos guia a cada passo. E quando somos verdadeiramente dele, podemos distinguir sua voz dentre todas as outras e segui-la em obediência. "Elas ouvirão minha voz, e haverá um só rebanho e um só pastor" (Jo 10.16).

LEIA

João 10.1-16

ORAÇÃO

Senhor, por vezes vagueio como uma ovelha perdida, fazendo o que é melhor segundo meu próprio entendimento. Porém, arrependo-me e decido obedecer e seguir tua Palavra. Em nome de Jesus. Amém.

A ressurreição de Lázaro

TEMA 10: Reflexões sobre o Evangelho de João

Somos o povo da ressurreição, um povo que sabe que a esperança pode ressurgir de lugares mortos.

Ann Voskamp

Quando Jesus ouviu isso, disse: "A doença de Lázaro não acabará em morte. Ela aconteceu para a glória de Deus, para que o Filho de Deus receba glória por meio dela".

João 11.4

LEIA

João 11.1-44

ORAÇÃO

Querido Jesus, ao entrarmos no vale dos ossos secos, teu Espírito sopra vida ao nosso redor. Que esta seja sempre nossa confiança: tu tens o poder de conceder vida. Em teu nome. Amém.

A morte parece o destino final, mas e se de fato ela for apenas o intervalo antes de a história ficar realmente boa? Nos Evangelhos, os sepulcros são o palco para cenas de regeneração, não de decadência.

Na passagem de hoje, as irmãs de Lázaro pediram ajuda a Jesus, mas ele não parecia estar com pressa. Podemos imaginar a dor dessas mulheres quando Jesus não atendeu seu pedido de imediato. Nós também queremos que Jesus aja depressa, principalmente quando estamos sofrendo. Contudo, podemos ter certeza de que seu silêncio tem um propósito — mesmo quando esse silêncio nos deixa aflitos.

Os discípulos sabiam que Jesus poderia curar Lázaro, por isso devem ter se perguntado por que ele demorou para socorrer seu amigo. Na verdade, o Senhor queria que eles testemunhassem algo ainda maior: seu poder não apenas sobre a doença, mas sobre a própria morte. Jesus queria que eles soubessem que a morte não é o fim e, por isso, o milagre diante do túmulo de Lázaro foi também uma lição. "Nosso amigo Lázaro adormeceu, mas agora vou despertá-lo" (Jo 11.11).

O silêncio nos ensina a confiar. Maria e Marta enviaram notícias sobre Lázaro, pois pensavam que o Senhor o curaria. Mas será que sua fé foi abalada quando Lázaro morreu? Talvez, mas mesmo em meio ao luto Marta foi capaz de afirmar: "Eu creio que o senhor é o Cristo, o Filho de Deus, aquele que veio ao mundo da parte de Deus" (Jo 11.27).

Existe alguma área de sua vida que parece estar morta? Uma área na qual você precisa que Jesus opere sua milagrosa obra de ressurreição? Lembre-se da história de Lázaro, e lembre-se daquele que é "a ressurreição e a vida" (Jo 11.25).

Jesus ungido em Betânia

Não conheço prazer tão rico, tão puro, tão santificador como aquele que resulta da verdadeira e espiritual adoração a Deus.

Richard Watson

Então Maria pegou um frasco de perfume caro feito de essência de óleo aromático, ungiu com ele os pés de Jesus e os enxugou com os cabelos. A casa se encheu com a fragrância do perfume.

João 12.3

Muito se fala entre os cristãos sobre a necessidade de honrarmos a Deus. Mas como podemos fazê-lo? A primeira coisa que vemos no texto de hoje é Jesus como um convidado de honra na casa de Simão. Não honramos Jesus mantendo-o distante, mas sim recebendo-o com alegria, preparando um lugar para que ele ceie conosco e descanse entre nós. Em Betânia havia uma casa onde Jesus era o hóspede de honra, e isso nos leva à pergunta: "Jesus é, de fato, bem-vindo em minha casa?".

Em segundo lugar, também honramos Jesus permitindo que ele entre em nosso coração. Marta estava servindo Jesus, Lázaro estava descansando ao lado dele, e Maria doou tudo o que tinha. Existem diferentes maneiras de honrar Jesus, diferentes modos de mostrar a ele o quanto o amamos. Como está o seu coração em relação a Jesus?

O texto também nos ensina sobre a adoração. Em João 12.7-8, Jesus chama a atenção de Judas, que critica Maria por aparentemente desperdiçar um perfume tão valioso. Ao responder a Judas, o Senhor Jesus está tratando sobre a natureza de nossa adoração. Maria não encaixou Jesus em sua agenda. Ela não teve que marcar um horário em seu dia cheio especificamente para honrar Jesus. Ela fez isso quando a oportunidade surgiu. Enquanto outras pessoas ao seu redor serviam comida ou simplesmente desfrutavam da companhia de Jesus, Maria estava transbordando em adoração.

Jesus está recebendo honra e glória de você? Ele é honrado em sua casa e se sente confortável em sua mesa de jantar? Reflita sobre sua postura em relação a Jesus e comprometa-se a se aproximar dele com o melhor que você pode oferecer.

LEIA

João 12.1-11

ORAÇÃO

Senhor, que minha adoração suba como aroma agradável até tua presença. Ajuda-me a dedicar tempo e atenção para honrar-te como tu mereces. Em teu nome. Amém.

A entrada triunfal em Jerusalém

TEMA 10: Reflexões sobre o Evangelho de João

Adoração não é uma música que cantamos, mas uma resposta que damos a Jesus.

Nívea Soares

Jesus conseguiu um jumentinho e montou nele, cumprindo a profecia que dizia: "Não tenha medo, povo de Sião. Vejam, seu Rei se aproxima, montado num jumentinho".

João 12.14-15

LEIA

João 12.12-19

ORAÇÃO

Amado Jesus, tu és o exemplo de vida perfeita. Quero ser mais parecido contigo. Ajuda-me a ver oportunidades de propagar o teu reino. Em teu nome. Amém.

Analisar um acontecimento depois que ele passou é sempre mais fácil. É por isso que ficamos chateados, pensando: "Se eu soubesse então o que sei agora tomaria outras decisões, não diria as mesmas palavras e agiria de forma diferente". A entrada triunfal de Jesus em Jerusalém provavelmente foi um desses momentos para os discípulos. Parecia ser um dia maravilhoso para eles — e foi —, mas por razões diferentes das que imaginavam. Eles pensavam que o Messias tinha vindo para restabelecer o poder político de Israel e derrubar Roma. Mas os planos de Deus são mais elevados que os nossos.

Os discípulos não foram os únicos com conclusões erradas sobre o Messias. Muitos judeus na época esperavam que o Messias fosse um rei terreno. Quando as pessoas ouviram que Jesus estava indo para Jerusalém, saíram às ruas e gritaram: "Hosana!" (que significa "Salva-nos!"). O povo via Jesus como seu novo rei que estava ali para trazer salvação da opressão política e social. Afinal, se ele havia ressuscitado os mortos, sem dúvida também era capaz de restaurar o reino de Davi.

Ao entrar em Jerusalém, Jesus parecia um governante voltando para sua cidade em tempos de paz, com súditos leais adornando seu caminho com panos e ramos de palmeira. Porém, a paz do mundo não viria por meio de uma revolução política, mas pela morte do Filho de Deus. Agora, em retrospecto, podemos olhar para a cruz com esperança e gratidão.

Portanto, pense nas vezes em que as circunstâncias pareciam uma coisa, mas acabaram se revelando outra completamente diferente. Dê tempo a Jesus; deixe que ele mude as coisas. Já o vimos fazer isso antes!

Descansar em vitória

TEMA 11: O sono

> Somente o Senhor pode aquietar nossa alma e fazê-la descansar. Só nele encontramos abrigo seguro.
>
> Hernandes Dias Lopes

> **Venham a mim todos vocês que estão cansados e sobrecarregados, e eu lhes darei descanso.**
>
> **Mateus 11.28**

Acalme a bagunça. Silencie o caos. Desgarre-se do desejo de estar no controle de tudo a todo momento. Aquiete-se e saiba que, ao se preparar para dormir, Deus está trabalhando a seu favor. Ele está retificando caminhos tortuosos e alinhando oportunidades retas para sua vida.

Você pode ser tentado a se perder nesse ciclo de fazer mais e mais e se sentir vazio e cansado. O mundo pode dizer que descansar fará você ficar para trás e perder grandes chances. Não permita que essas mentiras tirem seu sono. Descansar é necessário para revigorar o corpo e a alma. Liberte-se da pressão da performance, pois você não está "ficando para trás" ao priorizar o descanso.

Permita que Deus lhe mostre o seu poder e pare de tentar sempre fazer as coisas pela força de seu próprio braço. Ele é um Deus bom, que nos cerca de paz e bênçãos. Você está mais seguro nos braços dele do que em qualquer outro lugar. Por isso, durma e tenha paz em saber que, enquanto repousa, você não está ficando em desvantagem em nenhuma área da sua vida.

Quando você descansa, você permite que sua alma se reconecte com aquele que o criou. Foi ele quem o formou no ventre da sua mãe e escreveu um plano para a sua vida antes mesmo que você nascesse. Deus está no controle e vai completar o que começou. Em meio a sua vida atarefada, separe um momento para buscá-lo e permita que ele remova o fardo do controle de seus ombros enquanto você aproveita a dádiva celestial do sono.

LEIA

Mateus 11.25-30

ORAÇÃO

Senhor, guia-me ao verdadeiro repouso em tua presença. Acalma o tumulto ao meu redor e tranquiliza minha mente agitada. Em nome de Jesus. Amém.

Deus está perto

TEMA 11: O sono

13 MAR

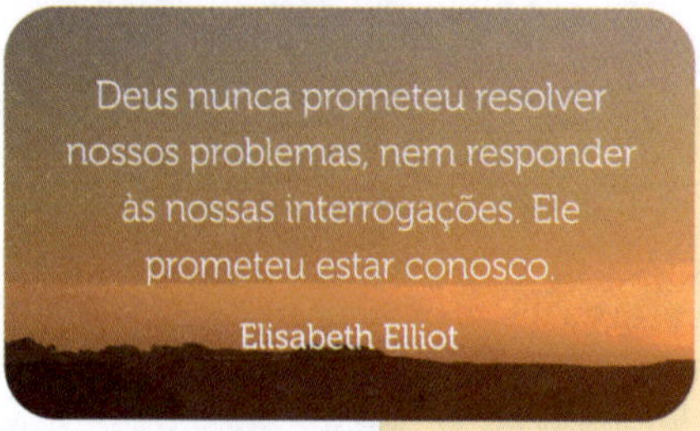

Porque todos que entraram no descanso de Deus descansam de seu trabalho, como Deus o fez após a criação do mundo.

Hebreus 4.10

LEIA

Hebreus 4.1-13

ORAÇÃO

Senhor, guia-me ao descanso verdadeiro e ensina-me a confiar em teu cuidado. Que eu silencie minhas inquietações e me concentre em tua paz. Em nome de Jesus. Amém.

Nosso padrão de sono está relacionado com nossa habilidade de descansar. O descanso começa em saber que fomos salvos e que a batalha está vencida. Descansar não é fazer uma pausa ou tirar um dia de folga, mas é desligar a mente das preocupações e voltá-la a Deus, permitindo que ele traga plenitude de paz. Descansar é confiar.

Você pode baixar a guarda e descansar na certeza de que Deus já assegurou a vitória. Não há nada que fuja do controle dele, portanto a necessidade de lutar não deve ditar o seu descanso. A vida tenta nos convencer de que precisamos batalhar pelo que queremos, mas o Senhor nos chama para o descanso, para saber que ele abre caminhos, mesmo quando nada parece apontar para isso.

Ele está à sua frente, tem nas mãos cada parte da sua vida e o levará aonde você precisa estar. Direcione sua mente para passar tempo na presença de Deus e experimentar a paz que somente ele pode oferecer. Ao fazer isso, ore para que você perceba o que ele está fazendo em sua vida e através dela.

Não permita que nenhum pensamento interfira no seu descanso ou tire sua confiança. Não deixe que as demandas do mundo façam você tirar o foco de Deus e do descanso que se encontra somente nele. Traga seus fardos e problemas para Jesus hoje, mesmo se você estiver fraco e cansado, pois é na nossa fraqueza que ele se mostra mais que suficiente. Ele se agrada em nos proteger e sustentar. Portanto, permita-se dormir em paz: "Há um descanso definitivo à espera do povo de Deus" (Hb 4.9).

Dormir é cuidar do corpo

TEMA 11: O sono

Deus é grande não apenas porque nada é grande demais para ele; Deus também é grande porque nada é pequeno demais para ele.

Levi Lusko

Por isso eu lhes digo que não se preocupem com a vida diária, se terão o suficiente para comer, beber ou vestir. A vida não é mais que comida, e o corpo não é mais que roupa?
Mateus 6.25

O sono é importante para o bem-estar, mas muitas vezes tendemos a não priorizá-lo em meio a tantas outras coisas. Com que frequência você prioriza a produtividade em detrimento de um descanso restaurador?

Não há como negar que, quando temos uma noite de verdadeiro descanso, não só nos sentimos melhor e mais alertas, mas nosso humor também melhora, ficamos mais produtivos e podemos pensar com mais clareza. Contudo, mesmo sabendo de todos esses benefícios, pode ser difícil nos sentirmos prontos para dormir se não estivermos em paz para permitir que o dia termine e que determinadas tarefas fiquem para o dia seguinte.

Deus deseja que seus filhos descansem. Ele nos formou e almeja que tenhamos noites de paz e de sono restaurador. Ele sabe de tudo o que fizemos e das coisas que ainda precisamos fazer, mas deseja também que cuidemos do corpo que ele nos deu. Somos a sua criação, e ele sabe que precisamos do sono para viver nosso pleno potencial. Dessa forma, somos encorajados pelas Escrituras a descansar a fim de não sermos consumidos pela correria do dia a dia ou pelas preocupações que criamos para nós mesmos.

Hoje, ao preparar sua mente e seu corpo para se deitar, liberte-se da preocupação e dos medos que estão ocupando seu coração. Sim, Deus lhe dará força para completar tudo o que você precisa no próximo dia. Mas, primeiro, durma. Descanse sabendo que, enquanto repousa, você está reconhecendo a importância de cuidar daquilo que Deus lhe deu.

LEIA

Mateus 6.25-34

ORAÇÃO

Senhor, ajuda-me a entender a importância do descanso e a priorizá-lo em meio às exigências da vida. Que eu possa confiar que tu cuidarás de tudo. Em nome de Jesus. Amém.

Viver e dormir em segurança

TEMA 11: O sono

Deitei-me e dormi; acordei em segurança, pois o SENHOR me guardava.

Salmos 3.5

LEIA

Salmo 3

ORAÇÃO

Pai celestial, graças te dou por tua proteção constante e por me proporcionares um descanso seguro. Ajuda-me a confiar em ti sabendo que, enquanto durmo, tu estás cuidando de mim. Amém.

Você foi feito para deitar e dormir em paz, sem medo do perigo. O Senhor cuida de você enquanto você dorme. Ao deitar-se em sua cama e apagar a luz, você está seguro para entrar em descanso total porque o Pai celestial zela por você. Ele o protege enquanto você está acordado e enquanto você está dormindo.

Davi sabia que, mesmo quando enfrentava grandes desafios e sofrimentos, ele estava a salvo no conforto do Senhor. Até mesmo quando Deus parecia em silêncio e sua bondade, distante, Davi tinha convicção de sua posição como filho amado. Davi sabia que Deus guiava seus passos e o cercava com sua paz quando ele se deitava. Para ele, o sono era uma bênção derramada por Deus: "Em paz me deitarei e dormirei, pois somente tu, SENHOR, me guardas em segurança" (Sl 4.8).

Quando Deus permite que nos deitemos e descansemos, ele está, na verdade, demonstrando tanto o seu amor por nós quanto o seu poder. Assim como Davi, Deus criou você também para o descanso. Ele deseja que você durma para que o seu corpo físico seja restaurado e para que você experimente a proteção do Senhor enquanto dorme.

Saiba que o gesto de recostar a cabeça no travesseiro não precisa ser acompanhado por medo e ansiedade, mas sim de paz e de calmaria, pois "tu, SENHOR, és um escudo ao meu redor" (Sl 3.3).

A dádiva do sono

TEMA 11: O sono

Quando for dormir, não sentirá medo;
quando se deitar, terá sono tranquilo.
Provérbios 3.24

O sono é um presente e uma bênção do Criador dos céus e da terra. É concedido à criação como um meio de restaurar aquilo que o próprio Deus providencia para nós, como nosso corpo, intelecto e habilidades. Nos livros bíblicos de Sabedoria (Salmos, Provérbios e Eclesiastes), somos lembrados constantemente de que todo nosso esforço e labor não têm valor se não confiarmos: "É inútil trabalhar tanto, desde a madrugada até tarde da noite, e se preocupar em conseguir o alimento, pois Deus cuida de seus amados enquanto dormem" (Sl 127.2)

Deus é aquele que faz com que as plantas da terra continuem a crescer mesmo quando não há ninguém para testemunhar. Ele é aquele que faz com que as coisas aconteçam na esfera invisível para trazer provisão para nossa vida. Enquanto dormimos, Deus move os céus e a terra para vivificar os planos e propósitos que ele tem para nós. Ele nos dá descanso, restaura nossa energia e supre tudo de que precisamos para servi-lo e adorá-lo.

Procure se atentar ao fato de que Deus trabalha em sua vida e no mundo ao seu redor de maneira ininterrupta, e experimente por completo a dádiva do sono e de ser restaurado enquanto dorme. O Senhor vê seu esforço e dedicação e dará continuidade ao trabalho que você realizou durante o dia. Há bênçãos à sua espera quando você despertar, mas Deus deseja que você experimente também a bênção do sono a cada noite. Que possamos encontrar conforto nesta verdade: "Aquele que guarda Israel não cochila nem dorme. O SENHOR é seu protetor! O SENHOR está ao seu lado" (Sl 121.4-5).

LEIA

Provérbios 3

ORAÇÃO

Deus, obrigado pelo presente precioso do sono, uma bênção que usas para restaurares meu corpo e espírito. Que eu possa descansar na tua soberania, sabendo que cuidas de mim. Amém.

Dormir sem medo

TEMA 11: O sono

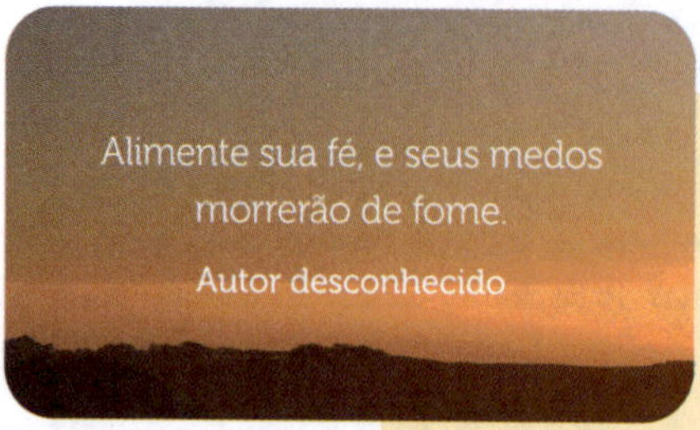

Portanto, não se preocupem com o amanhã, pois o amanhã trará suas próprias inquietações. Bastam para hoje os problemas deste dia.

Mateus 6.34

LEIA

Mateus 6.25-34

ORAÇÃO

Pai, quero colocar em tuas mãos as preocupações sobre o futuro. Permite-me descansar na tua paz e me concentrar na tua fidelidade constante. Em nome de Jesus. Amém.

Eis uma verdade que custamos aceitar: não podemos controlar o que vai acontecer amanhã. O futuro está completamente fora de nossas mãos. Preocupações desse tipo drenam tempo e energia. Mas para nós, que cremos em Deus, a incerteza em relação ao futuro não deve nos assustar ou desencorajar, mas sim nos libertar da pressão de tentar fazer as coisas acontecerem por nossa própria força.

O tipo de pensamento que você permite entrar em sua mente ao se deitar determinará sua mentalidade e atitude na manhã seguinte. Você pode acordar renovado e pronto para receber tudo o que Deus tem para você naquele dia, ou despertar se sentindo exausto e frustrado, pensando que nunca será capaz de alcançar tudo o que deseja. Escolher como vai acordar é uma decisão que você toma na noite anterior, ao se preparar para dormir. A maneira como você aborda o sono também interfere em seu desempenho no dia seguinte. Você pode até achar que é capaz de sobreviver dormindo apenas algumas horas por noite, e isso pode até funcionar por um tempo, mas em algum momento seu corpo exigirá que você desacelere e descanse como precisa.

Para descansar adequadamente, não se preocupe com o que o futuro trará. Antes, concentre-se no que já aconteceu. Lembre-se das bênçãos e manifestações da bondade de Deus que você experimentou durante o dia. Reflita sobre o que o Senhor está fazendo em sua vida hoje e confie que ele estará com você também no futuro. E, por fim, não permita que a preocupação furte o seu descanso. Você pode dormir livre do medo do amanhã, porque Deus está no controle e sabe exatamente do que você precisa.

Adoração no sono

TEMA 11: O sono

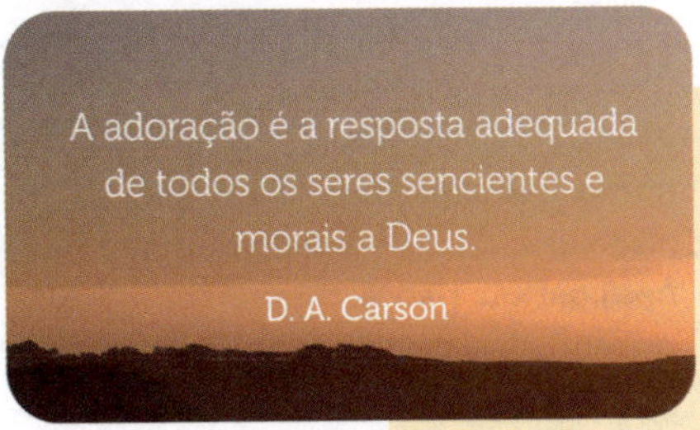

Não imitem o comportamento e os costumes deste mundo, mas deixem que Deus os transforme por meio de uma mudança em seu modo de pensar, a fim de que experimentem a boa, agradável e perfeita vontade de Deus para vocês.

Romanos 12.2

Você já considerou que dormir é parte da nossa adoração a Deus? Em sua carta à igreja em Roma, Paulo diz que os cristãos devem oferecer seu corpo como sacrifício vivo em louvor e consagração a Deus. Nossa conduta deve honrar e agradar o Senhor. E isso não se resume a comer bem e se exercitar, mas a tudo o que fomos formados para fazer — o que inclui dormir.

Quando não conseguimos descansar o suficiente, estamos, de certa forma, dizendo que não confiamos que o Senhor está no controle. Em contrapartida, quando dormimos além da conta, não aproveitamos as oportunidades e bênçãos que são preparadas para nós a cada dia. É necessário que haja um equilíbrio no nosso padrão de sono para que sejamos fortalecidos física e espiritualmente. Não há motivo para se orgulhar em conseguir manter-se acordado a noite toda realizando tarefas, tampouco em tirar um dia inteiro somente para dormir. O sono é uma forma de sujeitarmos nossa vida integralmente à soberania de Deus.

Nosso corpo e nossa alma são projetados para prestarem obediência ao Pai celestial, e o sono é um sinal de nossa confiança e submissão. É por isso que entre as disciplinas espirituais, como o jejum, a oração e a leitura da Palavra, podemos incluir também o sono. Em períodos de preocupação, podemos pensar que a única solução para darmos conta de tudo é ficar acordados a noite toda em oração, e certamente há momentos em que isso é o certo a se fazer. Mas, em muitas ocasiões, o que nos aproxima da vitória é simplesmente garantir um sono adequado. Portanto, comece a mudar a sua perspectiva sobre como o sono afeta a sua vida espiritual e permita que seu descanso seja um ato de adoração a Deus.

LEIA

Romanos 12

ORAÇÃO

Senhor, ensina-me a ver o sono como um ato de adoração e ajuda-me a encontrar o equilíbrio para que meu corpo e espírito sejam fortalecidos e renovados. Em nome de Jesus. Amém.

Livres pela fé

TEMA 12: Liberdade em Cristo

Mais do que fazer grandes coisas, a fé leva o homem a fazer a vontade de Deus.

Bruno Euclides

Portanto, permaneçam firmes nessa liberdade, pois Cristo verdadeiramente nos libertou. Não se submetam novamente à escravidão da lei.

Gálatas 5.1

LEIA

Gálatas 5.1-15

ORAÇÃO

Senhor Jesus, comprometo-me a caminhar na liberdade que há em ti. Convido teu Espírito para me ensinar diariamente. Em teu nome. Amém.

Se você quer uma declaração clara de qual é a vontade de Cristo para sua vida, talvez seja interessante reler o versículo de Gálatas em destaque. Deus quer que você desfrute da verdadeira liberdade. Foi por isso que Jesus morreu, ressuscitou e enviou o Espírito Santo.

No entanto, e por incrível que pareça, viver em liberdade não é fácil. Frequentemente, tropeçamos e caímos, presos na falta de perdão ou estagnados pela ansiedade. Isso também acontecia com os cristãos da antiga Galácia. Paulo chega a repreendê-los duramente: "Pois, se vocês procuram tornar-se justos diante de Deus pelo cumprimento da lei, foram separados de Cristo e caíram para longe da graça" (Gl 5.4).

Então, como receber a liberdade da graça e viver nela? Paulo lembra aos gálatas (e também a nós) de que existe um caminho melhor. Primeiro: vivemos em liberdade "pelo Espírito". Não desbravamos a vida com a força do nosso braço, mas somos capacitados pela presença de Deus em nós: "não sou eu quem vive, mas Cristo vive em mim" (Gl 2.20). Somos livres, pois Deus enviou seu Espírito para nos ajudar e tornar a obediência sinônimo de alegria. A vida cristã é uma vida de liberdade porque é vivida pelo poder do Espírito Santo.

Paulo também mostra aos gálatas que aqueles que são verdadeiramente livres são justificados "pela fé". Essa fé não é apenas uma decisão tomada em um ponto específico no passado; é uma decisão contínua diante de Deus. Lembre-se: é da vontade de Deus que você viva em liberdade dia após dia. Portanto, reserve um tempo hoje para convidar o Espírito Santo para enchê-lo, curá-lo e capacitá-lo a viver pela fé. Assim você encontrará a verdadeira liberdade.

A verdade liberta

TEMA 12: Liberdade em Cristo

Jesus disse aos judeus que creram nele: "Vocês são verdadeiramente meus discípulos se permanecerem fiéis a meus ensinamentos. Então conhecerão a verdade, e a verdade os libertará".

João 8.31-32

A ideia de ter plena autonomia para tomar as próprias decisões, como escolher o que fazer ou para onde ir, é, de fato, muito atraente. Contudo, Cristo oferece uma liberdade ainda maior: a liberdade da condenação do pecado. Jesus disse que a única maneira de ser liberto é conhecer a verdade e se tornar seu discípulo ao crer e permanecer nele.

É por isso que nós, cristãos, levantamos todas as manhãs para meditar nas Escrituras, pois é na Bíblia que encontramos o caminho a seguir e a permanecer. Do contrário, se não nos apegarmos aos ensinos do Senhor, tornamo-nos escravos de nossas próprias necessidades e desejos — como o próprio Jesus nos alerta ao repreender judeus orgulhosos de sua genealogia: "Eu lhes digo a verdade: todo o que peca é escravo do pecado. O escravo não é membro permanente da família, mas o filho faz parte da família, para sempre" (Jo 8.34-35).

E então? Você está firme na liberdade de Cristo ou ainda permite que certos pensamentos, atitudes ou hábitos pecaminosos o escravizem? Apesar de termos recebido o perdão ao crer em Jesus, devemos continuar a lutar para superar nossos impulsos impuros. E isso é feito levando todo pensamento cativo à obediência de Cristo (2Co 10.5) e deixando de lado todo desejo e paixão carnal.

A boa notícia é que não estamos sozinhos nessa luta! Quando Cristo nos libertou, seu Espírito Santo veio habitar em nós a fim de nos capacitar. Também temos a Palavra de Deus para nos guiar e proteger. Por sua infinita graça, temos à disposição tudo de que precisamos para nos livrar da escravidão do pecado. Portanto, coloque sua confiança em Jesus e você será "livre de fato" (Jo 8.36).

LEIA

João 8.31-38

ORAÇÃO

Querido Jesus, tu dizes que aquele que tu libertas é verdadeiramente livre. De fato, sou livre e quero levar outros a experimentar essa liberdade! Em teu nome. Amém.

Crer diariamente

TEMA 12: Liberdade em Cristo

Estamos aqui para trazer a vocês esta boa-nova. A promessa foi feita a nossos antepassados, e agora Deus a cumpriu para nós, os descendentes deles, ao ressuscitar Jesus.

Atos 13.32-33

LEIA

Atos 13.13-43

ORAÇÃO

Senhor Jesus, obrigado por cumprires todas as profecias que apontavam para ti. Traz à minha memória as promessas que tu fazes, pois sei que a integridade da tua palavra nunca falhará. Amém.

Uma das confirmações mais surpreendentes da verdade acerca do cristianismo é a maneira como Jesus cumpre tantas profecias feitas centenas de anos antes de sua vinda. Na verdade, para entender quem Jesus Cristo realmente é, precisamos lembrar que ele não apareceu na história sem nenhum tipo de aviso prévio. Em vez disso, há muitas pistas ao longo da história da redenção que apontam para sua vinda.

Ao falar com judeus na sinagoga, Paulo usou as profecias do Antigo Testamento para mostrar que o Messias ressuscitaria dos mortos, reinaria como o Filho de Davi e nunca mais enfrentaria a morte. E o que Deus prometeu, ele de fato cumpriu (At 13.32). É assim que Paulo estrutura seu raciocínio: Jesus foi morto, mas Deus o ressuscitou e, depois disso, o Jesus ressurreto apareceu a muitas testemunhas oculares (como o próprio Paulo) que agora estão espalhando a notícia sobre o Messias capaz de derrotar o poder da morte. Paulo então conclui com palavras de esperança: "Por meio de Jesus, há perdão para os pecados. Todo o que nele crê é declarado justo diante de Deus" (At 13.38-39).

Pare por um segundo e medite nessas palavras: "Todo o que nele crê é declarado justo". A língua grega, idioma em que todo o Novo Testamento foi escrito, usa o presente contínuo, significando que, embora Jesus tenha operado de uma vez por todas para nossa salvação por meio da fé, recebemos o presente do perdão continuamente. Todos os dias, quando escolhemos pecar, temos à nossa disposição perdão e esperança.

Portanto, pergunte a si mesmo: Eu confio em Jesus, dia a dia, momento a momento, para obter liberdade e perdão? Se a resposta for sim, então ele lhe dará toda a liberdade de que você precisa.

Somos justificados, portanto, somos livres

TEMA 12: Liberdade em Cristo

Há uma jornada incrível e revigorante de liberdade para aqueles que conhecem Jesus Cristo como Senhor.

Crystal McDowell

Agora, portanto, já não há nenhuma condenação para os que estão em Cristo Jesus. Pois em Cristo Jesus a lei do Espírito que dá vida os libertou da lei do pecado, que leva à morte.

Romanos 8.1-2

Muitas pessoas consideram Romanos 8 um capítulo central da Bíblia. Já foi dito que, se a Bíblia fosse um anel, o livro de Romanos seria o diamante, e o capítulo 8, o ápice do corte, a porção mais valiosa dessa pedra preciosa. E basta começar a lê-lo para entender sua importância.

Primeiro, aprendemos que somos isentos de qualquer culpa: "Agora, portanto, já não há nenhuma condenação para os que estão em Cristo Jesus" (Rm 8.1). Uma vez que Jesus morreu por nós, a misericórdia triunfou sobre o julgamento! Somos justificados, livres e experimentamos a graciosa convicção de que nunca somos expostos à condenação divina — esse é o fundamento da nossa liberdade.

Em segundo lugar, já que não temos culpa, somos encorajados a uma nova forma de viver: "não seguimos mais nossa natureza humana, mas sim o Espírito" (Rm 8.4). Nossa posição em Cristo deve resultar em mudanças práticas em nossa vida, mas não somos capazes de fazer isso sozinhos: somos dependentes do Espírito Santo. Paulo diz que devemos andar segundo o Espírito, pois ninguém pode viver a vida cristã com as próprias forças. A única forma de vivermos a vida cristã é pelo poder do Espírito de Deus, que foi colocado dentro de nós a fim de que sejamos cada vez mais parecidos com Cristo.

O apóstolo compreendia tão bem o papel do Espírito Santo na vida do cristão que ele o menciona dezenove vezes ao longo de Romanos 8. É o Espírito que nos dá vida e liberdade (8.2), que ressuscitou Jesus dos mortos (8.11) e que nos adotou como filhos de Deus (8.15). E assim, como filhos do Pai amoroso, podemos viver sem qualquer senso de culpa e condenação.

LEIA

Romanos 8

ORAÇÃO

Pai, agradeço-te pois não há condenação agora que estou em ti. Ajuda-me a responder a teu Espírito a fim de que eu seja capacitado a viver uma vida digna do evangelho. Em nome de Jesus. Amém.

Deus liberta os que se rendem a ele

TEMA 12: Liberdade em Cristo

23 MAR

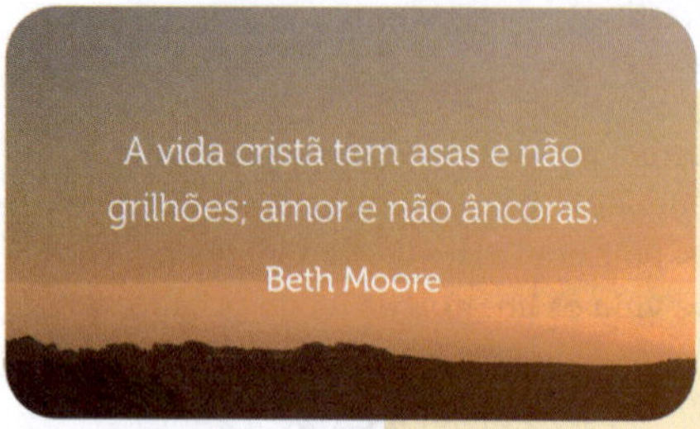

O Espírito do SENHOR Soberano está sobre mim, pois o SENHOR me ungiu para levar boas-novas aos pobres. Ele me enviou para consolar os de coração quebrantado e para proclamar que os cativos serão soltos e os prisioneiros, libertos.

Isaías 61.1

LEIA

Lucas 4.16-30

ORAÇÃO

Pai, como seguidor de teu Filho, quero ser mais semelhante a ele e segui-lo ao pregar as boas-novas aos de coração partido. Ajuda-me a fazê-lo. Em nome de Jesus. Amém.

Isaías atuou como profeta aproximadamente entre os anos de 740 e 685 a.C., e muitas de suas profecias diziam respeito ao futuro. O profeta falou a respeito de um tempo em que aqueles com o coração quebrantado seriam consolados. Em hebraico, o adjetivo "quebrantado" era usado para designar algo ou alguém destruído, esmagado — literalmente, quebrado em pedaços. As pessoas que o profeta tinha em mente não eram aquelas que haviam experimentado a dor de um pequeno arranhão ou um corte leve, mas aquelas que traziam uma cicatriz devastadora no peito. A esses de coração ferido, Isaías faz uma promessa: a cura completa está chegando.

Mas como isso seria possível para um povo exilado, para escravos miseráveis em uma terra estrangeira? A resposta está em uma sinagoga em Nazaré, séculos depois de Isaías proferir suas palavras. O evangelista Lucas relata que Jesus leu o texto de Isaías 61 ao pregar pela primeira vez em sua cidade natal. Após ler essa passagem, Jesus a interpretou da seguinte maneira: "Hoje se cumpriram as Escrituras que vocês acabaram de ouvir" (Lc 4.21). O dia finalmente havia chegado! Para o coração partido, Jesus traria a cura; para os cativos, uma oferta de liberdade. Quando nos rendemos a Deus, ele nos liberta, as correntes arrebentam e as portas da prisão são abertas.

Agora livres, somos convidados a proclamar essa verdade a outros que estão sofrendo por longos anos na prisão. Nossa mensagem é simples, mas extremamente poderosa, pois ecoa as palavras não apenas de Isaías, mas do próprio Filho de Deus: "os cegos verão, os oprimidos serão libertos. É chegado o tempo do favor do Senhor". Você crê nisso?

Liberdade em meio à adversidade

TEMA 12: Liberdade em Cristo

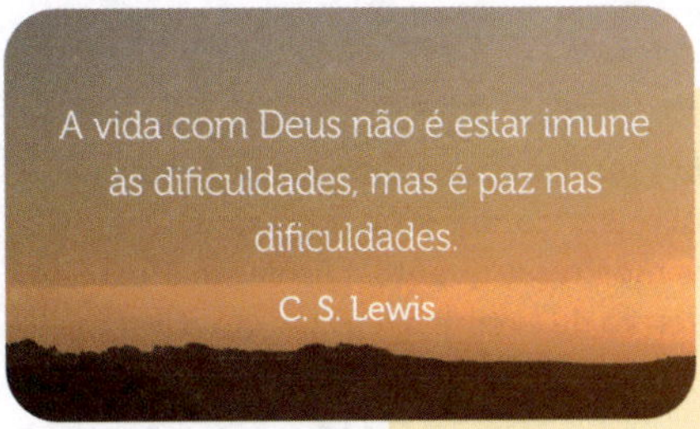

Alguns povos confiam em carros de guerra, outros, em cavalos, mas nós confiamos no nome do SENHOR, nosso Deus.

Salmos 20.7

É bem provável que você esteja passando por alguma dificuldade enquanto lê este texto. Talvez se sinta angustiado e preocupado. Infelizmente, passamos por momentos assim, e com o rei Davi não foi diferente. Quando escreveu o salmo 20, Davi tinha em mente uma batalha que estava prestes a enfrentar e, por isso, clamou a Deus.

Davi inicia o salmo com um pedido para que Deus "responda ao seu clamor em tempos de sofrimento" (Sl 20.1), e conclui com uma súplica semelhante: "responde ao nosso clamor por socorro" (20.9). Em dias de angústia, você pode clamar a Deus em oração, pedindo-lhe que traga liberdade no meio da adversidade. Não é uma questão de otimismo vago, mas sim de fé realista. Nossa situação, é claro, é muito diferente daquela vivenciada por Davi, e é pouco provável que enfrentemos as mesmas condições de batalha que ele. No entanto, o salmo fala sobre uma realidade de nossa vida: ela é, de fato, uma luta constante.

Davi reconhece o poder salvador de Deus e faz uso da poesia para expressar sua confiança de diversas maneiras: o Senhor nos guarda de todo o mal (20.1), nos socorre e fortalece (20.2) e nos dá a vitória (20.5). Tudo isso, como bem enfatizado por Davi, vem de Deus e não de nossas forças ou recursos próprios — ou de "nossos carros de guerra e cavalos", usando a linguagem do salmista. Somos libertos e protegidos pois "confiamos no nome do SENHOR" (20.7).

Hoje, agradeça ao Senhor com a certeza de que ele o libertará em meio à aflição. Renove seu compromisso de confiar em seu nome e apresente seus planos e os desejos de seu coração diante dele. Você nunca ficará desapontado ao fazer isso.

LEIA

Salmo 20

ORAÇÃO

Senhor, confiarei em ti quando estiver em perigo. Confiarei que tu darás a vitória e me guardarás de todo o mal. Perdoa-me pelos momentos em que minha fé vacila. Em nome de Jesus. Amém.

Misericórdia gera salvação

TEMA 12: Liberdade em Cristo

Confie o passado à misericórdia de Deus, o presente ao amor de Deus e o futuro à providência de Deus.

Agostinho de Hipona

Foi por isso que eu, o pior dos pecadores, recebi misericórdia, para que assim Cristo Jesus mostrasse quanto é paciente. Desse modo, sirvo de exemplo a todos que vierem a crer nele para a vida eterna.

1Timóteo 1.16

LEIA

1Timóteo 1.12-17

ORAÇÃO

Pai celestial, obrigado por teres me salvado. Não sou o mais brilhante, o mais capaz, o mais fiel ou o mais santo, mas tu te aproximaste de mim para que eu pudesse me aproximar de ti. Em nome de Jesus. Amém.

O apóstolo Paulo foi responsável por levar Timóteo à fé em Jesus Cristo e, portanto, é considerado o pai espiritual desse seu discípulo — o próprio Paulo se refere a Timóteo como seu "verdadeiro filho na fé". E, como todo bom pai, Paulo se preocupava com Timóteo e desejava o melhor para ele.

Nessa primeira epístola escrita a seu "filho", Paulo apresenta seu próprio testemunho, uma história na qual fé, amor e liberdade estão interligados. Ele havia sido um "blasfemo, perseguidor e violento", e descreve a si mesmo como o "pior dos pecadores". A impressão é que quanto mais Paulo crescia em seu relacionamento com o Senhor, quanto mais se aproximava da luz de Cristo, mais ele percebia sua própria pequenez. Sua convicção a respeito do próprio pecado aumentou, assim como cresceu também sua apreciação pelo perdão, amor e liberdade de Deus.

Ao contar sua história, Paulo quer lembrar a Timóteo que Jesus foi capaz de libertá-lo. E é exatamente por isso que Jesus veio ao mundo: "para salvar os pecadores" (1Tm 1.15). A salvação de Paulo significava liberdade, e aconteceu como resultado da graça. Paulo havia cometido muitos erros em seu passado, mas não se afundou neles. Em vez disso, ele celebra a misericórdia de Deus que lhe trouxe liberdade!

Você pode sentir que bagunçou as coisas. Pode se sentir o "pior dos pecadores" (você não será o primeiro a se sentir assim!), mas deixe Paulo ser um exemplo para você e também um mensageiro de boas notícias: Jesus Cristo está ao seu lado e veio para salvá-lo. Portanto, creia nele hoje e prontifique-se a combater o bom combate da fé.

Uma introdução à adoração

TEMA 13: Adoração na prática

> A adoração é para a vida cristã o que a bateria é para o relógio.
>
> Lawrence R. Axelson

> **Suplico-lhes que entreguem seu corpo a Deus [...] Que seja um sacrifício vivo e santo, do tipo que Deus considera agradável. Essa é a verdadeira forma de adorá-lo.**
>
> **Romanos 12.1**

O que vem à mente quando você lê a palavra "adoração"? Se procurar no dicionário, você encontrará definições como "honra" e "reverência", ou seja, adoração envolve louvar e nos submeter a algo, ou alguém, maior que nós mesmos. É a arte prática, vulnerável e completa de entregar-se em admiração e temor. A necessidade de adorar é um instinto humano e, apesar de o termo "adoração" carregar conotações religiosas, a realidade é que todos adoramos algo. Entregamos nosso tempo, nossa atenção e devoção para várias coisas como celebridades, marcas, bens materiais. Todos adoramos de certa forma, e o objeto de nossa adoração impacta como vivemos.

Portanto, nossa jornada nos próximos dias será menos sobre como adorar e mais a respeito de como *deixar* de adorar coisas terrenas a fim de honrar o único que é verdadeiramente digno de adoração. Assim, veremos como integrar, de maneira prática, a adoração ao Senhor em nosso cotidiano, resistindo ao mundo e direcionando nosso louvor a Cristo somente. O Breve Catecismo de Westminster, documento escrito no século 17 por teólogos ingleses e escoceses para unir as igrejas em torno de crenças comuns, inicia com a seguinte pergunta: "Qual é o propósito supremo do homem?". E a resposta vem logo na sequência: "O propósito supremo do homem é adorar a Deus, e satisfazer-se nele eternamente".

A adoração é parte fundamental do nosso propósito, pois servimos a um Deus que é digno de nosso tempo e de nossa devoção. Em resposta ao seu amor, somos chamados a dar-lhe a devida honra, louvor e reverência todos os dias. Então, reflita sobre a adoração e lembre-se do convite do salmista: "Venham, vamos adorar e nos prostrar, vamos nos ajoelhar diante do SENHOR, nosso Criador" (Sl 95.6).

LEIA

Romanos 12.1-5

ORAÇÃO

Senhor, ajuda-me a reorientar minha adoração para ti, o único digno de toda honra e louvor. Que minha vida reflita a honra e louvor que só tu mereces. Em nome de Jesus. Amém.

Adorando com a oração

TEMA 13: Adoração na prática

Nada prepara melhor o coração para a adoração ao Senhor do que contemplar a sua beleza e perfeição.

Frank Gabelein

Que a mensagem a respeito de Cristo, em toda a sua riqueza, preencha a vida de vocês. Ensinem e aconselhem uns aos outros com toda a sabedoria. Cantem a Deus salmos, hinos e cânticos espirituais com o coração agradecido.

Colossenses 3.16

LEIA

Mateus 6.5-15

ORAÇÃO

Senhor Jesus, obrigado por quem tu és. Escuta minha oração e ajuda-me a viver com alegria e gratidão. Amém.

Redirecionar nossa adoração ao Senhor não acontecerá do dia para a noite, uma vez que estamos acomodados com nossos hábitos, padrões de pensamento e rotina. É por isso que precisamos investir tempo em novos costumes, a fim de adorarmos Jesus intencionalmente em tudo o que fazemos. E a oração diária é um sábio ponto de partida para essa mudança.

Ao longo da Bíblia e da história da igreja, vemos a oração como um aspecto muito importante na adoração do povo de Deus — o próprio Jesus sabia disso e nos ensinou a orar, como registrado em Mateus 6. É interessante notarmos que a segunda frase do Pai Nosso é de exaltação: "Santificado seja o teu nome". Orar é louvar reconhecendo o senhorio de Deus. Contudo, ainda mais do que isso, a oração conduz nosso coração a uma postura de adoração constante, um tema abordado pelo apóstolo Paulo em sua primeira carta aos tessalonicenses: "Estejam sempre alegres. Nunca deixem de orar. Sejam gratos em todas as circunstâncias, pois essa é a vontade de Deus para vocês em Cristo" (1Ts 5.16-18).

É a vontade de Deus que vivamos alegremente em oração e em gratidão, e quanto mais nos engajamos nisso, mais a adoração a Deus é uma realidade em nossa vida. Como está sua vida hoje? Por vezes, nossas orações podem parecer uma lista de compras, meramente enumerando as coisas que desejamos. Apesar de não haver problema em pedir a Deus o que você deseja, considere separar um tempo nos próximos dias para enfocar o nosso Deus todo-poderoso. Lembre-se de que seu tempo de oração é tempo de adoração e tente incluir intencionalmente um momento para isso todos os dias.

Adorando com a música

TEMA 13: Adoração na prática

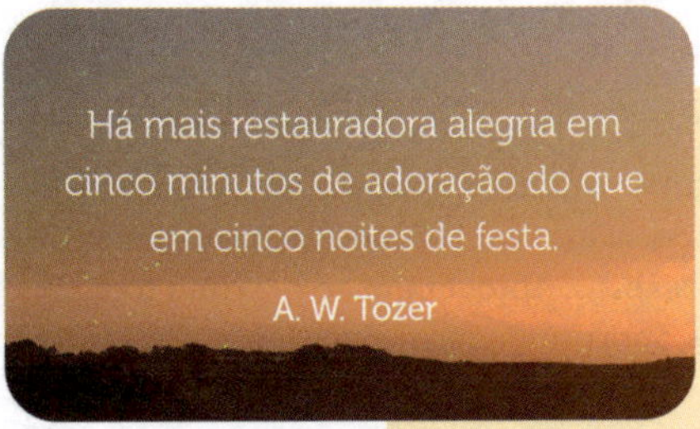

Sejam cheios do Espírito, cantando salmos, hinos e cânticos espirituais entre si e louvando o Senhor de coração com música.

Efésios 5.18-19

Muitos, quando escutam o termo adoração, pensam instintivamente em louvores e hinos. Entendemos que a adoração vai muito além do que apenas cantar, contudo não devemos menosprezar o quanto a música é importante para a conexão da alma com Deus. O ato de cantar tem sido uma parte vital da igreja, e há cânticos registrados ao longo de toda a Escritura.

O rei Davi constantemente adorava a Deus por meio da música, e basta lermos alguns salmos para perceber isso: "Eu te louvarei, Senhor, de todo o meu coração; anunciarei as maravilhas que fizeste. Por causa de ti, me alegrarei e celebrarei; cantarei louvores ao teu nome, ó Altíssimo" (Sl 9.1-2). Até mesmo nos profetas vemos manifestações de louvor: "Naquele dia, todos na terra de Judá entoarão este cântico: Nossa cidade é forte; estamos cercados pelos muros da salvação de Deus!" (Is 26.1).

O louvor tem o poder de derrotar distrações, superar barreiras e voltar olhos cansados para Jesus. O louvor rompe cadeias e nos liberta. Você se lembra da história de Paulo e Silas? Durante a madrugada em uma cela fria de Filipos, eles entoavam cânticos e hinos a Deus quando "de repente, houve um forte terremoto, e até os alicerces da prisão foram sacudidos" (At 16.26).

Qual foi a última vez que Deus usou uma música para encorajar ou confortar você? Consegue lembrar qual foi essa música e onde você estava quando a ouviu ou cantou? Para aprofundar sua reflexão, leia com atenção o salmo 150, um salmo curto, mas que nos lembra do poder da adoração em forma de música. E permita que as palavras do salmista ecoem em seu espírito e transbordem em adoração: "Tudo que respira louve ao Senhor!" (Sl 150.6).

LEIA

Salmo 150

ORAÇÃO

Senhor, obrigado pelo dom da música como meio de adoração. Que meus cânticos sejam uma expressão sincera de amor e gratidão. Em nome de Jesus. Amém.

Adorando com o tempo

TEMA 13: Adoração na prática

Em nossa adoração deve haver o poder sobrenatural que nos faz compreender o sentido de Deus.

Bryan Green

Portanto, sejam cuidadosos em seu modo de vida. Não vivam como insensatos, mas como sábios. Aproveitem ao máximo todas as oportunidades nestes dias maus.

Efésios 5.15-16

LEIA

Efésios 5.15-20

ORAÇÃO

Senhor, ajuda-me a usar meu tempo de maneira que te honre e glorifique. Ensina-me a ver cada momento como uma oportunidade de adoração. Em nome de Jesus. Amém.

Refletimos nos últimos dias sobre as diferentes maneiras de como a adoração se manifesta, como oração e música, por exemplo. Essas duas formas de adorar são ferramentas poderosas que nos levam para mais perto de Deus. Contudo, também podemos adorar de outras formas. E se adoração é priorizar Jesus, então a maneira como escolhemos usar nosso tempo pode se tornar um modo de adoração.

Sempre há formas de usar nosso tempo para honrar a Deus — e em contrapartida, há também outras formas que não o honram. Quando utilizamos nosso tempo para buscar o reino de Deus, tornamo-nos instrumentos de adoração. Contudo, quando usamos nosso tempo de forma egoísta, perdemos preciosas oportunidades. E para Paulo, cada momento deveria ser valorizado: "Aproveitem ao máximo todas as oportunidades nestes dias maus" (Ef 5.16).

Adorar com o nosso modo de vida significa que o melhor que podemos oferecer a Deus em louvor somos nós mesmos, e isso inclui nosso tempo, pensamentos e talentos. Assim, quando somos intencionais com nosso tempo, maximizamos o quanto podemos viver para a glória de Deus e, consequentemente, qualquer momento pode se tornar um momento de adoração (e não apenas durante um culto dominical), seja buscar os filhos em algum lugar ou fazer uma tarefa burocrática no trabalho.

Talvez isso soe perfeito (e difícil) demais, mas não se preocupe se você se sente longe desse padrão de excelência. Todos nós desperdiçamos tempo, procrastinamos e agimos de forma egoísta. A chave é começar, independentemente de onde você esteja. E então: como você pode viver para a glória de Deus hoje?

Adorando com os pensamentos

TEMA 13: Adoração na prática

Que as palavras da minha boca e a meditação do meu coração sejam agradáveis a ti, SENHOR.

Salmo 19.14

Como cristãos, sabemos (pelo menos em teoria) que Deus é bom, santo e digno da nossa adoração. Ainda assim, temos dificuldade em incorporar essa realidade em nossa vida atarefada.

Até agora, refletimos sobre como oração, música e o uso intencional do nosso tempo podem ser formas de adoração. Hoje, olharemos para dentro de nós, ou seja, como podemos adorar a Deus com nossos pensamentos. Afinal, se almejamos uma adoração integral, não podemos negligenciar nossa vida interior — e esse foi o alerta de Paulo aos filipenses: "Concentrem-se em tudo que é verdadeiro, tudo que é nobre, tudo que é correto, tudo que é puro, tudo que é amável e tudo que é admirável. Pensem no que é excelente e digno de louvor" (Fp 4.8).

Essa é uma passagem desafiadora, já que o apóstolo nos incentiva a buscar padrões de pensamento que fixem nossos olhos em Cristo e em sua boa obra. Esse é um princípio espiritual importante, pois nossa mente é um campo de batalha no qual vários ídolos disputam nossa adoração. Basta prestarmos atenção em nossos pensamentos para perceber quão facilmente eles divagam entre trabalho, momentos de estresse, família etc. Apesar de muitos desses pensamentos serem legítimos, a Palavra nos encoraja a priorizar as coisas do Senhor também em nossa mente. Portanto, focar nosso pensamento em Jesus se torna um ato de adoração.

Seus pensamentos importam! Por isso, consagre-os hoje, mesmo que isso seja difícil, como fica explícito nas palavras de Paulo: "Levamos cativo todo pensamento rebelde e o ensinamos a obedecer a Cristo" (2Co 10.5). Dessa forma, sua mente será treinada a discernir as boas obras de Deus e a enxergá-lo em todo o lugar.

LEIA

Salmo 19

ORAÇÃO

Senhor, ajuda-me a focar meus pensamentos em tudo o que é verdadeiro, honesto, justo e puro. Que minha mente se volte para ti e te glorifique em cada momento. Amém.

Adorando com nossos talentos

TEMA 13: Adoração na prática

Senhor, ajuda-me a derrubar do trono o mais estimado ídolo que conheço, seja ele qual for, e a adorar somente a ti.

William Cowper

O senhor disse: "Muito bem, meu servo bom e fiel. Você foi fiel na administração dessa quantia pequena, e agora lhe darei muitas outras responsabilidades. Venha celebrar comigo".

Mateus 25.14

LEIA

1Pedro 4.1-11

ORAÇÃO

Senhor, ensina-me a usar meus talentos para tua glória. Que eu possa servir os outros com alegria e refletir teu amor em cada ação. Em nome de Jesus. Amém.

A adoração é muito mais que um ritual religioso. É um estilo de vida, uma resposta constante à revelação da misericórdia e da graça que encontramos em Jesus. E é por isso que desejamos adorar a Deus em tudo o que fazemos, inclusive com nossos talentos. Cada um de nós é especialmente bom em algo, e se você pensa que não tem nenhum dom, talvez é porque não o descobriu ainda.

Todos nós temos algo para contribuir e oferecer ao mundo. A pergunta é: para a glória de quem você usará seus talentos? Há uma escolha a ser feita, já que nossas habilidades podem ser usadas para a glória de Deus ou para nossa própria exaltação. Porém, assim como Jesus veio para servir, e não para ser servido, devemos usar nossas habilidades para abençoar aqueles ao nosso redor. Pedro, que teve seus pés lavados pelo próprio Senhor, parece ter entendido bem a importância do serviço na vida cristã: "Deus concedeu um dom a cada um, e vocês devem usá-lo para servir uns aos outros, fazendo bom uso da múltipla e variada graça divina" (1Pe 4.10).

Servir os outros com seus dons é uma forma tangível e prática de adoração. Talvez você seja um bom cozinheiro e, ao preparar refeições deliciosas, você glorifica a Deus. Talvez você seja um artista, atleta, construtor ou profissional da saúde que, ao utilizar essas habilidades para ensinar, servir e ajudar outras pessoas, aponta poderosamente para o Distribuidor de todos os dons. Por isso, separe um momento para refletir: Em que você é bom e pode ser um canal de bênção para outros? Ao rendermos nossos talentos para o serviço de Deus, nós o adoramos como o Criador de tudo.

ABRIL

Adorando com nossos bens

TEMA 13: Adoração na prática

Diga-lhes que usem seu dinheiro para fazer o bem. Devem ser ricos em boas obras e generosos com os necessitados, sempre prontos a repartir.

1Timóteo 6.18

LEIA

1Timóteo 6.17-19

ORAÇÃO

Senhor, ajuda-me a usar meus recursos com generosidade, a fim de revelar tua bondade aos outros. Que minha alegria em dar mostre que tu és meu maior tesouro. Amém.

Tudo o que fazemos, em qualquer área de nossa vida, pode se transformar em um ato de adoração. Essa é a verdade que temos abordado sob diversas perspectivas nos últimos dias. Quando somos intencionais com nosso tempo, com nossos pensamentos e com nossa vida de oração, buscamos honrar a Deus com tudo o que somos — e também com tudo o que possuímos como recursos ou qualquer outro bem material.

Sabemos que tudo isso é importante, mas será que temos a consciência de que essas coisas também podem ser usadas para adorar ao Senhor? Podemos adorar com nossos bens quando somos generosos, pois assim revelamos a generosidade de Deus e nos tornamos embaixadores de sua bondade e amor para o mundo. Além disso, a generosidade também pode expressar outra qualidade.

Na Bíblia, quase sempre a generosidade está acompanhada da alegria: "Cada um deve decidir em seu coração quanto dar. Não contribuam com relutância ou por obrigação. 'Pois Deus ama quem dá com alegria'" (2Co 9.7). Isso não deve nos surpreender, uma vez que é impossível adorar com nossos bens e ao mesmo tempo ter um coração indisposto. Quando somos alegres e generosos, doando nosso tempo e recursos, demonstramos que Cristo é, de fato, o bem mais precioso que possuímos. Nada mais se compara a ele.

Hoje, peça que o Espírito lhe mostre alguém que pode se beneficiar de sua generosidade. Isso pode envolver levar uma pessoa para um café, ou até mesmo abrir sua casa para cuidar de alguém. Não importa o que o Espírito o inspire a fazer, se você cumprir esse chamado com alegria e generosidade estará adorando a Deus.

O sangue de Jesus

TEMA 14: A carta aos Hebreus e a importância da cruz

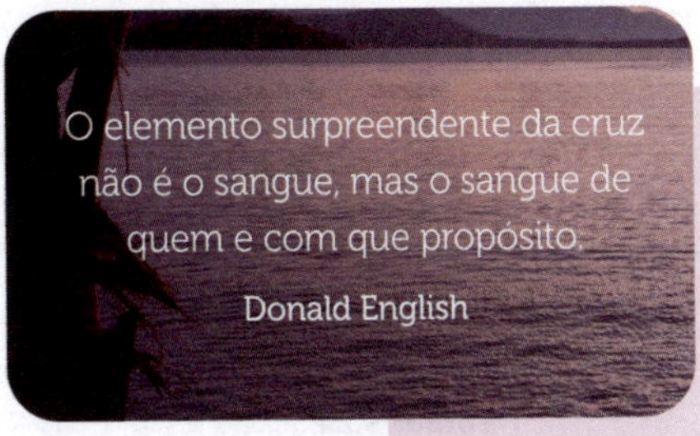

Cristo se tornou o Sumo Sacerdote de todos os benefícios agora presentes. Ele entrou naquele tabernáculo maior e mais perfeito no céu, que não foi feito por mãos humanas nem faz parte deste mundo criado.

Hebreus 9.11

02 ABR

Mudar de casa é um dos processos mais estressantes pelo qual podemos passar. Porém, todo o esforço da mudança vale a pena para quem sai de uma casa pouco confortável, onde há umidade, mofo nas paredes ou falta de espaço suficiente, e vai para um lugar que supra melhor suas necessidades e seus desejos. Mudar pode ser um trabalho árduo, mas recompensador em muitos aspectos.

O autor de Hebreus quer nos fazer perceber que tudo é melhor em Jesus. O novo mundo prometido está disponível e é melhor em todos os sentidos. É melhor, primeiramente, no que diz respeito ao tabernáculo. Os sacerdotes, no Antigo Testamento, dirigiam-se diariamente ao templo, e o sumo sacerdote entrava anualmente no santuário interno, o lugar santíssimo. Mas, na verdade, toda essa estrutura e seus rituais eram um substituto temporário para o que Deus tinha planejado. Ele queria nos libertar das "obras mortas" para que pudéssemos servir o Deus vivo (Hb 9.14).

Nesse contexto, as obras mortas referem-se a duas coisas: práticas pagãs das quais nos arrependemos ao nos tornarmos cristãos, e os rituais judaicos que, embora estipulados por Deus, não eram suficientes para lidar com o pecado e a morte. Mas, por meio da cruz, Cristo revelou definitivamente o caminho para o Pai ao oferecer "a si mesmo a Deus como sacrifício perfeito" (Hb 9.14). Por isso, podemos servi-lo com prazer e alegria, sem qualquer sombra, mancha ou sentimento de vergonha.

Ainda hoje, muitos cristãos esquecem que são convidados para a vida exuberante e alegre que Jesus oferece. Lembre-se: porque Cristo deixou o seu lar celestial para morrer por nós (Ef 2.5-11), somos convidados a nos mudar para uma casa espaçosa e muito melhor. Você aceita o convite?

LEIA

Hebreus 9.11-28

ORAÇÃO

Senhor Jesus, eu te agradeço, pois quando temos a ti em nossa vida tudo muda. Quero ser uma testemunha da tua bondade e divulgar as tuas boas-novas ao mundo. Amém.

O sangue de Cristo

TEMA 14: A carta aos Hebreus e a importância da cruz

> Pare de medir o amor de Deus usando referências humanas, e meça o amor de Deus olhando para a cruz.
>
> Augustus Nicodemus

Pois Cristo não entrou num santuário feito por mãos humanas, mera representação do santuário verdadeiro no céu. Ele entrou no próprio céu, a fim de agora se apresentar diante de Deus em nosso favor.

Hebreus 9.24

LEIA

Hebreus 9.23-28

ORAÇÃO

Amado Jesus, eu te agradeço pois derramaste teu sangue por mim. Sou grato por proveres a solução definitiva para meu pecado e minha vergonha. Amém.

Para alguns, a passagem de hoje é uma das mais importantes nas Escrituras; para outros, é uma das mais chocantes. Como o sangue pode ser a solução para a necessidade mais profunda do mundo, ou seja, a restauração da comunhão perdida com Deus? O autor de Hebreus afirma que Jesus é realmente aquele por meio de quem a nova aliança passa a existir; só ele pode garantir que os pecados sejam perdoados de maneira definitiva. No entanto, para que essa nova aliança fosse instituída, era necessário que Jesus passasse pela morte — era necessário sangue.

Isso pode soar estranho, até notarmos que a palavra para "aliança" significa "testamento", em um sentido legal. Antes de uma pessoa morrer, ela tem o direito de fazer um testamento, e assim distribuir seus bens conforme achar adequado. Mas esse documento legal só entra em vigor após o óbito. Da mesma forma, Hebreus propõe que a nova aliança só passa a valer após a morte de Jesus.

Ninguém no mundo chegou perto da conclusão de que Deus se tornaria homem e ofereceria sua própria vida. Literalmente, Deus escolheu derramar o sangue de seu próprio Filho para concretizar eternamente todos os sinais e símbolos anteriores. Na antiga aliança, tudo tinha de ser purificado com sangue animal, que simbolizava um sacrifício em favor de pessoas pecadoras. Não havia nenhuma brecha, nenhuma alternativa que permitisse ao indivíduo libertar-se sozinho, por meio de seus próprios esforços.

Na realidade, essa condição permanece inalterada, mas hoje enxergamos essa verdade à luz do amor abnegado de Deus demonstrado na cruz. Em nosso relacionamento com Deus não deve haver espaço para o orgulho; tudo depende da graça.

Um sacrifício definitivo

TEMA 14: A carta aos Hebreus e a importância da cruz

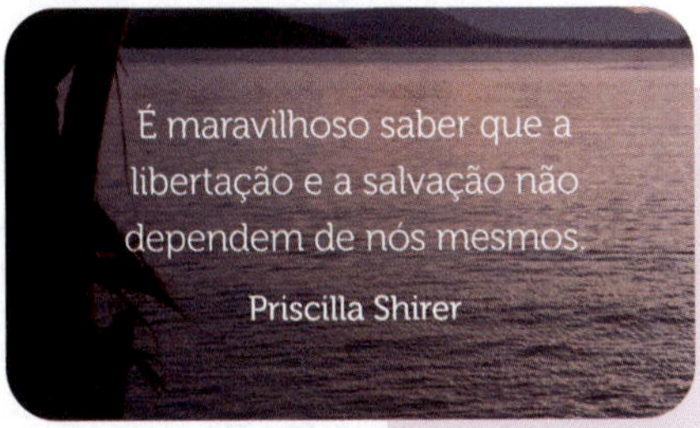

Pois a vontade de Deus era que fôssemos santificados pela oferta do corpo de Jesus Cristo, de uma vez por todas.

Hebreus 10.10

Imagine a situação hipotética: você procura um atendimento médico, pois está sentindo fortes dores de cabeça, e é diagnosticado com uma doença grave. O médico que o atendeu, em vez de encaminhá-lo com urgência a um especialista, apenas prescreve alguns analgésicos. Certamente você concluiria que ele não foi um profissional competente, pois não tratou a raiz do problema.

De certa forma, essa era a situação de muitas práticas do Antigo Testamento descritas pelo autor de Hebreus. O problema dos sacrifícios e das ofertas na antiga aliança era que eles precisavam ser feitos repetidamente; eles lidavam apenas com o sintoma em vez de tratar o cerne da questão: nossa natureza pecaminosa e, consequentemente, nossa necessidade recorrente de perdão. É por isso que o âmago da nova aliança é o sacrifício voluntário e obediente de Jesus, que nos santifica "de uma vez por todas".

A cruz é a conclusão dos planos e propósitos de Deus apresentados no Antigo Testamento, um símbolo de que uma nova realidade foi inaugurada por meio da morte e ressurreição de Cristo. Contudo, infelizmente, tendemos a focar demais o passado e menosprezar o presente. E é por isso que há uma pergunta implícita ao longo de todo o livro de Hebreus: Quando as coisas se tornam difíceis, você realmente pensa em retornar à antiga aliança?

O antigo sistema até pode oferecer conforto e segurança, pois dá a sensação de que estamos no controle. Isso pode ser um alívio imediato, como analgésicos para uma crise de enxaqueca, mas não passa de um tratamento paliativo — apenas em Cristo podemos encontrar a solução definitiva para o que nos aflige. Por isso, permaneça firme e veja Deus agir.

LEIA

Hebreus 10.1-10

ORAÇÃO

Senhor Jesus, tu criaste um caminho para que eu pudesse superar e resistir a todas as tentações. Por teu sangue, posso entrar com ousadia na sala do trono para obter graça e misericórdia. Amém.

05 ABR

Um sacrifício contínuo

TEMA 14: A carta aos Hebreus e a importância da cruz

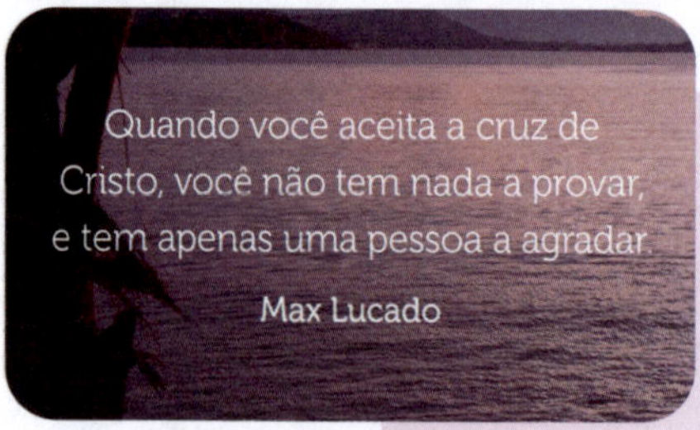

Esta é a nova aliança que farei com meu povo: Porei minhas leis em seu coração e as escreverei em sua mente. E nunca mais me lembrarei de seus pecados e seus atos de desobediência.

Hebreus 10.16-17

LEIA

Hebreus 10.11-18

ORAÇÃO

Pai celestial, eu te agradeço pois na cruz bradaste: "Está consumado". Ajuda-me a descansar ao saber que sou amado por ti. Em nome de Jesus. Amém.

Atualmente, a maior parte das pessoas trabalha sentada em frente a telas por longos períodos. Apesar de um aparente conforto, a postura nem sempre fica perfeita nessa posição; os ombros enrijecem, e as dores musculares começam a dar sinais de existência. Por isso, o ato de levantar-se indica uma pausa bem-vinda ou até mesmo a conclusão de um trabalho.

Contudo, durante grande parte da história ocorria o contrário: sentar-se era um sinal de que você havia terminado o trabalho, e não de que estava começando, uma vez que a maioria dos trabalhadores atuavam na construção ou no campo em tarefas braçais. Esse é o contraste que o autor de Hebreus faz aqui entre os sacerdotes da antiga aliança e Jesus. Após concluir sua obra, nosso Sumo Sacerdote "*sentou-se* no lugar de honra à direita de Deus" (Hb 10.12). Já não há necessidade de oferecer sacrifícios contínuos, pois na cruz isso foi feito de forma definitiva — em outras palavras, Jesus está sentado e está satisfeito.

Essa é uma verdade extremamente reconfortante: devemos olhar com confiança para a cruz de Cristo e agradecer a Deus pelo que foi realizado plena e definitivamente em nosso favor; sugerir o contrário é insinuar que a obra realizada por Cristo está incompleta. Essa também é uma verdade que nos dá esperança: podemos viver no presente e seguir em frente com confiança no futuro, olhando para trás, para o que Cristo fez. Jesus está sentado, não há mais nada a fazer. A redenção foi cumprida. Os pecados foram perdoados. O descanso sabático que Deus instituiu originalmente no jardim foi restaurado. Enfim, podemos descansar.

Um convite

TEMA 14: A carta aos Hebreus e a importância da cruz

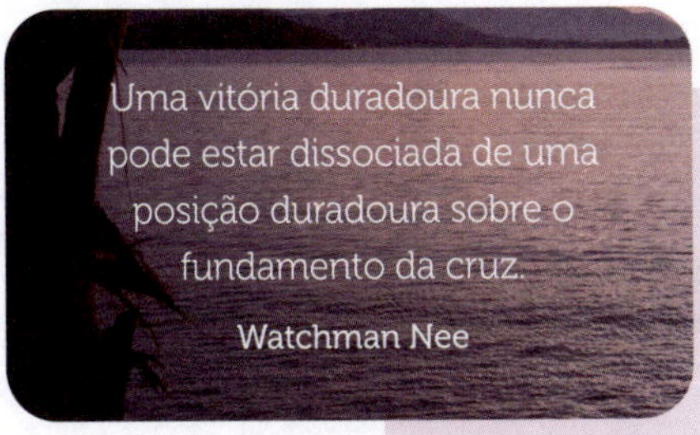

Entremos com coração sincero e plena confiança, pois nossa consciência culpada foi purificada, e nosso corpo, lavado com água pura.

Hebreus 10.22

Se você já organizou uma festa, sabe como são trabalhosos os preparativos. É necessário prestar atenção a muitos detalhes, como a comida, a decoração, a lista de convidados... enfim, há muito a ser feito antes que você possa realmente desfrutar da festa. Contudo, a passagem de hoje afirma que uma grande festa nos aguarda — e não tivemos de fazer nada para organizá-la. O texto de Hebreus 10.19-21 é um convite à adoração. E, uma vez que somos convidados pelo anfitrião, podemos entrar "com toda confiança no lugar santíssimo", aproximando-nos de Deus por meio da obra de nosso grande Sumo Sacerdote. Mas qual deve ser nossa postura ao adentrar essa grande celebração?

Primeiro, devemos ter um coração sincero (Hb 10.22). Algo novo acontece em nós quando andamos em novidade de vida. Essa renovação de todo o nosso ser começa no coração e se estende para nossa personalidade, nossos pensamentos e relacionamentos. Em segundo lugar, devemos ter confiança ao olharmos para Jesus. Ele é o personagem principal de todo o livro de Hebreus, e é por isso que meditar em sua obra consumada e nas suas implicações para nossa vida produz a "a plena confiança" mencionada pelo autor dessa epístola.

Por fim, devemos ter a consciência purificada. Frequentemente, carregamos um peso em nosso coração, algo que nos assombra e nos faz viver sob o medo constante. Mas a morte de Jesus tem o poder de nos justificar a fim de entrarmos na presença de Deus livres de qualquer fardo. É isso: a festa está pronta, os convites foram distribuídos, e o anfitrião está esperando à porta. Quem mais você vai convidar?

LEIA

Hebreus 10.19-25

ORAÇÃO

Amado Pai, ajuda-me a ter mais confiança em teu amor por mim. Peço ao Espírito Santo que me dê um desejo maior de te contemplar. Em nome de Jesus. Amém.

Chamados a perseverar – Parte 1

TEMA 14: A carta aos Hebreus e a importância da cruz

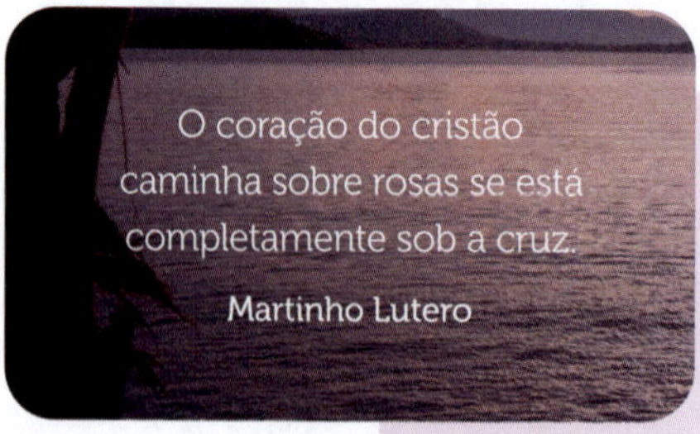

Vocês precisam perseverar, a fim de que, depois de terem feito a vontade de Deus, recebam tudo que ele lhes prometeu.

Hebreus 10.36

LEIA

Hebreus 10.32-39

ORAÇÃO

Amado Deus e Pai, arrependo-me das vezes em que permiti que o mundo me afastasse de ti. Eu te aceito como meu Senhor e Salvador, e entrego minha vida e meu coração a ti. Em nome de Jesus. Amém.

Não sabemos quem escreveu Hebreus e, na verdade, os destinatários dessa carta também representam um grande mistério. Independentemente de quem tenha sido o público original dessa epístola, sabemos que ela foi escrita a pessoas que estavam passando por uma situação dolorosa de perseguição e prisão. Como esses cristãos do primeiro século poderiam permanecer firmes e perseverar em meio à dor e ao sofrimento? Essa pergunta também se aplica a nós hoje.

Os leitores originais dessa carta sabiam que algo melhor e eterno esperava por eles. Por isso, enfrentaram o sofrimento não como um dever imposto, algo sombrio e triste. A Palavra diz que eles "aceitaram com alegria quando lhes foi tirado tudo que possuíam" (Hb 10.34). Isso é totalmente contrário à nossa natureza, pois amamos segurança e conforto, facilidade e diversão, dinheiro e tempo livre para fazer o que quisermos. Mas aqui lemos sobre pessoas que perderam tudo, que sofreram e que se *alegraram*. Como isso é possível?

Essa comunidade de cristãos (localizada provavelmente em Roma) manteve o foco nas promessas de Deus e valorizou a recompensa que Cristo havia conquistado. É por isso que hoje podemos proclamar as palavras de Hebreus 10.35 a fim de encorajar irmãos que estejam passando por dias maus: "Não abram mão de sua firme confiança. Lembrem-se da grande recompensa que ela lhes traz".

Os primeiros leitores de Hebreus descobriram uma verdade que precisamos redescobrir: Deus é melhor do que tudo que podemos alcançar ou conquistar aqui. É a ele que clamamos em nossa aflição, e é por ele que ansiamos em meio à dor. E se nossa esperança estiver fundamentada na cruz, ela não será abalada: "Pois em breve virá aquele que está para vir; não se atrasará" (Hb 10.37).

Chamados a perseverar – Parte 2

TEMA 14: A carta aos Hebreus e a importância da cruz

Nosso lema deve continuar a ser a perseverança. Em última análise, confio que o Todo-Poderoso coroará os nossos esforços com sucesso.

William Wilberforce

Pois em breve virá aquele que está para vir; não se atrasará. Meu justo viverá pela fé; se ele se afastar, porém, não me agradarei dele.

Hebreus 10.37-38

Na física, a terceira lei de Newton afirma que para cada ação existe uma reação igual e contrária. Por exemplo, quando um objeto é empurrado, sempre haverá algum tipo de movimento, mesmo que imperceptível. De maneira semelhante, a vida cristã está cheia de pressões que Deus permite que aconteçam para empurrar seu povo a uma dependência mais real e profunda dele.

Uma das razões pelas quais Deus nos deu a carta de Hebreus foi para encorajar seu povo a perseverar durante tempos de sofrimento e luta. E apesar de haver muitos anos de diferença entre nós e os leitores originais dessa epístola, nós também somos conscientes de que a vida cristã tem seus momentos: épocas de provação e tribulação e, às vezes, de oposição. Mas, como seguidores de Cristo, isso não deve nos surpreender. O próprio Senhor Jesus advertiu seus discípulos a esse respeito: "Uma vez que eles me perseguiram, também os perseguirão" (Jo 15.20).

No entanto, esse aviso não é desprovido de encorajamento. A carta aos Hebreus é um exemplo disso, pois é marcada por um tom de esperança ("Apeguemo-nos firmemente, sem vacilar, à esperança que professamos, porque Deus é fiel para cumprir sua promessa"), e está repleta de exemplos de como aqueles primeiros cristãos perseveravam ("Sabiam que lhes esperavam coisas melhores, que durarão para sempre").

Quando a pressão aumenta, podemos nos lembrar daqueles que permaneceram firmes e fiéis antes de nós. E dentre os que viveram uma vida digna de imitação, Jesus é o maior exemplo. Ele conquistou a vitória por meio da dor e do sofrimento, e hoje intercede por nós junto ao Pai, a fim de nos fortalecer a cada momento. Em que área da sua vida você precisa da força de Cristo hoje?

LEIA

Hebreus 10.32-39

ORAÇÃO

Amado Senhor, ajuda-me a lembrar-me de todos os servos e santos fiéis que vieram antes de mim. Que eu siga o exemplo deles e seja exemplo para outros. Em nome de Jesus. Amém.

A loucura da cruz

TEMA 15: A cruz e a Páscoa

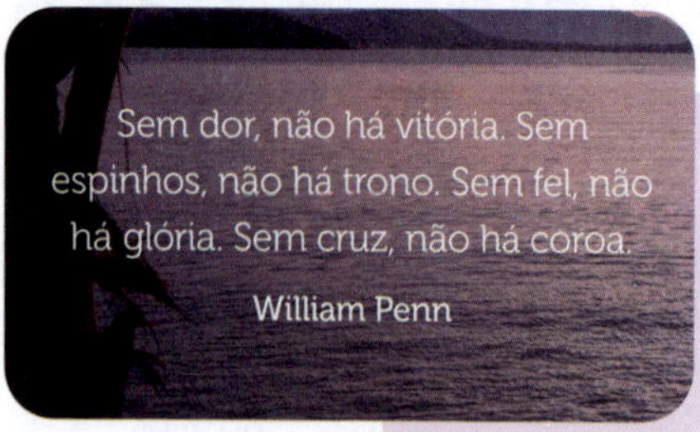

A mensagem da cruz é loucura para os que se encaminham para a destruição, mas para nós que estamos sendo salvos ela é o poder de Deus.

1Coríntios 1.18

LEIA

1Coríntios 1.18-25

ORAÇÃO

Senhor Jesus, obrigado pois, por meio de tua aparente fraqueza na cruz, tu conquistaste a vitória eterna. Amém.

Quando Dietrich Bonhoeffer, um pastor e teólogo alemão do século 20, refletiu sobre o significado da cruz, concluiu: "Um rei que morre na cruz deve ser o soberano de um reino bastante estranho". Afinal, tudo na vida de Jesus era contrário ao reino que muitos esperavam, e diferente do império que Roma havia estabelecido. Talvez seja por isso que tantos o rejeitam: Que reino é esse cujo rei sofre e demonstra aparente fraqueza?

Brennan Manning, um autor cristão dos Estados Unidos, afirmou: "Jesus veio ao mundo como um músico, mas o mundo se incomodou com sua canção". Mas será que os pregos que o feriram silenciaram a música? Ou será que Deus usou esses mesmos pregos para cumprir seu propósito?

Podemos enxergar a cruz como um exemplo de que Deus não é amoroso e poderoso, mas cruel e insensível. Porém, quando vemos a cruz como parte de toda a história da redenção, compreendemos que ela é a peça principal no plano de Deus. Naqueles que abraçam essa "loucura", Jesus inicia uma nova realidade que transforma, pela riqueza de sua graça, a pobreza de nossa natureza. É nesse reino estranho que encontramos a graça de um Rei crucificado, cujos braços abertos em uma viga de madeira nos convidam à vida eterna.

Nossa fé e nosso chamado não se baseiam na sabedoria humana, mas no poder de Deus. É um convite para tomarmos nossa cruz, sua aparente loucura e o desprezo que ela pode causar, e confrontar o mundo com o fato de que existe uma maneira diferente de exercer o poder — um poder definido e caracterizado pelo amor.

Abandonado

TEMA 15: A cruz e a Páscoa

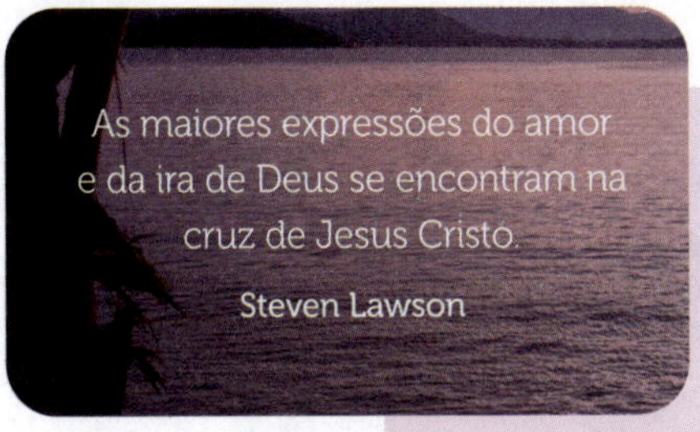

Por volta das três da tarde, Jesus clamou em alta voz: "*Eli, Eli, lamá sabactâni?*", que quer dizer: "Meu Deus, meu Deus, por que me abandonaste?".

Mateus 27.46

"Meu Deus, meu Deus, por que me abandonaste?" Ao ler essas palavras, podemos sentir o tormento desse clamor. Pela primeira vez Jesus sentiu a separação do Pai e, ainda assim, foi capaz de orar: "*Meu Deus*". Todos passamos por tempos de escuridão, embora para alguns essas fases sejam ainda mais escuras do que para outros. Abandono, solidão, medo, tristeza, rejeição, dor... Às vezes, em meio a sentimentos assim, obtemos apenas silêncio divino como resposta. Exatamente como Jesus.

Entretanto, o mesmo Espírito que selou a relação de amor entre Pai e Filho nas águas do Jordão esteve presente no Gólgota nesse momento de agonia e de abandono na cruz. E esse mesmo Espírito está sempre ao nosso lado, por mais obscuras que estejam as coisas. O abandono experimentado por Cristo transformou-se na promessa da presença eterna de Deus. Ele está conosco. E é assim que abraçamos o mistério, o paradoxo da cruz: porque Jesus foi abandonado por Deus, sabemos que o mesmo nunca acontecerá conosco — nunca precisaremos enfrentar o sofrimento sozinhos. Se você está passando por um período de escuridão e sente que Deus o abandonou, saiba que isso não é verdade. Deus está com você durante o divórcio. Ele está com você durante o fracasso. Ele está com você durante o luto, a decepção, o medo, a culpa e a vergonha. Ele está com você no mais profundo desespero e na mais dolorosa traição.

Se, neste momento, Deus está permitindo que você atravesse o vale da sombra da morte, e se você se sente sozinho, tenha certeza disto: ele está com você e nada pode frustrar os planos dele para a sua vida.

LEIA

Mateus 27.45-56

ORAÇÃO

Amado Jesus, agradeço-te pois nunca serei abandonado, uma vez que passaste pela cruz para me salvar. Serei eternamente grato por teres tomado meu lugar no madeiro. Amém.

Perdoado

TEMA 15: A cruz e a Páscoa

11 ABR

Jesus disse: "Pai, perdoa-lhes, pois não sabem o que fazem". E os soldados tiraram sortes para dividir entre si as roupas de Jesus.

Lucas 23.34

LEIA

Lucas 23.26-43

ORAÇÃO

Senhor Jesus, obrigado por teu perdão. Leva-me a perdoar os outros por meio da graça com a qual me perdoaste. Amém.

Jesus foi traído por um de seus discípulos em troca de trinta moedas de prata. Ele foi preso, interrogado e julgado com evidências falsas pelas autoridades judaicas da época. Pedro, seu maior defensor, o negou; Pôncio Pilatos e Herodes questionaram seus motivos e sua identidade. Jesus foi açoitado severamente e ridicularizado, tendo de suportar insultos e chacota; tudo isso culminou em sua "coroação" com espinhos perfurando-lhe o crânio.

Agora, troque de lugar com Jesus por um momento. O que você diria à multidão cujos esquemas e mentiras o pregaram em uma cruz à espera de uma morte agonizante? Seriam palavras de misericórdia e graça? Provavelmente não. Mas as palavras que saíram dos lábios ressecados de Jesus foram: "Pai, perdoa-lhes...". Em vez de pedir a Deus uma retribuição justa a seus assassinos, Jesus pede a Deus que lhes conceda perdão completo. E é isso que Jesus continua fazendo por nós. De seu trono no céu, Jesus não nos acusa, mas age como nosso advogado de defesa.

Na cruz ocorreu o encontro mais estranho e mais maravilhoso: o pior da natureza humana conheceu um amor infinito. *"Pai, perdoa-lhes, pois não sabem o que fazem."* Ao compreendermos a misericórdia dessas palavras, somos libertados pela mais extraordinária graça. Este é um momento oportuno para pedir a Deus que o lembre de qualquer área que você gostaria que fosse lavada pelo sangue de Cristo, qualquer falha, deficiência, atitude errada ou relacionamento perturbado. Leve tudo diante de Deus em arrependimento, e peça que Jesus opere, transformando suas falhas com sua justiça. Lembre-se: a graça está sempre à disposição.

Liberdade

TEMA 15: A cruz e a Páscoa

Fui crucificado com Cristo; assim, já não sou eu quem vive, mas Cristo vive em mim. Portanto, vivo neste corpo terreno pela fé no Filho de Deus, que me amou e se entregou por mim.

Gálatas 2.20

12 ABR

O desejo de liberdade está profundamente enraizado em nosso coração, e a mensagem da cruz oferece a libertação da consequência do pecado, isto é, a destruição de nosso relacionamento com Deus. De forma curiosa e paradoxal, a cruz (um símbolo de tortura e morte) nos oferece um bilhete gratuito para uma nova vida. Não precisamos continuar trilhando os mesmos velhos caminhos, pois nos foi oferecido um caminho novo, com novas paisagens e um horizonte glorioso.

Ainda assim, muitas vezes sentimos como se estivéssemos presos em padrões de comportamento e ciclos de pensamento que parecem nos dominar. Por exemplo, ficamos obcecados por obter status, posses ou poder; ou nos sentimos permanentemente inseguros e ciumentos — somos incapazes de nos alegrar com o sucesso de um amigo ou de alguém de nossa família. Mesmo como cristãos, podemos continuar limitados por essas coisas, comportando-nos como se o cristianismo não fosse a boa-nova que, de fato, é.

Você luta constantemente contra ansiedade, preocupação, luxúria, raiva, falta de esperança ou desânimo? Esses padrões de comportamento fazem você se sentir como se não tivesse controle sobre sua própria vida? Se você respondeu afirmativamente a uma ou ambas as perguntas, então precisa voltar à realidade da liberdade conquistada para você na cruz.

O poder do Espírito Santo que flui do Calvário nos liberta das correntes do pecado e da morte e destranca a porta de nosso cárcere. Esse poder é liberado com força surpreendente por meio da aparente loucura da cruz. Que você conheça pela primeira vez ou de maneira renovada, de forma extraordinária e abundante, a liberdade que está à sua disposição por causa do poderoso amor de Jesus Cristo crucificado.

LEIA

Gálatas 2.15-21

ORAÇÃO

Senhor Jesus, obrigado porque foi para nos libertar que morreste na cruz. Tu nos libertaste do pecado, da morte e da separação de ti e por isso te louvamos. Amém.

Está consumado!

TEMA 15: A cruz e a Páscoa

Deus provou seu amor na cruz quando Cristo foi crucificado, sangrou e morreu. Isso foi Deus dizendo ao mundo: "Eu te amo".

Billy Graham

Depois de prová-la, Jesus disse: "Está consumado". Então, inclinou a cabeça e entregou o espírito.

João 19.30

LEIA

João 19.28-37

ORAÇÃO

Jesus, obrigado por morreres na cruz pelos meus pecados para me salvares da morte. Tu és o Rei dos reis e o Senhor dos senhores. Sou grato pois sei que estou justificado, perdoado e livre eternamente. Amém.

"Está consumado!" Essas foram as últimas palavras de Jesus. Em seu último fôlego, o Filho de Deus proclamou ao mundo que sua obra estava completa. *Está consumado*. Não se trata de você ser bom, trata-se de Deus ser bom. *Está consumado*. Seu amor sempre superará o nosso. *Está consumado*. Estamos seguros, indubitável e eternamente. Que tremendo poder revelado por essas simples palavras, um poder capaz de desafiar até mesmo a morte.

Hoje, vivemos em meio a muitas demandas que requerem nossa atenção, e ainda temos de lidar com motivações confusas dentro de nós, além de todos os sonhos e desejos que preenchem nossa imaginação. Agora pense se, no meio desse turbilhão de sentimentos e atividades, ouvíssemos Jesus dizer: "Você precisa ser digno do meu sacrifício". Esse peso seria grande demais para nós, e lentamente seríamos esmagados sob ele. Mas quando entramos na presença de Deus diariamente e temos comunhão com ele, entendemos que não é com nosso esforço que ganhamos sua aprovação e amor.

Pouco a pouco, por meio de inúmeras lutas e circunstâncias difíceis, aprendemos que ao Senhor pertence a palavra final. Assim, que o último brado de Cristo na cruz preencha nossa mente e nosso coração e nos encoraje enquanto enfrentamos nossas batalhas: seja nesta vida ou na próxima, o amanhecer do dia da ressurreição virá. Está terminado. Está feito. É hora de passar de uma vida incompleta para uma vida plena nele, com ele e para ele. Confie em Deus e tenha esperança — na cruz a morte não teve a palavra final.

Desamparado

TEMA 15: A cruz e a Páscoa

> A cruz continua sendo um escândalo em nossa cultura que adora o poder e o comodismo pessoal, uma cultura que diviniza o sucesso humano.
>
> Eugene Peterson

Depois disso, José de Arimateia, que tinha sido discípulo secreto de Jesus porque temia os líderes judeus, pediu autorização a Pilatos para tirar da cruz o corpo de Jesus. Quando Pilatos lhe deu permissão, José veio e levou o corpo.

João 19.38

José pediu o corpo de Jesus voluntariamente. Ele não foi forçado a fazer isso, mas tomou essa decisão ousada por sua própria escolha. Será que José queria honrar Jesus, mesmo após sua morte? Será que desejava, de alguma forma, segui-lo até o ponto final de sua história terrena? Quando nos comprometemos a caminhar com Jesus, temos de saber que em nosso horizonte estará a glória da ressurreição, mas também o peso da crucificação.

Como José de Arimateia, há dias em que tudo o que temos é o peso e o fardo de carregar o corpo de Jesus. Claro, não literalmente, mas levamos esse peso no coração. Talvez suportemos o silêncio de Deus em momentos de estresse em nossa vida e em nossos relacionamentos. Ansiamos por ouvir a voz de Deus e ver sua luz, mas sua ausência parece um peso que cai sobre nossa alma.

José de Arimateia carregou o cadáver de Jesus mesmo sem saber que ele ressuscitaria dali a algumas horas, e nós, muitas vezes, carregamos Cristo em nosso coração sem a esperança da ressurreição. Esse é o sábado "intermediário" da nossa fé, pois a caminhada cristã não é marcada apenas pela Sexta-feira Santa e o Domingo de Páscoa. A fé precisa lidar com o silêncio do sábado também. Afinal, naquele sábado Jesus repousava em um túmulo envolto em pano de linho, e com ele jazia também a esperança de muitos. O silêncio do sábado da alma é ensurdecedor. Mas há esperança.

No dia seguinte, a escuridão do túmulo deu lugar ao sol, e a pedra foi removida. Jesus entrou em sua tumba sozinho e desamparado, mas não ficou lá muito tempo. Ele nos acolhe com a esperança de que o domingo está chegando. E isso muda tudo.

LEIA

João 19.38-42

ORAÇÃO

Amado Jesus, tu estás sempre conosco, mesmo quando nossa situação e circunstâncias não mudam. Fortalece minha fé e aumenta minha confiança em ti quando eu tiver de esperar no silêncio. Amém.

A Páscoa

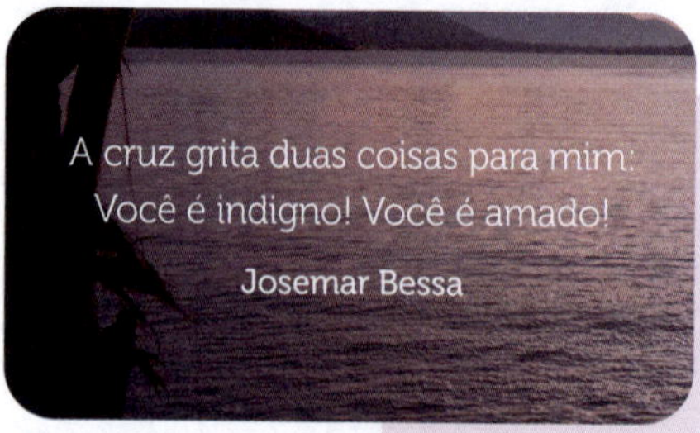

Sim, está escrito que o Cristo haveria de sofrer, morrer e ressuscitar no terceiro dia, e que a mensagem de arrependimento para o perdão dos pecados seria proclamada com a autoridade de seu nome a todas as nações, começando por Jerusalém.

Lucas 24.46-47

LEIA

Lucas 24

ORAÇÃO

Jesus, obrigado por teres morrido e ressuscitado. Agora somos nova criação e vivemos neste mundo com a esperança de que, um dia, tudo será restaurado. Amém.

A cruz é o evento mais decisivo da história humana. Ela é o ponto central da maior reversão já conhecida, o lugar onde o pecado, a morte e os poderes deste mundo foram derrotados de uma vez por todas. Não há nada mais crucial para a vida cristã do que isso, mas não podemos parar por aqui. A morte de Jesus no Gólgota não apenas venceu o pecado e a morte, ela também marca o cumprimento profético de uma nova realidade inaugurada pela ressurreição de Jesus: a realidade da igreja, a qual tem o poder de mudar o mundo como nada antes foi capaz de fazer.

Todo cristão agora tem um chamado e também o poder para cumpri-lo, e perder isso de vista seria banalizar o que foi alcançado na cruz. Por meio dela, a história experimenta uma nova era, cumprida pela ressurreição de Cristo e pelo derramamento do Espírito Santo no dia de Pentecostes (At 2.1-13). Juntos, esses três eventos — a cruz, a ressurreição de Cristo e o descer do Espírito Santo — iniciam e proporcionam a verdadeira mudança pela qual o mundo tanto anseia.

Por isso, devemos buscar estabelecer uma presença fiel nas diversas esferas da sociedade, a fim de transformá-la por meio do evangelho. A cruz, a ressurreição e a habitação do Espírito Santo em nós são aquilo de que precisamos não apenas para sermos libertos, mas também para pregar a outros a mensagem de que há uma nova forma de viver marcada por entrega, serviço, amor e propósito. Assim, agimos como embaixadores de um reino que já foi inaugurado pela ressurreição e que será consumado quando Cristo retornar e renovar todas as coisas.

A ressurreição em Mateus

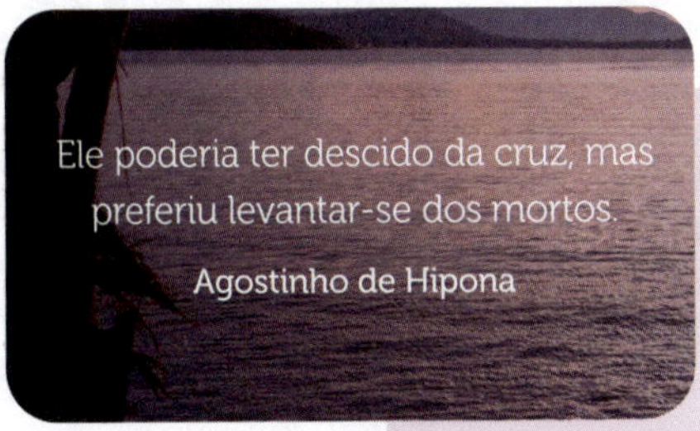

> **Então o anjo falou com as mulheres. "Não tenham medo", disse ele. "Sei que vocês procuram Jesus, que foi crucificado. Ele não está aqui! Ressuscitou, como tinha dito que aconteceria. Venham, vejam onde seu corpo estava."**
>
> **Mateus 28.5-6**

Há cerca de dois mil anos em Jerusalém, à véspera da Páscoa, Jesus Cristo foi acusado falsamente, espancado, preso e morto numa cruz. Seus discípulos devem ter ficado inconsoláveis naquela sexta-feira. Por três anos eles seguiram esse homem a quem chamavam de Mestre e amigo. Esses homens comuns viram Jesus curar enfermos e até ressuscitar mortos, e abandonaram tudo para segui-lo.

E, de repente, Jesus estava morto, pendurado em uma cruz. Sem dúvida, pensamentos perturbadores roubaram o sono dos onze discípulos na madrugada daquele sábado. Mas, finalmente, depois de noites e dias angustiantes, o domingo chegou. Antes do alvorecer, duas mulheres se aprontaram e foram ao túmulo esperando encontrar o corpo de seu amado Salvador, contudo Deus lhes concedeu uma demonstração de seu poder. Com um violento terremoto, um anjo desceu do céu, removeu a pedra que cobria o sepulcro e sentou-se na rocha.

Ele olhou para elas e disse palavras que encheu de esperança corações antes inconsoláveis: "Não tenham medo! Aquele que foi crucificado ressuscitou". Consegue imaginar o impacto disso no coração dessas mulheres e depois, no dos discípulos? A cruz parecia um fracasso, mas foi uma vitória gloriosa. A esperança estava viva, pois Jesus estava vivo! E, com isso, eles aprenderam uma lição que jamais esqueceriam: quando Deus está envolvido, as coisas nem sempre são o que parecem.

Hoje, vemos problemas e fracassos com os mesmos olhos dos discípulos. Mesmo sabendo que Deus é capaz de fazer coisas além do que podemos imaginar, quando olhamos para um "fracasso", muitas vezes vemos apenas a morte. Deus, no entanto, vê uma oportunidade para um novo começo. Essa é a verdade da Páscoa: Cristo vive, e com ele, tudo é possível.

LEIA

Mateus 28.1-10

ORAÇÃO

Senhor, que a perspectiva da ressurreição permeie todas as minhas relações e esforços. Porque tu ressuscitaste, tenho certeza de que estarás comigo para sempre. Amém.

A ressurreição em Marcos

TEMA 16: Relatos da ressurreição

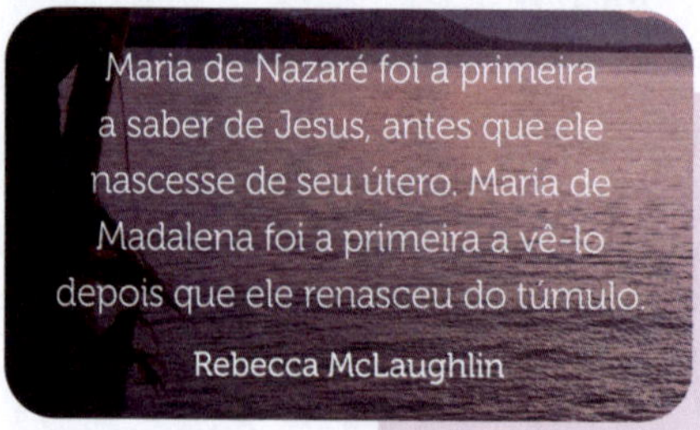

Ao entrarem no túmulo, viram um jovem vestido de branco sentado do lado direito. Ficaram assustadas, mas ele disse: "Não tenham medo. Vocês procuram Jesus de Nazaré, que foi crucificado. Ele não está aqui. Ressuscitou!".

Marcos 16.5-6

LEIA

Marcos 16.1-20

ORAÇÃO

Amado Pai, obrigado por me restaurares quando eu não merecia ser restaurado. Tu és digno de toda minha confiança e louvor. Em nome de Jesus. Amém.

A Bíblia está cheia de mulheres de todos os tipos e que desempenharam os mais variados papéis. Quanto mais lemos, mais o Espírito Santo ilumina as Escrituras com uma afirmação retumbante: Jesus valorizava muito as mulheres. Basta ler algumas páginas do Novo Testamento para depararmos com Maria, a mãe de Jesus, e Isabel, a mãe de João Batista, aquele que preparou o caminho para o ministério de Jesus. A vida pública de Jesus teve como testemunha Maria Madalena, que, aliás, também foi a primeira a vê-lo após sua ressurreição e a primeira a pregar o evangelho à luz dessa realidade: "Ela foi aos discípulos, que lamentavam e choravam, e contou o que havia acontecido" (Mc 16.10).

Naquele tempo, não era comum (na verdade, era até vergonhoso) que mulheres fossem responsáveis por informações importantes. Na verdade, pela lógica humana, a credibilidade da ressurreição de Cristo poderia ter sido prejudicada pelo fato de mulheres terem sido as primeiras a dar essa maravilhosa notícia. Então, quem era essa mulher e por que Deus "arriscaria" a mensagem do evangelho usando-a como testemunha do túmulo vazio e, depois, como porta-voz? O Evangelho de Marcos diz que Maria Madalena tivera um passado difícil — ela era aquela de quem Jesus "havia expulsado sete demônios" — e, portanto, seria uma testemunha sem credibilidade.

Mesmo assim, Deus propôs que ela desempenhasse um papel importante no ministério de Jesus e, ao longo da história, usou muitas outras mulheres para construir e promover seu reino. Não obstante o contexto cultural, e apesar do passado daquela mulher e da forma como a sociedade a enxergava, Deus a escolheu para dar a notícia mais importante de toda a história. Deus usa todos os tipos de pessoas para sua glória... e pode até mesmo nos usar para esse propósito.

A ressurreição em Lucas

TEMA 16: Relatos da ressurreição

As mulheres ficaram amedrontadas e se curvaram com o rosto em terra. Então os homens perguntaram: "Por que vocês procuram entre os mortos aquele que vive? Ele não está aqui. Ressuscitou!

Lucas 24.5-6

As palavras "Ele ressuscitou!" são uma das mais impossíveis de se ouvir da boca de qualquer pessoa. E mesmo assim, nos cultos de Páscoa, você já respondeu a essa poderosa afirmação do seguinte modo: "Certamente ressuscitou!". Essa é a saudação pascal, uma tradição do cristianismo.

Devemos ser encorajados pelo fato de que a Sexta-feira Santa e o Domingo de Páscoa são as datas mais grandiosas em toda a história. Todos os eventos que aconteceram entre esses dois dias significam que Deus ainda reina, que o túmulo está vazio, mas o trono não. E, por isso, cada um de nós é convidado a um encontro pessoal com o sepulcro vazio e com o Cristo ressurreto.

Ao ouvir sobre a ressurreição, enquanto uma parte de nós duvida, a outra é compelida a correr em direção a Jesus. Foi exatamente isso que ocorreu com Pedro: "Para eles, porém, a história pareceu absurda, e não acreditaram nelas. Mas Pedro se levantou e correu até o túmulo" (Lc 24.11-12). Como Pedro, temos de ver por nós mesmos o que aconteceu. Afinal, um salvador ressuscitado tem o poder de mudar nosso destino e de transformar o luto em uma feliz surpresa: "Pedro olhou atentamente para dentro e viu os panos de linho vazios; então voltou para casa, admirado" (24.12).

Continue correndo até o túmulo. Olhe atentamente, olhe outra vez. Jesus não está lá. Nunca deixe de se maravilhar diante do túmulo vazio. Vivemos pelo mesmo poder que ressuscitou Jesus (Rm 8.11), e, assim como Pedro, a ressurreição deve nos maravilhar sempre que olharmos atentamente para nossa vida e para aquilo que Deus fez em nós. Cristo ressuscitou! Ora, o túmulo vazio atesta: certamente ressuscitou!

LEIA

Lucas 24.1-12

ORAÇÃO

Senhor, sinto muito pelas vezes em que paro de correr em busca dos teus braços. Ajuda-me a fixar os olhos em ti e a descansar em tua força. Em nome de Jesus. Amém.

A ressurreição em João – Parte 1

TEMA 16: Relatos da ressurreição

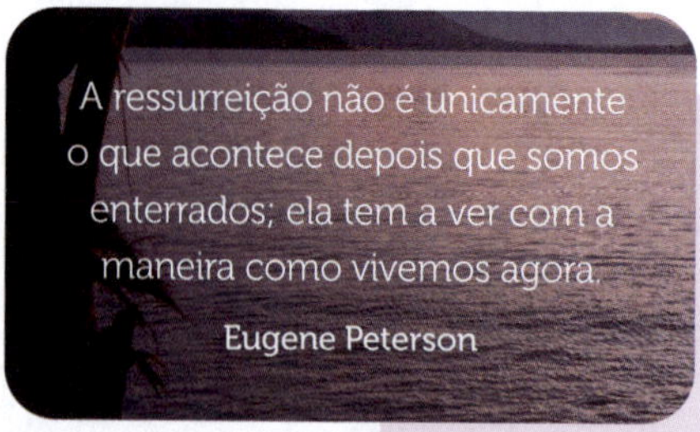

No primeiro dia da semana, bem cedo, enquanto ainda estava escuro, Maria Madalena foi ao túmulo e viu que a pedra da entrada tinha sido removida.

João 20.1

LEIA

João 20.1-10

ORAÇÃO

Querido Pai, peço-te que eu caminhe no poder da ressurreição de Cristo e olhe para situações mortas em minha vida com a esperança de que tu podes redimir tudo. Amém.

Conhecemos bem a história do evangelho, mas estamos tão acostumados ao seu enredo que podemos deixar passar o verdadeiro drama e a emoção de seu desenrolar. Na passagem de hoje, presenciamos um domingo de manhã, mas não um domingo qualquer: era o primeiro dia após o sábado mais sombrio da história.

Maria Madalena foi ao túmulo nas primeiras horas do dia e procurou o corpo do Mestre. "Tiraram do túmulo o corpo do Senhor, e não sabemos onde o colocaram!", disse ela. Ao ouvirem isso, Pedro e João saíram correndo em direção ao sepulcro. Imagine a expressão preocupada de João enquanto avançava exasperado implorando a Deus que tudo aquilo acabasse bem. Pedro deve ter sentido um misto de admiração e desespero e, talvez em algum pequeno canto de seu coração, uma esperança que ainda não entendia. Diante de tudo isso, na mente desses homens esbaforidos pairava uma pergunta: Para onde o levaram?

De certa forma, essa pergunta também se aplica a nós hoje. Todos nós já experimentamos muitas perdas em nossa vida: relacionamentos tensos, esperanças frustradas, promessas não cumpridas, expectativas não realizadas, entre tantas outras coisas. No entanto, Jesus nos convida a correr com Pedro e João, e a ter a coragem de esperar que dias melhores estão por vir.

Você pode imaginar como os discípulos se sentiram quando perceberam que Jesus havia ressuscitado? De repente, a esperança ganhou vida (nesse caso, literalmente). Eles não tinham acreditado em uma mentira! A vitória de Jesus sobre a morte provou que, de fato, ele era o Messias e, por isso, podemos celebrar com alegria porque nosso Salvador venceu a morte e vive para sempre. Com fé inabalável podemos confiar — o poder de Cristo sobre a sepultura prova que ele cumprirá cada palavra.

A ressurreição em João – Parte 2

TEMA 16: Relatos da ressurreição

> A pedra não foi rolada para que Jesus pudesse sair; a pedra foi rolada para que as pessoas pudessem ver.
>
> Sarah Jakes Roberts

"Mulher, por que está chorando?", perguntou ele. "A quem você procura?" Pensando que fosse o jardineiro, ela disse: "Se o senhor o levou embora, diga-me onde o colocou, e eu irei buscá-lo". "Maria!", disse Jesus.

João 20.15-16

Nas Escrituras, coisas maravilhosas acontecem em jardins. Em Gênesis, vemos Deus colocar o homem e a mulher no jardim do Éden. Já os Evangelhos narram a oração angustiada de Jesus no Getsêmani e também o local onde ele foi sepultado: "um jardim, onde havia um túmulo novo que nunca tinha sido usado" (Jo 19.41). Enquanto ainda era cedo e estava escuro lá fora, Maria Madalena foi até a sepultura de Jesus mas não o encontrou. Maria então parou no jardim e chorou.

Maria chorou porque o túmulo estava vazio, e o que deveria ser uma boa notícia partiu seu coração. Ela tinha diante de si todos os fatos certos, mas chegou à conclusão errada. Quando enfrentamos provações e tragédias inexplicáveis, muitas vezes lamentamos por nossas circunstâncias. Se apenas pudéssemos enxergar tudo pela perspectiva de Deus... Maria não reconheceu os anjos e confundiu Jesus com o jardineiro. Ela estava tão envolvida em seus sentimentos que não conseguiu ver o agir de Deus, assim como não podemos ver como Deus está trabalhando por nós.

Depois que Jesus a chamou pelo nome, Maria o reconheceu e correu para contar aos discípulos o que havia visto e ouvido. No grego, esse trecho é muito vívido. Literalmente, podemos entender que "Maria veio contando"; ela não conseguia parar de falar sobre seu encontro com o Senhor ressuscitado. Antes enlutada, agora embaixadora de uma grande notícia! Assim é com todos os que encontram o Senhor ressuscitado. Somos chamados a correr e a dizer a todos que vimos Jesus. Esta é a nossa mensagem para um mundo sobrecarregado com a realidade da morte: "Não tema, Jesus Cristo voltou dos mortos. Nós vimos o Senhor! Não há razão para chorar".

LEIA

João 20.11-18

ORAÇÃO

Amado Senhor, eu te agradeço pelo Espírito Santo, que ressuscitou a Cristo e que liberta os que em ti confiam. Ajuda-me a caminhar em novidade de vida e a ouvir quando chamares meu nome. Amém.

A ressurreição segundo Paulo

TEMA 16: Relatos da ressurreição

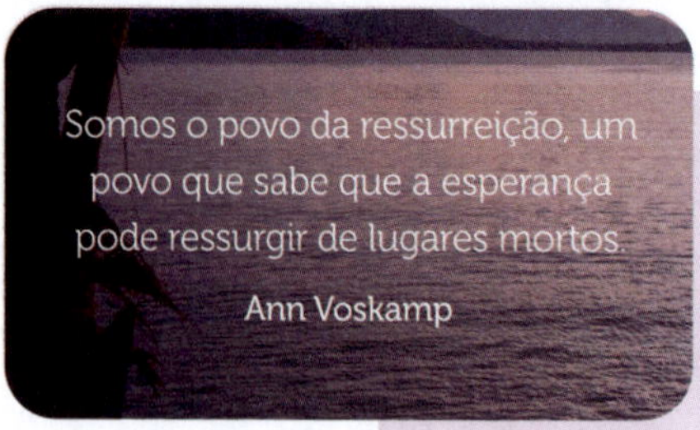

Então, quando nosso corpo mortal tiver sido transformado em corpo imortal, se cumprirá a passagem das Escrituras que diz: "A morte foi engolida na vitória".

1Coríntios 15.54

LEIA

1Coríntios 15.35-58

ORAÇÃO

Senhor, obrigado por teres vencido a morte. Que não haja em mim medo, ansiedade ou preocupação com o futuro. No nome santo de Jesus eu oro. Amém.

Perder alguém amado dói tanto que pode redefinir quem você é e como você vive. O luto é uma dor profunda que se opõe a tudo o que você já conheceu e em que já acreditou um dia. Tamanho pesar pode até mesmo levá-lo a questionar como as promessas, que antes pareciam tão reais nas páginas da Bíblia, podem suportar o peso de tamanha tristeza hoje.

A mera menção da morte também suscita outro sentimento: o medo. Tememos a morte de entes queridos; temos medo da nossa própria morte e de como ela acontecerá. O medo de morrer é paralisante e pode nos impedir de viver, mas lembre-se: pela sua morte, Cristo libertou "aqueles que durante toda a vida estiveram escravizados pelo medo da morte" (Hb 2.15).

Isso não significa que nunca experimentaremos profunda tristeza ou a dor da perda, ou até mesmo que não passaremos pela morte. Uma analogia pode nos ajudar a compreender isso melhor: se tirarmos o veneno letal de um escorpião sua picada ainda doeria, mas ela não teria poder de acabar com sua vida. É isso que Jesus realizou. Ele removeu a fatalidade da morte e, assim, podemos desafiá-la com ousadia, como fez o apóstolo Paulo: "Ó morte, onde está sua vitória?" (1Co 15.55).

Para aqueles que acreditam em Jesus Cristo como Senhor, a morte não é o fim. Você está lutando neste momento com a dor penetrante do luto profundo? Mostre graça a si mesmo. Continue apegado ao conhecimento de que Deus está perto e de que cada uma de suas promessas é verdadeira.

A ressurreição segundo Pedro

TEMA 16: Relatos da ressurreição

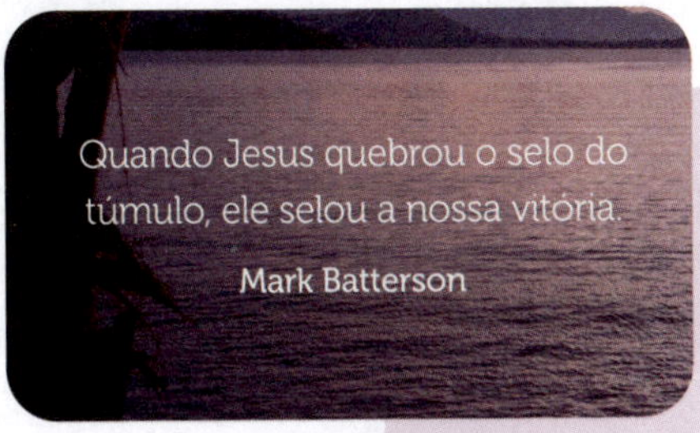

Todo louvor seja a Deus, o Pai de nosso Senhor Jesus Cristo. Por sua grande misericórdia, ele nos fez nascer de novo, por meio da ressurreição de Jesus Cristo dentre os mortos. Agora temos uma viva esperança.

1Pedro 1.3

Sua mente conhece a verdade da nova vida, mas seu coração parece estar vivenciando o vale da morte? Toda Páscoa, por exemplo, ouvimos e cantamos canções sobre Jesus vencendo a morte e refrãos sobre sua ressurreição. Mesmo assim, ainda somos capazes de orar: "Pai, eu sei que tu ressuscitaste Jesus dos mortos, mas será que tu redimirás o que parece ser a morte para mim aqui e agora?". Embora nossas circunstâncias possam não mudar sempre que gostaríamos, nosso coração pode ser consolado, e nossa esperança, ressuscitada.

Jesus é vitorioso sobre toda morte aqui neste mundo e para sempre, e é por isso que Deus responderá a nossa oração com um sonoro "Sim!". Sim, ele é maior que seu sofrimento, sua dor e sua morte. Contudo, não temos de esperar pela vida eterna para experimentar a ressurreição, uma vez que ela é uma realidade que podemos viver todos os dias; uma realidade permeada pela adoração.

Pedro nos chama para nos alegrarmos em Jesus, e para louvá-lo e glorificá-lo pelo que ele fez por nós. De acordo com o apóstolo, o que nos leva a adorar a Deus é a sua misericórdia: "Por sua grande misericórdia, ele nos fez nascer de novo, por meio da ressurreição de Jesus Cristo dentre os mortos" (1Pe 1.3). Que bela verdade! E o fato de termos nascido de novo também nos dá esperança, uma vez que há uma herança aguardando por nós no céu. Porque Jesus ressuscitou e nos salvou, passaremos a eternidade unindo nossa voz à dos anjos e de todos os remidos em louvor: "Digno é o Cordeiro que foi sacrificado de receber poder e riqueza, sabedoria e força, honra, glória e louvor!" (Ap 5.12).

LEIA

1Pedro 1.1-12

ORAÇÃO

Pai celestial, obrigado pela esperança viva que tenho em ti. Eu te adoro, te louvo e engrandeço teu nome. Que eu te conheça como um Pai que ama condicionalmente um filho. Amém.

Comece o dia com Deus

TEMA 17: Produtividade à luz da Bíblia

Faze-me ouvir do teu amor a cada manhã, pois confio em ti. Mostra-me por onde devo andar, pois me entrego a ti.

Salmos 143.8

LEIA

Salmo 143

ORAÇÃO

Amado Pai, em meio a tantas preocupações sou extremamente grato, pois sinto teu cuidado em cada momento. Não permitas que minhas preocupações furtem meu tempo de comunhão contigo. Amém.

A forma como as coisas começam determina como elas serão concluídas. Uma casa, por exemplo, precisa ter um alicerce bem feito e sólido para sustentar toda a estrutura e garantir que a construção se mantenha bela e segura. Em nosso dia a dia, também estamos em uma construção constante, por isso é necessário seguirmos as orientações bíblicas para assentarmos fundamentos inabaláveis em tudo o que fazemos. E a Bíblia nos ensina que Deus deve ser a base de tudo.

Josué aprendeu essa verdade diretamente com o próprio Deus. Ele recebeu a importante missão de substituir Moisés na liderança do povo de Israel, e logo no início o Senhor apareceu para encorajá-lo a fazer tudo alicerçado em sua Palavra e vontade: "Relembre continuamente os termos deste Livro da Lei. Medite nele dia e noite, para ter certeza de cumprir tudo que nele está escrito. Então você prosperará e terá sucesso em tudo que fizer" (Js 1.8). Cada um de nós está envolvido em missões importantes, e é necessário que sejamos produtivos naquilo que fazemos. Por mais que sejamos capacitados, só seremos de fato bem-sucedidos quando entendermos que Cristo deve estar presente em cada detalhe do que fizermos.

Para que isso se concretize, é importante começar nossos dias buscando a sabedoria e a orientação de Deus antes de iniciarmos qualquer atividade. Isso pode ser feito, por exemplo, por meio de uma boa prática devocional de leitura bíblica e oração, clamando pela ajuda do Senhor e ouvindo as orientações do Espírito Santo por meio de sua Palavra. Se Cristo for nossa prioridade, nosso dia será produtivo e abençoado por Deus.

Planejamento e prioridade

TEMA 17: Produtividade à luz da Bíblia

24 ABR

Os dons de Deus são fornecidos em sementes: precisamos plantá-los, cuidar deles e fazê-los multiplicar.

Oswaldo Alves da Silva

Quem começa a construir uma torre sem antes calcular o custo e ver se possui dinheiro suficiente para terminá-la?

Lucas 14.28

Na década de 1990, antes da popularização dos computadores, era muito comum fazermos à mão a capa dos trabalhos escolares. Não era raro começarmos o título com letras grandes e, ao final, termos de diminuí-las para que coubessem na folha. Quando isso acontecia, todo o esforço era perdido e tínhamos de recomeçar. Esse exemplo aparentemente banal da infância carrega uma lição valiosa para toda a vida: se não fizermos um bom planejamento, não conseguiremos alcançar nossos objetivos.

Jesus ensinou sobre esse assunto ao contar uma parábola acerca do custo do discipulado. À grande multidão que o seguia, ele mostrou que antes de começar qualquer projeto é preciso calcular se há condições de concluí-lo: "Pois, se completar apenas os alicerces e ficar sem dinheiro, todos rirão dele, dizendo: 'Esse aí começou a construir, mas não conseguiu terminar!'" (Lc 14.29-30). O livro de Provérbios também trata dos mesmos princípios: "Quem planeja bem e trabalha com dedicação prospera; quem se apressa e toma atalhos fica pobre" (Pv 21.5). A ideia aqui é simples: a pressa aliada à falta de planejamento conduz ao fracasso e à miséria; já um planejamento bem elaborado leva ao sucesso e à fartura.

Se quisermos ser produtivos, essas regras precisam ser colocadas em prática em nossa vida, a fim de sabermos quais projetos priorizar. Portanto, siga a diretriz de Provérbios — e do próprio Jesus! — e não seja apressado. Ore e peça ajuda ao Senhor para que você saiba como planejar com sabedoria e organizar suas tarefas de maneira que busque realizar primeiro as mais importantes, adequando as demais ao restante do tempo disponível. Assim, você será bem-sucedido e alcançará seus objetivos.

LEIA

Lucas 14.25-35

ORAÇÃO

Senhor, dá-nos sabedoria para planejar nossos passos. Ajuda-nos a calcular tudo com cuidado e a não agir apressadamente. Que nossos esforços sejam guiados por ti, resultando em honra ao teu nome. Amém.

Foco e diligência

TEMA 17: Produtividade à luz da Bíblia

Na cultura do reino, o foco não é quem você é em público, mas quem você é no secreto.

Douglas Gonçalves

O preguiçoso logo empobrece, mas os que trabalham com dedicação enriquecem.
Provérbios 10.4

LEIA

Provérbios 10

ORAÇÃO

Senhor Deus, abençoa-nos e ajuda-nos a ser cada vez mais diligentes e focados, glorificando a ti com nossa produtividade. Em nome de Jesus. Amém.

Cada vez mais, os smartphones estão equipados para entregar milhares de notificações de inúmeros aplicativos. E a cada dia surgem novas redes sociais que disputam nossa atenção e consomem nosso tempo. Com isso, várias áreas de nossa vida são afetadas, desde o trabalho até as relações familiares. O problema não está nos aparelhos em si, mas em como lidamos com eles. Se não tivermos cuidado, nosso tempo e nossa produtividade serão completamente comprometidos, o que afetará nossos objetivos.

Louvado seja Deus, pois até sobre isso sua Palavra nos orienta: "os que trabalham com dedicação enriquecem" (Pv 10.4). Trabalhar com dedicação significa fazer tudo com cuidado e atenção, e isso exige persistência, determinação, foco e disciplina. Quanta coisa envolvida em apenas uma expressão! A Bíblia, portanto, ensina sobre como devemos nos portar diante de nossos compromissos: é preciso encará-los com dedicação, esforçando-nos para tornar nosso tempo o mais produtivo possível. Contudo, não são apenas as novas tecnologias que prejudicam nosso foco. Problemas de saúde, financeiros e crises nos relacionamentos contribuem para nos deixar desmotivados e diminuem consideravelmente nossa produtividade. O que fazer então?

É preciso estabelecer metas factíveis, pois assim você não se sentirá frustrado por não concluir aquilo que planejou. É necessário também estabelecer horários para lidar com e-mails e redes sociais, evitando o hábito de verificar constantemente essas plataformas. O cuidado com a saúde também não pode ser negligenciado; mantenha uma rotina de sono adequada, faça exercícios físicos e tenha uma boa alimentação. E o mais importante: esteja sempre em contato com Deus, orando em todo o tempo, clamando por sua ajuda e sendo grato por cada etapa vencida.

Descansando e confiando

TEMA 17: Produtividade à luz da Bíblia

Aquele que habita no abrigo do Altíssimo encontrará descanso à sombra do Todo-poderoso. Isto eu declaro a respeito do Senhor: ele é meu refúgio, meu lugar seguro, ele é meu Deus e nele confio.

Salmos 91.1-2

A empresa de consultoria Gartner realizou uma pesquisa cujos resultados mostraram que o descanso aumenta em 26% nossa produtividade. Essa mesma pesquisa também apontou que 93% dos líderes de RH demonstraram preocupação com o esgotamento dos funcionários. Esses números são impressionantes (e preocupantes), mas o que têm a ver com a fé? A Palavra de Deus está repleta de promessas a respeito do cuidado do Senhor por nós, um cuidado muito mais abrangente do que imaginamos. E o descanso é uma das formas pelas quais esse cuidado se manifesta (Dt 5.12-15).

Nos Dez Mandamentos, esse princípio entrou em vigor por meio do sábado. Originalmente, o termo "sábado" não se referia a um simples dia da semana, mas significava, literalmente, parar, cessar as atividades. É a vontade de Deus que confiemos a ponto de pararmos nossas atividades com a certeza de que nada nos faltará. E é aqui que reside nossa luta, pois nossa tendência é pensar que, sem nosso envolvimento, as coisas não acontecerão — ou seja, se pararmos para descansar teremos prejuízos. Porém, confiar em Deus significa entender que se ele nos mandou descansar e garantiu que cuidaria de tudo, devemos confiar.

Descansar em Deus significa reconhecer nossa total dependência dele e expressar nossa fé por meio da plena confiança em seu cuidado. Portanto, tenha a certeza de que seus momentos de descanso foram estabelecidos por ele e que, durante o repouso, Deus continuará cuidando de tudo. Tire um tempo para você, durma bem, descanse, reserve momentos para sair um pouco da rotina e experimentar os inúmeros benefícios de um corpo e mente descansados: "Seu Pai celestial já sabe do que vocês precisam. [...] Portanto, não se preocupem com o amanhã" (Mt 6.32,34).

LEIA

Mateus 6.25-34

ORAÇÃO

Senhor, ensina-nos a confiar em ti plenamente, entregando nossas preocupações e descansando em tuas promessas. Em nome de Jesus. Amém.

Trabalho em equipe

TEMA 17: Produtividade à luz da Bíblia

Aprenda com a formiga, preguiçoso! Observe como ela age e seja sábio.

Provérbios 6.6

LEIA

Gálatas 6.1-10

ORAÇÃO

Senhor, ajuda-nos a aprender com as formigas e com o exemplo de Moisés. Que o trabalho de nossas mãos glorifique teu nome e traga bênçãos a todos. Amém.

O mundo das formigas é um dos universos mais fascinantes do reino animal. É impressionante como elas trabalham de forma organizada visando o bem-estar de toda a colônia. Em um formigueiro, cada grupo de formigas exerce uma função específica. Existem as operárias, responsáveis pela coleta de alimentos e construção do formigueiro; há também as responsáveis por proteger a colônia de possíveis ameaças; e as cortadeiras, que coletam folhas para alimentar os fungos que servem de alimento para as formigas. Dessa forma, o formigueiro inteiro se beneficia. Agora, se apenas uma formiga tentasse fazer tudo, elas morreriam de fome ou teriam a colônia destruída.

Isso nos ensina sobre a importância de delegar funções e trabalhar em equipe para obter uma produtividade eficiente. Na Bíblia, temos um bom exemplo da importância de dividir tarefas. Jetro, sogro de Moisés, observou que seu genro estava sobrecarregado ao tentar resolver sozinho todos os problemas do povo de Israel. Então, o aconselhou a delegar responsabilidades, compartilhando sua carga de trabalho com líderes confiáveis. Isso não apenas aliviou o fardo de Moisés, mas também permitiu que o povo fosse atendido de forma mais eficaz (Êx 18.13-27).

Da mesma forma, em nossa vida pessoal e profissional é fundamental reconhecer nossas limitações e delegar tarefas a fim de alcançarmos nossos objetivos. Isso não nos tornará apenas mais eficientes, mas também fortalecerá os laços com outras pessoas. Ore e peça ao Senhor que livre seu coração de qualquer atitude centralizadora e totalitária e que haja ao seu lado pessoas confiáveis que contribuam para o bom andamento das atividades. Assim, haverá produtividade com excelência, amizades verdadeiras e duradouras surgirão, laços familiares serão construídos e todos serão abençoados.

A disciplina espiritual da gratidão

TEMA 17: Produtividade à luz da Bíblia

O que vocês têm que Deus não lhes tenha dado? E, se tudo que temos vem de Deus, por que nos orgulharmos como se não fosse uma dádiva?

1Coríntios 4.7

Dizem que Martinho Lutero orava pelo menos duas horas todas as manhãs. Segundo ele, a oração lembrava-o de sua total dependência de Deus — e quanto mais coisas ele tivesse para fazer no dia, mais ele orava. A noção de que tudo vem de Deus é fundamental para desenvolvermos um coração grato, pois quando temos consciência de nossa dependência, conseguimos perceber que tudo o que temos é fruto da generosidade divina.

Jesus nos ensinou isso quando disse: "Eu sou a videira; vocês são os ramos. Quem permanece em mim, e eu nele, produz muito fruto. Pois, sem mim, vocês não podem fazer coisa alguma" (Jo 15.5). A ilustração é perfeita, pois um ramo é totalmente dependente da árvore. Se você os separar, a árvore continuará viva, mas o ramo morrerá. Jesus está dizendo que, sem ele, somos como um ramo cortado que, além de não produzir nada, logo seca e é levado pelo vento. Em Cristo, porém, recebemos a vida poderosa, somos devidamente alimentados e produtivos para a glória de Deus.

O reconhecimento de nossa dependência também está relacionado à nossa satisfação e alegria pelas diversas conquistas, por menores que sejam. E isso vai de encontro ao padrão de sucesso da sociedade hoje, pautado por um ideal de grandeza e relevância. Essa má compreensão nos impede de glorificar ao Senhor pelas conquistas menores do dia a dia, que também vêm das mãos de Deus. Quer melhorar sua produtividade? Você não precisa orar por duas horas todas as manhãs, como Lutero, mas pode começar o dia agradecendo a Deus pelo trabalho, pela família, saúde e assim por diante. Ao acordar amanhã, lembre-se das palavras do salmista: "Todo o meu ser louve o Senhor; que eu jamais me esqueça de suas bênçãos" (Sl 103.2).

LEIA

Filipenses 4.4-9

ORAÇÃO

Senhor, reconhecemos nossa total dependência de ti e agradecemos por tudo o que nos dás. Ensina-nos a ser gratos e a perceber que tudo vem de tuas mãos generosas. Amém.

Equilíbrio

TEMA 17: Produtividade à luz da Bíblia

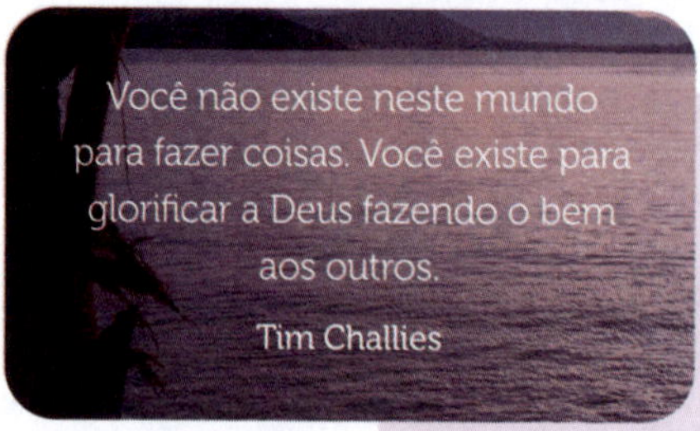

Há um momento certo para tudo, um tempo para cada atividade debaixo do céu.
Eclesiastes 3.1

LEIA

Eclesiastes 3.1-8

ORAÇÃO

Pai, agradeço-te por me mostrares que produtividade não se resume apenas a fazer mais, mas sim a fazer tudo com propósito, tendo a ti como fundamento de todas as coisas. Amém.

Na busca pela realização de nossos objetivos, é preciso trabalhar com empenho e dedicação. Contudo, é importante buscar um equilíbrio entre a vida profissional e a vida pessoal, reservando momentos para a família e amigos. Durante seu ministério terreno, apesar da urgência de pregar o evangelho, Jesus tinha momentos a sós e também reservava ocasiões para estar com os discípulos. Certa vez, ele demonstrou sua preocupação com esse aspecto e disse aos doze apóstolos: "Vamos sozinhos até um lugar tranquilo para descansar um pouco" (Mc 6.31).

Nessa pequena passagem, o Senhor ensina não apenas a necessidade de descanso, mas também o valor de passar tempo com aqueles que eram seus amigos mais próximos. Esse tempo em família não pode ser negligenciado, pois a produtividade não consiste apenas em realizar muitas tarefas, mas em fazer o que é importante com excelência e propósito. E não existe nada mais importante — nem há propósito maior — do que manter a família saudável e harmoniosa diante de Deus.

Isso é tão importante que um dos critérios estipulados por Paulo para analisar um candidato ao ofício pastoral é o cuidado com a família; a lógica do apóstolo é simples: "Pois, se um homem não é capaz de liderar a própria família, como poderá cuidar da igreja de Deus?" (1Tm 3.5). Portanto, busque melhorar sua produtividade, mas não o faça às custas de sua família. Empenhe-se, trabalhe, esforce-se, mas sempre reserve tempo para estar com os seus. Busque sempre a orientação de Deus em sua jornada e ele o abençoará com sabedoria, discernimento e força para alcançar seus objetivos.

Um Rei humilde

TEMA 18: Um Rei chamado Jesus

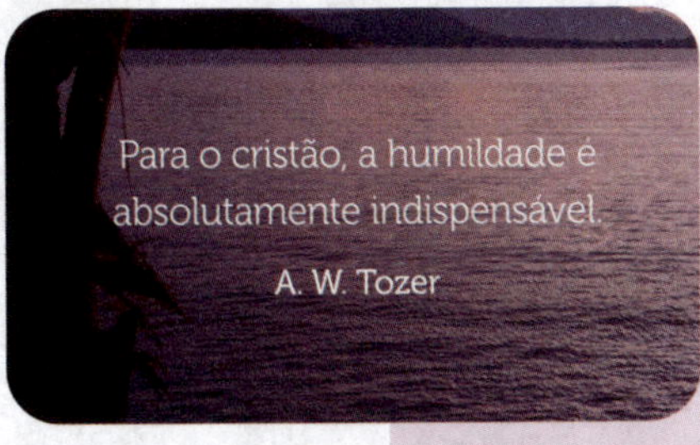

Tenham a mesma atitude demonstrada por Cristo Jesus. Embora sendo Deus, não considerou que ser igual a Deus fosse algo a que devesse se apegar. Em vez disso, esvaziou a si mesmo; assumiu a posição de escravo.

Filipenses 2.5-7

LEIA

Filipenses 2.1-11

ORAÇÃO

Pai celestial, agradeço-te por seres um exemplo de humildade para mim. Ajuda-me a me libertar do orgulho e a aceitar o chamado para uma vida de humildade e serviço. Em nome de Jesus. Amém.

Todos nós amamos ver atos de verdadeiro altruísmo, como um jovem ajudando uma senhora idosa a atravessar a rua, ou uma criança arrecadando dinheiro para um amigo que precisa de um tratamento médico caro. Contudo, a maior expressão de amor já demonstrada na história foi quando Deus Pai deu seu próprio Filho para salvar o mundo. A vida e o ministério de Jesus foram caracterizados por doação abnegada. Mas o que, de fato, o Filho deu à humanidade? O hino paulino em Filipenses 2.6-11 sobre a humildade de Cristo destaca pelo menos três características do ministério de Jesus.

Primeiro ele se deu como servo (Fp 2.7). O Criador e governante do céu e da terra não se apegou ao seu status divino, mas tornou-se homem, e veio para curar enfermos, alimentar os famintos e cuidar dos pobres e rejeitados. Jesus também deu a si mesmo como sacrifício (2.8). Ele se humilhou para morrer na cruz, suportando as consequências do pecado de todos nós. Embora fosse santo e puro, entregou-se para ser espancado, torturado e executado. Finalmente, Jesus se deu como salvador (2.9-11). Agora, todos os que creem nele podem são perdoados, reconciliados com Deus e salvos, ou seja, são presenteados com a vida eterna e com a promessa de uma herança no céu.

E se Jesus pôde fazer tudo isso por nós, ele também nos chama a entregarmos nossa vida em serviço. Que possamos hoje celebrar o exemplo humilde de Jesus e nos comprometer a amar os que estão ao nosso redor, assim como ele nos amou. Essa é a principal característica dos verdadeiros servos.

MAIO

Um Rei que cuida de nós

TEMA 18: Um Rei chamado Jesus

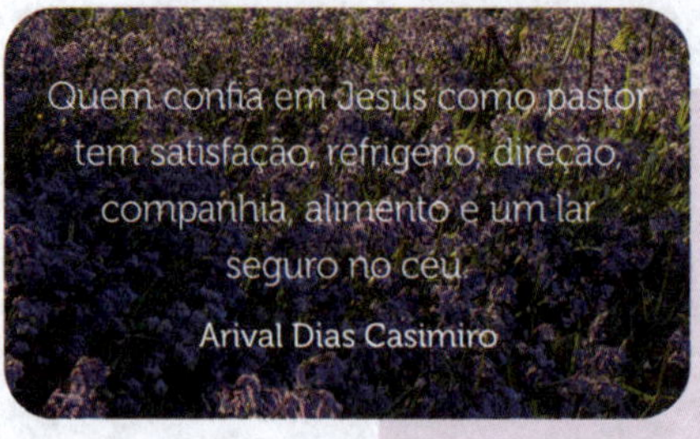

O Senhor é meu pastor, e nada me faltará. Ele me faz repousar em verdes pastos e me leva para junto de riachos tranquilos.

Salmos 23.1-2

LEIA

Salmo 23

ORAÇÃO

Senhor Jesus, tu és meu Bom Pastor e eu sou tua ovelha. Ajuda-me a obedecer a teu chamado e a seguir tua voz. Amém.

Você tem dificuldade para acreditar que Deus o ama e cuida de você? Fique tranquilo, você não está sozinho. Muitos cristãos lutam com esse sentimento porque não conseguem imaginar o Senhor, em toda sua majestade, interessando-se por pessoas comuns. Talvez você se sinta indigno até mesmo da atenção de Deus, ou pensa que ele está muito ocupado governando o universo para ouvir sua oração. Afinal, existem coisas mais importantes para Deus do que cuidar de você, certo? Bem, não é isso que a Bíblia ensina.

Davi descreveu o cuidado amoroso de Deus no salmo 23. No primeiro versículo, ele se refere ao Senhor como "*meu* pastor". Note: Jesus não é qualquer pastor, mas um pastor pessoal; isso implica um relacionamento próximo e individual entre Deus e cada um de nós. Ele também é um pastor que provê às necessidades de suas ovelhas, pois sabe exatamente do que precisam. Assim, podemos confiar que ele suprirá todas as nossas necessidades, sejam elas físicas, emocionais ou espirituais. E embora possamos nos desviar de vez em quando — e Davi sabia muito bem disso —, esse salmo nos relembra a maravilhosa verdade de que nunca estamos desamparados: "Certamente a bondade e o amor me seguirão todos os dias de minha vida" (Sl 23.6). Não importa quão longe nos afastemos de Deus, ele garante que sempre haverá um lugar seguro à nossa espera.

Séculos depois de Davi, Jesus iniciou seu ministério e, entre tantas formas que poderia usar para referir-se a si mesmo, escolheu se identificar como um humilde... *pastor*: "Eu sou o bom pastor. O bom pastor sacrifica sua vida pelas ovelhas" (Jo 10.11). Nós somos as ovelhas pelas quais ele se sacrificou e, por isso, podemos ter a certeza de seu cuidado.

Um Rei soberano e servo

TEMA 18: Um Rei chamado Jesus

Se aprendêssemos a humildade, ela poderia poupar-nos de humilhação.

Vance Havner

Quem quiser ser o líder entre vocês, que seja servo, e quem quiser ser o primeiro entre vocês, que se torne escravo. Pois nem mesmo o Filho do Homem veio para ser servido, mas para servir e dar sua vida em resgate por muitos.

Mateus 20.26-28

Há um grande contraste entre os valores do mundo e os do reino de Deus. O perigo para os cristãos é que podemos facilmente ser influenciados pela cosmovisão de nossa cultura, sem perceber que nossa perspectiva não está mais de acordo com a Palavra. Isso é claramente ilustrado pelo pedido inusitado dessa mãe. Ela queria grandeza e honra para seus filhos, Tiago e João, mas buscou isso de maneira contrária aos caminhos do Senhor, o que causou discórdia entre os discípulos.

Essa mulher não sabia o que estava pedindo (Jo 10.22), e nem para *quem* estava pedindo, pois Jesus foi o exemplo exatamente oposto dessa lógica. Ele não veio para ser servido, mas sim para servir e morrer para que outros pudessem viver. Como cristãos, devemos moldar nosso caráter pela humildade e servir às pessoas como se estivéssemos servindo ao próprio Cristo. Essa postura não motivará aplausos, mas nossa recompensa estará no céu. Não somos chamados para ganhar fama, fortuna ou admiração pelos bens materiais que conquistamos. Somos chamados para seguir humildemente os passos de Jesus.

Os maiores atos de serviço geralmente não são exibições chamativas; são gestos comuns, como ser gentil com desconhecidos, ministrar a outros crentes e orar pelos outros. Jesus se humilhou, renunciou a seus direitos e obedeceu a Deus até a cruz, e para servi-lo precisamos ter a mesma atitude. Não estamos na terra para construir nosso próprio reino, mas para servir fielmente a Deus enquanto ele estabelece seu reinado.

LEIA

Mateus 20.20-28

ORAÇÃO

Senhor, que eu renuncie a toda ambição terrena e tenha em meu coração motivos puros para servir-te. Que minhas mãos sejam instrumentos em prol do teu reino. Amém.

Um Rei que nos salva

TEMA 18: Um Rei chamado Jesus

Não há uma única alma que seja de fato de Deus em cujo coração não haja esperança, pois ter Cristo em nós é ter "a esperança da glória".

Watchman Nee

Deus é tão rico em misericórdia e nos amou tanto que, embora estivéssemos mortos por causa de nossos pecados, ele nos deu vida juntamente com Cristo. É pela graça que vocês são salvos!

Efésios 2.4-5

LEIA

Efésios 2.1-10

ORAÇÃO

Senhor, agradeço-te por teres me dado nova vida. Graças a ti sou uma nova criatura. Livra-me da tentação de voltar à velha maneira de viver. Em nome de Jesus. Amém.

Você já se perguntou quão sólido é seu relacionamento com Jesus? Se sim, então esteja certo disto: o inimigo já tentou fazê-lo duvidar de seu futuro eterno. Paulo veio para nos dizer a verdade sobre o compromisso de Deus conosco em Cristo. O apóstolo afirma que somos parte da família de Deus e, por isso, somos também herdeiros de suas promessas, que envolvem vida e salvação. Na passagem de hoje, vemos que Deus nos deu vida ao ressuscitar Cristo. Todos nós já nascemos mortos em nossos pecados, e não há nada que possamos fazer para nos tornarmos espiritualmente vivos. Desesperador? Nem um pouco; veja o que Paulo tem a dizer sobre isso: "Ele nos ressuscitou com Cristo e nos fez sentar com ele nos domínios celestiais, porque agora estamos em Cristo Jesus" (Ef 2.6). Perceba que, nesse versículo, o sujeito da oração é o próprio Deus. Essa curiosidade gramatical ilustra uma grande verdade: somos salvos pela graça de Deus, e não por nossa própria bondade ou desempenho. Essa é uma das bases do evangelho da graça que não pode ser negligenciada. É por isso que o apóstolo faz questão de repeti-la aos efésios, porém com outras palavras: "Vocês são salvos pela graça, por meio da fé. Isso não vem de vocês; é uma dádiva de Deus. Não é uma recompensa pela prática de boas obras, para que ninguém venha a se orgulhar" (Ef 2.8-9).

Nossa salvação não é sustentada por nossa própria força, mas sim pela graça de Jesus. Portanto, não tenha medo; o vínculo entre você e Jesus é sólido por causa da bondade dele. Respire fundo e descanse no amor de Deus hoje.

Um Rei que clama em meio à dor

TEMA 18: Um Rei chamado Jesus

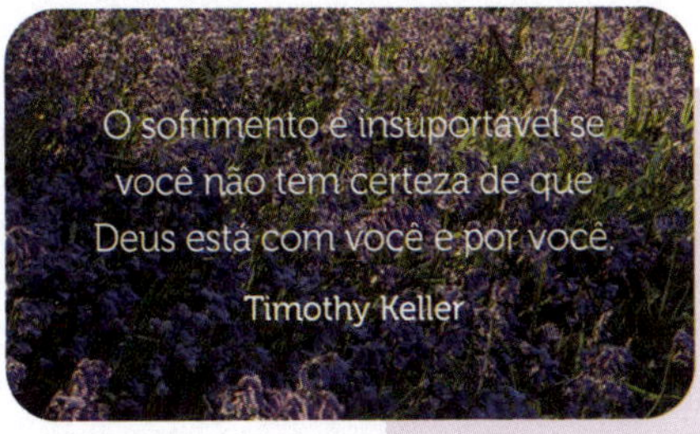

Meu Deus, meu Deus, por que me abandonaste? Por que estás tão distante de meus gemidos por socorro?

Salmos 22.1

Um salmo que começa com o grito de um homem em sofrimento: "*Meu Deus, por que me abandonaste?*". Esse é o salmo 22, um salmo que aparece em outra parte da Bíblia sendo entoado em um momento de profundo pesar. Muitos cristãos não sabem o que pensar quando deparam com passagens assim na Bíblia, mas os israelitas da época do Antigo Testamento sabiam algo importante sobre a condição humana e entendiam a necessidade de dar voz à própria fragilidade. Por isso, escreveram canções de adoração e de lamento que permitiram ao povo compartilhar suas emoções com Deus de maneira sincera.

Dois terços de Salmos (cerca de cem deles) contêm um elemento de lamento. Quando Israel experimentava traição e perda, depressão e profunda ansiedade, clamava: "Até quando, SENHOR?" (Sl 13.1-2; 35.17), uma expressão que também foi ouvida dos lábios de Jesus ao ser crucificado e que por vezes repetimos quando sofremos perdas: um emprego, um casamento, um ente querido. Essas são situações comuns a todos nós, mas podemos expressá-las ao Senhor e entregar a ele nossas preocupações mais profundas.

Isso é o que a tradição cristã chama de "lamento sagrado". Quando dizemos a Deus com sinceridade o que estamos sentindo, recuperamos nossa voz, nossa alma, e todo o nosso leque de emoções. Muitos cristãos praticam uma falsa polidez na presença de Deus, pois acreditam erroneamente que lamentar é ser infiel. Muito pelo contrário. Lamentar é ser fiel. Lamentar é acreditar e confiar que Deus se importa, que nos ouve e que é poderoso para mudar qualquer situação.

LEIA

Salmo 22

ORAÇÃO

Amado Senhor, sei que tu és a resposta para toda e qualquer dor. Aproxima-te daqueles que estão sofrendo e dá-lhes o teu conforto. Amém.

Um Rei que sofre

TEMA 18: Um Rei chamado Jesus

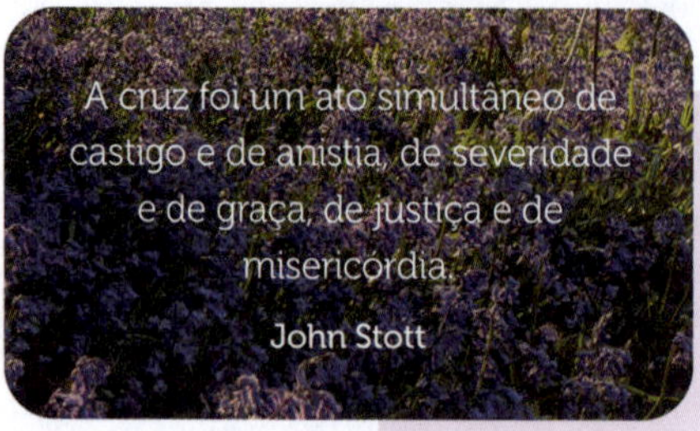

Apesar disso, foram as nossas enfermidades que ele tomou sobre si, e foram as nossas doenças que pesaram sobre ele.

Isaías 53.4

LEIA

Isaías 53

ORAÇÃO

Amado Pai, não quero fazer as coisas do meu jeito. Quero contar contigo em todas as áreas. Deixo de lado o meu orgulho e aceito o chamado de me humilhar diante de ti e buscar tua face. Amém.

Em 1969, Frank Sinatra popularizou a canção "My way", cuja letra parece admirável, algo que todos deveriam imitar. Como nos sentimos orgulhosos por termos feito tudo "do nosso jeito", como exalta o refrão. Mas, quando você lê as Escrituras e olha ao redor, descobre que isso é um grande problema.

Hoje, todos buscam fazer as coisas à sua maneira e de acordo com sua própria verdade. Esse individualismo leva a conflitos constantes, uma vez que somos incapazes de lidar com situações que parecem ferir nossas preferências. Então, quando olhamos para a cruz, percebemos quanto o mal está enraizado em nós. Como ovelhas ingênuas, "deixamos os caminhos de Deus para seguir os nossos caminhos" (Is 53.6) e, assim, crucificamos o Senhor da glória. Na Bíblia, porém, as boas-novas estão presentes nos eventos mais perturbadores, e a cruz, antes um símbolo de morte e tortura, incrivelmente passa ser uma notícia boa: "Por causa de tudo que meu servo justo passou, ele fará que muitos sejam considerados justos" (Is 53.11).

A maneira de receber a redenção oferecida por Jesus é admitir que estamos perdidos. Desde o Éden, escolhemos nosso próprio caminho em vez de trilhar aquele traçado por Deus. Mas os planos de Deus não foram frustrados no jardim, nem mesmo no Gólgota. "Fazia parte do plano do Senhor esmagá-lo e causar-lhe dor. Quando, porém, sua vida for entregue como oferta pelo pecado, ele terá muitos descendentes. Terá vida longa, e o plano do Senhor prosperará em suas mãos" (Is 53.10). Ao longo da história da redenção, Deus escolheu fazer as coisas do jeito dele e não do nosso, e assim levou o pecado de muitos. Sejamos gratos por isso.

Um Rei que se entrega para morrer

TEMA 18: Um Rei chamado Jesus

O nobre amor de Jesus impele um homem a fazer coisas grandiosas e o estimula a desejar sempre o que há de mais perfeito.

Tomás de Kempis

Este é meu mandamento: Amem uns aos outros como eu amo vocês. Não existe amor maior do que dar a vida por seus amigos. Vocês serão meus amigos se fizerem o que eu ordeno.

João 15.12-13

Jesus revelou aos discípulos o que o amor realmente é, e exemplificou seu pleno significado na cruz. Por isso, Jesus deseja que eles o imitem, ou seja, que amem uns aos outros da mesma forma sacrificial como foram amados. Eles devem mostrar, uns aos outros e ao mundo, o sentimento altruísta que Jesus mostrou em vida e em morte.

Em sua última conversa com aqueles homens que o acompanharam durante todo o seu ministério, Jesus resume o que eles estavam para presenciar: "Não existe amor maior do que dar a vida por seus amigos" (Jo 15.13) — ou seja, o verdadeiro amor abre mão até de sua própria vida em favor dos seus amigos, se isso for necessário. E é assim que Jesus se refere aos discípulos: *amigos*. Ele poderia tê-los chamado de servos, pois, de certa forma, ele era o Mestre. Porém, os servos nem sempre estão cientes de todos os planos de seu senhor, e Jesus deseja que seus discípulos, seus amigos, sentem-se à mesa com ele e escutem seus planos.

Em seu "discurso de despedida" (como são conhecidos os capítulos 14 a 17 de João), o Senhor compartilha com os Doze os segredos mais íntimos de sua vida, segredos tão grandiosos que só podem ser expressos em parábolas: "Eu sou a videira verdadeira, e meu Pai é o lavrador" (Jo 15.1). Jesus usa essa imagem para mostrar como ele e seus discípulos estão unidos em um elo de amor, unidos porque ele é a videira e eles são os ramos. Então, ele comissiona seus discípulos a demonstrar esse amor altruísta e abnegado em toda parte, pregando que, certa vez, o Rei dos reis escolheu morrer numa cruz em favor dos seus amigos.

LEIA

João 15.1-17

ORAÇÃO

Pai celestial, aceito teu chamado para viver uma vida de amor. Quero permanecer em ti e nunca me afastar da fonte da minha salvação. Em nome de Jesus. Amém.

Páscoa

TEMA 19: As celebrações do povo de Deus

> O autossacrifício, iluminado pelo amor, é alento e vida; é a morte de Cristo, a vida de Deus, e a bênção da única vida adequada para o homem.
>
> Frederick W. Robertson

> **Como vocês sabem, a Páscoa começa daqui a dois dias, e o Filho do Homem será entregue para ser crucificado.**
>
> **Mateus 26.2**

LEIA

Êxodo 12.1-14

ORAÇÃO

Pai, agradecemos pelo sacrifício de Jesus, o Cordeiro de Deus que nos libertou do pecado e nos deu vida eterna. Ajuda-nos a entender e valorizar essa verdade. Amém.

É comum nos dirigirmos a crianças pequenas de forma diferente do que fazemos com os adultos. Quando falamos com elas, usamos palavras diferentes e até mesmo outra entonação, afinal queremos que a criança entenda o que estamos dizendo. Deus age da mesma forma conosco. Ele é um Pai amoroso que tem prazer em se comunicar com seus filhos e lhes ensinar suas verdades. No entanto, em razão do pecado, somos incapazes de compreendê-lo, portanto ele adapta sua linguagem a nós.

Por essa razão, a Bíblia está repleta de símbolos, como as festas cerimoniais celebradas por Israel, festividades nas quais verdades espirituais eram ensinadas, e o cuidado de Deus, experimentado. Ao todo são sete celebrações, entre elas a Páscoa. Após quatro séculos como escravos no Egito, Deus libertou seu povo poderosamente. Por meio das pragas, ele desmascarou os falsos deuses egípcios. E, de todas as pragas, a décima e última foi a mais terrível: a morte de todos os primogênitos egípcios. Porém, Deus preservou os primogênitos israelitas através do sangue de um cordeiro aspergido nas portas das casas. Além do sangue, Deus ordenou que todas as famílias comessem a carne desse cordeiro em celebração ao livramento que o Senhor estava concedendo ao seu povo. Assim foi instituída a Páscoa.

Muitos anos depois, o Senhor Jesus também celebrou a Páscoa, porém deu a ela um novo significado. A partir de Jesus, a Páscoa não significaria mais a libertação do povo da escravidão egípcia, mas sim a libertação da escravidão do pecado e o recebimento da vida eterna através do sacrifício de Cristo, o Cordeiro de Deus que tira o pecado do mundo.

Festa dos Pães sem Fermento

TEMA 19: As celebrações do povo de Deus

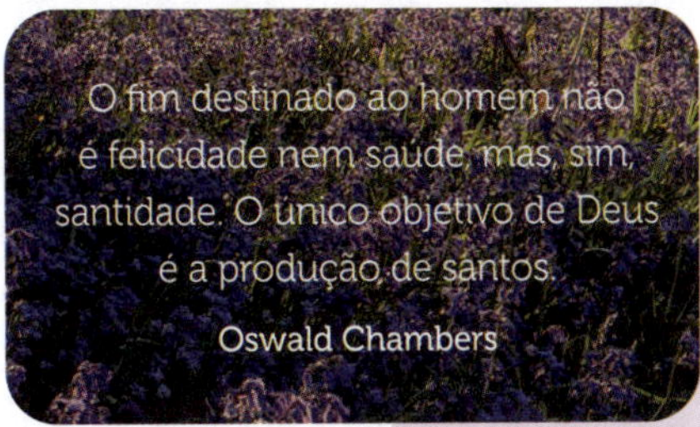

Pois a vontade de Deus era que fôssemos santificados pela oferta do corpo de Jesus Cristo, de uma vez por todas.

Hebreus 10.10

Em nossa conversão, várias coisas acontecem simultaneamente no âmbito espiritual: somos regenerados pelo Senhor, ou seja, passamos da morte para a vida; somos justificados perante Deus, o que significa que nossos pecados são completamente perdoados; e somos adotados como filhos amados. Antes éramos inimigos de Deus, mas agora somos incluídos na família da fé e passamos a ter muitos irmãos e um Pai glorioso. Tudo isso acontece instantaneamente, ao passo que a santificação — que também é parte importante da nossa conversão — ocorre por meio de um processo. Nessa jornada, somos guiados pelo Espírito Santo diariamente, a fim de fugirmos de tudo o que é mal e buscarmos fazer aquilo que agrada ao Senhor.

A caminhada rumo à santificação é bem ilustrada pela Festa dos Pães sem Fermento, instituída por Deus para ser celebrada junto com a Páscoa. Ao contrário da Páscoa (celebrada em um dia), a Festa dos Pães sem Fermento estendia-se por sete dias (um processo), durante os quais o povo comia esse tipo de pão como forma de relembrar a saída às pressas do cativeiro no Egito. Em certo aspecto, esses pães também simbolizavam a pureza com que o povo deveria viver, já que na Bíblia o fermento é sinônimo de pecado (Lv 6.16-17; Gl 5.7-10).

Temos muito o que aprender com essa celebração, pois, como cristãos, fomos chamados para viver em santificação e pureza. Por isso, devemos fugir de toda contaminação do pecado e viver em santidade, a fim de celebrarmos a "festa não com o velho pão, fermentado com maldade e perversidade, mas com o novo pão da sinceridade e da verdade" (1Co 5.8).

LEIA

Êxodo 12.15-20

ORAÇÃO

Amado Senhor, diante do que aprendi hoje, peço que me ajudes a viver em santidade, procurando agradar-te e servir-te da forma como desejas. Amém.

Pentecostes

TEMA 19: As celebrações do povo de Deus

Tentar ver sem os olhos, ouvir sem os ouvidos ou respirar sem os pulmões, é como tentar viver a vida cristã sem o Espírito Santo.

Dwight L. Moody

Lembrem-se do Senhor, seu Deus. É ele que lhes dá força para serem bem-sucedidos, a fim de confirmar a aliança solene que fez com seus antepassados, como hoje se vê.
Deuteronômio 8.18

LEIA

Levítico 23.15-22

ORAÇÃO

Deus, agradeço teu cuidado constante e as bênçãos que derramas prodigamente sobre mim. Obrigado também por teres dado a nós, o povo da nova aliança, tua Palavra e teu Espírito. Amém.

Hoje, é muito fácil ir a um supermercado e encontrar diversos alimentos. Mas, como você deve imaginar, nos tempos bíblicos não era tão fácil assim. Israel fazia parte de uma sociedade agrícola e obtinha seu sustento do que plantava e colhia. Por isso, desde cedo, o povo compreendeu que Deus era quem cuidava de seu povo e o alimentava. Assim como Israel celebrava a colheita, entendemos que Cristo é quem nos concede o pão de cada dia. Mesmo fora de um contexto agrícola, sabemos que tudo o que possuímos vem de suas bondosas mãos. Por isso celebramos o Deus da providência que não deixa faltar nada do que necessitamos.

Para celebrar isso, o Senhor instituiu a Festa das Semanas, ou Pentecostes, ocasião em que o povo agradecia ao Senhor por ter abençoado a terra e tê-la feito produzir alimento. Essa celebração acontecia nas sete semanas posteriores à Páscoa, e seu ápice era comemorado exatamente cinquenta dias após o *pessach*. Para nós, o Pentecostes se tornou ainda mais especial porque, após a ressurreição de Jesus, foi o momento em que o Senhor decidiu enviar o Espírito Santo à sua igreja, cumprindo o que prometera aos discípulos: "Vocês receberão poder quando o Espírito Santo descer sobre vocês, e serão minhas testemunhas em toda parte" (At 1.8).

Esse também era um momento do calendário no qual Israel agradecia a dádiva de ter recebido a Lei, e nós também somos abençoados, pois o Senhor nos concedeu sua Palavra, o meio pelo qual podemos conhecê-lo e obedecer-lhe. E assim como o Espírito foi derramado no Pentecostes, sabemos que ele habita continuamente conosco, conduzindo-nos em santidade e capacitando-nos a perseverar na fé, na esperança e no amor.

Festa das Trombetas

TEMA 19: As celebrações do povo de Deus

Mostra-me se há em mim algo que te ofende e conduze-me pelo caminho eterno.

Salmos 139.24

A virada do ano é o momento em que muitas promessas são feitas: iniciar um novo curso, começar uma dieta, ler mais livros... Contudo, em dezembro a realidade é que pouco ou nada foi realizado. Enquanto focamos o futuro, os israelitas foram orientados pelo Senhor a começar um novo ano olhando para trás. Isso acontecia por meio da Festa das Trombetas, um sábado especial marcado por autorreflexão. Nessa ocasião, as trombetas soavam como um chamado para o despertar espiritual. Hoje, essa festa é celebrada com outro nome: *Rosh Hashanah*, o ano-novo judaico.

De forma semelhante, o Espírito Santo, como uma trombeta, nos convoca a viver uma vida de contrição por nossos pecados, e isso é uma demonstração da graça de Deus para conosco. O fato de sermos convocados ao arrependimento é prova do amor do Senhor, pois cada vez que somos exortados ele nos dá uma nova oportunidade de não perecermos em nossos erros e, assim, vivermos apartados da comunhão com ele. É por isso que o chamado ao arrependimento ressoa ao longo das Escrituras e foi tema das primeiras pregações de Jesus: "A partir de então, Jesus começou a anunciar sua mensagem: 'Arrependam-se, pois o reino dos céus está próximo'" (Mt 4.17).

Portanto, busque continuamente uma vida de intimidade com o Senhor por meio do estudo das Escrituras e da oração. Isso o ajudará não apenas a focar as coisas que deseja realizar, mas também a olhar para trás e observar os pecados que precisa abandonar e, assim, ser guiado pelo Senhor até o dia final, quando ouviremos uma trombeta dando-nos boas-vindas à eternidade: "Pois, quando a última trombeta soar, aqueles que morreram ressuscitarão a fim de viver para sempre" (1Co 15.52).

LEIA

Números 29.1-6

ORAÇÃO

Senhor, ajuda-me a reconhecer meus pecados e a viver em arrependimento. Desperta-me para uma vida de autorreflexão, olhando para trás com honestidade e para o futuro com esperança. Amém.

Festa dos Tabernáculos

TEMA 19: As celebrações do povo de Deus

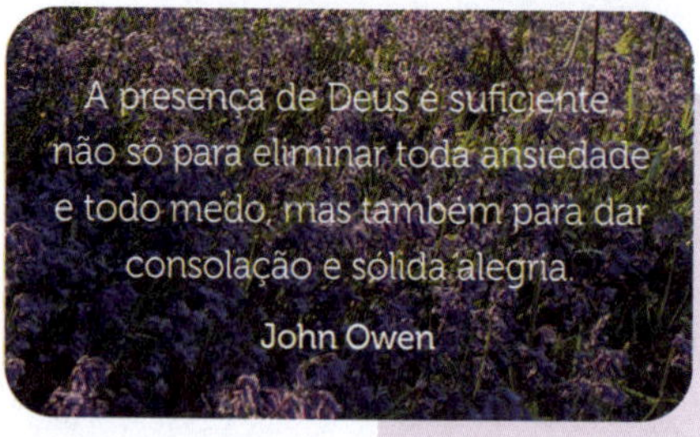

Desse modo, lembrarão cada nova geração de israelitas que eu fiz seus antepassados morarem em cabanas quando os libertei da terra do Egito. Eu sou o SENHOR, seu Deus.

Levítico 23.43

LEIA

Levítico 23.33-43

ORAÇÃO

Senhor, agradeço teu constante cuidado durante minha peregrinação nesta vida. Ajuda-me a confiar em tua provisão e a lembrar que minha morada eterna já está reservada. Amém.

Acampar é um hobby comum hoje. As pessoas escolhem um local seguro em meio à natureza, onde montam suas barracas e desfrutam de um tempo de paz e sossego. Já viajantes mais ousados buscam lugares mais inusitados, como a Antártida (o lugar mais inóspito da Terra), e até vulcões. Se hoje em dia os acampamentos são para diversão e descanso, os israelitas viveram num grande acampamento móvel por necessidade, após serem libertos da opressão egípcia. Por quarenta anos, o povo morou em tendas, peregrinando pelo deserto, onde experimentou a proteção e provisão divinas todos os dias. Durante o dia, Deus enviava uma nuvem para protegê-los do calor e, à noite, uma imensa coluna de fogo no céu servia de luz e calor.

Quando entraram na terra prometida, o Senhor estabeleceu que eles deveriam celebrar o *Sukkot*, ou Festa dos Tabernáculos. Durante essa celebração, o povo saía de suas casas e habitava em tendas por sete dias, celebrando o cuidado do Senhor durante a peregrinação e ensinando seus filhos sobre a bondade de Deus, que não os desamparou em nenhum momento durante a peregrinação.

Nós também estamos em peregrinação (1Pe 2.11), pois habitamos neste mundo aguardando nossa morada eterna. Em nossa jornada, enfrentamos situações muito mais perigosas do que a gélida Antártida ou o calor mais intenso de um vulcão. Lutamos diariamente contra as hostes espirituais, contra o pecado e contra tentações que vêm para nos destruir e nos fazer perecer pelo caminho. Porém, assim como fez no passado, o Senhor continua cuidando de cada um de nós. Se diariamente travamos lutas, diariamente somos alvo do cuidado e do amor gracioso de nosso Senhor.

Dia da Expiação

TEMA 19: As celebrações do povo de Deus

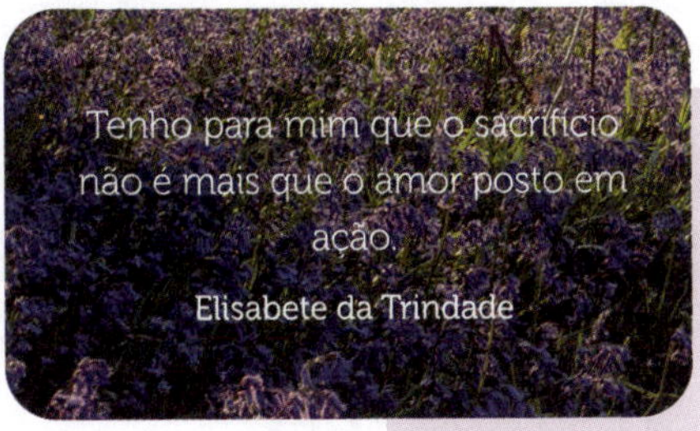

Todos nós nos desviamos como ovelhas; deixamos os caminhos de Deus para seguir os nossos caminhos. E, no entanto, o SENHOR fez cair sobre ele os pecados de todos nós.

Isaías 53.6

O ministério de Jesus trouxe inúmeros benefícios àqueles ao seu redor e a toda a humanidade. Doentes foram curados, mortos foram ressuscitados e milagres, realizados. Além disso, seu ensino inspirou leis mais justas que impactaram não só a religião, mas também a cultura, a política e a sociedade. Porém, a Bíblia enfatiza que a vinda de Jesus tinha um objetivo ainda maior: a salvação. João Batista sabia disso e, ao ver Jesus se aproximar, proclamou: "Vejam! É o Cordeiro de Deus, que tira o pecado do mundo!" (Jo 1.29); e o próprio Jesus declarou abertamente o propósito de sua missão: "O Filho do Homem veio buscar e salvar os perdidos" (Lc 19.10).

Todo o sistema sacrificial estabelecido pelo Senhor apontava para essa necessidade de salvação, tema de uma das maiores festas celebradas pelo povo de Israel: o Dia da Expiação, ou *Yom Kipur*. Nesse dia — o mais solene do calendário judaico —, o sumo sacerdote separava dois bodes: um era enviado ao deserto e o outro era sacrificado no altar ao Senhor. O animal sacrificado simbolizava a necessidade de um inocente morrer por causa dos pecados, enquanto o que era enviado ao deserto representava a remoção dos pecados do acampamento.

Quando conectamos o Dia da Expiação à vinda de Cristo, entendemos quanto fomos abençoados. É por causa de Cristo que nossos pecados são perdoados, e é graças a ele que temos a comunhão restaurada com Deus. Assim, ao olhar para todo o sistema sacrificial da antiga aliança, o autor de Hebreus decretou seu fim: "Com seu próprio sangue, e não com o sangue de bodes e bezerros, entrou no lugar santíssimo de uma vez por todas e garantiu redenção eterna" (Hb 9.12). Assim como cessaram os sacrifícios, cessou também a condenação que pesava sobre nós.

LEIA

Levítico 16

ORAÇÃO

Senhor, obrigado por enviares Jesus para nos salvar e nos reconciliar. Que nossa gratidão seja constante e que vivamos conscientes da comunhão restaurada contigo. Amém.

Festa do Início da Colheita

TEMA 19: As celebrações do povo de Deus

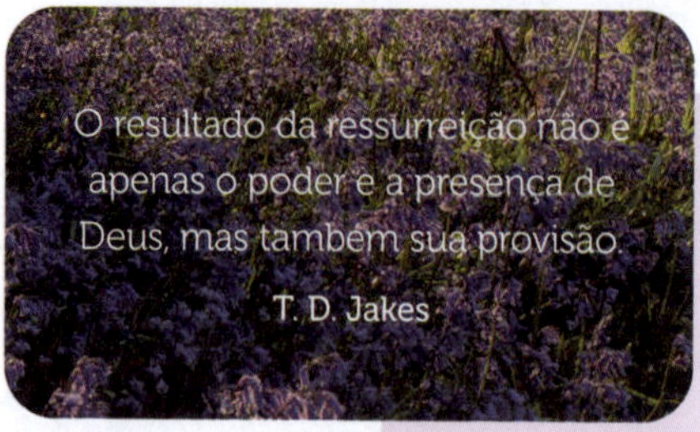

Cristo ressuscitou como o primeiro fruto da colheita, e depois todos que são de Cristo ressuscitarão quando ele voltar.

1Coríntios 15.23

13 MAI

LEIA

Levítico 23.9-14

ORAÇÃO

Deus amado, obrigado por tanto cuidado e zelo com a minha vida. Ajuda-me a entender que, mesmo que eu passe pela morte, ouvirei tua voz me chamar ao grandioso milagre da ressurreição. Amém.

Todas as festas instituídas por Deus tiveram um papel didático importantíssimo na instrução do povo recém-liberto da escravidão e permanecem relevantes para nós hoje, pois apontam para verdades que Deus deseja que conheçamos acerca de seu caráter. Como vimos nos últimos dias, cada uma dessas celebrações ilustra um aspecto importante da nossa caminhada cristã e nos oferece encorajamento e sabedoria, o que não é diferente com a Festa do Início da Colheita.

Essa festividade era uma expressão de gratidão a Deus pela colheita dos primeiros cereais, e a abundância desses primeiros frutos era vista como uma promessa de colheitas fartas ao longo do ano. Além disso, as primícias representam a consagração e a dedicação a Deus. Começando com a lavoura, passando pelos animais e chegando até os filhos dos israelitas, todos os primogênitos eram consagrados ao Senhor, destacando a prioridade que Deus tinha entre o povo de Israel.

No Novo Testamento, Paulo relaciona essa festa à ressurreição de Cristo. Para ele, o fato de Cristo ser "o primeiro fruto" da ressurreição significa que temos em Deus a garantia de que também experimentaremos a ressurreição no momento em que Cristo retornar em toda sua glória. Assim como a Festa do Início da Colheita celebrava aquilo que Deus já havia começado a fazer (a provisão dos primeiros cereais) e apontava para a esperança de um futuro abundante, também a ressurreição de Cristo mostra aquilo que Deus já fez por nós (propiciação pelos pecados) e nos conforta com a verdade de que, apesar das provações desta vida, um dia Cristo retornará e viveremos uma vida eterna e gloriosa ao seu lado.

A presença de Deus por meio da oração

TEMA 20: A presença de Deus

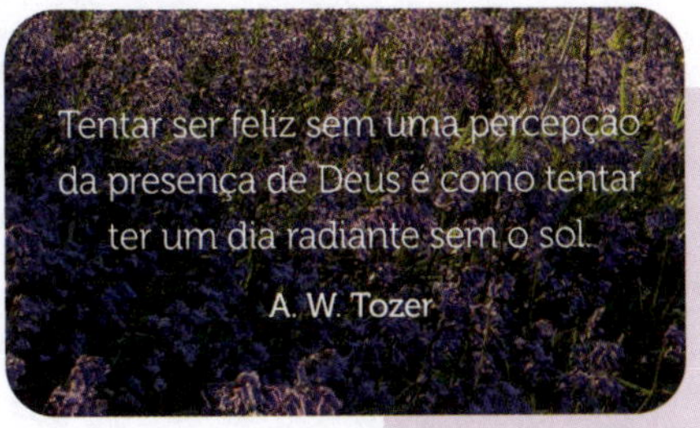

O Senhor está longe dos perversos, mas ouve as orações dos justos.

Provérbios 15.29

A passagem de hoje mostra que Deus atende de bom grado a oração daqueles que são fiéis a ele. E isso é um grande incentivo para nós: a oração pode fazer a diferença em nossos relacionamentos e também em nossa história. De acordo com Salomão, o autor de Provérbios, andar em retidão significa ter entendimento (Pv 15.21) e manter a pureza em nosso pensamento e falar (15.26). Tudo isso nos leva a responder às pessoas após ponderar com cuidado o que vamos dizer (15.28). Entretanto, esse processo não acontece de forma automática — uma vida moldada pela Palavra é consequência do tempo dedicado às disciplinas espirituais, como a oração e a leitura bíblica.

A oração e o planejamento cuidadoso de nossa vida devem caminhar lado a lado. Além de falarmos com o Senhor e ouvi-lo por meio da leitura da Bíblia, também aprendemos com Provérbios que é prudente buscarmos conselhos de outras pessoas: "Planos fracassam onde não há conselho, mas têm êxito quando há muitos conselheiros" (15.22). Aqueles que vivem assim, em comunhão com Deus e com os irmãos, levam bênçãos por onde vão e também são abençoados naquilo que se propõem fazer.

Muitas vezes, tomamos decisões rapidamente e com base em nossa própria sabedoria e perspectiva sobre determinada situação. Porém, Salomão nos diz que existe um fluxo constante de sabedoria à nossa disposição, e ela pode ser encontrada tanto em Deus quanto na comunidade de fé. Portanto, busque ativamente o conselho divino e a comunhão com irmãos piedosos, pois, em muitas ocasiões, é assim que experimentamos a presença de Deus: por meio de uma conversa, de um olhar acolhedor, e de alguém para nos instruir à luz da Palavra.

LEIA

Provérbios 15

ORAÇÃO

Senhor Deus, sabemos que escutas a oração do justo e, por meio de Cristo, somos justificados e purificados diante de ti. Ajuda-me a guiar meus pensamentos pela tua Palavra. Amém.

A vinda do reino de Deus

TEMA 20: A presença de Deus

A quantidade de tempo que passamos com Jesus, meditando em sua Palavra e buscando sua face, estabelece nosso galardão no reino.

Charles Stanley

Porque, assim como o relâmpago lampeja e ilumina o céu de uma extremidade a outra, assim será no dia em que vier o Filho do Homem.

Lucas 17.24

15 MAI

LEIA

Lucas 17.20-37

ORAÇÃO

Amado Senhor, ajuda-me a estar atento ao agir de tua poderosa mão, tanto em minha vida quanto no mundo. Capacita-me a dar frutos em prol do teu reino. Amém.

Jesus falou frequentemente sobre o reino de Deus e, à medida que estudamos as Escrituras, percebemos que esse assunto é tanto uma oportunidade de vivermos nesse reino hoje sob a liderança de um Deus amoroso quanto o cumprimento de uma profecia ainda não totalmente realizada.

Na passagem de hoje, o Senhor foi abordado pelos fariseus, que lhe perguntaram quando o reino de Deus seria estabelecido na terra. Essa não era uma simples pergunta, pois tinha o objetivo de provocar Jesus, fazendo que ele provasse que era o Messias estabelecendo seu reinado, ou desacreditando sua identidade messiânica, uma vez que o reino ainda não havia sido instituído visivelmente. Mas o reino de Deus é mais do que apenas um lugar para residir. Ele se estende sobre toda a terra e sobre todos os povos para sempre. Embora esses fariseus dissessem que desejavam o reino de Deus, não foram capazes de aceitar o Rei, já que tinham suas próprias opiniões sobre como esse reino deveria ser (provavelmente um império militar e político). Em vez disso, Jesus queria lhes ensinar o caminho do amor e da humildade, mas a relutância desses homens impediu-os de reconhecer Jesus como seu Messias.

Será que nós também negligenciamos as sutilezas do reino de Deus em nosso lar, trabalho, ou até mesmo em nossa igreja? Nosso coração está aberto para aceitar Jesus como governante soberano? Essas perguntas devem nos levar a aprofundar nosso conhecimento e nossa busca pelo Senhor, e a clamar fervorosamente pela volta de Cristo: "Pois teu é o reino, o poder e a glória para sempre. Amém" (Mt 6.13).

Um salmo de Moisés

TEMA 20: A presença de Deus

O brilho de Jesus nos mostra exatamente quem somos; sonda os lugares escuros de nossa vida e traz tudo à luz do dia.

Eugene Peterson

Tu pões diante de ti os nossos pecados, nossos pecados secretos, e vês todos eles. Passamos a vida debaixo de tua ira e terminamos nossos dias com um gemido.

Salmos 90.8-9

A presença de Deus revela os lugares escuros e destruídos de nossa vida. Nesse salmo, Moisés diz que o Senhor é o refúgio de seu povo por gerações e também afirma que ele conhece todas as iniquidades de Israel, ou seja, nenhum pecado permanece secreto diante de seu olhar. A princípio isso pode soar assustador, mas, na verdade, o fato de a luz de Deus brilhar em nossas trevas é uma demonstração de sua misericórdia.

Quanto mais tempo passamos na presença de Deus, mais sua luz contrasta com nossa natureza pecaminosa. E isso acontece pois, quanto mais nos aproximamos dele, mais o Espírito nos conscientiza e sensibiliza a respeito de nosso pecado — mas isso não deve nos afastar de Deus.

Sim, é verdade, somos como "a grama que nasce pela manhã, mas à tarde murcha e seca", contudo Moisés faz questão de contrastar a brevidade do nosso tempo com a natureza eterna de Deus, como forma de garantir nossa esperança futura: "de eternidade a eternidade, tu és Deus" (Sl 90.2).

Por ser eterno, Deus não vê ou experimenta o tempo como nós, e é por isso que apesar de nosso sofrimento às vezes parecer interminável, ele não é nada comparado à eternidade. O apóstolo Paulo (talvez inspirado por esse cântico de Moisés) expôs de maneira belíssima essa verdade: "estas aflições pequenas e momentâneas que agora enfrentamos produzem para nós uma glória que pesa mais que todas as angústias e durará para sempre" (2Co 4.17). Apesar de sermos frágeis como uma bolha de sabão, algo que passa como um sopro, a natureza eterna de Deus é parte de quem ele é. Por isso podemos colocar nossa esperança nele, um Deus que conhece nossos pecados, mas que, por meio do seu Filho, nos convida a desfrutar da eternidade ao seu lado.

LEIA

Salmo 90

ORAÇÃO

Querido Pai, peço que nos ajudes a crescer em graça, a desejar mais a tua presença e a estar atento a tua voz. Que eu seja um servo fiel de quem tu te agradas. Amém.

A presença por meio do Espírito

Não se embriaguem com vinho, pois ele os levará ao descontrole. Em vez disso, sejam cheios do Espírito.

Efésios 5.18

LEIA

Efésios 5.1-20

ORAÇÃO

Senhor, eu te agradeço pois tu não apenas nos dizes o que devemos fazer, mas nos dás estratégias para implementar teus mandamentos em nossa vida. Amém.

É interessante notar como Paulo contrasta duas formas distintas de comportamento. O apóstolo dá a seguinte instrução aos efésios: "Não se embriaguem com vinho, pois ele os levará ao descontrole" (Ef 5.18). Mais do que uma advertência contra o consumo excessivo de álcool, Paulo reconhece que existem pressões na vida que nos levam a buscar um alívio, algo que nos proporcionará um conforto rápido. Mas, seja vinho ou qualquer outra coisa, o problema é que muitas vezes perdemos o controle ao buscarmos refúgio nessas coisas.

Em contrapartida, Paulo estimula os irmãos de Éfeso a deixarem-se encher pelo Espírito Santo, a fim de satisfazer essa necessidade de alívio por meio da provisão que o próprio Deus preparou. Na fé cristã, não há motivo para sentir vergonha da sensação de necessidade, uma vez que Deus não nos fez criaturas autossuficientes e independentes. Todos devemos reconhecer que precisamos de algo ou alguém que nos ajude, que nos fortaleça e nos faça sentir adequados para enfrentar as dificuldades da vida. Mas, como cristãos, devemos buscar esse auxílio em Deus, por meio do Espírito Santo.

Nesses versículos, Paulo esboça um dos maiores segredos do cristianismo: a possibilidade de nós, seres pecadores, sermos cheios da presença de um Deus santo. Ao crermos em Jesus como Salvador, recebemos seu Espírito e nos tornamos sua morada. Porém, embora ele habite em nosso coração, podemos, mesmo assim, escolher andar longe de Deus. É por isso que precisamos constantemente buscar ser cheios do Espírito Santo, e Paulo nos orienta como fazer isso: "cantando salmos, hinos e cânticos espirituais entre si e louvando o Senhor de coração com música. Por tudo deem graças a Deus, o Pai, em nome de nosso Senhor Jesus Cristo" (Ef 5.19-20). Louvor e gratidão — duas excelentes maneiras de desfrutarmos da presença de Deus.

A graça da presença de Deus no sofrimento.

TEMA 20: A presença de Deus

Não tenham medo dos que querem matar o corpo; eles não podem tocar na alma. Temam somente a Deus, que pode destruir no inferno tanto a alma como o corpo.

Mateus 10.28

Todas as pessoas experimentam o sofrimento em algum momento da vida. C. S. Lewis escreveu extensivamente sobre o que chamou de "O problema do sofrimento". De acordo com Lewis, de certa forma, o sofrimento é mais difícil para os cristãos do que para os ímpios, já que os cristãos devem conciliar seu sofrimento com a fé em um Deus bom e amoroso — um dilema que os descrentes não precisam enfrentar, obviamente.

Na leitura bíblica de hoje, Jesus afirma que nenhum pardal cai no chão sem o conhecimento de Deus (Mt 10.29-31). Entretanto, o texto original grego poderia ser mais bem traduzido assim: "Nenhum pardal cairá no chão *sem o seu Pai*". Essa diferença sutil nos assegura que Deus não deseja que soframos e que ele está graciosamente presente em todas as experiências dolorosas pelas quais passamos. Tanto pardais quanto todas as outras criaturas vivas um dia morrerão, mas a boa notícia é que, se nem mesmo os pardais são esquecidos por Deus, quanto menos os seus filhos!

Confiar em Deus não revelará todos os mistérios de sua vontade, contudo nos dará a confiança de sabermos que nunca estamos sós; ele nunca deixa de cuidar de nós. E embora possamos ser frágeis, os olhos do Pai estão sobre nossa vida, assim como estão sobre toda a criação. À medida que vivemos nosso dia e convidamos o Senhor a fazer parte dele, somos lembrados que, quanto mais nos aproximamos de Deus, mais a sua presença nos guia para um lugar de amor e vida abundante. Afinal, ele é o Emanuel, Deus conosco, sinônimo de uma presença poderosa e reconfortante mesmo em meio à dor.

LEIA

Mateus 10

ORAÇÃO

Senhor Deus, eu te agradeço pois tu te preocupas comigo e com todos os aspectos de minha vida. Ensina-me a glorificar teu nome e sempre confiar em ti. Amém.

A presença de Deus com Moisés

TEMA 20: A presença de Deus

O Senhor respondeu: "Acompanharei você pessoalmente e lhe darei descanso". Então Moisés disse: "Se não nos acompanhares pessoalmente, não nos faças sair deste lugar".
Êxodo 33.14-15

LEIA

Êxodo 33.12-23

ORAÇÃO

Deus e Pai, ajuda-me a estar tão consciente da tua presença, que eu a deseje mais do que qualquer outra coisa. Em nome de Jesus. Amém.

Opressão. Todos conhecemos esse sentimento. Algumas definições dessa palavra incluem: "sensação desagradável de falta de ar, diminuição acentuada do vigor, da energia; angústia, ansiedade". A opressão está relacionada à sensação de peso que a vida traz, e muitas vezes pode ser tão intensa que até respirar parece extenuante. Muitos de nós passamos por isso, e talvez você esteja lendo este texto com a alma assim. Você precisa desesperadamente de um Deus de amor, e ele está ao seu alcance — ele é o Emanuel em quem podemos encontrar a paz de que uma alma cansada precisa.

Na Bíblia, o termo hebraico mais comum para "presença" é *panim*, que também pode ser traduzido como "encontrar", o que implica um encontro pessoal e próximo com o Senhor. Na passagem de hoje, Deus disse a Moisés que estaria com ele ao longo de uma missão difícil, porém necessária: "Acompanharei você pessoalmente e lhe darei descanso" (Êx 33.14). Moisés encontraria (*panim*) descanso na presença de Deus, e essa mesma presença nos é dada por meio de Cristo Jesus, em quem temos acesso a uma vida abundante.

Embora Deus nos dê muitas bênçãos nesta terra, conhecê-lo e desfrutar de sua presença é a maior e mais importante dádiva que podemos experimentar. Por isso, qualquer que seja a dificuldade em nosso caminho, podemos ser honestos com nosso Pai celestial, pois ele está sempre disposto a perdoar e nos dar a força de que precisamos para prosseguir em conhecê-lo. Moisés sabia que o maior privilégio na caminhada com Deus não eram as bênçãos que ele podia dar ao povo, mas simplesmente o fato de estar junto ao povo: "Pois é tua presença em nosso meio que nos distingue, teu povo e eu, de todos os outros povos da terra" (Êx 33.16).

Elias se encontra com Deus

TEMA 20: A presença de Deus

O anjo do SENHOR voltou, tocou-o mais uma vez e disse: "Levante-se e coma um pouco mais, do contrário não aguentará a viagem que tem pela frente". Elias se levantou, comeu e bebeu, e o alimento lhe deu forças.

1Reis 19.7-8

Exausto de tanto correr para salvar a própria vida, Elias estava prestes a desistir. O ministério profético havia esgotado suas forças a ponto de ele fazer uma oração desesperada: "Já basta SENHOR. Tira a minha vida" (1Rs 19.4). Mas Deus não respondeu a essa oração; ele tinha planos maiores para Elias. Em uma caverna no monte Horebe, Deus perguntou: "O que você faz aqui, Elias?". A resposta do profeta foi marcada por protestos e autopiedade, mas ainda assim Deus queria ter um encontro pessoal com Elias. Um furacão, depois um terremoto e, por fim, fogo. Elias testemunhou essas grandes demonstrações de poder, mas Deus não estava nelas. Então, ouviu apenas um sussurro — era Deus revelando sua presença.

Deus parece desafiar nossas atitudes. Devemos refletir se estamos sendo muito autorreferentes ou cheios de autopiedade, ou se estamos conseguindo ouvir o chamado do Senhor para darmos um passo à frente. Precisamos estar atentos ao sussurro que vem da brisa suave, precisamos ouvir o som do silêncio. E, ao escutar com atenção, também ouviremos o Espírito Santo nos perguntar: "O que você faz aqui?". Essa é uma pergunta que o mundo faz à igreja e a todos os que professam o nome de Jesus. Afinal, não devemos apenas desfrutar da presença de Deus, mas temos também a missão de compartilhá-la.

A história de Elias no monte Horebe tem o poder de nos encorajar hoje: Deus não deixará seus filhos, mesmo que estes queiram abandonar o chamado que receberam. "Saia e fique no monte, na presença do Senhor, pois o Senhor está prestes a demonstrar toda a sua glória." Como Deus mostrou a Elias, o futuro não é sombrio. Na verdade, é ainda mais brilhante agora, pois Jesus já veio e derrotou a morte!

LEIA

1Reis 19.1-18

ORAÇÃO

Senhor Deus, obrigado por sempre me buscares. Dá-me força para ser resiliente sob pressão e para permanecer firme em tuas promessas. Amém.

A cura de um endemoniado

TEMA 21: Mudança e transformação

Assim que viu Jesus, gritou e caiu diante dele. Então disse em alta voz: "Por que vem me importunar, Jesus, Filho do Deus Altíssimo? Suplico que não me atormente!".

Lucas 8.28

21 MAI

LEIA

Lucas 8.26-39

ORAÇÃO

Senhor Deus, eu te agradeço pois és o mesmo ontem, hoje e para sempre. Obrigado, pois teu poder transformador age em mim e faz minha confiança em ti crescer a cada dia. Em nome de Jesus. Amém.

Certa vez Jesus encontrou um homem possuído por um demônio; na verdade, esse pobre rapaz era controlado por uma legião, ou seja, cerca de seis mil espíritos malignos. Ele havia perdido todo o controle sobre si e, por essa razão, teve de ser acorrentado e mantido sob vigilância, mas nem isso era capaz de contê-lo. Sua situação era tão deplorável que ele se recusava a usar roupas e não morava em uma casa, mas em um cemitério.

Quando Jesus ordenou à legião que saísse do homem e fosse para dentro de alguns porcos que passavam por ali, o homem instantaneamente se acalmou e recobrou o juízo. Podemos observar uma transformação completa no indivíduo. Ironicamente, quando os moradores daquela região olharam para o homem e viram que seu semblante havia mudado, tiveram medo e pediram a Jesus que partisse. Certamente, eles ficaram felizes em ver que o homem havia sido liberto — mas não às custas de sua grande manada de porcos. Eles temiam o homem endemoniado, mas temeram ainda mais quando Jesus assumiu o controle da situação. Precisamos sempre ter isso em mente: em um conflito, Jesus não quer tomar um lado, ele quer tomar o controle.

Muitas vezes nos assemelhamos aos gadarenos, pois desejamos que Jesus resolva nossos problemas, porém sem que isso afete nosso conforto. Em resumo, queremos a mudança, mas desde que ela não nos custe muito. Contudo, não é assim que Jesus age. O texto de hoje nos ensina que a mudança pode trazer desconforto, insatisfação e, na maioria das vezes, até mesmo algum tipo de ruptura. No entanto, podemos confiar em Jesus. Se abrirmos mão do controle e permitirmos que ele mude o que deseja em nós, veremos seu poder transformador em ação.

O chamado de Levi

TEMA 21: Mudança e transformação

Embora eu possa ser um filho pródigo, Deus optou por não me renegar. Depois de nos conceder a herança e nos ver desperdiçá-la, Deus nos oferece ainda mais.

Philip Yancey

Depois disso, Jesus saiu da cidade e viu um cobrador de impostos chamado Levi sentado no local onde se coletavam impostos. "Siga-me", disse-lhe Jesus, e Levi se levantou, deixou tudo e o seguiu.

Lucas 5.27-28

Podemos afirmar que Jesus escolheu o grupo de indivíduos mais importante — e inusitado — que qualquer líder influente já reuniu. Jesus, conscientemente, escolheu doze homens cheios de falhas e defeitos e lhes designou funções específicas. É provável que Jesus tenha selecionado as pessoas mais improváveis e despreparadas, contudo ele investiu tempo no discipulado dessas pessoas para que fossem transformadas e cumprissem seu chamado.

Levi, também conhecido como Mateus, era um coletor de impostos. Era odiado pelo povo judeu, pois seu trabalho envolvia confiscar o dinheiro de seus compatriotas e entregá-lo ao governo romano; não à toa, os cobradores de impostos eram tidos como traidores aos olhos da maioria dos israelitas. No entanto, Jesus teve discernimento para ver o potencial de Mateus e, assim, escolheu como discípulo alguém que era odiado pela maioria. Jesus nunca se sentiu pressionado pela opinião humana; pelo contrário, ele não julgava as pessoas pelo que via externamente, mas se concentrava no que ouvia de seu Pai a respeito de cada um.

Jesus tratou cada um com quem interagiu levando em conta quem eles poderiam se tornar, e não quem eram naquele momento. E, assim, um mero cobrador de impostos odiado pelos judeus se tornou o autor do Evangelho cujo público-alvo é, justamente, o povo judeu. Por isso, devemos nos libertar das barreiras que nos impedem de chamar e investir em pessoas menosprezadas. Que o Espírito Santo nos dê a mesma visão de Jesus, para que assim possamos tratar cada interação como uma oportunidade de olhar o próximo como alguém criado à imagem de Deus e com potencial para trabalhar em prol de seu reino.

LEIA

Lucas 5.27-32

ORAÇÃO

Senhor Jesus, obrigado pois, apesar dos meus inúmeros pecados, tu me chamaste para estar contigo. Ajuda-me a encorajar outras pessoas ao longo do caminho com a esperança do evangelho. Amém.

A transfiguração

TEMA 21: Mudança e transformação

Cerca de oito dias depois, Jesus levou consigo Pedro, João e Tiago a um monte para orar. Enquanto ele orava, a aparência de seu rosto foi transformada, e suas roupas se tornaram brancas e resplandecentes.

Lucas 9.28-29

LEIA

Lucas 9.28-36

ORAÇÃO

Amado Jesus, eu te agradeço por teres revelado tua glória a Pedro, Tiago e João e porque revelas tua glória continuamente a mim, através da criação, de tua Palavra e do testemunho do Espírito Santo. Amém.

Três dos amigos mais próximos de Jesus presenciaram sua transfiguração. Ele havia escolhido esses homens para seu círculo mais íntimo, e desejou que testemunhassem esse momento único e significativo. Enquanto os outros discípulos esperavam ao pé do monte, Pedro, Tiago e João testemunharam o milagre que significou o cumprimento de todo o Antigo Testamento e evidenciou a divindade de Jesus. E a cena que testemunharam os preparou para suas futuras funções de responsabilidade na igreja.

Eles viram Moisés e Elias — os principais profetas de Israel — e, depois, o semblante de Jesus resplandecer em glória; tudo isso enquanto ouviam uma voz vinda do céu que dizia: "Este é meu Filho, meu Escolhido. Ouçam-no!"(Lc 9.35). O Espírito Santo nos sustenta ao nos revelar a glória de Cristo. Ele renova e fortalece nossa vida espiritual à medida que adoramos, lemos as Escrituras, oramos e estamos em comunhão com ele e com nossos irmãos. Contemplar e deleitar-nos na glória de Cristo nos fortalece para enfrentar as batalhas da vida que inevitavelmente surgirão. Momentos depois dessa cena gloriosa, a nuvem desapareceu, Moisés e Elias os deixaram, e o rosto de Jesus voltou ao normal.

Esses três discípulos tiveram de viver pela fé, pois logo que desceram do monte já depararam com situações difíceis, como o fato de não conseguirem expulsar o demônio de um menino (Lc 9.37-42). E essa é a nossa realidade todos os dias. Nós vimos, pela fé, a glória de Deus na face de Cristo, e agora somos chamados para ser luz na escuridão. Nossa fé no que conhecemos a respeito de Cristo é o que nos dá esperança de que, um dia, presenciaremos sua majestade eternamente.

A pregação de Filipe em Samaria

TEMA 21: Mudança e transformação

Como filhos de Deus, não devemos ser observadores; devemos participar ativamente da obra do Senhor.

Charles Stanley

Filipe foi para a cidade de Samaria e ali falou ao povo sobre o Cristo. Quando as multidões ouviram sua mensagem e viram os sinais que ele realizava, deram total atenção às suas palavras.

Atos 8.5-6

Os primeiros capítulos de Atos mostram o Espírito Santo trabalhando por meio de adversidades para que o evangelho fosse propagado, cumprindo assim as palavras de Jesus antes de voltar ao céu: "Vocês receberão poder quando o Espírito Santo descer sobre vocês, e serão minhas testemunhas em toda parte: em Jerusalém, em toda a Judeia, em Samaria e nos lugares mais distantes da terra" (At 1.8).

Em razão de uma forte perseguição, os cristãos de Jerusalém começaram a fugir da cidade e se espalhar por outras cidades. Mas o que os inimigos da fé não perceberam é que foi exatamente isso que impulsionou a disseminação do evangelho até os confins da terra. À medida que a perseguição aumentava, mais os discípulos de Cristo se espalhavam levando as boas-novas da salvação por onde iam. Filipe foi um desses perseguidos. Por isso, fugiu para a Samaria, onde, por meio de sua pregação e dos inúmeros milagres que realizou, uma multidão conheceu Jesus e foi salva.

Um homem comum, uma forte perseguição à fé cristã e, principalmente, o agir do Espírito de Deus: essa foi a fórmula perfeita que levou a uma conversão em massa na cidade de Samaria. "Quando as multidões ouviram sua mensagem e viram os sinais que ele realizava, deram total atenção às suas palavras. [...] Por isso, houve grande alegria naquela cidade" (At 8.6,8). A história de Filipe mostra como Deus usa pessoas comuns e situações (aparentemente) adversas para transformar vidas. Ore hoje e permita que esse mesmo poder do Senhor seja manifestado através de você.

LEIA

Atos 8.1-8

ORAÇÃO

Pai celestial, capacita-me a compartilhar o evangelho com o maior número de pessoas possível e a interpretar as dificuldades em minha vida à luz da tua Palavra e do teu propósito. Amém.

O encontro de Jesus com Nicodemos

TEMA 21: Mudança e transformação

Havia um fariseu chamado Nicodemos, líder religioso entre os judeus. Certa noite, veio falar com Jesus e disse: "Rabi, todos nós sabemos que Deus enviou o senhor para nos ensinar. Seus sinais são prova de que Deus está com o senhor".

João 3.1-2

LEIA

João 3.1-21

ORAÇÃO

Amado Pai, eu te agradeço por tua infinita graça, que me permitiu nascer de novo e ser recebido em teu reino. Perdoa-me pelas vezes em que confiei em mim mesmo, em vez de buscar teu favor e socorro. Amém.

A princípio, a conversa de Jesus com Nicodemos é um tanto desconexa. Após observar os milagres do Senhor, Nicodemos foi ao encontro de Jesus certa noite e disse que que, de fato, Jesus fora enviado por Deus. Jesus responde, mas parece falar de outro assunto: "Eu lhe digo a verdade: quem não nascer de novo, não verá o reino de Deus" (Jo 3.3). O Senhor conhecia o coração daquele mestre da lei e por isso lhe disse que sua excelente educação religiosa não o levaria ao céu; Nicodemos precisava de um novo começo.

"Como pode um homem velho nascer de novo?", Nicodemos perguntou com compreensível espanto. Ele não entendeu que a afirmação de Jesus era figurada, mas o Senhor foi paciente com ele e explicou-lhe que esse novo nascimento só poderia ser concebido pelo Espírito Santo. Durante toda sua vida, Nicodemos havia aprendido o que era ser um judeu e foi ensinado a realizar boas obras, mas depois desse encontro ele percebeu que nada que pudesse fazer seria suficiente. Ele estava espiritualmente morto e nunca poderia entrar no reino de Deus por mérito próprio.

Assim como Nicodemos, muitos hoje erram ao acreditar que são bons o suficiente para herdar a vida eterna, mas, na verdade, jamais podemos alcançar o padrão de perfeição exigido pela lei (Rm 3.23). Nicodemos arriscou sua reputação para ver Jesus, escutou o que ele disse, fez perguntas e, aparentemente, creu. João menciona em seu Evangelho que Nicodemos defendeu Jesus publicamente (Jo 7.50) e ajudou a sepultar o Mestre (Jo 19.38-39). Talvez, ao ver Cristo morto, Nicodemos finalmente compreendeu aquela conversa: porque ele morreu, podemos nascer de novo. E isso faz todo o sentido.

A mulher adúltera

TEMA 21: Mudança e transformação

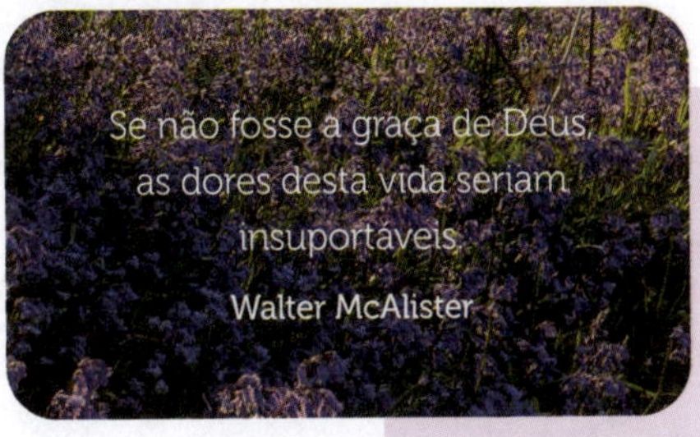

Eles continuaram a exigir uma resposta, de modo que ele se levantou e disse: "Aquele de vocês que nunca pecou atire a primeira pedra". Então inclinou-se novamente e voltou a escrever na terra.

João 8.7-8

Uma mulher foi flagrada em adultério, um ato que a tornaria passível de condenação à morte por apedrejamento. Os fariseus já estavam com as pedras nas mãos, apenas aguardando o veredicto e autorização de Jesus para executarem a pena. Mas, como sabemos, não foi isso o que aconteceu. Algumas pessoas acusam Jesus de encarar o pecado dessa mulher de maneira leviana — uma acusação que revela nossa compreensão sobre o pecado e o perdão. Sentimos que devemos fazer algo para ser perdoados, por isso o fato de Jesus simplesmente dizer "Eu não a condeno" e deixar essa mulher ir parece absurdo para muitos, mesmo na igreja.

A mulher adúltera provavelmente olhou a multidão à sua volta e viu raiva e julgamento nos olhos de todos — ou melhor, de quase todos. Nos olhos de Jesus, ela encontrou amor e compaixão. Como será que ela se sentiu? Cristo a enxergou através da realidade iminente da cruz. Nesse momento, toda a angústia e o medo daquela mulher deram lugar ao arrependimento genuíno e à alegria, mesmo em meio a uma provação tão assustadora que poderia lhe custar a vida. Jesus lhe garantiu que ela havia sido perdoada, e a exortou a não pecar mais.

Jesus veio para mudar a maneira como nos aproximamos de Deus. Os religiosos da época pensavam que o pecado deveria ser tratado com base na retribuição: "olho por olho, dente por dente". Já os olhos dessa mulher foram atraídos para sua fonte de perdão. O Senhor ofereceu a ela a mesma segunda chance que estende a nós: "Eu também não a condeno. Vá e não peque mais".

LEIA

João 8.1-11

ORAÇÃO

Deus bom e misericordioso, por meio de tua graça sou perdoado e liberto da escravidão do pecado. Ajuda-me a estender graça àqueles que precisam de cura e restauração. Amém.

A cura de um cego em Betsaida

TEMA 21: Mudança e transformação

Deus nos vê como somos, nos ama como somos e nos aceita como somos. Mas, por sua graça, ele não nos deixa como somos.

Timothy Keller

Jesus pôs as mãos sobre os olhos do homem mais uma vez, e sua visão foi completamente restaurada; ele passou a ver tudo com nitidez.

Marcos 8.25

LEIA

Marcos 8.22-26

ORAÇÃO

Pai, quero ver-te mais claramente e reconhecer quando tu estás agindo em minha vida. Que outras pessoas possam enxergar teu amor e tua bondade. Amém.

O Evangelho de Marcos registra um milagre, no mínimo, curioso. Em Betsaida, Jesus curou um cego de uma forma nada convencional: ele levou aquele homem a um lugar isolado e, então, passou um pouco de saliva em seus olhos, algo provavelmente tão desagradável para a época quanto seria para nós hoje.

O homem recobrou sua visão, mas apenas parcialmente: "Vejo pessoas, mas não as enxergo claramente. Parecem árvores andando" (Mc 8.24). Jesus, então, toca mais uma vez os seus olhos e... agora sim! Visão com nitidez. Como sempre, Jesus desejava que esse milagre se tornasse um ensinamento para seus discípulos, porque a visão do cego era uma alusão aos olhos espirituais de seus seguidores. Os discípulos esperavam que Jesus fosse um Messias conquistador que derrubaria Roma à força e restauraria o reino terreno a Israel. Eles enxergavam a verdade (Jesus, de fato era o Messias), mas apenas parcialmente (sua vitória seria conquistada na cruz).

Todo aquele que segue Jesus compreenderá, mesmo que gradativamente, que a vitória de Deus é conquistada por meio do sofrimento e que seu poder se manifesta na fraqueza. Às vezes, podemos ver apenas parcialmente o que Deus está fazendo, e precisamos de um segundo toque de Jesus para enxergar quem ele realmente é e o que deseja fazer. Como você tem visto Jesus ultimamente? Muitas coisas podem afetar nossa visão espiritual: decepções, dúvidas, desânimo e o próprio pecado, por isso precisamos do toque do Senhor para que nossa visão seja plenamente restaurada a fim de enxergá-lo como o Messias sofredor havia muito prometido pelos profetas: "Quando ele vier, abrirá os olhos dos cegos e os ouvidos dos surdos" (Is 35.5).

Conforto ou amadurecimento?

TEMA 22: Conforto e propósito

Então vocês viverão de modo a sempre honrar e agradar ao Senhor, dando todo tipo de bom fruto e aprendendo a conhecer a Deus cada vez mais.

Colossenses 1.10

Conforto, previsibilidade e certeza: gostaríamos que nossa vida fosse marcada por essas características. Mas e se essas coisas fizessem que a vida fosse conduzida sem direção e propósito? No primeiro século, a igreja em Colossos lutava para resistir à tentação do gnosticismo (a crença de que poderes superiores, experiências místicas e a visita de anjos são a medida para saber se você está perto de Deus ou não) a fim de permanecer fiel ao evangelho.

Nesse contexto, ser fiel aos ensinamentos dos apóstolos significava a possibilidade de sofrer severa perseguição, além da promessa de alienação da sociedade. É por isso que previsibilidade e conforto não eram palavras com as quais a igreja primitiva estava familiarizada no primeiro século, e Deus certamente usou as adversidades para fortalecer a fé dos primeiros cristãos e despertar neles uma confiança renovada em Cristo. Esse é um dos assuntos que Paulo aborda em sua carta aos colossenses: "Oramos também para que sejam fortalecidos com o poder glorioso de Deus, a fim de que tenham toda a perseverança e paciência de que necessitam. Que sejam cheios de alegria" (Cl 1.11).

Na língua original, a palavra traduzida como "fortalecidos", passa a ideia de algo que segue acontecendo, algo do tipo "para que sejam *continuamente* fortalecidos". O encorajamento e a força que recebemos do Senhor não são um evento único — somos constantemente revigorados pelo poder de Deus. Quando foi a última vez que você pediu a Deus que o fortalecesse? Convide-o a mostrar seu poder em meio à sua fraqueza e, assim, livrá-lo de suas ansiedades, preocupações e medos.

LEIA

Colossenses 1.3-14

ORAÇÃO

Amado Senhor, usa-me e ajuda-me a crescer em graça, sabedoria e verdade. Que eu possa ser fortalecido por tua Palavra e seguir em direção ao propósito que tens para minha vida. Amém.

A força de Deus em nossas lutas

TEMA 22: Conforto e propósito

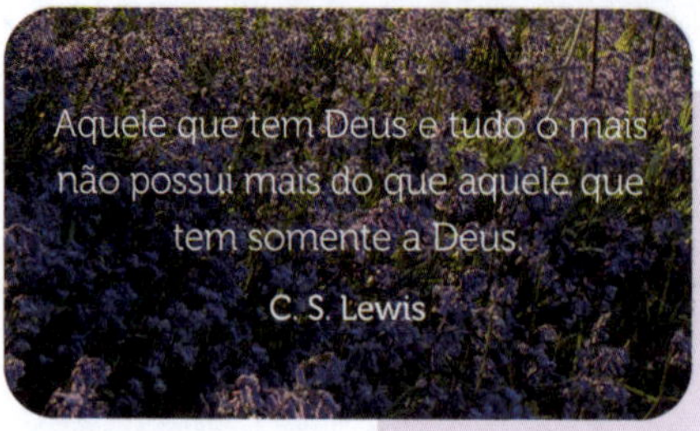

Quem dera eu tivesse asas como a pomba; voaria para longe e encontraria descanso.

Salmos 55.6

LEIA

Salmo 55

ORAÇÃO

Senhor Jesus, tu és meu consolador e minha força. Descanso em tua presença e recebo tua graça, para que eu possa permanecer firme em meio às lutas. Amém.

No salmo de hoje, vemos Davi experimentar a dor da traição de alguém com quem ele se importava. Seu coração ficou magoado quando um amigo se transformou em seu inimigo. Para Davi, a parte mais dolorosa foi o fato de ele ter compartilhado valores comuns com esse antigo aliado e até a mesma fé: "Como era agradável a comunhão que desfrutávamos quando acompanhávamos a multidão à casa de Deus! (Sl 55.14).

Contudo, Davi estava determinado a não ficar preso em seus problemas. Por isso, processou sua dor através da oração, acreditando que Deus conhecia e se importava com seus sentimentos. Essa oração de Davi é um exemplo do que podemos fazer quando lidamos com a traição, a rejeição ou a mágoa. Primeiro, podemos ir a Deus em oração, independentemente de como nos sentimos. No início desse salmo, Davi admite estar sobrecarregado e confuso e mesmo assim pede que Deus ouça seu clamor. Percebemos, então, que é possível expor nossos sentimentos sem reservas diante de Deus; essa é a segunda lição desse salmo para nós. Davi não restringiu suas emoções, embora elas fossem fortes (Sl 55.4-5).

Por fim, vemos que o rei entregou sua vida nas mãos de Deus. Ele confiava que o Senhor não apenas o ouviria, mas que agiria em seu favor (Sl 55.19). Nós também podemos confiar que Deus sempre fará isso conosco. Não podemos evitar uma traição inesperada, mas podemos render a Deus nossos problemas e confiar que ele tem um bom propósito para cada situação. Davi experimentou conforto e ajuda quando se voltou para Deus, e ao fazermos isso Deus também atentará para a nossa dor.

Quando não vemos esperança

TEMA 22: Conforto e propósito

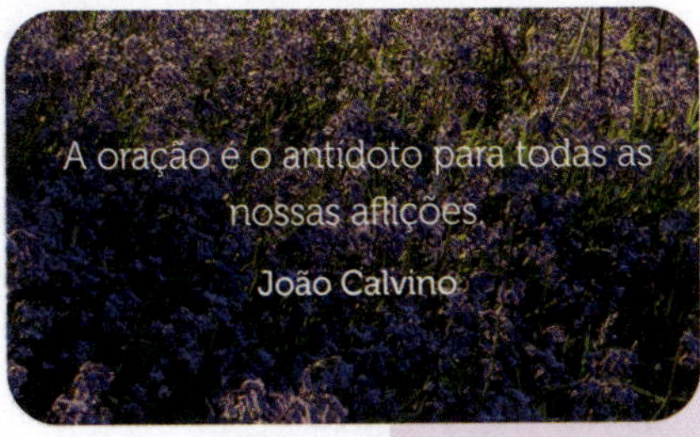

Quero conhecer a Cristo e experimentar o grande poder que o ressuscitou. Quero sofrer com ele, participando de sua morte.

Filipenses 3.10

Quando não podemos ver à nossa frente em razão da neblina e mal conseguimos dar um passo, é difícil acreditar em falsas promessas de que a jornada será fácil ou de que a dificuldade cessará em breve. Em situações assim, o que precisamos é de alguém para nos lembrar de que tudo na vida é gradual. Tudo na vida requer intencionalidade, consistência e frequência. Talvez seja por isso que Eugene Peterson descreveu a fidelidade como "uma longa obediência na mesma direção", um pensamento inspirado no apóstolo Paulo: "concentro todos os meus esforços nisto: esquecendo-me do passado e olhando para o que está adiante, prossigo para o final da corrida, a fim de receber o prêmio celestial para o qual Deus nos chama em Cristo Jesus" (Fp 3.3-14).

Paulo escreve que ele ainda não chegou ao destino, não conquistou tudo o que foi chamado a conquistar. Seguir Jesus é um compromisso infinito que firmamos até a eternidade. Por isso, precisamos caminhar diariamente, passo a passo com ele, seguindo em frente com coragem e fé. E isso se aplica não só à nossa vida espiritual, mas também pessoal, vocacional, financeira e relacional. Não há atalho para fugir das densas neblinas que possam surgir no trajeto, e os resultados, raramente, são imediatos.

Quando tudo for uma luta, quando a vida parecer só tensão, e quando tivermos vontade de desistir, encontraremos Jesus à nossa frente dissipando tudo o que nos impede de vê-lo em meio às dificuldades. Ele nos mostrará o caminho e estará ao nosso lado, encorajando-nos a seguir.

LEIA

Filipenses 3

ORAÇÃO

Amado Jesus, quero esquecer o que ficou para trás. Ajuda-me a manter o foco no que está por vir. Desejo ser guiado por teu Espírito e viver o que já preparaste para mim. Em teu nome. Amém.

Quando o medo nos paralisa

TEMA 22: Conforto e propósito

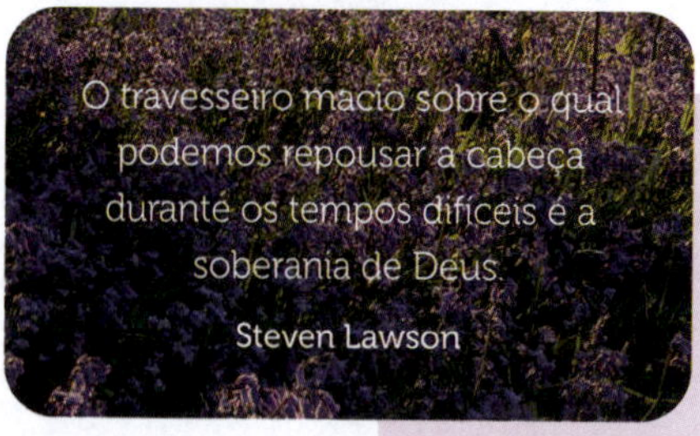

O Senhor Soberano é minha força! Ele torna meus pés firmes como os da corça, para que eu possa andar em lugares altos.

Habacuque 3.19

LEIA

Habacuque 3

ORAÇÃO

Senhor Jesus, confesso que posso ficar paralisado de medo, incapaz de crer em meio à incerteza. Sopra esperança em meu coração e dá-me nova perspectiva para ver teu agir em minha vida. Amém.

Uma de nossas tentações ao longo da caminhada cristã é tentar fugir da dor quando ela surge. Naturalmente, queremos manter os desafios à distância e esconder nossas fraquezas e inseguranças. Muitas vezes, isso pode nos levar à paralisia causada pelo sentimento de estar decepcionando a Deus. Momentos assim motivam perguntas como: "Por que não sou mais forte? Por que não sou consistente? Por que me sinto tão mal, quando todos parecem estar indo tão bem?".

Essas são perguntas sinceras, e Deus tem respostas cheias de esperança para cada uma delas. Ele percebe nossa angústia e ouve nossas orações permeadas de preocupação. O versículo em destaque hoje revela as maneiras pelas quais Deus nos capacita. Primeiro, ele firma nossos pés e nos fortalece em meio à incerteza. Além disso, também nos faz caminhar por lugares que ele já preparou de antemão e nos leva a lugares mais altos, desenvolvendo nossa confiança em sua soberania. No fim das contas, nosso crescimento e progresso raramente é apenas para nós, ou sobre nós. É tudo sobre Deus e sua glória, o que não quer dizer que não somos abençoados mesmo assim.

Quando acreditamos que ele está conosco, a vida fica cheia de alegria, pois percebemos que não existem fracassos no reino de Deus, apenas filhos amados e oportunidades para o amadurecimento. Essa é uma verdade na qual podemos nos apoiar em meio às provações, uma vez que crentes maduros, assim como o profeta, creem mesmo quando tudo parece indicar o contrário: "Ainda que a figueira não floresça e não haja frutos nas videiras [...] mesmo assim me alegrarei no Senhor; exultarei no Deus de minha salvação!" (Hc 3.17-18).

JUNHO

Coragem para seguir

TEMA 22: Conforto e propósito

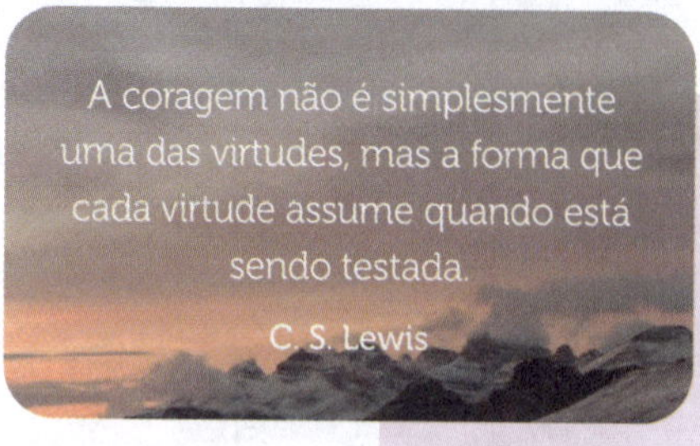

Esta é minha ordem: Seja forte e corajoso! Não tenha medo nem desanime, pois o Senhor, seu Deus, estará com você por onde você andar.

Josué 1.9

LEIA

Josué 1.1-9

ORAÇÃO

Amado Senhor, concede-me coragem enquanto navego por este dia. Quando eu for tentado a desistir, ajuda-me a seguir em frente com a tua força. Em nome de Jesus. Amém.

Imagine que você leia a notícia de que um bando de nômades tentou tomar uma cidade fortificada e militarizada. Provavelmente você pensaria que esses guerreiros improváveis não teriam chance alguma — ainda mais se o líder deles tivesse acabado de morrer. Uma transição de liderança pode ser traumática e, certamente, não parece o melhor momento para conduzir operações militares. Contudo, Josué e os israelitas não estavam sozinhos.

Certamente a jornada de Josué não seria fácil, e é por isso que lemos três vezes na passagem de hoje o imperativo da parte de Deus: "Seja forte e corajoso!". Aparentemente, Josué não era um homem inseguro, afinal ele certa vez se ofereceu para ser espião e se prontificou a agir quando todos queriam desistir (Nm 14). Porém, o Senhor sabia que a missão em que Josué e os israelitas estavam prestes a embarcar seria desafiadora física, emocional e espiritualmente — uma missão que exigiria não apenas resiliência mas também uma boa dose de coragem.

Por isso, Deus não apenas exigiu força e coragem de Josué, ele também lhe fez uma promessa: "O Senhor, seu Deus, estará com você por onde você andar" (Js 1.9). É um alívio saber que Deus está bem aqui conosco, e assim podemos prosseguir com confiança mesmo quando as circunstâncias da vida mudam. Abrace a mudança em sua vida e não se deixe intimidar por pensamentos céticos. Decida seguir em frente e enfrentar o futuro. Prossiga com coragem e confie em seu Ajudador. Deus o sustenta e nunca tira os olhos de você. Essa é uma promessa que o ajudará a navegar mesmo diante do medo e da incerteza.

Provisão para os problemas

TEMA 22: Conforto e propósito

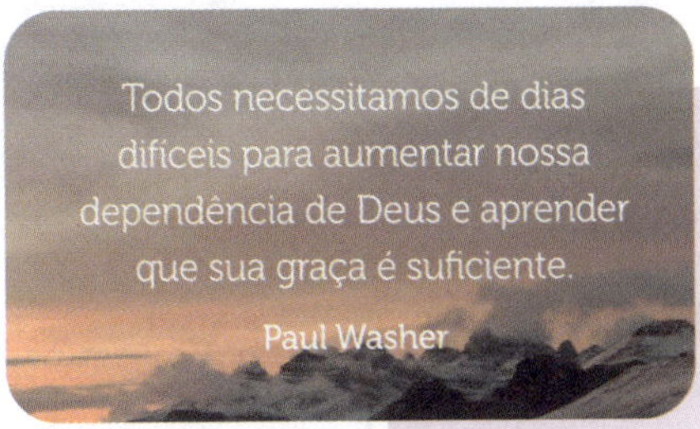

Pois assim diz o SENHOR, Deus de Israel: "Sempre haverá farinha na vasilha e azeite no jarro, até o dia em que o SENHOR enviar chuva".

1Reis 17.14

Você olha sua despensa e constata a triste realidade: ela está vazia, assim como a geladeira e os armários. A fome já começa a pairar sobre você e sua família, e a próxima refeição se tornou um obstáculo quase intransponível. Foi o que aconteceu com uma viúva em Sarepta. Ela viveu durante uma época em que as pessoas se voltavam para os ídolos, como Baal, para suprir suas necessidades. Porém, Deus desejava mostrar a ela a verdadeira fonte de provisão.

No início do capítulo 17, lemos que o profeta Elias entregou uma mensagem de Deus ao rei Acabe. Uma terrível seca estava chegando e provaria que o falso deus Baal era impotente. Elias então foi viver perto de um riacho, que secou. Assim, Deus o instruiu a ir à cidade de Sarepta, onde proveria para o profeta de maneira milagrosa — dessa vez por meio de uma pobre viúva. Embora não haja muita informação sobre ela, uma coisa certamente sabemos: ela não tinha comida de sobra para compartilhar com um profeta itinerante. Aliás, ela estava planejando uma última refeição para ela e seu filho antes que fossem tragados pela inanição. Contudo, Elias prometeu que não faltaria mantimento em sua casa, mesmo em meio à forte seca.

Essa viúva confiou na promessa de Deus e agiu em obediência. Há momentos em que somos chamados a andar pela fé e não pelo que vemos. Confiamos que Deus nos protegerá e agirá em nosso favor, mesmo quando o caminho à nossa frente parece problemático. Se você está nessa situação, clame a Deus em busca de ajuda e provisão. Ele pode criar um caminho mesmo onde parece não haver nenhum.

LEIA

1Reis 17

ORAÇÃO

Senhor Jesus, eu te agradeço porque nenhuma situação está fora de teu controle. Tu sabes de minhas necessidades e estás ciente de tudo o que me preocupa, por isso te louvo! Amém.

Coragem contra a oposição

TEMA 22: Conforto e propósito

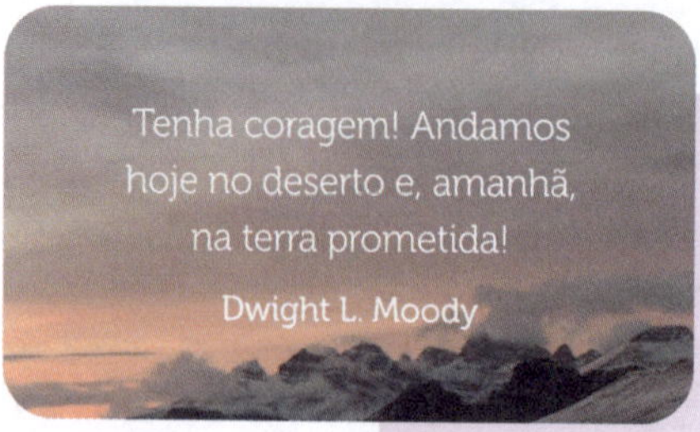

Mas as parteiras temiam a Deus e se recusaram a obedecer à ordem do rei; assim, deixaram os meninos viver.

Êxodo 1.17

LEIA

Êxodo 1

ORAÇÃO

Amado Senhor, peço que me ajudes a dizer sim e me render a ti. Quero estar em tuas mãos, andar em teus caminhos e viver uma vida que te agrade. De todo o coração eu oro. Amém.

Os livros de história estão repletos de relatos inspiradores sobre indivíduos que tiveram coragem diante do medo e agiram com convicção em meio à incerteza. Lemos essas histórias e ouvimos os contos, pensando: "Será que eu poderia ser tão corajoso? Eu tenho essa coragem dentro de mim? Alguém vai ler os relatos da minha vida quando eu partir e ver atos notáveis de coragem?".

O texto de hoje, no livro do Êxodo, mostra uma coragem extraordinária por parte de duas mulheres, um ato de total destemor que nos provoca a pensar sobre nossa própria reação diante do convite à obediência radical ao Senhor. Duas parteiras no Egito são ordenadas pelo faraó a matar todos os meninos assim que nascessem. Porém, essas duas mulheres, Sifrá e Puá, eram fiéis a alguém muito maior que o líder de um império. Elas temiam a Deus e, por isso, desobedeceram à ordem do rei do Egito, deixando que muitos meninos não só viessem à luz mas também desfrutassem do dom da vida — é provável que elas tenham realizado o parto de Moisés.

Como somos abençoados por testemunhar a coragem dos outros, que isso nos capacite a sermos ousados e corajosos em situações nas quais nossa fidelidade é posta em xeque. Isso nos protegerá de nos tornarmos confortáveis demais ou mesmo de permanecermos passivos e indiferentes quando os tempos exigirem que tenhamos coragem. Quando a história de nossa vida nos chama, devemos decidir: confiaremos em Deus e agiremos, ou recuaremos com medo? Que o Espírito Santo firme seu coração para obedecer-lhe e segui-lo, custe o que custar.

Um novo mandamento

TEMA 23: Amor

Eu lhes dou um novo mandamento: Amem uns aos outros. Assim como eu os amei, vocês devem amar uns aos outros.

João 13.34

Muitas pessoas que aprenderam um segundo idioma na infância ou adolescência são capazes de atestar que esse conhecimento pode ser esquecido com o tempo, a menos que seja praticado. E quanto mais ficamos sem praticar, mais esforço é necessário se quisermos retomar a fluência. A verdade é que se esse novo idioma fosse realmente relevante para nós, concentraríamos nossos esforços para praticá-lo sempre que possível.

Na passagem que lemos, Jesus diz aos discípulos que eles deveriam amar uns aos outros. O Senhor sabe que nossas ações revelam as verdadeiras crenças e motivações em nosso coração, e é por isso que incentiva seus seguidores a demonstrarem sua fé por meio de um amor verdadeiro. Por exemplo, não adianta pregarmos o evangelho da graça, mas sempre criticarmos as pessoas ao redor. Da mesma forma, dizer às pessoas que Deus as ama e ignorar suas necessidades não condiz com o evangelho. Amar deve resultar em ação — somos chamados a mostrar o amor de Jesus às pessoas de forma viva e real.

Se quisermos servir como discípulos fiéis e mostrar aos outros nossa fé em Cristo, devemos começar com a maneira como tratamos as pessoas; devemos praticar a linguagem do amor diariamente. Que possamos priorizar o amor em palavras e ações, e que nossos valores internos estejam alinhados com nossas práticas externas. A prova decisiva para saber se estamos vivendo a vida cristã da forma que agrada a Deus é avaliando quão bem estamos amando o nosso próximo, incluindo aqueles que nos causam problemas e mágoas: "Seu amor uns pelos outros provará ao mundo que são meus discípulos" (Jo 13.35).

LEIA

João 13.31-35

ORAÇÃO

Senhor Jesus, ajuda-me a amar os outros com o mesmo amor incondicional que tens por mim desde o princípio, e que durará por toda a eternidade. Amém.

Amar os inimigos

TEMA 23: Amor

Amem os seus inimigos e orem por quem os persegue. Desse modo, vocês agirão como verdadeiros filhos de seu Pai, que está no céu.

Mateus 5.44-45

LEIA

Mateus 5.38-48

ORAÇÃO

Senhor Deus, concede-me paciência e graça para perdoar aqueles que me ofenderam. Que o poder salvador de teu Espírito venha a mim e habite as áreas em que necessito de cura e restauração. Amém.

Depois de ensinar sobre as bem-aventuranças, Jesus diz que devemos amar e orar por aqueles que nos perseguem. Além de parecer uma tarefa impossível, isso pode soar quase injusto. Afinal, por que devemos orar por aqueles que praticam o mal e prejudicam a vida de cristãos simplesmente por professarem sua fé? Na passagem de hoje, o verbo "amar" é usado nos versículos 43, 44 e 46. No grego, o idioma original do Novo Testamento, existem três palavras para se referir ao amor: *phileo*, que significa afeto, carinho, amizade; *eros*, que se refere à paixão entre um homem e uma mulher; e *agape*, um amor incondicional, que reflete a própria natureza de Deus. Esse é o termo empregado por Mateus nesse trecho.

Jesus acrescentou um mandamento à Lei antiga: amar de forma *agape* o nosso próximo, mesmo que ele seja nosso desafeto. É por isso que estamos aqui. Somos embaixadores do nosso Pai, que está nos céus: "Somos embaixadores de Cristo; Deus faz seu apelo por nosso intermédio. Falamos em nome de Cristo quando dizemos: Reconciliem-se com Deus!" (2Co 5.20). É notável que Jesus não tenha dito "goste dos seus inimigos". Gostar envolve um sentimento afetuoso. Mas Jesus disse para amarmos nossos inimigos, e isso diz respeito a uma benevolência redentora para com todos.

Como cristãos, nosso chamado é conseguir amar o pecador, ao mesmo tempo que odiamos a ação pecaminosa que ele cometeu. Cristo não foi apenas o primeiro a pregar essa mensagem, ele foi o primeiro a vivê-la plenamente. Mesmo no momento de sua morte, ele demonstrou amor incondicional a todos: "Ele tinha amado seus discípulos durante seu ministério na terra, e os amou até o fim" (Jo 13.1).

Um amor inabalável

TEMA 23: Amor

O amor é uma coisa maravilhosa e celestial. Nunca se cansa e nunca pensa que já fez o suficiente.

Roberto Belarmino

Estou convencido de que nem morte nem vida, nem anjos nem demônios [...] nada, em toda a criação, jamais poderá nos separar do amor de Deus revelado em Cristo Jesus, nosso Senhor.

Romanos 8.38-39

Nos primeiros oito capítulos de Romanos, Paulo expõe três pilares do evangelho da graça: a natureza pecaminosa de todo ser humano, nossa necessidade de salvação, e a maravilhosa realidade de sermos filhos de Deus. Diante de tudo isso, o apóstolo faz uma pergunta: "Que podemos dizer diante de coisas tão maravilhosas?", e então ele mesmo oferece a resposta por meio de outra pergunta retórica — uma das mais famosas de toda a Bíblia: "Se Deus é por nós, quem será contra nós?" (Rm 8.31).

É como se Deus estivesse dizendo por meio da pena de Paulo: "Ei, você que se preocupa com pertencimento e solidão, ou com o seu pecado, ou em como agradar a mim, ou entender a vida. Se eu fiz tudo isso por você, se entreguei meu próprio Filho, você acredita mesmo que vou simplesmente abandoná-lo ou desistir de você?". Embora o pecado nos separe de Deus, o objetivo do Senhor, desde o Éden, é acabar com essa barreira; e ela desmoronou por meio do sacrifício de Jesus. Agora somos filhos de Deus, e como um Pai amoroso ele não permite que nada nos separe dele. *Nada mesmo*: "nem morte nem vida, nem anjos nem demônios, nem o que existe hoje nem o que virá no futuro, nem poderes, nem altura nem profundidade, nada" (Rm 8.38-39).

Facilmente atentamos somente para nossas próprias falhas, dificuldades ou dores, em vez de olharmos para as promessas de Deus. Nosso relacionamento com ele não é sustentado por nosso desempenho ou sentimentos; depende unicamente da fidelidade de Deus. E seu amor por nós permanece inabalável, independentemente de qualquer circunstância.

LEIA

Romanos 8.31-39

ORAÇÃO

Amado Pai, agradeço-te por tuas promessas e porque és fiel para cumpri-las. Oro para que eu me lembre de cada uma delas quando passar por momentos de incerteza e provação. Em nome de Jesus. Amém.

Um amigo que se entrega

TEMA 23: Amor

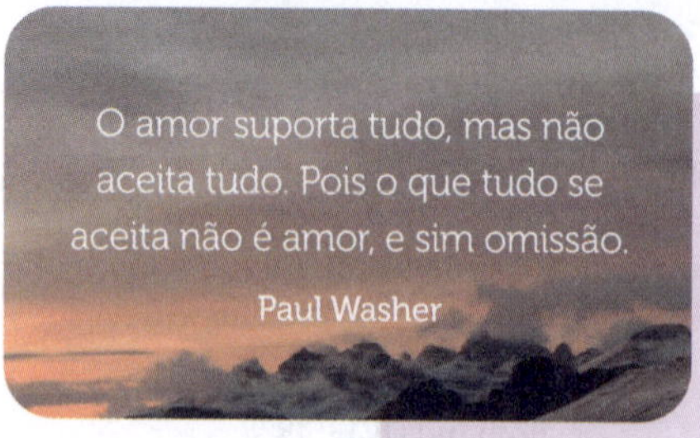

Quando vocês obedecem a meus mandamentos, permanecem no meu amor, assim como eu obedeço aos mandamentos de meu Pai e permaneço no amor dele.

João 15.10

LEIA

João 15.1-17

ORAÇÃO

Senhor Jesus, eu te agradeço pois posso desfrutar de tua amizade. Oro para que eu continue buscando a ti e a tua vontade, e que eu continue a andar no poder do Espírito Santo. Amém.

Jesus pronunciou essas palavras poucas horas antes de ser preso. No dia seguinte, ele deu sua vida não só por aqueles homens, mas por todos nós. Na cruz, seu corpo serviu como um pagamento voluntário pelo preço do nosso pecado. Mas mais do que isso: Jesus morreu por seus *amigos*.

Jesus esclarece sua definição de amor divino ao dizer que seremos seus amigos se fizermos aquilo que ele ordena, e seu novo mandamento era: "Amem uns aos outros como eu amo vocês" (Jo 15.12). Não é esperado que, de fato, morramos pelos outros, como Jesus fez, mas podemos entender que esse amor significa que devemos priorizar as necessidades dos outros em detrimento das nossas. É assim que demonstramos amor sacrificial por nosso próximo: doando tempo e energia, compartilhando dons e recursos, e tratando todos com gentileza e graça.

Quando Jesus nos chama de amigos, ele remove as barreiras impostas pelo pecado e nos aproxima dele. Não precisamos mais ficar ansiosos ou com medo de ninguém ao nosso redor. Em vez disso, somos livres para amar uns aos outros. Você enxerga Jesus como seu amigo? Se sim, então ame as pessoas da forma que ele ordenou, pois esse é o verdadeiro teste de nossa fidelidade e nos distingue daqueles cuja fé é superficial. Além disso, se você vê Cristo como amigo, pode descansar no fato de que ele não veio para condená-lo ou acusá-lo por seu pecado, mas sim para apresentar a você um novo tipo de amor: "Não existe amor maior do que dar a vida por seus amigos" (Jo 15.13)

Sem amor, nada serei

TEMA 23: Amor

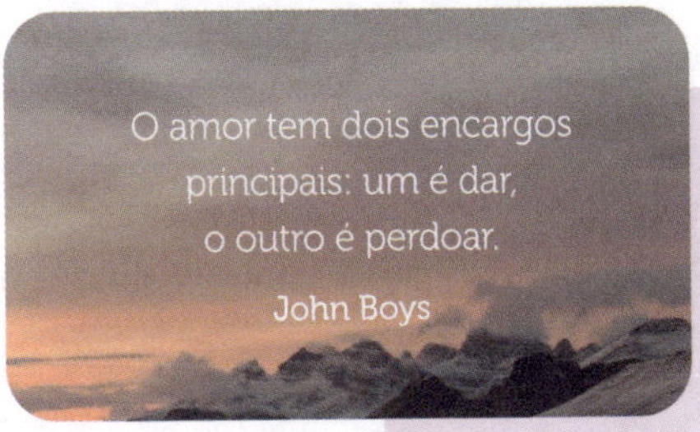

Se desse tudo que tenho aos pobres e até entregasse meu corpo para ser queimado, e não tivesse amor, de nada me adiantaria.

1Coríntios 13.3

Para muitos, 1Coríntios 13 apresenta a perfeita definição do que é o amor. Nesse capítulo, somos apresentados a um Deus cuja essência é o amor, mas também a uma régua pela qual podemos examinar se esse amor é manifestado em nossa vida. Paulo faz algo brilhante nesse trecho de sua carta: ao mesmo tempo garante quão profundamente somos amados e nos convida a crescer nessa virtude.

O amor é um dos atributos divinos que Deus escolheu compartilhar conosco e, por isso, é um indicativo do quanto somos semelhantes a Cristo. Reflita por um momento e tente se lembrar do melhor presente que você já recebeu. Muitas vezes começamos com os presentes caros. Entretanto, à medida que refletimos, outros presentes mais singelos nos vêm à mente, aqueles que imprimem memórias indeléveis: o primeiro desenho de um filho, a visita surpresa de um amigo que há muito você não via pessoalmente, um abraço num momento de desamparo.

Nas Escrituras, o amor é tido como o maior dos dons — o maior dos presentes — que podemos receber. Por isso, não adianta ser cristão se não agirmos com amor. Podemos ir à igreja, ofertar generosamente ou pregar sobre justiça, mas quando exercemos os dons de Deus sem amor, toda sua essência é perdida. Afinal, os dons são consequências de sua obra central: ele "amou tanto o mundo que deu seu Filho único, para que todo o que nele crer não pereça, mas tenha a vida eterna" (Jo 3.16). Essa é a obra de Deus; essa é a obra do amor.

LEIA

1Coríntios 13.1-3

ORAÇÃO

Querido Deus, obrigado por me amares tão profundamente. Mostra-me como viver em teu amor hoje e me ensina a amar verdadeiramente aqueles que que estão próximos de mim. Em nome de Jesus. Amém.

O que é o amor

TEMA 23: Amor

Se desse tudo que tenho aos pobres e até entregasse meu corpo para ser queimado, e não tivesse amor, de nada me adiantaria.

1Coríntios 13.3

LEIA

1Coríntios 13

ORAÇÃO

Amado Senhor, confesso que nem sempre amo a todos incondicionalmente. Ajuda-me para que eu ame a ti e também aqueles ao meu redor, independentemente de quem sejam ou do que tenham feito. Amém.

Na língua portuguesa, a palavra "amor" tem muitos significados. Podemos usá-la para nos expressar quanto a atividades que gostamos de fazer ("Amo caminhar no parque!"), ou para revelar que estamos apaixonados por alguém. No entanto, se queremos entender o que o amor verdadeiramente é, devemos analisar como Deus o define. No Novo Testamento, existem termos gregos diferentes usados para "amor", mas o amor em sua forma mais elevada é descrito é expresso pelo termo *agape*, que diz respeito a um sentimento incondicional.

A palavra *agape* é usada 116 vezes na Bíblia, e aparece com mais frequência em 1Coríntios, carta na qual Paulo apresenta uma das mais belas definições sobre o amor. Primeiro, o apóstolo afirma que o amor é "paciente" (13.4). Deus nos anima, demonstrando confiança em nossa vitória, independentemente de nossas imperfeições, pois o *agape* genuíno é capaz de transformar vidas. Em segundo lugar, Paulo afirma que o amor "não é rancoroso" (13.6), uma vez que Deus já não leva em conta nosso pecado. O amor também "nunca perde a fé" (13.7). Isso significa permanecer firme apesar das dificuldades e provações; aquele que ama carrega os fardos com calma e bravura, sem desistir. Por fim, o amor "sempre se mantém firme" (13.7), e assim também nos sustenta apesar de nossas falhas.

O apóstolo Paulo nos encoraja a desenvolver as características desse verdadeiro amor, mas ele também sabe também que não podemos trilhar esse caminho sozinhos. O *agape* é um fruto que Deus desenvolve em nós. Portanto, se o Espírito Santo está trabalhando em você, então esse amor florescerá em sua vida, como o fruto de uma árvore.

Porque Deus amou tanto o mundo...

TEMA 23: Amor

Porque Deus amou tanto o mundo que deu seu Filho único, para que todo o que nele crer não pereça, mas tenha a vida eterna.

João 3.16

Talvez nenhum versículo bíblico seja mais conhecido que João 3.16. Mesmo as pessoas que não costumam ler a Bíblia, ou até mesmo as que não acreditam em Jesus, parecem conhecer essa passagem tão amada pelos cristãos. Talvez a fama desse versículo seja explicada pela verdade maravilhosa que ele comunica: a morte do Filho de Deus numa cruz para conquistar o perdão de nossos pecados mostra quão grande é o seu amor.

Deus nos ama! Essa é a triunfante mensagem da Bíblia, a maior mensagem que podemos receber. Entretanto, os ensinamentos de Jesus não se resumem apenas a palavras e discursos. Deus também demonstrou seu amor por nós por meio de ações e por um elevado custo pessoal. Ele não queria que a morte reclamasse seu direito sobre nós. Então, Deus se fez homem e morreu em nosso lugar, para nos salvar da condenação eterna.

No momento em que você sentir que não é importante ou valioso, lembre-se disto: Deus nos amou até o fim, nos resgatou e nos salvou. Somos extremamente importantes para Deus a ponto de recebermos seu único Filho como um presente. Ele não precisava fazer isso, mas, mesmo assim, decidiu fazê-lo. Somos participantes do plano que Deus tem para este mundo, e fomos chamados para trabalhar em prol do seu reino. Infelizmente, não podemos controlar como as pessoas nos tratam, mas podemos decidir a maneira pela qual nos enxergamos. Que possamos enxergar a nós mesmos sob o ponto de vista do Senhor e basear nosso valor no que ele diz a nosso respeito e naquilo que fez por nós.

LEIA

João 3.1-21

ORAÇÃO

Amado Deus, ajuda-me a compartilhar o evangelho com aqueles que estão perdidos e, assim, ajudá-los a encontrar a vida eterna que tu ofereces. Em nome de Jesus. Amém.

Uma arma afiada

TEMA 24: A Palavra de Deus

Assim como toda a Palavra de Deus é inspirada por seu Espírito, assim também cada palavra dela precisa ser interpretada pelo mesmo Espírito.

Andrew Murray

Naqueles dias, não havia ferreiros na terra de Israel, pois os filisteus não permitiam que os hebreus fizessem espadas ou lanças.

1Samuel 13.19

11 JUN

LEIA

1Samuel 13.15-23

ORAÇÃO

Senhor Jesus, obrigado por tua palavra. Ajuda-me a ser diligente na leitura bíblica e protege-me das distrações deste mundo. Amém.

A Palavra de Deus é uma das armas mais importantes que podemos empunhar. Durante grande parte do Antigo Testamento, os filisteus foram inimigos declarados dos israelitas. Fizeram todo o possível para garantir que Israel tivesse uma quantidade limitada de armas para se defender, e conseguiram isso cortando o sistema de defesa de Israel em sua raiz.

Naquela época, a ausência de ferreiros significava a falta de armas. Por décadas, isso colocou os israelitas em grande desvantagem militar. Hoje, as táticas do inimigo não mudaram. A Bíblia nos diz que a Palavra de Deus é nossa espada, mais afiada do que qualquer lâmina. Satanás conhece o poder da Palavra de Deus e, portanto, faz o que sempre fez: tenta nos distrair e afastar nossa atenção da Bíblia. O diabo não se intimida com o número de Bíblias (ou aplicativos) que temos se nunca a usamos de fato. Agora, quando lemos nossas Bíblias, ela fará o que ela mesma promete: penetrará "entre a alma e o espírito, entre a junta e a medula, trazendo à luz até os pensamentos e desejos mais íntimos" (Hb 4.12).

Nenhum outro livro tem o poder de transformar nossa vida como a Bíblia. Portanto, permita que a Palavra viva, real e eficaz de Deus penetre sua mente e coração, pois os que vivem conforme a lei do Senhor são felizes. Assim, teremos o que é necessário para experimentar a vitória sobre qualquer situação e para nos defender de ataques malignos. O inimigo tirou as espadas dos israelitas; não permita que ele faça o mesmo com você.

Uma instrução a Timóteo

TEMA 24: A Palavra de Deus

Você, porém, deve permanecer fiel àquilo que lhe foi ensinado. Sabe que é a verdade, pois conhece aqueles de quem aprendeu.

2Timóteo 3.14

Se você é cristão, ao olhar ao redor de sua casa, provavelmente encontrará mais de uma cópia da Palavra de Deus espalhada nas estantes, mesinhas de cabeceira e de centro. Muitos lares cristãos têm várias versões da Bíblia: uma em couro, outra de capa dura, Bíblias de estudo, de anotações etc. Há muitas opções para estudarmos a Palavra de Deus, mas muitas vezes acabamos procurando outras fontes de ajuda e soluções para os problemas que surgem.

Ao escrever ao jovem Timóteo, o apóstolo Paulo listou uma série de razões pelas quais a Palavra de Deus é tão importante: "Toda a escritura é inspirada por Deus útil para nos ensinar o que é verdadeiro e para nos fazer perceber o que não está em ordem em nossa vida. Ela nos corrige quando erramos e nos ensina a fazer o que é certo" (2Tm 3.16). Logo, a Bíblia não pode servir apenas como item de decoração. Tudo o que Deus deseja que saibamos sobre ele e sobre seu amor por nós foi registrado por homens fiéis e em linguagem humana para que pudéssemos compreender verdades eternas.

Mantenha a Palavra no centro de sua vida, e ela tornará você mais sábio e será sua fonte de ensino a outros. Ao exortar alguém (incluindo você mesmo) para ajudá-lo a se afastar do pecado, a Palavra de Deus o manterá focado e sensível para usar palavras que serão realmente úteis. Portanto, pare e leia mais uma vez as instruções de Paulo a Timóteo — pois é apenas por meio das Escrituras que podemos "receber a salvação que vem pela fé em Cristo Jesus" (2Tm 3.15).

LEIA

2Timóteo 3.10-17

ORAÇÃO

Amado Deus, comprometo-me mais uma vez a escrever tua Palavra em meu coração. Que ela conduza minha vida, governe minhas decisões e penetre minha mente e coração. Em nome de Jesus. Amém.

Amor à Palavra

TEMA 24: A Palavra de Deus

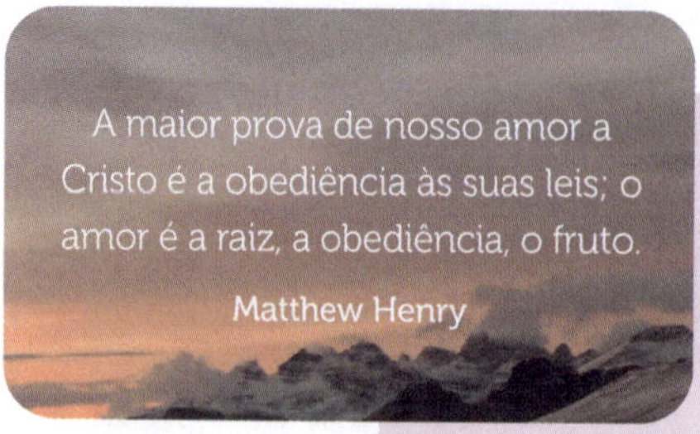

Seja somente forte e muito corajoso. Tenha o cuidado de cumprir toda a lei que meu servo Moisés lhe ordenou. Não se desvie dela nem para um lado nem para o outro. Assim você será bem-sucedido em tudo que fizer.

Josué 1.7

LEIA

Josué 1.1-9

ORAÇÃO

Senhor Deus, ajuda-me a meditar em tua Palavra dia e noite e, assim, colocá-la em prática por meio de minhas atitudes. Em nome de Jesus. Amém.

Muitas pessoas gastam horas assistindo a algum tipo de entretenimento. Em nossos dias, tornou-se comum gastar uma quantidade significativa de tempo consumindo conteúdo que não edifica e que consome, além de nosso tempo, nossa energia mental. A distração e o escapismo são marcas de nossa cultura, mas a Bíblia nos propõe um outro caminho: "relembre continuamente os termos deste Livro da Lei. Medite nele dia e noite" (Js 1.8). O Senhor é claro em dizer a Josué — e também a nós — o que deveria ocupar sua mente, ser o assunto de suas conversas e influenciar seu comportamento.

Essas palavras foram ditas a Josué quando ele estava prestes a suceder Moisés para liderar Israel, um povo que havia décadas peregrinava pelo deserto, rumo à Terra Prometida. Josué teria muito trabalho pela frente, mas, mesmo assim, Deus o instrui a meditar no Livro da Lei. Podemos não liderar uma nação, mas estamos influenciando as pessoas ao nosso redor e, por isso, somos instruídos a meditar na Palavra de Deus. Programas de televisão e serviços de *streaming* oferecem opções infinitas que prendem nossa atenção e fascinam nossa imaginação. Tudo é voltado para nós e nossas preferências. A Bíblia, entretanto, diz respeito a Deus e àquilo que ele sabe ser melhor para nossa vida.

Mais do que nunca, com tantas atrações competindo persistentemente por nossa atenção, temos de nos concentrar em Deus e em sua Palavra. Dentro das páginas das Escrituras não há apenas um enredo para mexer com nossos afetos e nossa imaginação — há o caminho para a vida eterna. E isso é algo que nada no mundo pode oferecer.

A verdade que nos liberta

TEMA 24: A Palavra de Deus

Jesus disse aos judeus que creram nele: "Vocês são verdadeiramente meus discípulos se permanecerem fiéis a meus ensinamentos. Então conhecerão a verdade, e a verdade os libertará".

João 8.31-32

No mundo de hoje, sugerir que é possível conhecer a verdade absoluta é mais controverso e difícil do que nunca. É por isso que, nas discussões sobre as grandes questões da vida, absolutos são desprezados e a afirmação de que só há uma verdade não é bem vista. Jesus, contudo, afirmou que a verdade não é um conceito abstrato, mas sim uma pessoa. E essa realidade sobre quem ele é ilumina o que é real e expõe o que é falso.

Quando a vida fica complicada e tudo ao nosso redor desmorona, ansiamos por um porto seguro em meio à tempestade. Algo que seja imutável, atemporal, verdadeiro — algo que só a Palavra de Deus pode oferecer. Essa é uma mensagem maravilhosa, mas também muito contestada e criticada. Nossa sociedade insiste em dizer que não há como encontrar uma verdade completa e objetiva. "Viva de acordo com a sua verdade!" parece ser o lema de nossa geração, um refrão bradado a plenos pulmões em produções culturais e publicitárias hoje. Ou seja, a verdade é apenas um ponto de vista muito particular de cada um. Mas isso não é um alicerce firme sobre o qual devemos construir nossa vida. E se a verdade for uma pessoa que o conhece e que você também pode conhecer?

Embora sejamos uma geração informada, unida pela tecnologia e cheia de supostas respostas, experimentamos uma insatisfação incessante. A boa notícia é que a Bíblia oferece respostas a todas as nossas inquietações e, mais do que isso, oferece um relacionamento com Jesus, o único capaz de lidar com os anseios de toda a humanidade.

LEIA

João 8.31-58

ORAÇÃO

Amado Senhor, obrigado porque, ao morreres na cruz, pagaste o preço pelos meus pecados e me libertaste. Que teu Santo Espírito me ajude a continuar vivendo na liberdade conquistada para mim na cruz. Amém.

Deleitando-se na Palavra de Deus

TEMA 24: A Palavra de Deus

Percebi que até mesmo a perfeição tem limite, mas não há limite para teu mandamento.

Salmos 119.96

LEIA

Salmos 119.89-96

ORAÇÃO

Senhor Deus, ajuda-me a valorizar tua Palavra assim como o salmista. Que eu possa me deleitar em teus mandamentos e priorizá-los todos os dias. Em nome de Jesus. Amém.

Todos nós já sentimos os efeitos sufocantes que a insegurança pode causar. Ela tenta nos afundar e enche nossa mente de dúvidas. Pensamentos negativos de comparação aparecem, e passamos a concluir que não somos tão talentosos, inteligentes ou experientes quanto os outros. De repente, o mar calmo à nossa volta se torna revolto e não há nada firme em que possamos nos agarrar. Esquecemos a verdade, não temos mais vontade de ir à igreja, deixamos de orar e ler a Bíblia.

Essa é a grande questão da insegurança. Quando ela nos domina, aquilo de que mais precisamos — a verdade — é exatamente o que temos mais dificuldade em resgatar. Podemos ter a verdade em nossa mesinha de cabeceira, ou ouvi-la domingo após domingo, mas não permitimos que ela remova nossa insegurança, lave nossa mente e nos purifique. Se você se sente assim hoje, saiba que você está seguro. Você está bem. Deus é a segurança que você busca, e ele está ao seu lado. Por isso, você pode descansar em seu amor.

À medida que nos deleitamos e vivemos a verdade da Palavra de Deus, ela realmente se torna um salva-vidas para nossa alma, uma realidade explicada no salmo de hoje. Se a lei não fosse o deleite do salmista, ele teria morrido em sua aflição. Portanto, ele se comprometeu a nunca esquecer os preceitos de Deus: "Se tua lei não fosse meu prazer, eu teria morrido em meu sofrimento. Jamais me esquecerei de tuas ordens, pois é por meio delas que me dás vida" (Sl 119.92-93). Esse é o caminho para não nos afogarmos na insegurança. Que Deus, por meio de sua Palavra, ajude você a recuperar o fôlego e a permanecer firme em Jesus Cristo, a Palavra encarnada.

Um lembrete importante

TEMA 24: A Palavra de Deus

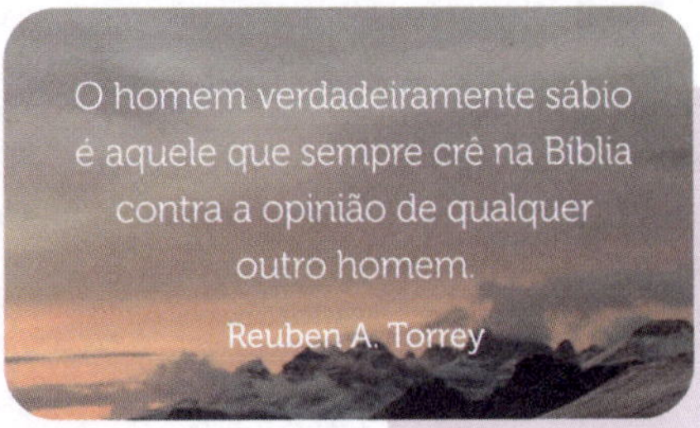

Por fim, meus irmãos, alegrem-se no Senhor. Nunca me canso de dizer-lhes estas coisas, e o faço para protegê-los.

Filipenses 3.1

16 JUN

LEIA

Filipenses 3.1-11

ORAÇÃO

Senhor Deus, obrigado porque teu Santo Espírito me traz à mente as verdades da tua Palavra. Ajuda-me a sempre lembrar de teu amor por mim e a transmitir esse amor aos outros. Em nome de Jesus. Amém.

Quando pastores e líderes servem por muito tempo na mesma igreja, é comum perceberem, mais cedo ou mais tarde, que estão repetindo as coisas. "Como você já me ouviu dizer antes..." acaba se tornando um refrão comum depois de alguns anos interagindo com as mesmas pessoas, no mesmo contexto e com muita frequência. Essa é a sensação que temos ao ler o capítulo 3 da carta aos Filipenses.

Paulo parece repetir àquela igreja algumas instruções importantes. É como se ele estivesse dizendo: "Sei que já mencionei isso anteriormente, mas vale repetir: permaneçam fiéis a Deus! Cuidado com aqueles que diminuem a graça levando vocês a pensar que contribuímos para a nossa salvação de alguma forma!". Paulo desejava alertar os filipenses (e também os gálatas e os coríntios) acerca dos falsos mestres que pregavam a favor da Lei como uma forma de ter certeza da salvação. E tudo bem, pois se um assunto é importante, os lembretes são sempre bem-vindos. Especialmente quando se trata de aspectos centrais da Palavra de Deus.

Ainda hoje, assim como no primeiro século, algumas pessoas não conseguem aceitar a salvação como uma dádiva; acreditam que devem fazer algo para ajudar Deus a completar o processo. Ser salvo pela graça nos transforma em pessoas que agem diferente; passamos a ser mais humildes e mais misericordiosos com os outros, entre outras coisas. Por isso, Paulo percebeu a importância de relembrar os irmãos dessa verdade. E nós também precisamos de lembretes constantes disso, já que tantas vezes esquecemos do quanto somos amados por Deus. De quais verdades você precisa se lembrar hoje? Quais mentiras precisam ser apagadas de sua mente? Volte-se para a Palavra de Deus; as respostas estão lá.

Uma árvore frondosa

TEMA 24: A Palavra de Deus

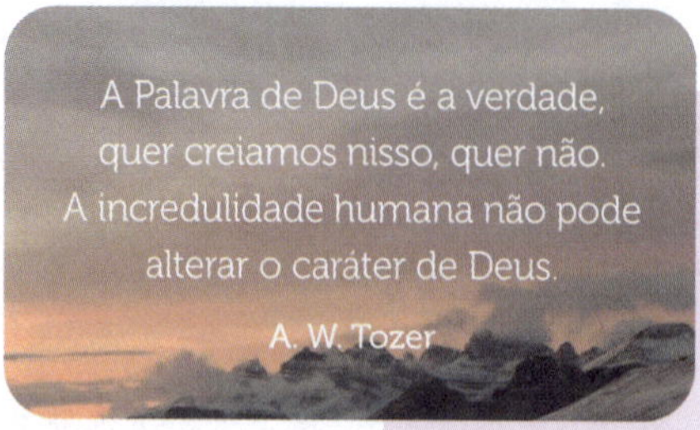

Tem prazer na lei do Senhor e nela medita dia e noite. Ele é como a árvore plantada à margem do rio, que dá seu fruto no tempo certo. Suas folhas nunca murcham, e ele prospera em tudo que faz.

Salmos 1.2-3

17 JUN

LEIA

Salmo 1

ORAÇÃO

Amado Deus, desejo ser plantado à beira de águas correntes. Arranca-me de todo lugar distante de ti, para que, como o salmista, eu possa prosperar em tudo o que faço. Amém.

Uma pessoa que não está desenvolvendo um relacionamento íntimo com Jesus terá muita dificuldade para encontrar satisfação e realização completa neste mundo. Contudo, se nos deliciarmos na lei de Deus e meditarmos nela todo o tempo, seremos como árvores plantadas à margem de um rio e cujos frutos sempre aparecem no tempo certo. Essa é a maneira poética de o salmista dizer que tudo o que fizermos prosperará e será abençoado por Deus.

Frequentemente, porém, nossa vida está enraizada em outros lugares, longe dos riachos da água viva de Deus. Buscamos alegria e realização em prazeres falsos e passageiros, correntes de água incapazes de nos saciar e que, em pouco tempo, deixam em nós um sentimento de vazios e desespero. Enquanto estivermos longe de Jesus, a única fonte de água viva (Jo 4.10), estaremos sedentos e plantados em solo estéril.

Meditar na Palavra de Deus é a chave para encontrar o que nos falta. Mesmo assim, imaginamos que obedecer às instruções do Senhor será algo tedioso e que é impossível pensar em seus mandamentos dia e noite, como parece sugerir o salmista. Você pode até mesmo questionar: "Como alguém pode meditar na Palavra ininterruptamente e ainda assim cumprir todas as outras tarefas?". Parece algo pouco provável de ser feito, não é? Mesmo assim, o Espírito Santo quer encorajá-lo a simplesmente começar do lugar que você está. Se você se sente sozinho, murcho e sedento, hoje pode ser o início do um novo tempo do Senhor para a sua vida. Portanto, aproxime-se de Deus, mergulhe em sua Palavra e dedique-se a ouvir a voz do Espírito Santo.

A obra do Espírito

TEMA 25: O Espírito Santo

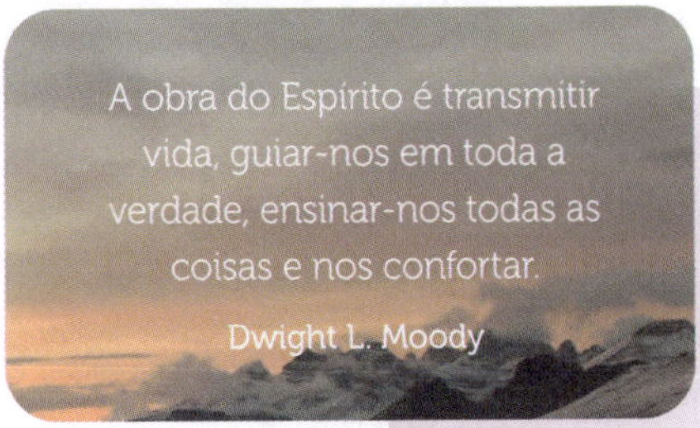

Quando vier o Espírito da verdade, ele os conduzirá a toda a verdade. Não falará por si mesmo, mas lhes dirá o que ouviu e lhes anunciará o que ainda está para acontecer.

João 16.1

Se alguém lhe perguntasse o que o Espírito Santo faz, como você responderia? Alguns cristãos podem não estar cientes de como o Espírito age em suas vidas, mas sua obra não é um mistério. O próprio Jesus nos ensina que o Espírito é o responsável por nos convencer do pecado (Jo 15.8), e esse é o primeiro passo para entendermos nossa necessidade de salvação. E, mesmo depois de sermos salvos, o Espírito continua revelando nossas transgressões, a fim de que possamos confessá-las e ser perdoados.

Além disso, o Espírito nos conduz a toda a verdade (Jo 15.13-14). Ele ensina sobre Jesus Cristo e sua Palavra, e nos ajuda a discernir a diferença entre a verdade e o erro. Por isso, ser cheio do Espírito significa ser conduzido assim como um veleiro é movido pela brisa que enche suas velas. Isso pressupõe entrega total a ele, dando-lhe proeminência sobre nossa vida e nossas decisões.

Embora o Espírito Santo habite em nós e nos sele imediatamente após nossa conversão, sua obra é desenvolvida durante toda nossa vida. Ele é nosso socorro sempre presente e nos transforma constantemente à imagem de Cristo. Além disso, ele produz frutos por meio de nós (Gl 5.22-23), características de nosso caráter e de nossa conduta que jamais poderíamos desenvolver por conta própria. Ao passarmos por dificuldades e conflitos, podemos estar certos de que o Maravilhoso Conselheiro está nos guiando, guardando nosso coração e nos dando a sabedoria que vem do alto. Por isso, "uma vez que vivemos pelo Espírito, sigamos sua direção do em todas as áreas de nossa vida" (Gl 5.25).

LEIA

João 16.5-15

ORAÇÃO

Senhor Jesus, ajuda-me a crescer na fé, a me tornar mais parecido contigo e a refletir tua imagem para todos ao meu redor. Que os frutos do teu Espírito em minha vida deem bom testemunho a teu respeito. Amém.

Duas maneiras de viver

TEMA 25: O Espírito Santo

Aqueles que são dominados pela natureza humana pensam em coisas da natureza humana, mas os que são controlados pelo Espírito pensam em coisas que agradam o Espírito.

Romanos 8.5

LEIA

Romanos 8.1-17

ORAÇÃO

Querido Deus, o diabo tenta conquistar meu coração com prazeres momentâneos e ilusórios. Preciso da força do teu Espírito para resistir a esses ataques e escolher tua vontade. Amém.

Existem apenas duas maneiras de viver: pela carne ou pelo Espírito. Todas as manhãs, assim que você abre os olhos, esses dois estilos de vida passam a competir por sua atenção, lutando por seu coração e batalhando para controlar seus pensamentos. Um tenta puxá-lo para a morte, o outro promete vida e paz. Não parece uma escolha difícil, certo?

A passagem de hoje apresenta dois tipos de pessoas: aquela guiada pelo Espírito e aquela conduzida por sua própria natureza pecaminosa. A decisão de quem desejamos ser é importante, pois acarreta uma série de consequências para nossa vida. A pessoa guiada pela carne está espiritualmente morta, é inimiga de Deus e não se submete à lei, ou seja, é incapaz de agradar ao Criador. Por outro lado, aquele que permite que todo o seu ser seja conduzido pelo Espírito ama e vive os requisitos morais de Deus, tem paz, e vive com retidão.

Nossa natureza caída e pecaminosa não está fora do alcance de Deus, pois, se permitirmos, o Espírito Santo pode transformá-la para a sua glória. Nós, que confessamos Jesus como Senhor e Salvador, recebemos dele o poder para vencer o mundo, a carne e o diabo. Você está lutando contra um pecado recorrente ou contra um ciclo de pensamento do qual deseja se livrar? Convide o Espírito Santo para entrar em sua vida e guiá-la. Ele é a chave para vencermos qualquer tentação e para vivermos uma vida que agrade a Deus.

A obra da Trindade

TEMA 25: O Espírito Santo

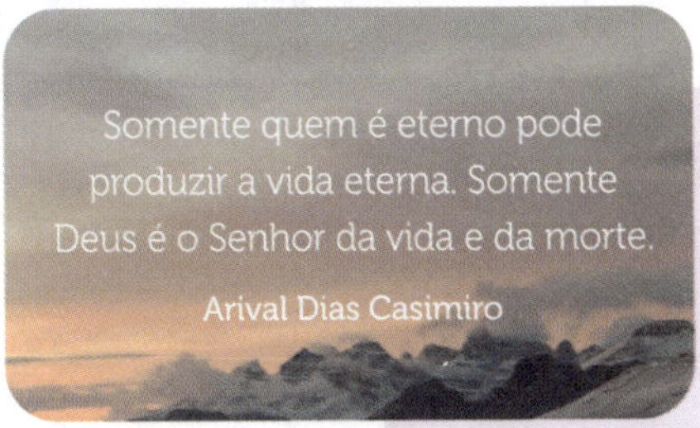

E, se o Espírito daquele que ressuscitou Jesus dentre os mortos habita em vocês, aquele que ressuscitou a Cristo dentre os mortos também dará vida a seus corpos mortais, por meio do seu Espírito, que habita em vocês.

Romanos 8.11

A vida cristã perfeita não é apenas difícil, ela é impossível. O único que a viveu de maneira irrepreensível foi o próprio Jesus Cristo. É por isso que a passagem de hoje aborda o ministério do Espírito Santo em nossa vida, pois essa é a única maneira de vivermos centrados no evangelho. Se isso dependesse exclusivamente de nós e da nossa própria força, nunca conseguiríamos viver de maneira condizente com o evangelho — precisamos de Cristo trabalhando em nós.

Na passagem de hoje, Paulo se refere ao Espírito Santo como "o Espírito de Cristo" (Rm 8.9), pois é por meio dele que temos a plenitude do Filho em nossa vida. Posteriormente, o apóstolo também usa a expressão "o Espírito de Deus" (8.14). Vemos assim a Trindade em ação nos capacitando a fazer "morrer as obras do corpo, porque todos que são guiados pelo Espírito de Deus são filhos de Deus" (8.13-14).

Contudo, o ministério do Espírito é muito mais abrangente. Além de nos permitir viver uma vida piedosa, ele também testemunha uma verdade maravilhosa a nosso respeito: somos filhos de Deus e participamos de uma nova família composta por pessoas que nasceram de novo. Paulo usa a belíssima metáfora da adoção para descrever esse processo: "Pois vocês não receberam um espírito que os torne, de novo, escravos medrosos, mas sim o Espírito de Deus, que os adotou como seus próprios filhos" (8.15). Portanto, podemos nos alegrar e ser encorajados a viver de acordo com essa realidade. O Espírito Santo está contínua e diariamente nos conduzindo à vontade de Deus, ao aperfeiçoamento de nossa santidade e à comunidade de fé, com quem podemos desfrutar comunhão com nossos irmãos.

LEIA

Romanos 8.9-16

ORAÇÃO

Pai, peço que minha obediência a tua Palavra seja renovada. Oro por atitudes que reflitam tua piedade e paciência, por ações que honrem e glorifiquem teu nome. Em nome de Jesus. Amém.

Os últimos dias

Não podemos tolerar que Cristo não seja conhecido por causa de nosso silêncio e que os pecadores não sejam avisados por causa de nossa negligência.

Charles H. Spurgeon

Derramarei meu Espírito sobre todo tipo de pessoa. Seus filhos e suas filhas profetizarão; os velhos terão sonhos, e os jovens terão visões.

Joel 2.28

LEIA

Atos 2

ORAÇÃO

Senhor Deus, desejo receber novos sonhos e novas visões. Quero ter comunhão contigo tanto em teus sofrimentos quanto em tua glória. Ajuda-me a viver de modo que te agrade. Em nome de Jesus. Amém.

No dia de Pentecostes (At 2), depois que os discípulos receberam o Espírito Santo e começaram a falar sobre as maravilhas de Deus em diversos idiomas, Pedro se levantou e declarou a todos que testemunharam aquele evento que aquilo que acabarem de ver e ouvir era o cumprimento de uma profecia de Joel. O dia de Pentecostes marcou o início de uma nova era, a dos últimos dias, na qual Deus derramaria seu Espírito sobre todo o povo.

Antes disso, pelas Escrituras, entendemos que Deus só derramava seu Espírito sobre algumas pessoas, como profetas, sacerdotes e reis, cargos que, entre outras responsabilidades, ouviam o próprio Deus e repassavam sua Palavra ao povo. Contudo, do Pentecostes em diante, a promessa era que Deus derramaria seu poder sobre todos os que cressem. De acordo com Joel, esse derramamento do Espírito Santo seria tão amplo e poderoso que filhos e filhas profetizariam, jovens teriam visões e idosos teriam sonhos vindos de Deus. Na verdade, nos últimos dias, o derramamento do Espírito seria tão onipresente que "todo aquele que invocar o nome do Senhor será salvo" (Jl 2.32).

Hoje, assim como profetizado, o Espírito Santo habita em todos os que creem no nome do Senhor. Ele nos habilita a ter um relacionamento íntimo com o próprio Deus e nos capacita a viver da maneira que Deus requer de nós. Mesmo assim, essa é uma bênção que não restringe a nós, o corpo de Cristo. Precisamos fazer nossas as palavras de Joel e proclamar com ousadia que há salvação disponível a todos os que invocarem o nome de Jesus!

Templo vivo

TEMA 25: O Espírito Santo

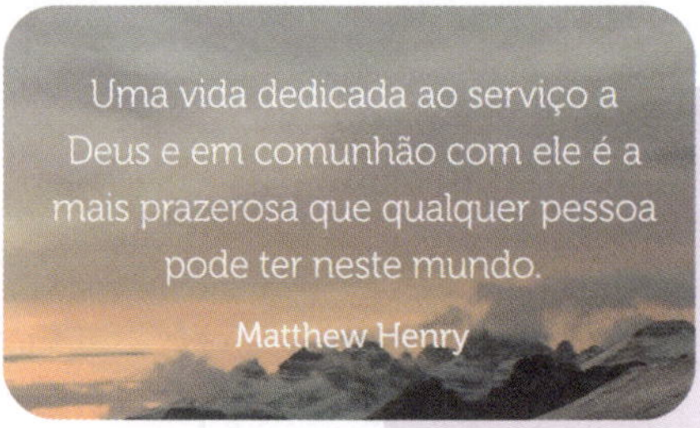

Em ambas as margens do rio crescerão árvores frutíferas de toda espécie. As folhas dessas árvores nunca secarão nem cairão, e sempre haverá frutos em seus ramos. [...] Seus frutos servirão de alimento, e suas folhas, de remédio.

Ezequiel 47.23

De maneira distinta do que aconteceu com seus antecessores, o profeta Ezequiel foi escolhido por Deus para ter visões espirituais; ele também foi chamado para ministrar às pessoas que viviam em meio à ruína e à escravidão na Babilônia. Durante o exílio, os israelitas haviam perdido todas as esperanças; eram como ossos secos, incapazes de se levantar.

Deus sabia que somente uma visão espiritual despertaria seu povo para realidades além do que poderiam imaginar. Foi assim que ele se comunicou com Ezequiel. No texto de hoje, vemos o profeta testemunhando uma imagem muito significativa: um rio fluindo do templo — uma ilustração sobre como ocorreria o processo de restauração. Esse rio simboliza a forma como a vida do próprio Deus começa a fluir, em nós e na igreja, crescendo em profundidade e largura, a fim de que a obra divina seja estendida aos que estão mortos em suas transgressões.

Hoje, ainda precisamos desse rio de vida fluindo pelos novos templos do Novo Testamento, ou seja, fluindo por e a partir de cada cristão. Somente quando essa água da vida fluir da igreja para o mundo, veremos os maravilhosos resultados e os frutos da vida prometida por Deus a Ezequiel. Mas para que esse rio flua cada vez mais, precisamos ser continuamente transformados, cada vez mais semelhante a Jesus — um processo que apenas o Espírito Santo pode operar em nós. Você está decidido a ser transformado à imagem e semelhança de Cristo para que esse rio de vida flua através de você e cure aqueles ao seu redor?

LEIA

Ezequiel 47.1-12

ORAÇÃO

Amado Jesus, não quero que tuas bênçãos, tua paz e tua alegria parem em mim, mas sim que alcancem aqueles ao meu redor. Usa-me para abençoar a vida de outras pessoas. Amém.

Jesus promete o Encorajador

TEMA 25: O Espírito Santo

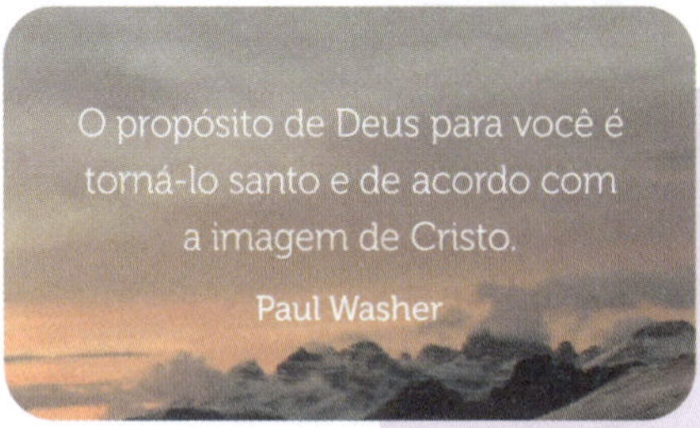

É o Espírito da verdade. O mundo não o pode receber, pois não o vê e não o conhece. Mas vocês o conhecem, pois ele habita com vocês agora e depois estará em vocês.

João 14.17

LEIA

João 14.15-31

ORAÇÃO

Amado Deus, ajuda-me a sempre lembrar que carrego tua paz comigo aonde quer que eu vá. Que, por intermédio da minha vida, mais pessoas venham a conhecer-te. Amém.

Mesmo quando não sentimos sua presença, Deus está sempre conosco. Há momentos em que nos sentimos mais próximos dele, enquanto em outros momentos parecemos estar mais distantes. Mas uma coisa é certa: como cristãos, podemos estar seguros de que ele é nosso companheiro constante, quer estejamos cientes de sua presença ou não.

É impressionante pensar que, poucas horas antes de ser crucificado, Jesus estava preocupado com seus discípulos. Ele estava prestes a passar pela tortura mais horrível já inventada e, mesmo assim, buscou encorajar os Doze ao afirmar que eles não estariam sozinhos após sua morte: "Eu pedirei ao Pai, e ele lhes dará outro Encorajador, que nunca os deixará" (Jo 14.16).

Em seguida, acrescenta que ele mesmo e Deus Pai habitariam naqueles que obedecessem a seus mandamentos. Essa talvez seja uma das verdades mais magníficas e de difícil compreensão do evangelho: o Criador de todas as coisas decide fazer morada em seres humanos pecadores e carentes de perdão.

Assim, com essa verdade ancorada em nossa mente e coração, podemos saber que, não importa o que passemos (ainda que seja a perda de alguém que amamos), não estamos sozinhos. Em Cristo, recebemos paz no meio das tempestades. Devemos sempre nos recordar de sua presença em nós, uma vez que somos suscetíveis a esquecer certas coisas com facilidade. Porém, quanto mais nos lembrarmos de que ele está conosco, melhor poderemos discernir sua obra em nós e através de nossa vida.

Pentecostes

TEMA 25: O Espírito Santo

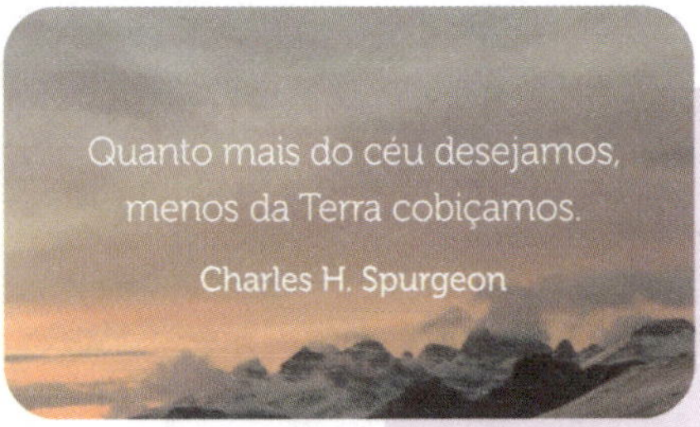

De repente, veio do céu um som como o de um poderoso vendaval e encheu a casa onde estavam sentados.

Atos 2.2

Há alguns anos, um grande navio de carga desviou de sua rota e ficou preso em um recife próximo a San Francisco durante a maré baixa. Nem mesmo doze navios rebocadores conseguiram movê-lo. Por fim, um sábio capitão instruiu os rebocadores a voltarem ao porto, e simplesmente esperou pacientemente pela maré alta. Horas depois, quando o oceano começou a subir, a crescente maré do Pacífico fez o que a tecnologia humana não pudera realizar: ela ergueu o navio e o liberou.

Foi isso o que aconteceu com a igreja primitiva na festa de Pentecostes. Antes de Jesus ascender ao céu, ele instruiu seus discípulos a esperarem em Jerusalém para receber o Espírito Santo. Eles estavam unidos em um só lugar, provavelmente confusos e inseguros, mas aguardando o cumprimento da promessa de Jesus. De repente, a maré de Deus subiu, e o que eles em seus esforços humanos não puderam fazer o Espírito Santo fez, e eles receberam poder e ousadia para testemunhar acerca do Cristo ressurreto.

Sabemos que a festa judaica de Pentecostes era um festival anual, também chamado de "Festa das Colheitas" ou "Dia das Primícias", uma celebração em agradecimento à primeira colheita da temporada. Portanto, naquele "Dia das Primícias" após a morte de Jesus, aqueles que foram inundados com o Espírito Santo foram os primeiros frutos de uma vasta colheita de milhões de almas que creriam no evangelho nos séculos seguintes. O Espírito Santo nem sempre trabalha como achamos que deveria. Às vezes, ele é um vento poderoso, às vezes apenas uma brisa suave, mas o resultado de sua obra será sempre o mesmo: homens e mulheres impelidos a testemunhar acerca do Messias crucificado, e pessoas arrependidas voltando o coração para o Senhor.

LEIA

Atos 2.1-12

ORAÇÃO

Senhor Deus, eu convido o Espírito Santo para vir e encher a vida de alguém que ainda não teve essa experiência contigo. Transforma a vida dessa pessoa com o teu poder. Em nome de Jesus. Amém.

O custo do discipulado

TEMA 26: As ferramentas do discipulado

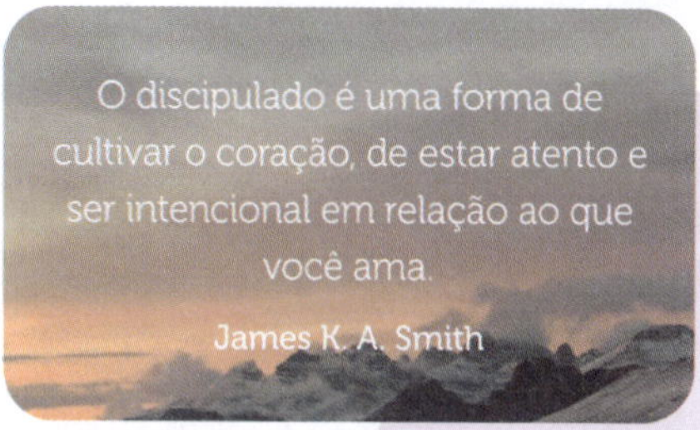

Sim, todas as outras coisas são insignificantes comparadas ao ganho inestimável de conhecer a Cristo Jesus, meu Senhor. Por causa dele, deixei de lado todas as coisas e as considero menos que lixo, a fim de poder ganhar a Cristo.

Filipenses 3.8

LEIA

Filipenses 3.7-14

ORAÇÃO

Senhor, ajuda-me a valorizar o conhecimento acerca de ti acima de todas as coisas. Que meu coração esteja comprometido em viver como um verdadeiro discípulo. Amém.

Ao longo dos próximos dias, vamos explorar o conceito de discipulado e o que significa ser um seguidor de Jesus Cristo. Eugene Peterson, certa vez, descreveu esse processo da seguinte maneira: "O discipulado cristão é a decisão de caminhar, firme e diligentemente, nos caminhos de Jesus, e então descobrir que o caminho integra todos os nossos interesses, paixões e dons, e também nossas necessidades humanas e aspirações eternas. É o estilo de vida para o qual fomos criados".

Portanto, se quisermos viver a vida que Deus de antemão preparou para nós, devemos seguir os ensinamentos de Jesus. Não como se fossem uma lista de regras a qual devemos nos adequar, mas sim como o que verdadeiramente são: uma forma de satisfazer completamente nossos anseios em Deus e de glorificá-lo. Afinal de contas, o Criador, melhor do que ninguém, conhece o propósito de sua criação: fomos feitos para ser discípulos de Jesus.

Entre tantas coisas, ser um discípulo envolve renúncia; é o que Jesus nos ensina ao falar dos custos envolvidos em segui-lo: "ninguém pode se tornar meu discípulo sem abrir mão de tudo que possui" (Lc 14.33). Quão desafiador é isso! O verdadeiro discípulo deve ter o objetivo de se tornar como Cristo em tudo. Ele percebe que o que possui tem pouco valor se comparado à dádiva de desfrutar da comunhão com o Senhor. E se houve alguém que compreendeu perfeitamente isso, foi o apóstolo Paulo. Para ele, apenas uma coisa importava: conhecer a Cristo e desfrutar de seu poder (Fp 3.10).

Coragem

TEMA 26: As ferramentas do discipulado

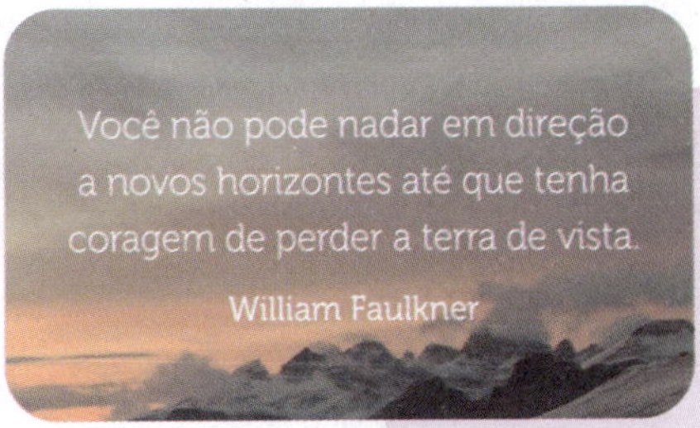

Uma palavra final: Sejam fortes no Senhor e em seu grande poder.

Efésios 6.10

Muitas vezes, a cultura e o mundo em que vivemos podem parecer hostis. Inúmeras vozes falam contra Jesus e contra seus ensinamentos e, cada vez mais, nós, seus seguidores, precisamos de coragem para defender a verdade. Em 1910, Theodore Roosevelt, ex-presidente dos Estados Unidos, disse algo que ainda permanece relevante: "Não é o crítico que conta. O crédito pertence ao homem que está lutando na arena, cujo rosto está manchado pelo pó, pelo suor e pelo sangue; que erra, porque não há esforço sem falhas; mas que realmente se entrega para fazer as obras. Esse é o homem que se permite desgastar por uma causa digna".

Às vezes, precisamos lembrar que, como discípulos de Cristo, devemos ter coragem. E não apenas nós. Grandes personagens das Escrituras também precisaram ser lembrados dessa virtude tão importante para a vida cristã. Josué, o sucessor de Moisés, precisou ser encorajado pelo próprio Deus, pois tinha diante de si desafios que pareciam intransponíveis: não apenas substituir Moisés, mas guiar todo o povo, enfim, à Terra Prometida. Talvez percebendo sinais de medo e desânimo no novo líder do povo, Deus lhe dirige estas palavras: **"Seja somente forte e muito corajoso. Tenha o cuidado de cumprir toda a lei que meu servo Moisés lhe ordenou. Não se desvie dela nem para um lado nem para o outro. Assim você será bem-sucedido em tudo que fizer"** (Js 1.7).

Que hoje você seja cheio da coragem que vem do próprio Deus a fim de segui-lo. Como Roosevelt disse, haverá suor e sangue pelo caminho, mas também a certeza de que Deus está com você aonde quer que você vá, mesmo em um mundo hostil ao evangelho e em meio a tantas vozes que buscam ridicularizar a mensagem da cruz.

LEIA

Efésios 6.10-20

ORAÇÃO

Senhor, enche-me de coragem para enfrentar os desafios deste mundo. Ajuda-me a permanecer firme na fé, sabendo que tu estás comigo em todas as situações. Amém.

Resiliência

TEMA 26: As ferramentas do discipulado

> O sofrimento não é bom em si mesmo. Para o que sofre, o lado positivo de qualquer experiência dolorosa é que ela leva o sofredor a submeter-se à vontade de Deus.
>
> C. S. Lewis

> **De todos os lados somos pressionados por aflições, mas não esmagados. Ficamos perplexos, mas não desesperados.**
>
> **2Coríntios 4.8**

LEIA

2Coríntios 4

ORAÇÃO

Senhor, ajuda-me a desenvolver resiliência em ti. Quando eu cair, que eu me lembre que é teu amor incondicional e tua força que me sustentam. Amém.

Hoje, é comum ouvirmos discursos inspiradores que defendem a ideia de que não importa quantas vezes você caia, o que o define é quantas vezes você está disposto a se levantar e seguir em frente. Isso pode ser resumido em uma palavra: resiliência, a capacidade de continuar mesmo após um retrocesso ou uma dificuldade. Isso não significa que seremos duros, insensíveis e superiores aos demais. Podemos ser resilientes e, ao mesmo tempo, ter o coração gentil e empático. Podemos ser resilientes e, ainda assim, achar as coisas difíceis e dolorosas. Ser resiliente não significa que nunca ficaremos desapontados, mas que podemos confiar que Deus conduz nossa trajetória.

Pesquisas recentes mostram que existem dois fatores-chave que contribuem para que alguém seja resiliente: saber que é amado e aceito incondicionalmente. Assim, percebemos que nossa resiliência não é algo que temos de criar por nós mesmos. Ela vem da certeza de que estamos alicerçados em Deus e em seu amor incondicional e imutável por nós.

Portanto, aqui está algo que pode ajudá-lo na caminhada do discipulado: imagine a si mesmo amarrado ao amor de Deus por uma corda. Não uma corda frouxa ou frágil, mas uma corda forte, grossa e resistente, como aquelas usadas por alpinistas profissionais. Volte a essa imagem sempre que tropeçar ou quando estiver com medo. Nessas situações, imagine-se agarrado a essa corda resistente; do outro lado, Deus está fazendo todo o trabalho, puxando-o para que você volte a ficar em pé.

Identidade

TEMA 26: As ferramentas do discipulado

> Como cristãos, nossa identidade deve ser encontrada na nossa relação com Cristo, não nas experiências subjetivas e, muitas vezes, negativas da vida.
>
> Jerry Bridges

Ele disse: "Minha graça é tudo de que você precisa. Meu poder opera melhor na fraqueza". Portanto, agora fico feliz de me orgulhar de minhas fraquezas, para que o poder de Cristo opere por meu intermédio.

2Coríntios 12.9

Você já ouviu falar da síndrome do impostor? Na verdade, talvez você já a tenha experimentado pessoalmente. Essa síndrome se caracteriza por constantes sentimentos de dúvida sobre si mesmo e sua competência. São pensamentos que surgem como um pequeno parasita que vai crescendo à medida que é alimentado por sua insegurança.

Muitas vezes, a síndrome do impostor parece um conflito entre sua própria percepção e a maneira como os outros o veem. Por exemplo, mesmo quando elogiam seus talentos, você nunca atribui a si mesmo o mérito por seu sucesso. Talvez você não acredite que conquistou algo por meio de sua capacidade, e teme que outros acabem percebendo a mesma coisa e o considerem uma fraude De certa forma, até mesmo o Filho de Deus teve de lidar com isso.

Ao ser tentado no deserto, Jesus foi atacado pelo inimigo bem no âmago de sua identidade. Note que, por várias vezes, Satanás busca semear dúvida sobre a relação de Jesus com o Pai: "Se você é realmente o Filho de Deus...". Ele estava provocando Jesus e o levando a se questionar, tentando fazê-lo se sentir como impostor. E se nem mesmo o Filho de Deus foi poupado dessa artimanha maligna, nós também não seremos. Mas, de forma sábia e maravilhosa, Jesus recusa o convite de se render à síndrome do impostor e, em vez disso, usa a Palavra para afirmar quem ele é e a quem pertence. Assim, Jesus também nos mostrou como lidar com essa síndrome: devemos recorrer àquilo que a Palavra afirma sobre nós e sobre o caráter imutável de Deus — ela é nosso escudo contra os ataques do maligno.

LEIA

Mateus 4.1-11

ORAÇÃO

Senhor, ajuda-me a lembrar que minha identidade está em ti e não em minhas fraquezas. Que tua graça seja suficiente para mim, e que teu poder se aperfeiçoe em minha fraqueza. Amém.

Curiosidade e autoconhecimento

TEMA 26: As ferramentas do discipulado

Examinem a si mesmos. Verifiquem se estão praticando o que afirmam crer. Assim, poderão ser aprovados. Certamente sabem que Jesus Cristo está entre vocês; do contrário, já foram reprovados.

2Coríntios 13.5

LEIA

2Coríntios 13.1-10

ORAÇÃO

Senhor, examina meu coração e meus pensamentos. Ajuda-me a ser curioso sobre minhas emoções e comportamentos, para que eu possa trazer a ti as partes não curadas em mim. Amém.

Provavelmente você já ouviu a velha frase "a curiosidade matou o gato". Ela serve para advertir alguém a não fazer muitas perguntas ou a não ficar muito curioso sobre algo, pois isso pode causar problemas. Contudo, Jesus pede para irmos até ele como uma criança, e se há uma coisa que as crianças têm em comum é a curiosidade. A mente delas flui com diversas perguntas, e elas não se importam com o nível de simplicidade de seus questionamentos: elas simplesmente perguntam.

Os salmos nos mostram que Davi refletia regularmente sobre si próprio. E ele também orava pedindo a Deus que fizesse o mesmo: "Examina-me, ó Deus, e conhece meu coração; prova-me e vê meus pensamentos. Mostra-me se há em mim algo que te ofende e conduze-me pelo caminho eterno" (Sl 139.23-24). Ao fazer isso, Davi mostra que tinha algo que hoje chamamos de "autoconsciência". Mas como a curiosidade e a autoconsciência estão relacionadas? A pastora e psicoterapeuta Jo Hargreaves ajuda a explicar: "É ótimo ficar curioso sobre como estamos nos sentindo e por que nos comportamos de determinada maneira. Assim, podemos nos perguntar por que aquele comentário nos deixou tão zangados, ou por que aquela pessoa desperta o pior em nós. Isso também nos permite entrar em contato com algumas partes não tratadas do nosso coração, a fim de levá-las a Deus em oração".

É por isso que essas duas características são tão importantes na jornada do discipulado. Elas são úteis nos momentos em que precisamos de curiosidade acerca de quem somos e conhecimentos sobre aquilo em nossa vida que necessitamos que Deus santifique e traga completude.

Telescópio espiritual

TEMA 26: As ferramentas do discipulado

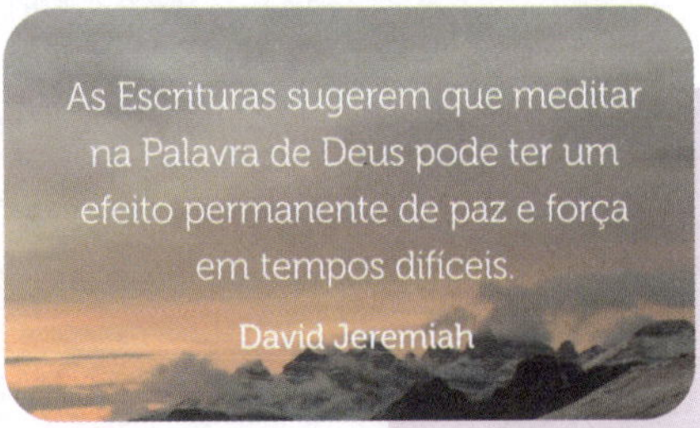

Pensem nas coisas do alto, e não nas coisas da terra.

Colossenses 3.2

Você já teve a oportunidade de olhar para o céu usando um telescópio? É uma experiência e tanto, pois esses aparelhos mudam completamente nossa capacidade de ver as coisas. O telescópio é usado para formar imagens ampliadas de objetos distantes e, por isso, é a ferramenta mais importante na astronomia. O telescópio mais famoso é o Hubble, responsável por 25% de todas as imagens espaciais hoje. Ele auxilia pesquisadores e também nos ajuda a ter uma perspectiva melhor daquilo que não podemos ver.

Por incrível que pareça, o Hubble também nos ensina um princípio espiritual importante: às vezes, precisamos de ajuda para obter uma perspectiva melhor e maior, para poder ver as coisas com clareza em nossa vida. É o que Isaías nos convida a fazer: "Olhem para os céus; quem criou as estrelas? Ele as faz sair como um exército, uma após a outra, e chama cada uma pelo nome. Por causa de seu grande poder e sua força incomparável, nenhuma delas ousa se ausentar" (Is 40.26). A autorreflexão é algo maravilhoso, mas deve sempre ser acompanhada pela reflexão acerca da grandeza do Senhor. Precisamos tanto de um microscópio quanto de um telescópio.

Não somos formados para olhar apenas para dentro, mas há em nós o desejo da contemplação. Como seguidores de Cristo, precisamos tirar os olhos de nós mesmos e fixá-los em Deus. Dessa forma, estaremos sempre conscientes de que nossa esperança não se baseia em nós, mas sim em alguém maior, muito maior do que nós mesmos. Há uma história eterna e cósmica acontecendo e, de uma maneira totalmente graciosa, somos convidados a fazer parte dela. Que possamos nos maravilhar com essa verdade.

LEIA

Colossenses 3.1-4

ORAÇÃO

Senhor, ajuda-me a levantar meus olhos e a focar as coisas do alto. Que minha visão seja ampliada para ver a grandiosidade do teu plano e a majestade da tua criação. Amém.

JULHO

Lectio divina

TEMA 26: As ferramentas do discipulado

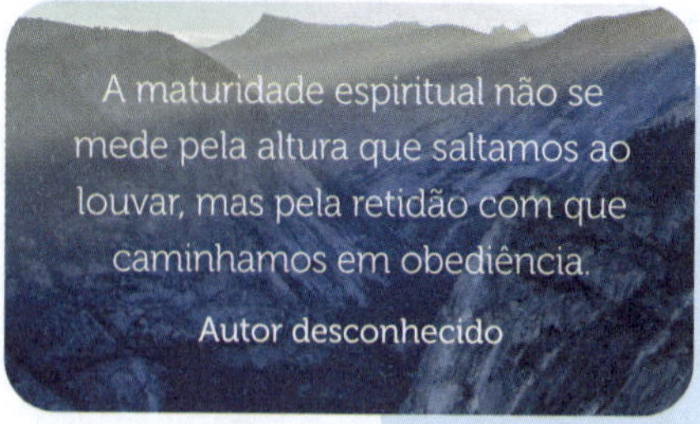

Tua palavra é lâmpada para meus pés e luz para meu caminho.

Salmos 119.105

LEIA

Salmos 119.105-112

ORAÇÃO

Senhor, obrigado pela luz da tua Palavra que guia meus passos. Ajuda-me a negar a mim mesmo, tomar minha cruz diariamente e seguir-te com fidelidade. Amém.

A lectio divina, ou leitura divina, é uma disciplina espiritual que consiste em quatro etapas de estudo bíblico: leitura, meditação, oração e contemplação. Para colocá-la em prática, faça a leitura das seguintes palavras do Senhor Jesus, mas antes prepare seu coração para ser desafiado por estas poderosas afirmações: "Se alguém quer ser meu seguidor, negue a si mesmo, tome diariamente sua cruz e siga-me. Se tentar se apegar à sua vida, a perderá. Mas, se abrir mão de sua vida por minha causa, a salvará. Que vantagem há em ganhar o mundo inteiro, mas perder ou destruir a própria vida?" (Lc 9.23-25).

Na primeira leitura, abra-se à presença de Deus e ouça a passagem em espírito de oração; permita que seu coração se conecte com as Escrituras. Agora faça uma pausa por alguns segundos. Na segunda leitura, peça que o Espírito Santo destaque uma palavra, um conceito ou uma frase particular que se aplica à sua situação hoje. Você notará que a Palavra viva e ativa de Deus chamará sua atenção para algo. Vejamos novamente a passagem. Já está se sentindo desafiado? Na terceira leitura, ainda em oração, escute o convite do Pai e responda com seu coração. O que Deus está convidando você a fazer ou ser?

Por fim, leia a passagem uma última vez e, após isso, reserve um momento para respirar e descansar no amor que Deus tem por você. Respire, e ao fazê-lo, agradeça a ele por sua Palavra. Ao longo do dia, tente memorizar o trecho que mais o impactou. Essa é uma prática que você pode adotar com qualquer porção da Escritura, e isso será muito útil ao longo de sua jornada como discípulo.

O Deus presente em nossas cicatrizes

TEMA 27: Enfrentando o medo

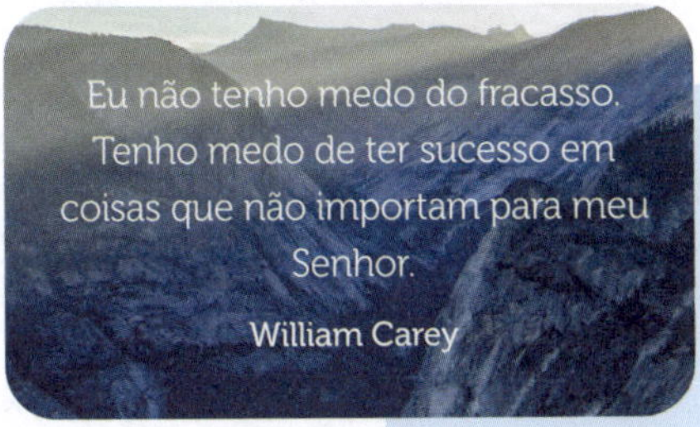

Por isso aceito com prazer fraquezas e insultos, privações, perseguições e aflições que sofro por Cristo. Pois, quando sou fraco, então é que sou forte.

2Coríntios 12.10

A Bíblia não suaviza o custo de seguir a Jesus, nem ignora o fato de que os cristãos podem enfrentar perseguição. Quando lemos as cartas de Paulo, vemos como ele sofreu. Ele foi espancado, apedrejado e preso inúmeras vezes. Apesar de tudo, o apóstolo andou com Jesus e confiou no Senhor, sabendo que as provações revelavam a força de Deus em sua vida. Foi o poder de Jesus que lhe deu forças para prosseguir, como ele mesmo afirma: "Portanto, agora fico feliz de me orgulhar de minhas fraquezas, para que o poder de Deus opere por meu intermédio" (2Co 12.9).

A Palavra de Deus nos prepara para enfrentar as provações que surgirão ao longo do caminho. Por isso, é surpreendente ver que alguns cristãos se desesperam em meio às dificuldades: "Por que isso está acontecendo comigo?". Já outros pensam que estão sendo espirituais quando sofrem em silêncio e dizem coisas como: "Deus sabe o que está fazendo".

É verdade que nosso Pai celestial não nos deve explicações, mas ainda assim ele pode realizar coisas maravilhosas em nossa vida através das dificuldades. Como Paulo, podemos entender que nossas provações podem revelar a força de Jesus se permanecermos com ele e caminharmos ao seu lado. Às vezes nos sentimos muito fracos e cansados, e isso é uma excelente notícia! Situações assim são um solo fértil para que Deus demonstre sua graça e misericórdia.

LEIA

2Coríntios 12.1-10

ORAÇÃO

Senhor Jesus, escolho andar por fé e não por vista. Escolho abraçar minhas fraquezas, sabendo que isso atrai tua presença para minha situação. Amém.

O futuro aos olhos de Deus

TEMA 27: Enfrentando o medo

Pois estou prestes a realizar algo novo. Vejam, já comecei! Não percebem? Abrirei um caminho no meio do deserto, farei rios na terra seca.

Isaías 43.19

LEIA

Isaías 43.14-28

ORAÇÃO

Deus capaz e criativo, obrigado por abrires caminho para mim através de todas as incertezas. Ajuda-me a olhar para o futuro à luz da tua verdade. Amém.

Séculos atrás, o povo de Judá enfrentou uma grande turbulência. Deus os havia separado como sua nação escolhida, resgatou-os da escravidão e lhes deu uma espaçosa terra. No entanto, tragicamente, geração após geração pecou e rejeitou a Deus. Assim, foram escravizados novamente, dessa vez como exilados na Babilônia. Ao olhar para o futuro, o povo de Deus viu escuridão em vez de esperança. Como Deus poderia redimi-los e resgatá-los de seu cativeiro?

Foi para esse lugar sombrio e árido que Deus enviou o profeta Isaías a fim de proclamar esperança. A pregação do profeta deu a coragem de que os exilados precisavam, uma vez que foram lembrados de verdades essenciais, como o fato de que Deus é capaz. Isaías lembrou ao povo sobre a incrível libertação que o Senhor já havia feito no passado (Is 43.16-17). Deus abriu um caminho quando não havia caminho — ele literalmente abriu o mar. Nós também, se olharmos em retrospecto, perceberemos como Deus foi fiel conosco em vários momentos de aflição.

Deus também é criativo. Depois de relembrar o passado, Isaías diz ao povo que esqueça o que ficou para trás: Deus faria algo novo (43.18-19)! Isso nos lembra que nada pode limitar o poder de Deus. Servimos a um Deus criativo que nos ama e adora nos surpreender. Por fim, Isaías diz que Deus está abrindo um novo caminho para nós (43.19). Onde vemos apenas tristeza, confusão e medo, Deus enxerga um potencial infinito de redenção. Ele trabalha incansavelmente em nosso favor, secando mares e transformando desertos em jardins. Não precisamos temer o futuro, pois onde não vemos caminhos a trilhar, Deus desbrava uma trilha em meio à incerteza e ao desconhecido.

Agindo apesar do medo

TEMA 27: Enfrentando o medo

Ele nos resgatou do poder das trevas e nos trouxe para o reino de seu Filho amado, que comprou nossa liberdade e perdoou nossos pecados.

Colossenses 1.13-14

Todos os dias somos convidados por Deus a suportar pacientemente uma tribulação ou a realizar coisas difíceis que ele nos chama a fazer. Mesmo assim, esse convite não significa que não sentiremos medo ou incerteza. Em tais situações, podemos clamar pelo socorro do nosso Pai; ele nunca deixa de nos ouvir e nos dar o conforto de sua presença. E com sua presença vêm também a confiança e a alegria. Como o apóstolo Paulo escreve na passagem de hoje, somos fortalecidos pelo poder glorioso de Deus a fim de obtermos a perseverança e a paciência de que tanto precisamos.

A oração de Paulo em favor da igreja de Colossos é um exemplo do que Deus deseja fazer na vida de cada cristão; e de certa forma é um padrão também a ser seguido. Primeiro, Paulo ora por uma caminhada digna com o Senhor (Cl 1.10). Isso inclui o desejo de agradar a Deus em todas as áreas da vida, produzir frutos espirituais duradouros em tudo o que fazemos e crescer em nosso conhecimento dele por meio de sua Palavra. O apóstolo também pede por firmeza e paciência (1.11). A vida cristã é uma maratona, não uma corrida de tiro curto. Precisamos do grande poder de Deus para perseverar até o fim.

Por fim, o apóstolo expressa gratidão. Nunca devemos esquecer que fomos resgatados do pecado e das trevas e transferidos para o reino de Cristo (1.12-14). Em meio ao medo, não há nada mais eficaz do que orar a Palavra de Deus e buscar o seu auxílio — nosso Pai promete ouvir e responder aos pedidos feitos de acordo com a sua vontade.

LEIA

Colossenses 1.3-14

ORAÇÃO

Senhor Jesus, assim como Paulo, oro para que eu confie plenamente em ti independentemente de qualquer situação que me chamares a viver. Permita-me a crescer à tua imagem a cada dia. Amém.

Entregando nossas preocupações

TEMA 27: Enfrentando o medo

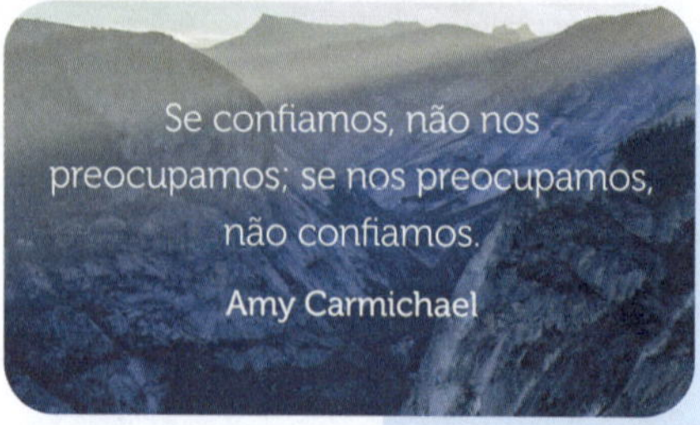

Portanto, humilhem-se sob o grande poder de Deus e, no tempo certo, ele os exaltará. Entreguem-lhe todas as suas ansiedades, pois ele cuida de vocês.

1Pedro 5.6-7

LEIA

1Pedro 5.6-11

ORAÇÃO

Amado Senhor, tu prometes que teu jugo é suave e que teu fardo é leve. Que eu experimente essa leveza do Espírito Santo em minha vida. Em nome de Jesus. Amém.

Sobrecarregados, esmagados pelas circunstâncias além de nosso controle e ansiosos por perguntas para as quais não temos respostas. É assim que muitas vezes nos sentimos. Todos nós passamos por isso, e muitas vezes, para nosso próprio prejuízo, perdemos até o sono. Perdemos também o foco e, por fim, a paz. Jesus nunca pretendeu que as preocupações dominassem nosso pensamento, pois ele entendia o impacto negativo que elas poderiam causar em nosso bem-estar.

É por isso que ele diz, através de uma carta escrita pelo apóstolo Pedro, que entreguemos a ele todas as nossas ansiedades. Nessa passagem, "entregar" significa arremessar ou levantar com força. Pedro não sugere que coloquemos cautelosamente um problema após o outro nos ombros de Jesus; pelo contrário, os ombros de Jesus são maiores que os nossos, e sua força, infinitamente superior à nossa. Ele é capaz de lidar com situações complexas demais para nós e de carregar cada um dos fardos que insistem em nos esmagar.

Ao ler essa passagem, muitas vezes passamos batidos pela palavrinha "todas" no versículo 7. Por isso, entregamos apenas algumas preocupações a Jesus, mas hesitamos em lançar sobre ele todas as nossas necessidades. Mas aqui está a chave: nossas preocupações não podem exercer controle sobre nós quando cedemos o controle a Jesus. Quais preocupações estão pesando sobre você hoje? Entregue-as a Cristo; ele se importa com você e é o único capaz de aliviar o peso de seus ombros

Vida após a perda

TEMA 27: Enfrentando o medo

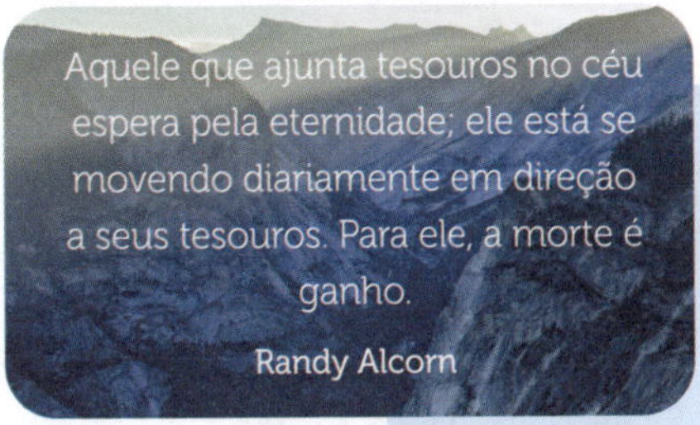

Quando Jó orou por seus amigos, o SENHOR o tornou próspero de novo. Na verdade, o SENHOR lhe deu o dobro do que tinha antes.

Jó 42.10

Você anda com medo, ansioso ou preocupado com a vida? Está enfrentando uma doença física ou psicológica? Jó sofreu mais do que qualquer um de nós gostaria de imaginar. Mesmo assim, "o SENHOR abençoou Jó na segunda parte de sua vida ainda mais que na primeira" (Jó 42.12).

Frequentemente, Jó é lembrado pelas tragédias que sofreu, como a perda de seus filhos, de sua riqueza e até mesmo de sua saúde. Não à toa, grande parte do livro que conta sua história navega em meio à perda, à decepção e ao desespero. Mas, no capítulo final, lemos sobre sua restauração. Muitas vezes, interpretamos a conclusão da história de Jó como um final repentino de conto de fadas. Contudo, ao refletirmos sobre sua história, percebemos que Deus não trouxe de volta o que Jó perdera, mas abençoou a vida que Jó havia mantido — isso não aconteceu da noite para o dia; foi um processo e exigiu o envolvimento e a fé de Jó.

A vida de Jó nos ensina que os desafios que enfrentamos não são o fim de nossa história. Não podemos escolher as tempestades que nos derrubam, mas podemos escolher como vamos reagir a elas. Talvez você esteja passando pela tormenta da perda de um ente querido, ou de um relacionamento desfeito, mas depois de qualquer tempestade há um tempo gasto para avaliar o que foi perdido e o que restou. Jó nos ensina que há vida do outro lado da perda, e que Deus é poderoso para abençoar a sequência de nossa caminhada.

LEIA

Jó 42.7-17

ORAÇÃO

Jesus, tu nos encorajas a chorar com os que choram e a nos alegrar com os que se alegram. Permite-me experimentar as bênçãos de ser teu discípulo. Amém.

A obra de Deus em nós

TEMA 27: Enfrentando o medo

> Somos uma obra de arte divina, algo que Deus está fazendo e, portanto, algo com o qual ele não ficará satisfeito até que tenha determinado aspecto.
>
> C. S. Lewis

> **Vejam como é grande o amor do Pai por nós, pois ele nos chama de filhos, o que de fato somos! Mas quem pertence a este mundo não reconhece que somos filhos de Deus, porque não o conhece.**
>
> **1João 3.1**

LEIA

1João 3.1-3

ORAÇÃO

Senhor Jesus, tu ordenas que eu seja santo como tu és. Não posso fazer isso sozinho, mas sei que posso contar com a ajuda do Espírito diariamente. Amém.

Quando vemos um canteiro de obras repleto de cones, placas de advertência e homens com capacetes laranja circulando, entendemos que melhorias estão sendo realizadas naquela via. Mesmo assim, ficamos incomodados quando deparamos com essa situação — especialmente se estamos atrasados para um compromisso importante.

À medida que caminhamos com Cristo, percebemos que a bagunça na estrada não é tão diferente do caos que o pecado causa em nosso coração. A Palavra de Deus age como um cone que nos desvia das tentações nocivas que nos seduzem e tentam distrair nossa caminhada com Deus.

Na passagem de hoje, João escreve a cristãos que estavam enfrentando muitas dificuldades. Eles precisavam de encorajamento espiritual, pois tinham de lidar com uma série de problemas: o declínio de seu compromisso com o evangelho, a conformidade com os padrões do mundo e as mentiras de falsos mestres. Por isso, a intenção do apóstolo era redirecionar seus leitores ao caminho certo. De forma amorosa, João lembra aqueles cristãos de que a transformação é um processo: "Amados, já somos filhos de Deus, mas ele ainda não nos mostrou o que seremos quando Cristo vier" (1Jo 3.2).

Nosso coração está em obras, e essa área de construção está localizada bem no meio deste mundo pecaminoso. Felizmente, não estamos sozinhos. O Senhor nos deu seu Espírito Santo como um grande "mestre de obras" que está constantemente trabalhando e supervisionando nosso coração e pensamentos. Portanto, lembre-se de que, apesar de uma reforma parecer caótica, o resultado final é sempre melhor do que havia no começo: "Sabemos, porém, que seremos semelhantes a ele, pois o veremos como ele realmente é" (1Jo 3.2).

Quando a oração não parece o suficiente

TEMA 27: Enfrentando o medo

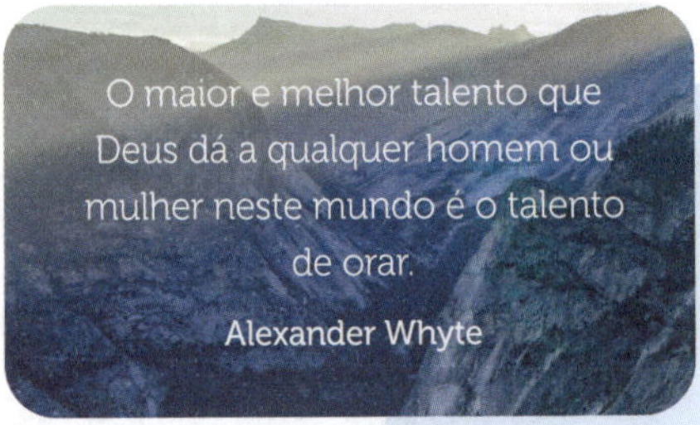

Continuarei a me alegrar, pois sei que, com suas orações e o auxílio do Espírito de Jesus Cristo, isso resultará em minha libertação.

Filipenses 1.18-19

"Senhor, o que devo fazer?" Essa é a pergunta que sai de nossos lábios quando sentimos que estamos presos em uma batalha perdida, sem saber a quem recorrer ou onde encontrar conforto. Quando nos sentimos assim, Paulo nos instrui a orar. Uma solução simples, mas nem sempre fácil. Queremos um plano de ação, um livro para ler, dez passos para recuperar meu casamento... A oração parece uma solução básica demais diante de circunstâncias tão complexas.

O apóstolo Paulo não pensava assim. Ele suportou espancamentos e prisões por pregar o evangelho, circunstâncias aparentemente vergonhosas. Mesmo assim, Paulo se alegrou em viver essas situações, pois confiava que o Senhor estava no controle e que havia muitos irmãos intercedendo por ele. Ele sabia que a libertação estava ligada a essas orações: "pois sei que, com suas orações e o auxílio do Espírito de Jesus Cristo, isso resultará em minha libertação" (Fp 1.19). Não, a oração dos filipenses não tinha nenhum poder intrínseco, mas por meio dela o Espírito confortou Paulo em suas necessidades.

Quando estamos passando por dificuldades ou vemos alguém que amamos sofrendo, é natural querer fazer algo; talvez foi assim que a igreja de Filipos tenha se sentido quando soube da prisão de Paulo. Mas a verdade é que somos impotentes para libertar outros de suas lutas. Por isso, em vez de buscar novas soluções humanas, podemos interceder por essas pessoas junto ao Espírito e compartilhar com ele nosso medo e desamparo e pedir sua proteção. "Senhor, o que devo fazer?" Ore e contemple o Pai agindo em seu favor.

LEIA

Filipenses 1.12-20

ORAÇÃO

Jesus amado, obrigado por me aceitares e continuamente intercederes por mim junto ao Pai. Renova-me com teu amor. Amém.

Jesus é tentado no deserto

TEMA 28: O reino de Deus no Evangelho de Lucas

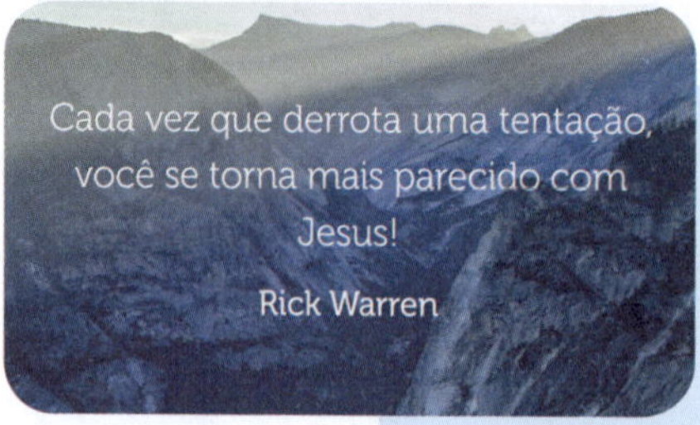

Jesus, cheio do Espírito Santo, voltou do rio Jordão e foi conduzido pelo Espírito no deserto, onde foi tentado pelo diabo durante quarenta dias. Não comeu nada durante todo esse tempo, e teve fome.

Lucas 4.1-2

LEIA

Lucas 4.1-13

ORAÇÃO

Amado Deus, não sou digno de fazer parte do teu reino, mas por teu sacrifício por mim sou justificado. Obrigado por me concederes o dom da justiça. Amém.

Como homem, Jesus experimentou todas as tentações pelas quais podemos passar, porém nunca pecou. Quando Satanás o tentou no deserto, o Senhor demonstrou capacidade de resistir e declarou sua fidelidade a Deus. E quando Satanás desafiou sua identidade e autoridade, Jesus recorreu às Escrituras, uma forma sábia e sutil de demonstrar que recusava viver separadamente de seu Pai.

Mas Satanás não parou por aí. Ele também propôs a Jesus um atalho que desviava da cruz em direção ao poder, e até mesmo sugeriu que Jesus pulasse do ponto mais alto do templo — afinal, Deus enviaria anjos para o proteger, não é? Enquanto o diabo diversificava sua estratégia, Jesus permanecia impassível: "As Escrituras dizem: 'Não ponha à prova o Senhor, seu Deus'" (Lc 4.12). Essa citação de Deuteronômio serviu como golpe final, e Satanás recuou, derrotado. Ao lutar — e derrotar — o diabo, Jesus demonstrou como devemos enfrentar as artimanhas do inimigo.

A tentação nos incita a transgredir os mandamentos do Senhor, ou a ceder a um desejo instantâneo. Quando somos tentados, nosso instinto é querer tomar o controle das coisas e deixar de confiar em Deus. Dito de outro modo, ao nos tentar o diabo deseja nos separar de Deus tanto quanto possível. Caso você esteja em meio a uma batalha espiritual, saiba que seu Salvador está ciente de suas necessidades e está ao seu lado na trincheira. Jesus entende o que significa ser tentado, e promete nos dar toda provisão espiritual de que precisamos para permanecermos fiéis a Deus. Seu reino já foi inaugurado e está aqui, à nossa disposição, assim como o poder e autoridade para vencermos todo o mal.

Um centurião demonstra fé

TEMA 28: O reino de Deus no Evangelho de Lucas

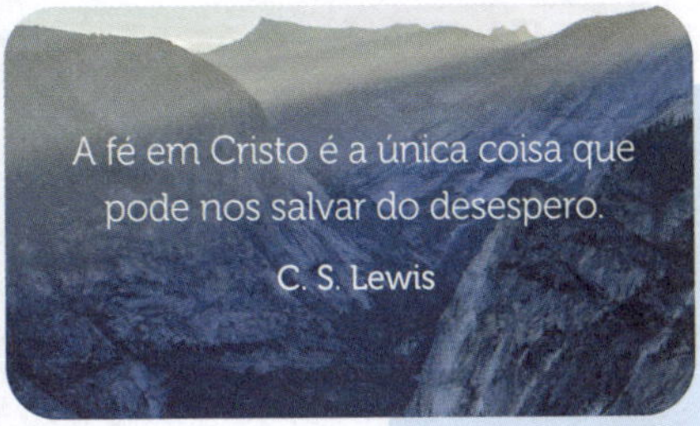

Quando Jesus ouviu isso, ficou admirado. Voltou-se para a multidão que o seguia e disse: "Eu lhes digo a verdade: jamais vi fé como esta em Israel!".

Lucas 7.9

Um oficial romano pediu a Jesus que curasse seu servo, mas também fez outra solicitação ao Mestre: "Senhor, não se incomode em vir à minha casa, pois não sou digno de tamanha honra" (Lc 7.6). Esse soldado entendeu o tamanho da autoridade daquele com quem estava lidando, ou seja, estava certo de uma coisa: bastava uma palavra de Jesus e seu pedido seria atendido. E de autoridade ele entendia, pois, como centurião, possuía cem militares às suas ordens.

Um oficial romano — um gentio responsável por exercer o domínio de Roma sobre os judeus — foi capaz de discernir o que os líderes religiosos não puderam: Jesus era o Filho de Deus. O que fazemos em resposta à revelação da autoridade de Cristo? Esse líder militar simplesmente se rendeu à grandeza de Jesus: "Não sou digno sequer de ir ao seu encontro" (Lc 7.7). Com essas palavras, esse soldado também nos ensina que a força e o poder da vida cristã provêm da rendição. Ou seja, nossa força espiritual é consequência do quanto nos entregamos a Jesus; só assim poderemos exercer sua autoridade neste mundo.

Mas note: autoridade é diferente de poder. Autoridade decorre da posição que alguém ocupa, enquanto o poder reside na essência da pessoa. Por exemplo, atletas profissionais têm poder, capacidade para fazer algo. No entanto, o único homem em campo com autoridade absoluta é o árbitro. Ele pode interromper uma jogada, encerrar o jogo ou até mesmo expulsar jogadores e treinadores. Espiritualmente, somos semelhantes ao árbitro, pois, por meio de nossa posição como filhos adotivos, Deus nos dá o poder de seu reino: "Eu lhes dei autoridade para pisarem sobre cobras e escorpiões, e sobre todo o poder do inimigo. Nada lhes causará dano" (Lc 10.19).

LEIA

Lucas 7.1-10

ORAÇÃO

Senhor Jesus, obrigado pois tu és um rei que me chamas de amigo. Alegro-me por saber que sou chamado para realizar tua vontade e ser parte de tua família. Amém.

Uma definição do reino

TEMA 28: O reino de Deus no Evangelho de Lucas

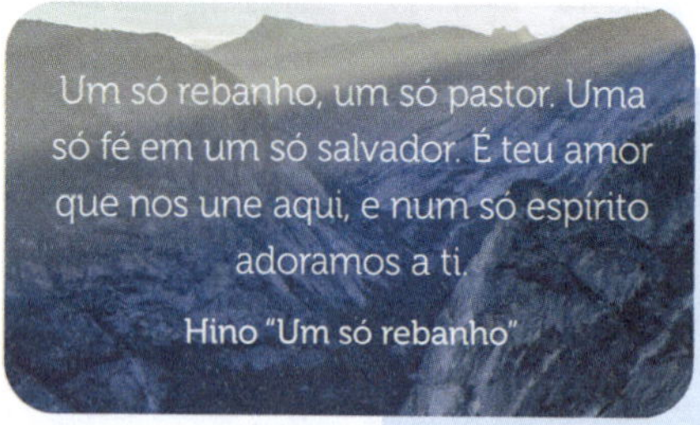

Jesus, conhecendo seus pensamentos, disse: "Todo reino dividido internamente está condenado à ruína".

Lucas 11.17

11 JUL

LEIA

Lucas 11.14-28

ORAÇÃO

Pai celestial, reveste-me com tua armadura para que eu aprenda a combater o bom combate da fé. Protege-me e guia-me de acordo com teu bom propósito. Em nome de Jesus. Amém.

Quando Jesus veio à terra, pregou que o reino de Deus havia chegado (Lc 11.20). Com a sua vinda, o governo redentor de Deus passou a libertar homens e mulheres cativos sob o poder e o domínio de Satanás. É por isso que, quando expulsava demônios, Jesus demonstrava a realidade do reino, um reino que inverte todos os valores e prioridades que conhecemos. Sob o domínio de Deus, os pobres são ricos, os que choram são consolados, os mansos herdam a terra e os perseguidos por causa da justiça são abençoados.

O ministério de Jesus e, posteriormente, a descida do Espírito Santo permitem que desfrutemos desse reino hoje mesmo em nosso coração. No entanto, a chegada do reino traz consigo um conflito sem precedentes contra Satanás e seus demônios. Assim que Jesus iniciou seu ministério, ele foi confrontado por Satanás no deserto e pela realidade fraturada pelo pecado e marcada por todo tipo de sofrimento: enfermidades, pessoas possuídas por demônios, fome, opressão política e militar e, claro, a própria morte.

O conflito espiritual, antes oculto no Antigo Testamento, é revelado abertamente logo nas primeiras páginas dos Evangelhos; e é por isso que Jesus concede a seu povo um novo tipo de autoridade para guerrear contra o maligno. Por isso, não se surpreenda nem se assuste quando ocorrerem conflitos ou ataques em sua vida, porque o Senhor lhe concederá a provisão e a instrução necessárias para resistir. Ele o reveste com uma armadura espiritual a fim de que você possa lutar pelo Rei e pela causa de seu reino.

A vinda do reino de Deus

TEMA 28: O reino de Deus no Evangelho de Lucas

O reino de Deus [...] já está entre vocês.

Lucas 17.21

12 JUL

LEIA

Lucas 17.20-37

ORAÇÃO

Senhor Deus, ajuda-me a ser um embaixador fiel do teu reino. Que eu possa compreender tua grandeza e ser usado para a glória do teu nome. Amém.

Jesus falou frequentemente sobre o reino de Deus. Só nos Evangelhos, a palavra "reino" aparece cerca de 120 vezes. Na passagem de hoje, Jesus é abordado por fariseus que lhe perguntam quando o reino de Deus chegaria a nosso mundo. Eles visavam provocar Jesus, tentando induzi-lo a provar que era o Messias por meio de demonstrações visíveis do reino. Contudo, a resposta de Jesus mostra que os fariseus (como sempre) estavam atrasados em sua compreensão: "O reino de Deus não é detectado por sinais visíveis. Não se poderá dizer: 'Está aqui!' ou 'Está ali!', pois o reino de Deus já está entre vocês" (Lc 17.21).

O reino de Deus é mais do que apenas um lugar para morar. O reino significa valores, princípios e justiça sendo exercidos sobre toda a criação. Embora esses fariseus dissessem que desejavam esse reinado, não foram capazes de aceitar o Rei, porque tinham uma ideia preconcebida sobre como esse reinado deveria ser. Para eles, o reino seria como os outros impérios que operavam na terra, marcados por força militar e política. No entanto, Jesus queria mostrar a todos a grandeza e o poder que há no amor, no perdão e na humildade.

A relutância em receber a salvação conforme Deus havia designado impossibilitou que os fariseus reconhecessem Jesus como o Messias tão esperado. É como se Jesus praticamente dissesse: "Estou bem aqui na frente de vocês, mas vocês ainda não conseguem me ver", como forma de enfatizar que o reino de Deus é recebido pela fé. E quanto a nós? Será que estamos percebendo as sutilezas do reino de Deus em nossa vida? Será que nosso coração está aberto para aceitar Jesus como Senhor e Rei?

Jesus e as crianças

TEMA 28: O reino de Deus no Evangelho de Lucas

O evangelho é tão simples que crianças podem entendê-lo, e é tão profundo que os teólogos mais sábios nunca esgotarão suas riquezas.

Charles Hodge

Jesus [...] chamou as crianças para junto de si e disse aos discípulos: "Deixem que as crianças venham a mim. Não as impeçam, pois o reino de Deus pertence aos que são como elas".

Lucas 18.16

LEIA

Lucas 18.15-17

ORAÇÃO

Pai, que eu possa sempre ter um coração puro e genuíno, dependente de teu cuidado. Ajuda-me a descansar na tua graça, crendo que tu proverás para minhas necessidades. Amém.

Nos dias de Jesus, receber a bênção de um rabino era algo relevante. De acordo com o costume da época, os rabinos abençoavam as crianças e, às vezes, até mesmo profetizavam sobre o futuro delas. Não é surpreendente, portanto, que quando Jesus começou a curar enfermos, expulsar demônios e ensinar com autoridade, pais corressem até Jesus com seus filhos no colo. Receber sua bênção seria um presente maravilhoso, e Jesus poderia até profetizar quem dentre os pequeninos seria um rabino ou um líder proeminente.

No entanto, os discípulos pensavam de maneira diferente e não gostaram quando viram seu Mestre rodeado por aquelas pessoas. Afinal, "Jesus tinha coisas mais importantes para fazer do que dedicar tempo àqueles pequenos", pensavam. Mas o que é relevante para o Senhor sempre nos surpreende! Enquanto os discípulos tentavam afastar adultos e crianças, Jesus chamou as crianças para si de braços abertos. O Mestre as queria por perto e lhes proferiu uma bênção sem precedentes: "o reino de Deus pertence aos que são como elas" (Lc 18.16).

Mas o que há nas crianças que as tornam dignas (mais até do que os adultos) de serem recebidas no reino de Deus? Talvez seja sua fraqueza e dependência, bem como a fácil capacidade que elas têm de crer e abrir o coração: "quem não receber o reino de Deus como uma criança de modo algum entrará nele" (18.17). Você consegue ouvir a voz de Deus? Talvez precise se humilhar e buscar ter o coração de uma criança para ver a Deus. Talvez seja a hora de ir até Jesus como um pequeno e simplesmente buscar seu colo e consolo.

O preço do discipulado

TEMA 28: O reino de Deus no Evangelho de Lucas

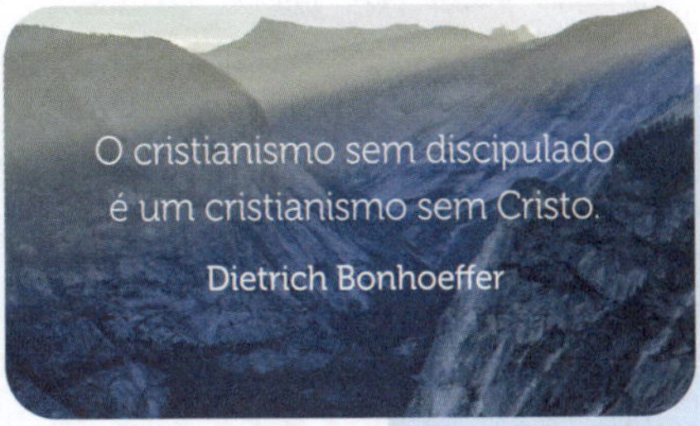

Ninguém pode se tornar meu discípulo sem abrir mão de tudo que possui. O sal é bom para temperar, mas, se perder o sabor, como torná-lo salgado outra vez?

Lucas 14.33-34

"Discípulo." É comum ouvirmos essa palavra na igreja, mas você sabe o que ela significa? Jesus costumava chamar de discípulos as pessoas que o seguiam, e antes de ascender ao Pai ordenou a seus seguidores: "Portanto, vão e façam discípulos de todas as nações [...] Ensinem esses novos discípulos a obedecerem a todas as ordens que eu lhes dei" (Mt 28.19-20). Assim, um discípulo pode ser definido como aquele que segue os ensinamentos de outro. Contudo, a passagem de hoje mostra que existem outros requisitos para o discipulado.

Primeiramente, a lealdade e a devoção a Cristo devem ser superiores ao amor por qualquer outra pessoa ou causa (Lc 14.26). Cristo não está dizendo que não devemos amar nossos familiares e amigos, mas sim que existem níveis diferentes de amor. Para ser discípulo de Cristo, nossa obediência a ele deve ter prioridade sobre tudo e todos. Outro requisito para o discipulado é o autossacrifício: "E, se não tomar sua cruz e me seguir, não pode ser meu discípulo" (Lc 14.27). Às vezes pensamos que a cruz é uma metáfora para uma doença ou outro problema que devemos suportar, mas a cruz era um instrumento de execução. Por isso, todo discípulo deve morrer para si mesmo.

Um verdadeiro discípulo de Cristo caminha pela vida com desapego pelas coisas deste mundo. E as recompensas do discipulado valem cada sacrifício. Sim, o custo pode parecer alto, mas Jesus não nos deixou sozinhos. Ele nos deu o Espírito Santo para nos guiar e capacitar, e prometeu que estará conosco até o fim dos tempos. Lembre-se: o preço maior foi pago pelo próprio Jesus, ao sacrificar-se por nós no Gólgota.

LEIA

Lucas 14.25-34

ORAÇÃO

Senhor Jesus, obrigado porque tu morreste em meu lugar. Ajuda-me a me render diariamente, a carregar minha cruz com alegria e a viver em liberdade, longe do pecado. Amém.

O filho pródigo

TEMA 28: O reino de Deus no Evangelho de Lucas

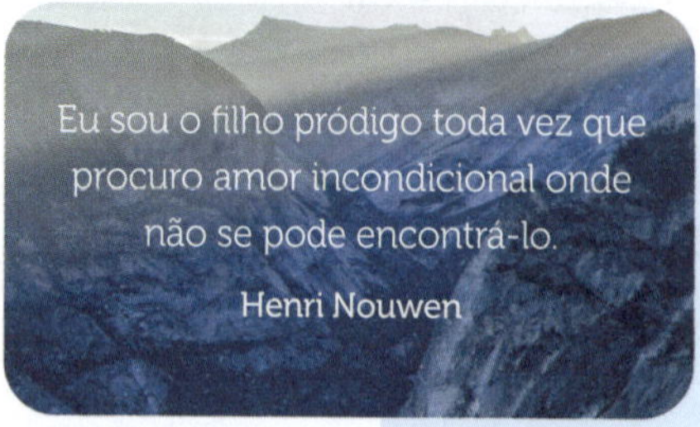

"Pois este meu filho estava morto e voltou à vida. Estava perdido e foi achado!" E começaram a festejar.

Lucas 15.24

LEIA

Lucas 15.11-32

ORAÇÃO

Deus, obrigado por seres um Pai que nos espera sempre de braços abertos quando voltamos para ti e nos abraçares mesmo quando estamos cobertos de lama e de pecado. Amém.

Em Lucas 15 encontramos três parábolas: um homem que perdeu uma de suas cem ovelhas, uma mulher que perdeu uma moeda e um pai que perdeu seu filho mais novo. Todas as histórias terminam em festa, pois tanto a ovelha quanto a moeda e o filho foram encontrados. Mas nem todos compartilhavam dessa alegria.

O irmão mais velho na parábola do filho perdido não estava feliz; ele estava se comportando como os escribas e os fariseus, já que se considerava justo demais para festejar com pecadores. Sua atitude ensina que não devemos ser muito críticos em relação aos pecados dos outros. Mas há outras lições valiosas nessa parábola. Primeiro, podemos estar em uma "terra distante" sem sair do lugar. Uma terra distante é qualquer lugar longe da vontade de Deus. O filho pródigo saiu de casa para ir a um lugar onde pudesse viver sem quaisquer restrições. E embora o irmão mais velho tenha ficado em casa, ele também perambulava por uma terra distante. Um irmão estava se alimentando de comida de porco, o outro tinha o coração cheio de rancor — e os dois estavam errados.

Em segundo lugar, vemos que o caminho para longe dos chiqueiros é pavimentado com a rendição à vontade do Pai. A condição de nosso coração não é revelada pelo comportamento religioso externo, mas por nossa atitude diante das pessoas e de Deus. Os escribas e fariseus se ressentiam de Jesus por ele acolher pecadores, mas esses líderes estavam em pior condição, pois se recusavam a reconhecer que eles mesmos eram pecadores. Portanto, devemos estar dispostos a admitir nosso pecado e ir a Jesus para receber o perdão que ele nos dá gratuitamente. Assim como o pai nessa parábola, Jesus nos receberá com alegria em seus braços.

O poder da amizade cristã

TEMA 29: Tornando-se um bom amigo

Agora vocês são meus amigos, pois eu lhes disse tudo que o Pai me disse.

João 15.15

Logo nos primeiros capítulos de Gênesis há um versículo muito conhecido: "Não é bom que o homem esteja sozinho. Farei alguém que o ajude e o complete" (Gn 2.18). É uma referência à criação da mulher. Salomão também entendia a importância de se ter companhia e aplicou esse princípio à amizade: "É melhor serem dois que um, pois um ajuda o outro a alcançar o sucesso. Se um cair, o outro o ajuda a levantar-se" (Ec 4.9-10). Na Bíblia, há diversos exemplos de amizades sinceras que abençoaram as pessoas envolvidas: Rute e Noemi, Davi e Jônatas, Maria e Isabel. Mas o maior exemplo de amizade registrado é o de Jesus com seus discípulos.

Jesus os amava e, claramente, tinha prazer na companhia deles. Ao mesmo tempo, ele os fazia se sentir cuidados e seguros, pois confiavam no Senhor. Também havia liberdade entre os Doze e seu Mestre, a ponto de fazerem pedidos inusitados (lembra-se do "pequeno" favor que Tiago e João pediram a Jesus em Mc 10.35-45?). Jesus também era um amigo que transformava todas as conversas numa excelente oportunidade de ensinar mais sobre Deus. Estar perto de Jesus era estar perto do Pai, e esse deve ser o principal critério de nossas amizades: precisamos estar com pessoas que nos aproximam do Senhor.

Além disso, os discípulos podiam contar com a empatia de Jesus, pois ele nunca ficava desinteressado ou entediado com os problemas deles. Se Jesus vê a amizade como algo necessário e sadio, não podemos pensar diferente! É por meio dela que criamos laços e vínculos de ajuda mútua com outras pessoas, tanto no sentido espiritual quanto no âmbito social da vida cristã.

LEIA

Provérbios 27

ORAÇÃO

Senhor, obrigado pelo dom da amizade. Ajuda-me a ser um amigo verdadeiro, moldado pelo teu amor e, assim, refletir teu caráter aos meus amigos. Amém.

A começar em mim...

TEMA 29: Tornando-se um bom amigo

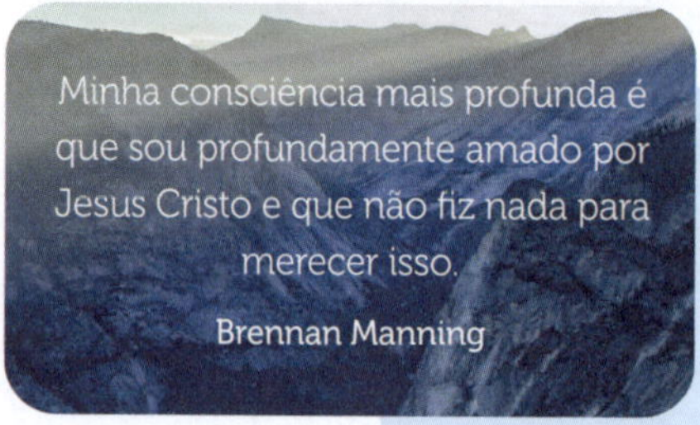

Sejam sempre humildes e amáveis, tolerando pacientemente uns aos outros em amor.

Efésios 4.2

17 JUL

LEIA

Efésios 4

ORAÇÃO

Senhor, capacita-me a ser um suporte para meus amigos e a viver de acordo com a vocação para a qual me chamaste. Em teu nome. Amém.

A carta de Paulo aos Efésios nos ensina algo fundamental sobre a amizade: "Portanto, como prisioneiro no Senhor, suplico-lhes que vivam de modo digno do chamado que receberam. Sejam sempre humildes e amáveis, tolerando pacientemente uns aos outros em amor" (Ef 4.1-2). Paulo afirma que devemos viver de modo digno do nosso chamado, mas a qual chamado ele se refere?

O apóstolo está falando de nossa salvação em Cristo, ou seja, uma vez que fomos salvos devemos viver de acordo com essa redenção. Humildade, amabilidade, paciência e tolerância são algumas das marcas dos que nasceram de novo e, ao usar o verbo "tolerar", Paulo na verdade está se referindo a dar apoio a alguém. A amizade, nesse contexto, age como esse suporte. Quando nos aproximamos do outro e ouvimos suas dores, angústias e necessidades, cumprimos nossa vocação, nosso chamado. Portanto, é essencial cultivarmos vínculos uns com os outros, oferecendo esse apoio tão necessário. Não devemos esperar que os outros tomem a iniciativa; precisamos ser proativos e dar a eles o que gostaríamos de receber.

Pense nas pessoas ao seu redor que estão carentes e precisando de um amigo. Há muitas maneiras de oferecer apoio a elas: convidar para um café, conversar sobre interesses comuns, como filmes ou séries, sugerir um livro. Além disso, compartilhar experiências sobre a vida, como filhos, trabalho e casamento, ajuda a fortalecer os laços. Esses gestos podem ser o início de amizades genuínas, cumprindo assim nosso chamado como servos de Cristo.

O dom da hospitalidade

TEMA 29: Tornando-se um bom amigo

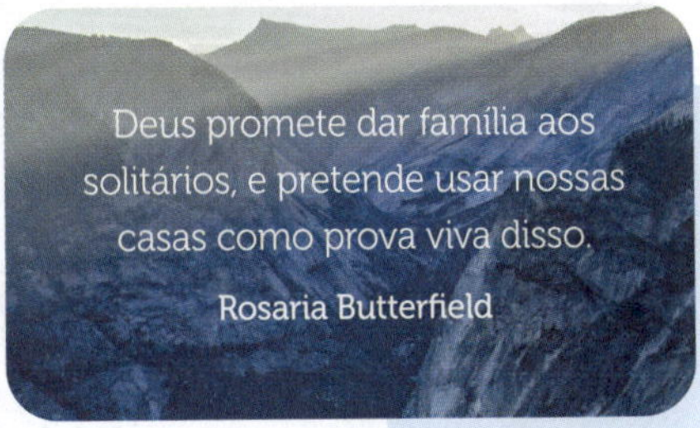

Abram sua casa de bom grado para os que necessitam de um lugar para se hospedar.

1Pedro 4.9

Certo dia, Abraão estava sentado à entrada de sua tenda. Por volta do meio-dia, viu três homens se aproximarem e, então, ofereceu-lhes água, um local de repouso, além de comida para recuperarem as forças e seguirem viagem. Esses homens aceitaram a oferta, e Abraão prontamente correu até a tenda e iniciou os preparativos (Gn 18.1-16). Sua atitude se tornou modelo de hospitalidade entre os israelitas.

Quando falamos de hospitalidade, referimo-nos à prática de receber e cuidar bem das pessoas que nos visitam. Tempos depois, a Lei de Moisés estabeleceu princípios de hospitalidade que deveriam ser seguidos por todo o povo, demonstrando que Deus não somente aprovava, mas também incentivava essa prática, que também é uma boa maneira de cultivar boas amizades. É urgente recuperarmos essa prática em nossos relacionamentos, pois muitas vezes, em razão da correria do dia a dia, tendemos a nos isolar. Assim, acabamos por negligenciar o bom costume de receber os amigos em casa para compartilhar um café ou uma refeição.

A Bíblia também trata desse tema em vários textos do Novo Testamento, como na carta aos Hebreus: "Não se esqueçam de demonstrar hospitalidade, porque alguns, sem o saber, hospedaram anjos" (Hb 13.2) — como foi o caso de Abraão. Portanto, mostre-se aberto para receber pessoas, organize sua agenda e dedique tempo para acolher e conversar pessoalmente com seus irmãos na fé. Agindo assim, pode ser que você não venha a acolher anjos do céu, mas com certeza acolherá bons amigos para a vida toda.

LEIA

1Pedro 4.1-11

ORAÇÃO

Senhor, ensina-me a praticar a hospitalidade. Ajuda-me a abrir minha casa e meu coração para acolher amigos e conhecidos e, assim, seguir teu exemplo de acolhimento e amor. Amém.

O dom de ouvir

TEMA 29: Tornando-se um bom amigo

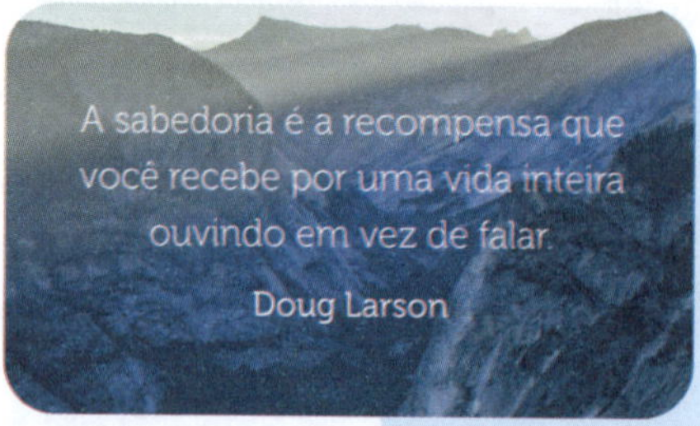

Falar sem antes ouvir os fatos é vergonhoso e insensato.

Provérbios 18.13

LEIA

Tiago 1.19-27

ORAÇÃO

Pai, ajuda-me a ser um amigo que sabe ouvir. Dá-me paciência e empatia para escutar atentamente meus amigos, entendendo suas necessidades e oferecendo apoio. Amém.

A vida com Deus pode ser exemplificada por uma via de mão dupla: falamos com ele por meio de orações, e ele se dirige a nós em sua Palavra. Nesse sentido, o Senhor nos ouve e nos compreende, e nós também podemos ouvi-lo, um padrão de relacionamento que podemos estender a nosso cônjuge, nossos filhos e amigos.

Para uma relação ser considerada saudável, é necessário que haja oportunidade para falarmos, mas também espaço para o outro se expressar. Tiago afirmou que devemos ter disposição para ouvir e pouca pressa para falar (Tg 1.19) — e isso faz toda a diferença! Estar pronto para ouvir demonstra nossa real preocupação e empatia pelo outro. Contudo, essa é uma virtude que precisa ser desenvolvida, pois nossa tendência natural é querer que nosso problema seja resolvido e que nossos desabafos sejam sempre escutados.

Se apenas nos dirigirmos a Deus apresentando nossos dilemas e pedidos, sem estar prontos para ouvir sua resposta, nunca sairemos do lugar. E se nunca estivermos dispostos a dedicar tempo para ouvir nossos amigos com calma e empatia, não seremos bons amigos. Em vez disso, estaremos apenas usando as pessoas para satisfazer nossas vontades, uma das piores coisas que um amigo pode fazer. Portanto, esteja sempre pronto para ouvir. Dedique tempo para fazer isso e não tenha pressa em dar sua opinião sobre todos os assuntos. Ouça atentamente e você verá que algumas situações se resolvem assim: apenas ouvindo o que o outro tem a dizer.

Como exortar

TEMA 29: Tornando-se um bom amigo

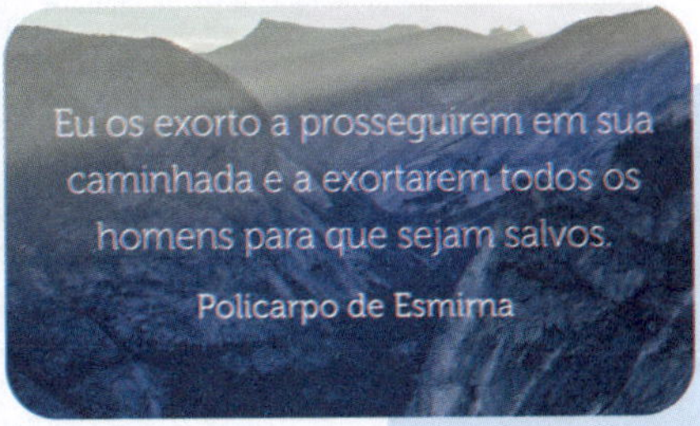

As feridas feitas por um amigo sincero são melhores que os beijos de um inimigo.

Provérbios 27.6

O que você faria se visse uma criança brincando à beira de um precipício? É provável que sua reação seria tirá-la dali. Essa ilustração nos ajuda a entender qual deve ser a nossa postura com nossos amigos; se os virmos perto de perigo, devemos alertá-los. A amizade não pode ser confundida com devoção cega. Ela precisa incluir repreensões, pois se baseia no amor e no desejo mútuo de bem-estar.

O autor de Hebreus entendia a importância da exortação nos relacionamentos: "Advirtam uns aos outros todos os dias, enquanto ainda é 'hoje', para que nenhum de vocês seja enganado pelo pecado" (Hb 13.3). A exortação aqui segue um objetivo bem específico e abençoador: evitar que as pessoas sofram com as consequências do pecado. Assim, por mais desagradável que seja a exortação, ela é extremamente necessária. Mas a maneira como exortamos alguém é importante, pois toda repreensão deve ser feita com amor.

Precisamos estar prontos para falar a verdade, mas fazê-lo de forma cordial e amorosa — mostrar o erro de nosso amigo com brandura e paciência e sempre usar a Palavra de Deus para corrigir mas também para garantir perdão e esperança ao pecador. E, como a amizade é uma via de mão dupla, não podemos nos esquecer que muitas vezes nós é que seremos repreendidos por um de nossos amigos. Longe de ser uma afronta, a repreensão de um amigo mostra a genuína preocupação de alguém que deseja o nosso bem, e também o cuidado de Deus por nós.

LEIA

Provérbios 27

ORAÇÃO

Senhor, ajuda-me a ser um amigo disposto a exortar e a ser exortado com amor. Quero falar a verdade com brandura, buscando sempre o crescimento espiritual dos meus amigos. Amém.

Misericórdia e perdão

TEMA 29: Tornando-se um bom amigo

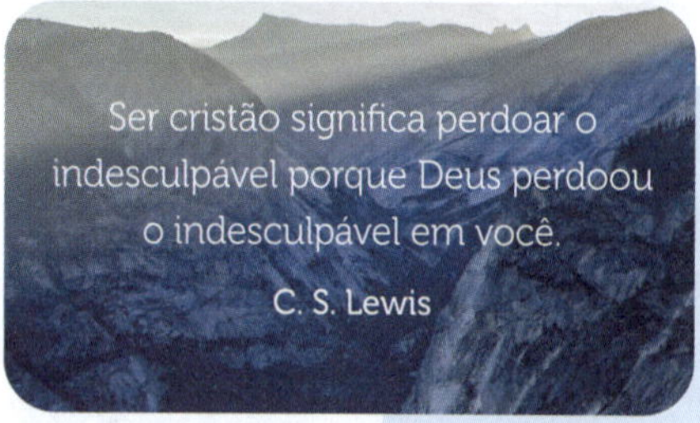

Sejam bondosos e tenham compaixão uns dos outros, perdoando-se como Deus os perdoou em Cristo.

Efésios 4.32

LEIA

João 21

ORAÇÃO

Senhor, obrigado por tua graça. Como teu seguidor, desejo ser misericordioso e perdoar aqueles que me magoam, especialmente meus amigos. Amém.

É impressionante como as coisas podem mudar repentinamente! Pedro é um exemplo disso. Desde o começo, ele sempre foi um dos apóstolos mais próximos de Jesus. Acompanhou o Senhor durante todo o seu ministério e teve por ele grande amor e afeição. No dia de sua morte, Jesus alertou os discípulos sobre o que aconteceria e como todos o abandonariam. Pedro, é claro, não aceitou isso e afirmou que, mesmo que todos fugissem, ele seguiria Jesus até o fim. Porém, pouco depois, Jesus foi preso, e Pedro não apenas fugiu como também negou conhecer o Senhor. A história de Pedro ensina que mesmo a mais pura e sincera das amizades pode enfrentar turbulências.

O que fazer quando somos magoados por nossos amigos? Precisamos perdoá-los, pois se permitirmos que mágoas e decepções destruam nossas amizades, provaremos que, na verdade, não havia amizade verdadeira. O amor deve prevalecer em todos os momentos, principalmente nos mais difíceis, já que é na adversidade que o amigo se mostra um verdadeiro irmão (Pv 17.17). Jesus demonstrou isso brilhantemente ao lidar com Pedro. Após sua ressurreição, ele perdoou Pedro e o chamou para pastorear seu rebanho (Jo 21.1-22). Desse momento em diante, Pedro se destacou como um dos principais líderes da igreja e, no fim de sua vida, morreu como um mártir, honrando (e não negando) o nome de Cristo.

Precisamos seguir o exemplo de Jesus e liberar perdão àqueles que erram conosco, principalmente nossos amigos. Devemos ser misericordiosos, pois é exatamente isso que Jesus faz conosco todos os dias ao perdoar nossos muitos pecados. Amor e perdão são as maiores provas de amizade e, assim como Pedro, devemos aprender e viver isso.

Amizades eternas

TEMA 29: Tornando-se um bom amigo

Amados, visto que Deus tanto nos amou, certamente devemos amar uns aos outros.

1João 4.11

A Trindade é um dos maiores mistérios do cristianismo. Como entender esse Deus único, mas que existe em três pessoas distintas? Aceitamos essa verdade pela fé, não obstante é inegável que se trata de algo além de nossa compreensão. Ainda assim, uma coisa podemos compreender: Pai, Filho e Espírito Santo estão eternamente em um relacionamento perfeito de amor e cumplicidade. Deus é um ser relacional e, portanto, não é correto vivermos isolados. Precisamos de boas amizades para abençoar e ser abençoados.

As amizades verdadeiras são um combustível para nossa alma: elas nos aquecem, nos alimentam e nos impulsionam a seguir em frente. Porém, mais do que desfrutar desses relacionamentos, devemos nos preocupar também em ser bons amigos. É maravilhoso ler na Bíblia quanto o Senhor valoriza a amizade. Vemos isso na Trindade e também no relacionamento de Jesus com seus discípulos. E assim como Jesus nunca usou suas amizades para benefício próprio, nós também devemos seguir seu exemplo e doar nossos talentos a nossos amigos.

Como vimos nos últimos dias, esses dons exemplificam "a múltipla e variada graça divina" (1Pe 4.10), pois se manifestam de diversas formas: quando ouvimos os problemas uns dos outros, quando nos exortamos mutuamente e até quando desfrutamos de tempo juntos. Por meio das amizades, Deus nos dá um antegozo do que teremos na eternidade, quando, sem dúvida, não nos faltarão amigos e irmãos: "Depois disso, vi uma imensa multidão, grande demais para ser contada, de todas as nações, tribos, povos e línguas, em pé diante do trono e diante do Cordeiro. [...] E gritavam com grande estrondo: 'A salvação vem de nosso Deus, que está sentado no trono, e do Cordeiro!'" (Ap 7.9-10).

LEIA

1João 4.7-12

ORAÇÃO

Senhor Jesus, obrigado pelo valor das amizades e pelo exemplo de amor na Trindade. Ensina-me a ser um bom amigo, alguém que aproxima as pessoas de ti. Em teu nome. Amém.

Chamado ao arrependimento

TEMA 30: Perdão

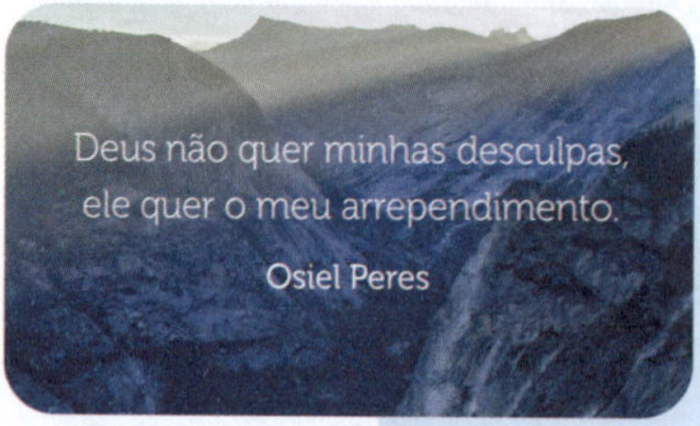

Cria em mim, ó Deus, um coração puro; renova dentro de mim um espírito firme.

Salmos 51.10

LEIA

Salmo 51

ORAÇÃO

Senhor Deus, seguindo o exemplo de Davi, humildemente venho diante de ti em arrependimento. Dá-me um coração limpo, uma mente pura e uma nova revelação de quem tu és. Amém.

Muitas pessoas buscam a presença de Deus e colocam seus pedidos diante dele, pois sempre há uma necessidade a ser atendida. Porém, orar por perdão talvez seja o pedido mais desafiador que podemos fazer, pois isso vai de encontro ao nosso próprio coração e ao sentimento de orgulho que insiste em habitar nele. "Arrependam-se..." — foi assim que Jesus começou a pregar o evangelho (Mt 4.17). Por isso, ao buscar o perdão, devemos ir a Deus com coração humilde.

Logo no início do salmo 51, Davi faz três pedidos a Deus: primeiro, ele pede por misericórdia (Sl 51.1); depois, ora para que Deus apague suas transgressões (51.1); e, finalmente, clama: "Lava-me de toda a minha culpa, purifica-me do meu pecado" (51.2). Resumindo: Davi pede que suas iniquidades sejam apagadas, arrepende-se de seus antigos hábitos e se propõe a mudar. Ele entendeu qual era o fundamento do perdão de Deus e, por isso, sua oração tem como base a graça divina, da qual nunca seremos dignos. É por isso que muitas pessoas nunca percebem a grandeza do perdão concedido por Deus: elas simplesmente pensam que merecem ser perdoadas e ponto.

Quando Davi clama a Deus por sua imensurável misericórdia, ele novamente indica sua compreensão do caráter de Deus. A graça derramada sobre nós não é administrada uma gota por vez. As misericórdias de Deus são infinitas e se renovam a cada manhã (Lm 3.22-23). Por isso, quando perdoa, ele faz isso de uma maneira que está além da nossa compreensão. Que grande alívio teremos quando entendermos a grandeza do perdão de Deus e resolvermos viver à luz dessa realidade!

Jesus é o exemplo de perdão

TEMA 30: Perdão

Jesus disse: "Pai, perdoa-lhes, pois não sabem o que fazem".

Lucas 23.34

"Pai, perdoa-lhes, pois não sabem o que fazem." Essas foram algumas das últimas palavras de Jesus, proferidas enquanto ele suportava a terrível tortura da crucificação. De acordo com o relato dos Evangelhos, nenhum dos responsáveis por infligir tamanho sofrimento a Cristo pediu perdão por seus atos. E no entanto, graça e misericórdia foram derramadas sobre eles.

Enquanto viveu neste mundo, Jesus surpreendeu as pessoas inúmeras vezes com seu comportamento e sabedoria. Ele confundiu os sábios, desafiou os líderes religiosos e concedeu graça sem precedentes aos indignos. Na cruz, o perdão foi conquistado para ser derramado sobre os outros — sobre nós —, independentemente de merecerem ser perdoados ou não. Enquanto zombavam de Jesus e colocavam uma coroa de espinhos em sua cabeça, sem nem ao menos perceberem, aqueles soldados eram o alvo da misericórdia divina. Que verdade maravilhosa e chocante: Jesus deu sua vida também em favor dos responsáveis por matá-lo. A vingança nunca fez parte de seus planos.

Se Jesus, o homem perfeito e sem pecado, pôde perdoar aqueles que o feriram, então ele também pode nos dar a força e a graça para perdoar aqueles que nos traíram e magoaram. Existe alguém em sua vida hoje que precisa ser alvo do seu perdão? O perdão não cura imediatamente toda dor, mas opera lenta e silenciosamente para trazer verdadeira liberdade e plenitude àqueles que perdoam e são perdoados.

LEIA

Lucas 23.26-43

ORAÇÃO

Amado Senhor, obrigado por me perdoares. Peço que teu Espírito me prepare e capacite para ser um agente de mudança, reconciliação e paz. Amém.

A oração e o perdão

TEMA 30: Perdão

Portanto, orem da seguinte forma: "Pai nosso que estás no céu [...] perdoa nossas dívidas, assim como perdoamos os nossos devedores".

Mateus 6.9,12

LEIA

Mateus 6.5-15

ORAÇÃO

Pai, ensina-me a orar segundo tua vontade. Que a cada dia eu possa ter a consciência de que fui perdoado e, assim, possa estender misericórdia aos que me ferem. Amém.

Em Mateus 6.5-15, Jesus ensina os discípulos a orar. Ao ler essa passagem, talvez você já tenha pensado: Cristo poderia ter incluído muito mais detalhes em seu ensino sobre a oração. Afinal, é bem provável que, se fôssemos ensinar outros a orar, incluiríamos outros detalhes, mas deixaríamos de fora aspectos importantes, como a confissão e o perdão, pontos enfatizados por nosso Senhor.

Nas versões em português, a oração do Pai Nosso tem cerca de cem palavras, das quais quase a metade diz respeito a perdão, seja sobre recebê-lo ou oferecê-lo. O Pai Nosso nos lembra quais são as necessidades mais básicas do coração humano: precisamos de Deus e reconhecê-lo como Pai, e também precisamos ser perdoados e perdoar. O perdão é uma necessidade tão básica quanto comer e descansar.

Vivemos em uma época em que é comum ficarmos ofendidos por qualquer coisa. Essa era de sensibilidade extrema se caracteriza por muitos problemas de relacionamento, algo que, claramente, não é a vontade de Deus. Com que frequência oramos genuinamente como Jesus nos ensinou, confessando nossos pecados e pedindo que Deus nos ajude a perdoar? Sem dúvida, seremos ofendidos em algum momento, mas podemos escolher como vamos reagir à ofensa. Por isso, o melhor momento para perdoar é antes mesmo de sermos ofendidos, pois a confissão de nossos próprios erros nos ajuda a estender graça e perdão aos outros. Portanto, oremos hoje: "Perdoa nossas dívidas, assim como perdoamos os nossos devedores".

A pesca maravilhosa

TEMA 30: Perdão

Então ele disse: "Lancem a rede para o lado direito do barco e pegarão". Fizeram assim e não conseguiam recolher a rede, de tão cheia de peixes que estava.

João 21.6

Pedro negou seu Senhor três vezes e o viu morrer. O que ele faria agora? Na passagem de hoje, vemos que Pedro voltou às atividades que exercia antes de ter conhecido Jesus. Talvez, ao subir a bordo do barco, ele tenha pensado: "Aqui estou eu novamente". Poucas semanas antes, Pedro crescia em sua vida espiritual, andava com Jesus e ouvia os ensinamentos de seu Mestre. Contudo, em um piscar de olhos, ele e seus amigos estavam de volta às antigas profissões como se nunca tivessem conhecido o Senhor. Mesmo durante esse período, Deus sempre esteve presente e nunca deixou de trabalhar na vida de seus discípulos.

O Senhor permitiu que Pedro e os demais voltassem a pescar; permitiu que tivessem dias marcados por dúvidas e preocupações e explorassem o horizonte procurando por Jesus sem encontrá-lo. Por um tempo, Jesus deixou que seus discípulos se sentissem sozinhos e até abandonados. Em momentos assim, nossa tendência é voltar ao que conhecíamos antes. Podemos ser como Pedro e nos encontrar sentados em um lugar que nunca pensamos estar novamente. Entretanto, desta vez havia esperança: o Cristo ressurreto estava na praia, esperando que Pedro e seus companheiros voltassem da pescaria.

Talvez você tenha se afastado do propósito que Deus tem para você e retornado ao que lhe é familiar. Pode ser que uma decepção ou fracasso o levou a perguntar: Deus, onde estás? Permita que a história de Pedro o encoraje. Ao examinar seu próprio horizonte, você verá o Senhor esperando você voltar para ele.

LEIA

João 21.1-14

ORAÇÃO

Senhor Jesus, agradeço-te por me perdoares diariamente e me encorajares a caminhar contigo, agora e sempre. Que a certeza da tua graça sempre esteja em meu horizonte. Amém.

Instruções para a vida cristã

TEMA 30: Perdão

O propósito de Deus em sua vida não é que você tenha a melhor vida agora. O propósito de Deus para você é torná-lo santo, conforme a imagem de Cristo.

Paul Washer

Não entristeçam o Espírito Santo de Deus, o selo que ele colocou sobre vocês para o dia em que nos resgatará como sua propriedade.

Efésios 4.30

LEIA

Efésios 4.30-32

ORAÇÃO

Senhor Deus, oro por uma nova atitude; que minha mente seja renovada e meu espírito, sustentado em tua verdade. Em nome de Jesus. Amém.

Atualmente, as pessoas estão tentando lidar com aquilo que os psicólogos chamam de "relações interpessoais". Esses profissionais tentam ao máximo, com toda a sabedoria e técnica, fazer com que as pessoas conversem e criem um espírito de compreensão e empatia umas pelas outras. Contudo, as Escrituras mostram que esse problema não se resolve apenas com sessões de terapia. É preciso ir ao cerne da questão.

A fim de começarmos a resolver nossos relacionamentos interpessoais, precisamos, primeiro, tratar a nossa relação com Deus, pois a maneira como lidamos com os outros é, na verdade, um reflexo de nossa intimidade com o Senhor. Sempre existe um problema vertical que deve ser resolvido antes que o problema horizontal seja tratado. Nesse caso, o problema vertical com Deus se encontra na passagem de hoje, em que Paulo nos instrui a não entristecermos o Espírito Santo.

É improvável que entristeçamos alguém que não nos ama, da mesma forma que não somos afetados pelas atitudes de pessoas que não estimamos. A possibilidade de entristecer alguém sempre indica a presença do amor. O Espírito Santo habita em nós e nos ensina como viver de uma maneira que agrade e honre a Deus. E é por isso que nossos comportamentos e atitudes erradas ferem o coração do próprio Deus. Se obedecermos a Deus e abandonarmos esses erros, então imediatamente o Espírito Santo que habita em nós, e cuja tarefa é moldar nosso caráter, fará brotar em nosso coração a ternura e a bondade de Cristo. Somente assim poderemos perdoar os outros, como Deus nos perdoou em Cristo.

Há um limite para o perdão?

TEMA 30: Perdão

A Bíblia nos diz que Jesus Cristo veio para fazer três coisas: perdoar meu passado, dar um propósito para minha vida e um lar para mim no céu.

R. T. Kendall

Assim também meu Pai celestial fará com vocês caso se recusem a perdoar de coração a seus irmãos.

Mateus 18.35

Quando outras pessoas nos machucam, tornamo-nos amargos, o que dificulta encontrarmos vontade ou desejo de perdoar. Rapidamente permitimos que o ressentimento crie raízes e pensamos que a outra pessoa jamais merecerá nosso perdão. Na passagem de hoje, Pedro faz uma pergunta a Jesus sobre o ato de perdoar: "Senhor, quantas vezes devo perdoar alguém que peca contra mim? Sete vezes?"(Mt 18.21-22).

Uma dúvida compreensível, pois, se já perdoamos alguém várias vezes e essa pessoa continua a nos machucar, por que deveríamos continuar perdoando? Certamente não é fácil desculpar alguém que trai nossa confiança repetidamente, ainda mais se o ofensor não admite culpa nem mostra remorso por seus erros. No entanto, foi exatamente isso que Jesus instruiu Pedro a fazer: "Não sete vezes, mas setenta vezes sete" (Mt 18.22). Essa quantidade hiperbólica deixa claro que o perdão deve ser um ato contínuo na vida do cristão, mas a resposta de Jesus também revela muito sobre o caráter de Deus.

Podemos descansar nessa resposta de Jesus a Pedro com a certeza de que há a graça e misericórdia abundantes à nossa disposição; uma verdade que não apenas nos conforta, mas também nos encoraja a perdoar quantas vezes for necessário. Essa é uma importante lição ensinada pela parábola que Jesus contou na sequência de sua resposta a Pedro e que foi resumida maravilhosamente por Paulo: "Sejam compreensivos uns com os outros e perdoem quem os ofender. Lembrem-se de que o Senhor os perdoou, de modo que vocês também devem perdoar" (Cl 3.13). Por meio de seu Espírito, Deus nos ajuda a ver que a única pessoa que sofre quando nos recusamos a perdoar somos nós mesmos.

LEIA

Mateus 18.21-35

ORAÇÃO

Amado Deus, recebi teu perdão por causa daquilo que teu Filho fez na cruz por mim. Ajuda-me a ser misericordioso com os outros e a estender a graça que experimentei a todos ao meu redor. Amém.

Prosseguindo para o alvo

TEMA 30: Perdão

Não estou dizendo que já obtive tudo isso, que já alcancei a perfeição. Mas prossigo a fim de conquistar essa perfeição para a qual Cristo Jesus me conquistou.

Filipenses 3.12

LEIA

Filipenses 3.12-21

ORAÇÃO

Senhor Deus, tu nos ensinas a deixar tudo o que nos atrapalha e avançar em direção ao céu. Oro para que meus olhos vejam o que é eterno, puro e digno de louvor. Amém.

O hóquei no gelo é um esporte rápido e emocionante. Em razão da velocidade do jogo, os jogadores precisam ter reflexo aguçado e aprender a calcular o futuro. Wayne Gretzky, uma das maiores lendas desse esporte, resumiu assim sua estratégia: "Eu patino para onde o disco vai estar, não para onde esteve". Esse renomado atleta compreendeu algo crucial para sua modalidade: a necessidade de pensar no futuro e antecipar decisões com precisão — um princípio que também deve ser aplicado em nossa vida.

Como cristãos, devemos nos desapegar do que passou e avançar para o que está à frente. Não podemos estagnar nosso cérebro no passado, seja exaltando os "bons tempos" ou nos apegando a tristezas. Devemos manter os olhos em Cristo e no futuro que ele tem para nós. É o que o apóstolo Paulo incentiva em sua carta aos Filipenses. Ou seja, não devemos perder tempo revivendo conquistas passadas, nem nos culpando por erros cometidos depois que o Senhor já nos perdoou.

O evangelho deve mudar nossa visão do passado assim como molda nossa vida no presente e nos dá esperança para o futuro. Portanto, vamos nos concentrar mais na promessa e menos no que "poderia ter sido". A vida está acontecendo agora e bem na sua frente, não atrás de você.

Assim, como um pecador perdoado, siga adiante "a fim de receber o prêmio celestial para o qual Deus nos chama em Cristo Jesus" (Fp 3.14).

Um processo contínuo

TEMA 31: Santificação

Pois Deus está agindo em vocês, dando-lhes o desejo e o poder de realizarem aquilo que é do agrado dele.

Filipenses 2.13

Ser cristão significa ser regenerado pelo Espírito Santo. É ter consciência de nossos pecados, nos arrepender e crer que Cristo é nosso único e suficiente Salvador. A teologia chama isso de *ordo salutis*, a ordem em que as etapas da obra salvífica de Cristo são aplicadas ao coração dos que creem. Mas o papel do Espírito não termina na nossa conversão — uma vez salvos, Deus nos convida à santificação, ao caminho que nos fará mais parecidos com Jesus.

É importante lembrar que a santificação é um processo contínuo e fruto da infinita graça de Deus sendo constantemente derramada em nós. É por meio dessa graça que nos tornamos aquilo que Deus nos chamou para ser: justificados. Apesar de sermos declarados justos no momento em que cremos, nossa natureza pecaminosa permanece em nós, e é por isso que precisamos lutar contra o pecado diariamente. A verdade é que somos incapazes de nos santificar sozinhos e precisamos de alguém que nos ajude. Pela graça de Deus, temos nosso coração transformado, nosso caráter restaurado, e somos moldados à semelhança de Cristo, dia após dia.

É somente assim, pela graça, que temos forças para nos afastar de tudo o que desagrada a Deus, para obedecer a seus mandamentos e para lutar contra o pecado. Portanto, ore e peça ao Senhor por sua graça santificadora e para que ele guie você durante todo esse processo. A jornada da santificação dura a vida toda, mas vale a pena ser trilhada, uma vez que seu fruto é a vida eterna com Deus: "Agora [...] estão livres do poder do pecado e se tornaram escravos de Deus. Fazem aquilo que conduz à santidade e resulta na vida eterna" (Rm 6.22).

LEIA

Filipenses 2.12-13

ORAÇÃO

Senhor, obrigado por tua graça que nos convida à santificação. Transforma meu coração e molda meu caráter à semelhança de Cristo. Amém.

A santificação dos olhos

TEMA 31: Santificação

Guardei tua palavra em meu coração, para não pecar contra ti.

Salmos 119.11

31 JUL

LEIA

Salmos 119.9-16

ORAÇÃO

Senhor, santifica meus olhos para que eu possa ver com clareza e desejar aquilo que é puro e agradável a ti. Amém.

A santificação não é simplesmente uma ideia abstrata, mas sim a busca por obedecer às instruções objetivas que encontramos na Bíblia. E uma das áreas que as Escrituras nos chamam a santificar são os olhos. Isso é um assunto tão importante que Jesus o abordou no Sermão do Monte: "Seus olhos são como uma lâmpada que ilumina todo o corpo. Quando os olhos são bons, todo o corpo se enche de luz. Mas, quando os olhos são maus, o corpo se enche de escuridão" (Mt 6.22-23). No entanto, o que significa os olhos serem bons ou maus?

Essas palavras de Jesus fazem parte de sua pregação mais conhecida. No Sermão do Monte, Jesus mostrou o contraste que deveria existir entre a ética do evangelho e os ensinos da época. Nesse contexto, os olhos maus ilustram a ambição e o desejo por riquezas, enquanto a expressão "olhos bons" se refere ao desejo de viver para Deus. Para Jesus, a pessoa tomada por ambições pecaminosas tem os olhos adoecidos; é alguém enfermo que não consegue enxergar com clareza o propósito de Deus. Como estão seus olhos hoje? Jesus os consideraria bons ou maus?

É preciso pensar seriamente nessas perguntas, pois o mundo em que vivemos coloca tantas coisas diante de nós que, às vezes, não percebemos que estamos sendo sufocados por visões distantes da vontade de Deus. Somos constantemente inundados por estímulos desordenados que nos levam a pecar, por isso é preciso santificar os olhos. Trata-se do cultivo de uma vida espiritual firmada na Palavra de Deus, alimentada pela obediência aos mandamentos de Cristo e conduzida pelo Espírito Santo. Que possamos orar como o salmista: "Abre meus olhos, para que eu veja as maravilhas de tua lei" (Sl 119.18).

AGOSTO

A santificação do trabalho

TEMA 31: Santificação

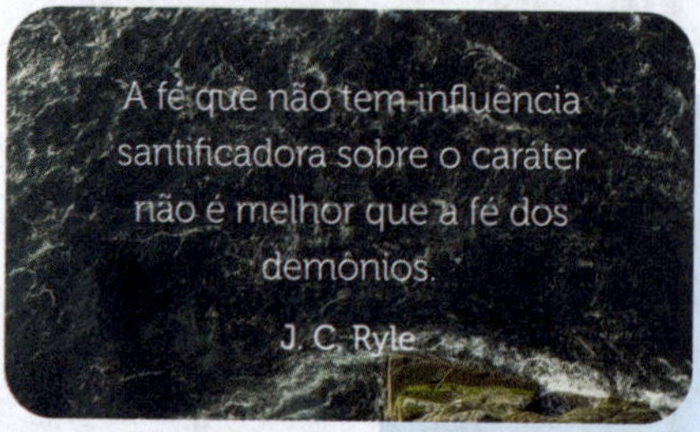

Em tudo que fizerem, trabalhem de bom ânimo, como se fosse para o Senhor, e não para os homens.

Colossenses 3.23

LEIA

Colossenses 3

ORAÇÃO

Senhor, ajuda-me a ver o trabalho como um serviço a ti. Que eu possa realizar minhas tarefas com dedicação, honestidade e alegria, sabendo que estou servindo a ti e não aos homens. Amém.

Conta-se que, certa vez, um sapateiro perguntou a Lutero: "Como posso servir a Deus com a minha profissão?". Lutero respondeu: "Faça o melhor sapato que puder e venda-o a um preço justo". Algumas pessoas podem imaginar que o cristianismo se limita à oração, à participação nos cultos e à leitura da Bíblia. Tudo isso é importante, sem dúvida, mas nosso testemunho deve extrapolar as paredes da igreja e alcançar a sociedade.

Servir a Cristo significa buscar uma conduta santa em todos os aspectos da vida, incluindo nosso trabalho. Paulo trata desse assunto em pelo menos duas de suas cartas. Ao escrever aos crentes de Colossos, o apóstolo orientou os escravos a se dedicarem com diligência ao serviço "como se fosse para o Senhor, e não para os homens" (Cl 3.23). Eles não deveriam encarar o trabalho apenas como tarefas a serem cumpridas, mas como um serviço prestado ao próprio Deus. O apóstolo também ordenou que os senhores fossem justos e benevolentes com seus vassalos: "lembrem-se de que vocês também têm um Senhor no céu" (Cl 4.1). A relação entre escravos e seus senhores deveria ter Cristo como mediador e exemplo.

Portanto, o trabalho não é um fim em si mesmo; ele deve apontar para algo maior, para a forma como a providência de Deus opera em nossa vida. Ter uma relação santificada com o trabalho significa compreender que a vida não deve girar em torno dele — devemos confiar que Deus proverá aquilo que de que necessitamos e, assim, descansar. Viver de maneira santa no trabalho implica empenhar-se, confiar na providência divina e nunca perder de vista para quem de fato estamos trabalhando.

A santificação das palavras

TEMA 31: Santificação

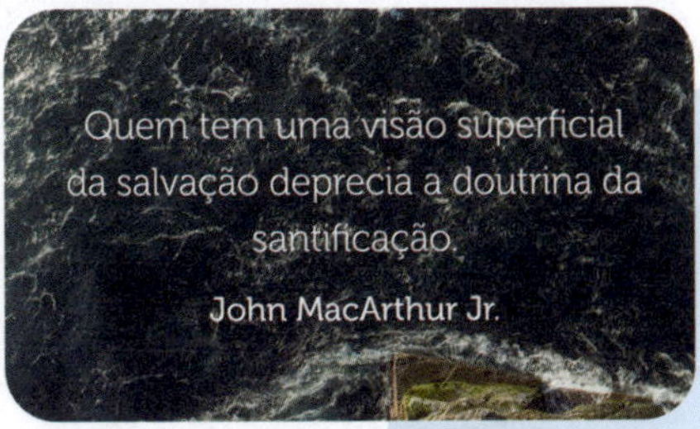

Evitem o linguajar sujo e insultante. Que todas as suas palavras sejam boas e úteis, a fim de dar ânimo àqueles que as ouvirem.

Efésios 4.29

"Assume o controle do que eu digo, SENHOR, e guarda meus lábios" (Sl 141.3). Essas palavras foram escritas por Davi em um de seus muitos salmos. Além de sua coragem e bravura, o rei demonstrou uma profunda preocupação com a santidade de sua fala, algo com o qual também devemos nos preocupar. No Novo Testamento, Tiago também tem muito a nos ensinar nesse sentido. Ele utiliza diversos exemplos para ilustrar o poderoso impacto que a língua pode causar, tanto para o bem quanto para o mal.

Uma das analogias propostas por Tiago trata do poder destrutivo de algo aparentemente inofensivo: "Vejam como uma simples fagulha é capaz de incendiar uma grande floresta" (Tg 3.5). Uma pequena faísca tem o poder de reduzir a cinzas florestas inteiras, com todas as suas árvores majestosas e centenárias. Por isso, é fundamental que, em nossa busca para sermos mais parecidos com Jesus, almejemos santificar nossas palavras (fagulhas), excluindo de nosso vocabulário toda vulgaridade, murmuração e maledicência. A fim de que isso ocorra, nosso coração precisa ser diariamente nutrido pela Palavra de Deus, pois nossa boca sempre revelará aquilo que está em nosso íntimo.

Devemos nos esforçar continuamente para que nosso discurso seja um reflexo do caráter de Cristo. A exortação de Jesus é muito clara: "Eu lhes digo: no dia do juízo, vocês prestarão contas de toda palavra inútil que falarem" (Mt 12.36). Se somos capazes de controlar coisas grandiosas com instrumentos pequenos ("um pequeno leme faz um grande navio se voltar para onde o piloto deseja", Tg 3.4), também podemos moldar nosso modo de falar a fim de edificar e não destruir.

LEIA

Tiago 3.1-12

ORAÇÃO

Senhor, guarda minha boca e vigia meus lábios. Que minhas palavras sempre levem graça e encorajamento. Ajuda-me a refletir o teu caráter em tudo o que digo. Amém.

A santificação da mente

TEMA 31: Santificação

Um estado de salvação é um estado de santidade. As duas coisas são inseparáveis: porque a salvação não é só a redenção do pecado, mas também livramento de seu poder.

Charles Hodge

Concentrem-se em tudo que é verdadeiro, tudo que é nobre, tudo que é correto, tudo que é puro, tudo que é amável e tudo que é admirável. Pensem no que é excelente e digno de louvor.

Filipenses 4.8

LEIA

Romanos 12

ORAÇÃO

Senhor, transforma minha mente para que eu pense no que é verdadeiro, correto, puro e digno de louvor. Ajuda-me a resistir aos padrões deste mundo. Em nome de Jesus. Amém.

De acordo com a Bíblia, o mundo em que vivemos está sob o poder do maligno (1Jo 5.19). Ao afirmar isso, o texto sagrado não se refere a aspectos materiais, como se florestas, rios ou montanhas estivessem sob a influência do diabo, mas sim ao sistema que domina a sociedade. Cultura, política, artes, poderes judiciais... é nessas esferas que reside o grande desafio da santificação: viver neste mundo sem ser guiado por ele.

A mente é o cerne intelectual de todo nosso ser, e quando falamos em santificá-la, o que está em jogo é a luta para moldar nosso pensamento a um caminho oposto ao do mundo. E isso só é possível quando adotamos uma cosmovisão baseada nas Escrituras, como bem defendeu o apóstolo Paulo: "Não imitem o comportamento e os costumes deste mundo, mas deixem que Deus os transforme por meio de uma mudança em seu modo de pensar, a fim de que experimentem a boa, agradável e perfeita vontade de Deus para vocês" (Rm 12.2).

Há ainda outro ponto que não podemos negligenciar: uma mente santificada também envolve lutar não apenas contra a cultura, mas contra nossa própria natureza. Portanto, essa é uma batalha diária! Como cristãos, nosso objetivo principal não é viver para nós mesmos, mas fazer tudo para a glória de Deus. Para que isso dê certo, nossa mente deve ser dominada pelo desejo de agradar a Deus; precisamos ser intencionais em afastar constantemente pensamentos impuros, desejos pecaminosos e ambições malignas. Se a mente controla tudo, então é urgente que ela seja controlada por Deus.

A santificação da família

TEMA 31: Santificação

Tenha cuidado para não medir sua santidade pelos pecados das outras pessoas.

Martinho Lutero

Filhos, obedeçam sempre a seus pais, pois isso agrada ao Senhor.

Colossenses 3.20

A carta de Paulo aos Colossenses se caracteriza por profundas abordagens teológicas aliadas a orientações práticas. De forma geral, o apóstolo aconselha os irmãos a abandonarem a antiga forma de viver para que se revistam de uma nova natureza de justiça e retidão. Essa nova natureza também é expressa no relacionamento familiar. E, no que diz respeito à família, a abordagem de Paulo é completa.

Ele começa mostrando como deve ser a submissão da esposa ao marido, passa pela obrigação do marido de amar sacrificialmente e conclui com dever dos filhos de honrar os pais. A cada membro da família é designada uma função relacionada à obediência a Deus e à sua Palavra. Portanto, quando você se esforça para assumir sua responsabilidade na família, a santidade floresce em seu lar.

Isso não é fácil, pois o mundo tenta criar uma rixa familiar ao redefinir os papéis de homens e mulheres. No entanto, a Bíblia é clara ao apontar a obrigação de cada um. Não é apenas um lado que deve se submeter ou amar; todos devem estar envolvidos. Precisamos aprender urgentemente que respeito, amor, carinho, abnegação e outros valores só podem ser verdadeiramente cumpridos se forem motivados pelo Senhor. Assim, se desejamos cultivar uma vida familiar abençoada e santificada, devemos buscar constantemente auxílio nas Escrituras e viver segundo a vontade de Deus. Que o Espírito Santo ajude nossas famílias a se conformar cada vez mais à sua vontade, e que Deus afaste de nós qualquer influência mundana que tente ditar a maneira como vivemos em nossos lares.

LEIA

Colossenses 3.18-25

ORAÇÃO

Senhor, santifica minha família com teu amor e tua paz. Ajuda-nos a cumprir nossos papéis com amor e obediência. Que nossas famílias glorifiquem teu nome. Amém.

A santificação de nossas mãos

TEMA 31: Santificação

Somos totalmente responsáveis pela busca da santidade, e também totalmente dependentes do Espírito Santo nessa busca.

Tony Evans

Não se limitem [...] a ouvir a palavra; ponham-na em prática. Do contrário, só enganarão a si mesmos.

Tiago 1.22

LEIA

1 Timóteo 2

ORAÇÃO

Senhor, ajuda-me a agir em santidade em todas as áreas da minha vida. Que minhas ações reflitam tua glória e amor. Dá-me sabedoria e força para viver cada dia para teu louvor. Amém.

Você já pensou no que Paulo quis dizer com a expressão "mãos santas"? "Quero, portanto, que em todo lugar de culto os homens orem com mãos santas levantadas, livres de ira e de controvérsias" (1Tm 1.8). Nas Escrituras, a simbologia das mãos desempenha um papel significativo. Frequentemente, o termo está associado à ação de alguém, como a obra criativa de Deus exaltada pelo salmista: "Os céus proclamam a glória de Deus; o firmamento demonstra a habilidade de suas mãos" (Sl 19.1).

No entanto, em outras passagens, as mãos representam ações destrutivas do ser humano: "Ainda que ofereçam muitas orações, não os ouvirei, pois suas mãos estão cobertas de sangue" (Is 1.15). Portanto, quando Paulo nos exorta a levantar "mãos santas", ele nos convida a agir em santidade em todas as áreas em que estivermos envolvidos. Mas como podemos preservar nossas mãos de cometer iniquidade em um mundo caído? Mais uma vez, podemos recorrer a Paulo — e a resposta do apóstolo é tão simples quanto poderosa: façam tudo para a glória de Deus (1Co 10.31).

Independentemente da área em que você esteja ou do papel que ocupe (marido, filho, mãe, profissional ou estudante), sua motivação deve ser o desejo de que o nome de Deus seja glorificado por meio de suas ações. Devemos sempre nos perguntar: "Isso que estou fazendo, a obra das minhas mãos, glorifica a Deus?". Que ele nos guie nesse processo contínuo de santificação.

Morte e vida

TEMA 32: Rendição

Aonde a verdade for, eu irei;
e onde a verdade estiver, eu
estarei. Nada, a não ser a morte,
poderá me separar da verdade.

Thomas Brooks

Fui crucificado com Cristo; assim, já não sou eu quem vive, mas Cristo vive em mim. Portanto; vivo neste corpo terreno pela fé no Filho de Deus, que me amou e se entregou por mim.

Gálatas 2.20

Provavelmente você esteja familiarizado com dias ruins, semanas ou até meses que testam nossa paciência e testemunho. Tudo está indo muito bem, mas, no minuto seguinte, você depara com uma situação difícil que exige uma decisão: responder aos instintos da carne ou obedecer ao Espírito Santo? Enfrentamos essa escolha diariamente. Convivemos com colegas de trabalho competitivos que abalam nosso ego e questionam nosso valor, ou escutamos um comentário que mexe com um lugar sensível do nosso coração. Situações assim revelam uma desconexão: recebemos Jesus como nosso Salvador, mas nem sempre agimos como ele agiria.

Facilmente aceitamos nascer de novo como membros da família de Deus, mas somos menos dispostos a nos render e a morrer para nós mesmos durante o processo da santificação. Aceitar o dom gratuito da salvação significa também renunciar à nossa falsa independência, nossa vontade de conduzir a vida por conta própria. Paulo também lutou com essa realidade e, na passagem de hoje, nos ensina como lidar com nossa autossuficiência.

Por causa do sacrifício de Jesus, agora podemos escolher agir segundo a orientação do Espírito Santo. E embora essa escolha se mostre extremamente difícil, Jesus nos fortalece à medida que nos rendemos a ele. Morrer para si mesmo não é fácil, mas quando o fazemos, renascemos para uma vida marcada pelos frutos do Espírito: "amor, alegria, paz, paciência, bondade, misericórdia, mansidão, fidelidade e domínio próprio" (Gl 5.22-23).

LEIA

Gálatas 2.11-21

ORAÇÃO

Senhor, ajuda-me a morrer para mim mesmo. Quero ser guiado por teu Espírito à vida verdadeira e eterna. Em nome de Jesus. Amém.

Rendição para a correção

TEMA 32: Rendição

O autossacrifício iluminado pelo amor é alento e vida; é a morte de Cristo, a vida de Deus e a bênção da única vida adequada para o homem.

Frederick W. Robertson

Lembrem-se do que foi dito: "Hoje, se ouvirem sua voz, não endureçam o coração como eles fizeram na rebelião".

Hebreus 3.15

LEIA

Hebreus 3

ORAÇÃO

Senhor, ajuda-me a honrar-te com minha vida, e sei que isso acontecerá com amizades que me levem a uma maior intimidade contigo. Amém.

O livro de Hebreus ordena repetidamente aos cristãos que exortem e encorajem seus irmãos na fé. Os relacionamentos na família de Cristo devem incluir encorajamento mútuo com o objetivo de uma vida que honre a Deus. Normalmente, quando pensamos em encorajamento, o que vem à mente é uma conversa que nos alegra. Mas, para o autor de Hebreus, encorajar é falar a verdade a um irmão: "Advirtam uns aos outros todos os dias, enquanto ainda é 'hoje', para que nenhum de vocês seja enganado pelo pecado e fique endurecido" (Hb 3.13)

Às vezes, as palavras que de fato precisamos ouvir podem ser duras e até nos ofender, mas é nosso dever admoestar e aconselhar uns aos outros em espírito de oração quando vemos o pecado se aproximar. Isso é importante não apenas para preservar a integridade individual do crente, mas para cuidar da pureza de todo o corpo de Cristo. Relacionamentos cristãos saudáveis existem para nos conduzir amorosamente de volta ao caminho justo quando nosso coração se desvia. Assim como bons pais lidam com atitudes e comportamentos que podem levar seus filhos à perdição, devemos agir da mesma forma com nossos irmãos e irmãs em Cristo.

O amor genuíno inclui palavras amorosas e alegres, mas também exige que a verdade seja dita, o que nem sempre é fácil. Muitas vezes, a verdade pode aborrecer ou entristecer quem amamos; pode até mesmo revelar um coração rebelde. Por isso, precisamos de amigos cristãos dispostos a nos alertar quando nossa vida se assemelha mais ao mundo do que a Jesus. Na verdade, devemos agradecer ao Senhor por esses amigos e pedir-lhe que nos ajude a ser esse mesmo amigo na vida de nossos irmãos.

A rendição de nossos esforços

TEMA 32: Rendição

Ele existia antes de todas as coisas e mantém tudo em harmonia.

Colossenses 1.17

Talvez você tenha a tendência de fazer pelos outros o que eles deveriam fazer por si próprios. Pode ser que você enterre suas próprias necessidades sob a pilha de expectativas criadas por outros. Você até luta para aguentar o peso de segurar tudo junto, quando na verdade esse nunca foi o seu trabalho — esse trabalho pertence a Jesus. A carta aos Colossenses apresenta uma visão privilegiada da identidade de Jesus e de sua incomparável magnificência: "O Filho é a imagem do Deus invisível e é supremo sobre toda a criação [...]. Ele existia antes de todas as coisas e mantém tudo em harmonia" (Cl 1.15,17).

Além disso, Paulo apresenta Jesus como o Criador de todas as coisas (1.16), o cabeça da igreja (1.18) e o único capaz de reconciliar o mundo inteiro com Deus (1.20). Quanta glória e quanto alívio nessas declarações! Por causa de quem Jesus é podemos nos libertar de tudo o que não somos. É verdade que cada um de nós tem deveres e responsabilidades, mas não podemos fazer todas as coisas.

Quando tentamos manter tudo em harmonia e dar conta de muitas coisas, tomamos o lugar de Jesus e acabamos transformando nossa vida em um lugar insalubre e repleto de expectativas utópicas sobre o quanto podemos realizar. Não, você não tem que dar conta de tudo, nem manter todas as engrenagens funcionando. Jesus, em sua graça e poder, faz isso mais perfeitamente do que jamais poderíamos. Então, lancemos todos os nossos fardos sobre ele, pois ele está cuidando de nós (1Pe 5.7)

LEIA

Colossenses 1.15-23

ORAÇÃO

Amado Senhor, obrigado por estares no controle. Dá-me fé para confiar que teus caminhos são sempre melhores que os meus. Amém.

A rendição de nossos questionamentos

TEMA 32: Rendição

Isso aconteceu para que o poder de Deus se manifestasse nele.

João 9.3

LEIA

João 9

ORAÇÃO

Amado Deus, mostra-me tua glória. Que tua presença esteja comigo por onde eu for, e que minha vida seja um instrumento em tuas mãos. Em nome de Jesus. Amém.

Você já perguntou a Deus: "Senhor, por que permites que isso aconteça?" Realmente é difícil confiar na bondade de Deus quando as circunstâncias são difíceis. Ao questioná-lo, pensamos que lidaremos melhor com o sofrimento se pudermos entender sua causa. É nessa situação que encontramos os discípulos na passagem de hoje. Ao depararem com um cego de nascença, não hesitaram em perguntar: "Rabi, por que este homem nasceu cego? Foi por causa de seus próprios pecados ou dos pecados de seus pais?" (Jo 9.2). Uma pergunta que faz sentido para nós, já que sempre tentamos encontrar os culpados pelo sofrimento.

Naquela época, a cegueira era considerada a consequência de algum pecado. Aos olhos dos discípulos, aquele homem havia sido punido por Deus, mas Jesus enxergava aquela situação de maneira diferente: "Nem uma coisa nem outra. Isso aconteceu para que o poder de Deus se manifestasse nele" (9.3). A cegueira daquele homem revelaria o impressionante poder daquele que veio ao mundo para ser a luz na escuridão.

Precisamos desenvolver uma visão espiritual, e podemos alcançá-la por meio da oração. Em meio à dor, é necessário abrir mão de nossos questionamentos e de nossa vontade e orar: "Pai, ajuda-me a ver tua mão nessa situação". Somente ele pode iluminar os lugares mais escuros, somente sua presença tem o poder de nos dar paz em meio a tantas perguntas não respondidas. Que nossas dúvidas não ofusquem nosso olhar, para que possamos assistir à grande obra de Deus em nosso meio.

A rendição de nossa incredulidade

TEMA 32: Rendição

Ele viu que estavam em apuros, remando com força e lutando contra o vento e as ondas. Por volta das três da madrugada, Jesus foi até eles caminhando sobre o mar.

Marcos 6.48

A vida cristã é marcada por altos e baixos, e isso não foi diferente com os discípulos. Eles haviam acabado de presenciar a multiplicação dos pães e, provavelmente, estavam carregando os doze cestos com os pães e peixes que sobraram quando subiram a bordo. Porém, assim que o barco se afastou alguns metros da costa, eles se viram em águas agitadas por fortes ventos e passaram a remar por suas vidas. Essa súbita tempestade foi aterrorizante, e eles se sentiram completamente desamparados.

É natural sentir medo quando as circunstâncias fogem do previsto. Contudo, mesmo quando as tempestades tentam tirar nossa esperança, Jesus nunca tira os olhos de nós. Enquanto os discípulos remavam contra o vento, Jesus estava orando em um monte e podia ver o desespero daqueles homens. Então, resolveu ir até eles de uma maneira nada convencional: "caminhando sobre o mar" (Mc 6.48). Por causa do desespero que sentiam, os discípulos nem perceberam que estavam presenciando outro milagre; achavam que Jesus fosse um fantasma.

O texto diz que eles ficaram apavorados, atemorizados e, depois, admirados; uma mistura de sentimentos que revela que não entenderam o que haviam acabado de presenciar, pois "o coração deles estava endurecido" (6.52). Jesus imediatamente fala com eles: "Não tenham medo! Coragem, sou eu!". Essas mesmas palavras, ditas em meio a uma tempestade e um mar revolto, também podem ser aplicadas a todos os cristãos hoje. O Senhor não está ausente em nossa dificuldade. Ele anda sobre as águas para estar ali conosco e nos dar a segurança e a calmaria de sua presença.

LEIA

Marcos 6.45-52

ORAÇÃO

Senhor Jesus, frequentemente me esqueço de tua infinita fidelidade. Remova o fardo da ansiedade e da preocupação que sempre sinto em meio às tempestades da vida. Amém.

A rendição dos meus direitos

TEMA 32: Rendição

Se Cristo for removido do seu coração, nem o universo inteiro poderá preencher esse vazio.

John Piper

Pois, embora eu esteja longe, meu coração está com vocês. E eu me alegro de que estejam vivendo como devem e de que sua fé em Cristo seja forte.

Colossenses 2.5

LEIA

Colossenses 2

ORAÇÃO

Pai, obrigado por teres enviado teu único Filho para morrer por mim. Quero honrar-te com minhas palavras, pensamentos e ações para que outros conheçam a ti. Amém.

Há situações em que você simplesmente sabe que está certo. Nesses momentos, você se sente como um advogado pronto para defender seus direitos e fazer o outro enxergar as coisas sob sua perspectiva. Isso parece extremamente justificável e normal. Mas nem sempre normal é sinônimo de bom. Especialmente à luz de Colossenses 2.6-7, que nos lembra: "E agora, assim como aceitaram Cristo Jesus como Senhor, continuem a segui-lo. Aprofundem nele suas raízes e sobre ele edifiquem sua vida. Então sua fé se fortalecerá na verdade que lhes foi ensinada, e vocês transbordarão de gratidão".

Esses versículos nos ensinam a viver enraizados nos ensinamentos de Jesus. O oposto disso é quando ficamos presos a opiniões egocêntricas, transbordando murmurações. Por isso, precisamos permitir que Deus nos mostre como é ter empatia, pois tudo o que fazemos e dizemos conta uma história sobre a quem servimos. Se agimos com raiva e rancor, estamos nos entregando aos caminhos do inimigo e espalhando sua escuridão. Se honramos o Senhor com nossas ações, estamos agindo para promover sua justiça e espalhar sua luz. Simples assim.

Não devemos trair nossa identidade em Cristo quando nos sentirmos ofendidos; retribuir o mal com o mal é uma armadilha. Devemos assumir uma posição mais elevada e retribuir o mal com o bem. Dessa forma, demonstraremos que as raízes de nossa vida estão plantadas junto à videira verdadeira e mostraremos ao mundo quem realmente somos: pessoas que "foram ressuscitadas para a nova vida por meio da fé no grande poder de Deus, que ressuscitou Cristo dos mortos" (Cl 2.12).

A rendição do nosso orgulho

TEMA 32: Rendição

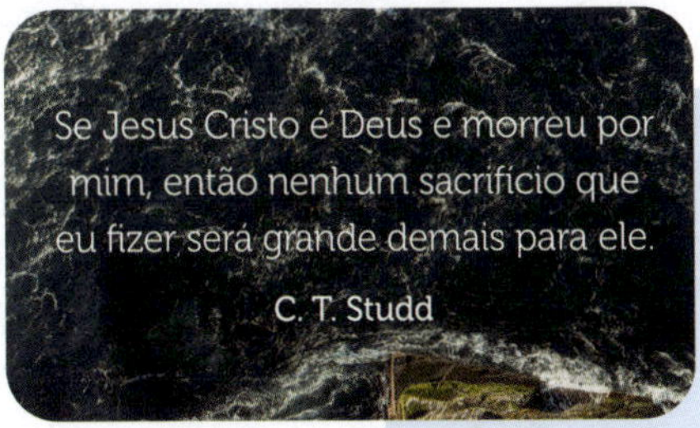

No que depender de vocês, vivam em paz com todos.
Romanos 12.9

A passagem de hoje está inserida num contexto histórico muito interessante. Paulo não escreveu a carta aos Romanos durante circunstâncias tranquilas enquanto desfrutava de férias em um lugar paradisíaco. Essa epístola foi composta em meio à forte oposição a seu ministério e pregação. Certamente, podemos nos identificar com isso. Estamos todos sujeitos a passar por frustrações: uma decepção com alguém da família, um mal-entendido com um amigo, um comentário cruel nas redes sociais. Grandes ou pequenos, os conflitos parecem nunca ter fim.

Ainda assim, Paulo lembra a seus leitores na capital do império que a paz plena é possível. Os gregos entendiam a paz como ausência de hostilidade, mas Paulo ensinou que podemos sentir e propagar a paz mesmo nas situações mais desfavoráveis: "Abençoem aqueles que os perseguem. Não os amaldiçoem, mas orem para que Deus os abençoe" (Rm 12.14). Não há maior testemunho que esse! Nada mais poderoso que apresentar o Príncipe da Paz a pessoas que estão vivendo situações turbulentas.

Note ainda que o apóstolo diz que a paz em nosso coração não deve estar atrelada às condições. Ele não escreveu "Desde que outras pessoas tragam a paz...", nem "Contanto que os conflitos terminem de maneira pacífica...". Em vez disso, ele escreveu: "No que depender de vocês, vivam em paz com todos". A paz em minha vida não pode ser impedida pelos outros; são minhas próprias escolhas que a tornam possível. Isso está maravilhosamente ao nosso alcance. Mas, para isso, precisamos renunciar a nosso orgulho diariamente: "Vivam em harmonia uns com os outros. Não sejam orgulhosos, mas tenham amizade com gente de condição humilde" (Rm 12.16).

LEIA

Romanos 12

ORAÇÃO

Senhor Deus, obrigado por me manteres em tua perfeita paz. Protege-me daqueles que tentam roubá-la de mim, e permite-me ser um agente da tua paz. Amém.

Bênção em meio à angústia

TEMA 33: As bênçãos de Deus

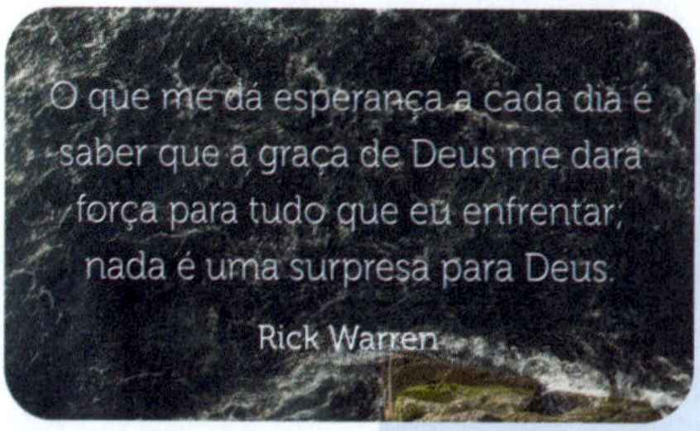

O Senhor ouviu minha súplica; o Senhor responderá à minha oração.

Salmos 6.9

LEIA

Salmo 6

ORAÇÃO

Obrigado, Senhor Jesus, por me abençoares para que eu possa ser uma bênção para outras pessoas. Amém.

Certamente você já passou por momentos em que nada parecia dar certo. Isso desafia nossa fé, pois aquilo em que acreditamos parece não condizer com o que estamos vendo. Davi acreditava no Senhor e o temia, mas isso não impediu que ele passasse por momentos de grande agonia e por uma angústia que exauriu suas forças: "Estou exausto de tanto gemer; à noite inundo a cama de tanto chorar, e de lágrimas a encharco" (Sl 6.6).

Quando somos continuamente confrontados com situações ou circunstâncias desafiadoras, podemos ficar enfraquecidos. Às vezes, essas circunstâncias podem ser consequências de nossos próprios pecados, ou podem decorrer de uma perda repentina, luto, divórcio, doenças, desemprego... as fontes do sofrimento são inesgotáveis. Davi claramente passou por momentos difíceis, mas direcionou seu clamor a Deus: "Tem compaixão de mim, Senhor" (6.2).

Quando estamos enfrentando uma longa batalha, oramos como Davi: "Senhor, quando virás me restaurar?" (6.3). Podemos clamar e clamar por misericórdia, mas parece que Deus não nos ouve. Contudo, no final do salmo, Davi proclama que o Senhor atendeu sua súplica, pois ele sempre está atento às nossas orações e age para nos abençoar. Chegará um dia em que você poderá repetir as palavras de Davi: "O Senhor ouviu minha súplica; o Senhor responderá à minha oração" (6.9). Por isso, quando um problema surgir, clame a Deus imediatamente. E, então, alegre-se, antes mesmo de receber a resposta, por saber que Deus é fiel!

As bênçãos espirituais em Cristo

TEMA 33: As bênçãos de Deus

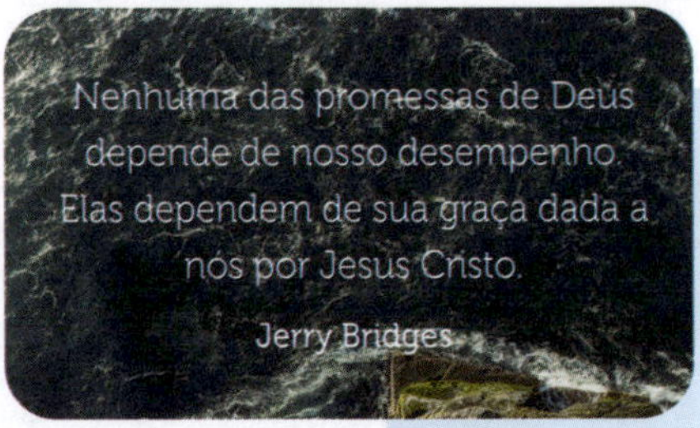

Todo louvor seja a Deus, o Pai de nosso Senhor Jesus Cristo, que nos abençoou em Cristo com todas as bênçãos espirituais nos domínios celestiais.

Efésios 1.3

A baixa autoestima pode desencadear problemas como depressão e ansiedade, entre outros. O Novo Testamento nos ensina a lidar com isso, pois revela o que precisamos saber para não sofrer com esse mal: saber quem somos em Cristo Jesus. Paulo diz aos efésios que "em Cristo nos tornamos herdeiros de Deus" (Ef 1.11). Ele escreveu essa carta quando estava preso, ensinando assim que, independentemente de nossas circunstâncias podemos sempre saber quem somos: herdeiros do Deus vivo. Nada pode tirar nossas bênçãos, pois Deus já "nos abençoou em Cristo com todas as bênçãos espirituais" (Ef 1.3). Mas quais são essas bênçãos?

Primeiro, recebemos graça e paz (1.2). Paulo diz que podemos viver longe do peso da acusação e da pressão por agradar a Deus, pois ele, "tão rico em graça", já nos perdoou (1.7-8). O apóstolo também lembra a seus leitores que eles foram adotados antes mesmo da criação do mundo. Nossa posição como filhos de Deus não foi conquistada por nossos esforços (afinal, nenhum de nós existia antes mesmo de o mundo ser criado, certo?), mas conforme a boa vontade de Deus (1.4-5). É por isso que somos redimidos, uma palavra que no original indicava a compra de um escravo: "Cristo comprou nossa liberdade com o sangue de seu Filho" (1.8).

Mas a graça abundante de Deus não para por aí: ele ainda envia seu Espírito para habitar em nós: "quando creram em Cristo, ele colocou sobre vocês o selo do Espírito Santo" (1.13). Antigamente, quando um rei enviava um presente, o selo real era colocado nele para indicar de onde vinha e a quem pertencia. O Rei dos reis selou o seu coração eternamente com o Espírito Santo! Que você caminhe à luz dessa realidade.

LEIA

Efésios 1

ORAÇÃO

Deus, tu deixaste nas Escrituras passagens que nos asseguram de quem somos em ti. Que bênção é saber que que fui escolhido e redimido! Amém.

O batismo de Jesus

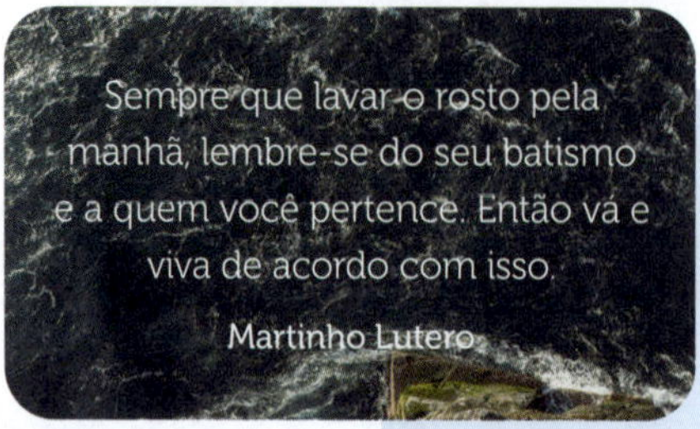

Certo dia, quando as multidões estavam sendo batizadas, Jesus também foi batizado. Enquanto ele orava, o céu se abriu.

Lucas 3.21

LEIA

Lucas 3.1-22

ORAÇÃO

Senhor Deus, tu determinaste minha identidade e decretaste teu amor por mim. Ajuda-me a ter consciência de quem eu sou em ti: filho amado do Pai. Amém.

Muitos podem estranhar ao ver a pregação de João Batista ser descrita como "boas-novas". Afinal, pregar o arrependimento e chamar as pessoas de víboras não parece nada agradável. Porém, o evangelho sempre é uma boa notícia, mesmo quando confronta nosso coração com duras verdades. João Batista não pregou apenas sobre o arrependimento; ele também anunciou a maior bênção de Deus para a humanidade: "Eu os batizo com água, mas em breve virá alguém mais poderoso que eu [...]. Ele os batizará com o Espírito Santo e com fogo" (Lc 3.16).

João nem sequer se considerava digno de desatar a sandália dos pés de Jesus e, mesmo assim, foi o responsável por batizá-lo. E foi em seu batismo que Jesus ouviu do Pai: "Você é meu filho amado" (3.22). Pelo sangue de Jesus, podemos chamar Deus de "Pai". Somos filhos de Deus por meio da adoção, e somos batizados com o Espírito Santo. Contudo, além de filhos somos também amados, e o Senhor deseja que vivamos com a certeza de seu amor por nós.

Quando o Espírito de Deus habita em nós, nossa vida se torna agradável a Deus e lhe damos "grande alegria" (3.22). À medida que experimentamos o amor e a bondade de Deus derramados em nosso coração, desenvolvemos o fruto do Espírito e, assim, não apenas somos abençoados como também podemos espalhar as boas-novas a respeito de Jesus às pessoas que encontrarmos pelo caminho.

Sábios e abençoados

TEMA 33: As bênçãos de Deus

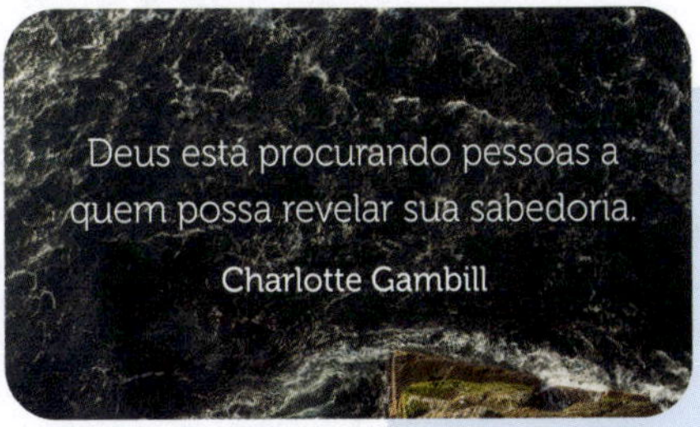

O sábio que os ouvir se tornará ainda mais sábio. Quem tem entendimento receberá orientação.

Provérbios 1.5

Pessoas com muito conhecimento nem sempre são sábias. Existem diversos doutores, políticos, professores, chefes, médicos que de fato são muito inteligentes, mas o conhecimento técnico em determinada área nem sempre se traduz em verdadeira sabedoria. Por outro lado, há pessoas simples que sabem fazer boas escolhas de forma consistente. Elas se destacam de seus amigos e colegas que, frequentemente, colhem os frutos de decisões impensadas.

Isso prova que o caminho para a sabedoria não é óbvio, nem rápido. Ela nem sempre vem de universidades ou manuais, e nem mesmo com a velhice. E, no entanto, existe, sim, uma maneira de obter a verdadeira sabedoria de forma prática: mergulhar nas Escrituras, dedicar-se à oração e prestar atenção ao testemunho de irmãos sábios com o histórico de uma longa caminhada de submissão a Deus. Isso não acontece da noite para o dia — é um processo. É importante sabermos que a sabedoria se aprende gradualmente, e que seu princípio é o temor ao Senhor. No sentido bíblico, "temor" não significa medo extremo ou terror de um Deus perigoso, mas sim reverência, respeito e consideração por Deus e seus mandamentos.

Portanto, temer a Deus é o começo para uma vida de sabedoria. Você deseja tomar decisões certas? Está cansado de se arrepender das más escolhas? Em resumo, você deseja ser uma pessoa sábia? Então leia, medite, contemple, ouça aqueles que seguem o Senhor há mais tempo e dedique tempo à Palavra de Deus. Fazendo assim, você terá uma "uma vida disciplinada e bem-sucedida" (Pv 1.3).

LEIA

Provérbios 1.1-7

ORAÇÃO

Pai, tua sabedoria confunde os grandes intelectuais deste mundo, mas é revelada a todos os que te buscam. Que eu veja tua sabedoria se manifestar em cada aspecto de minha vida. Amém.

A bênção do contentamento

TEMA 33: As bênçãos de Deus

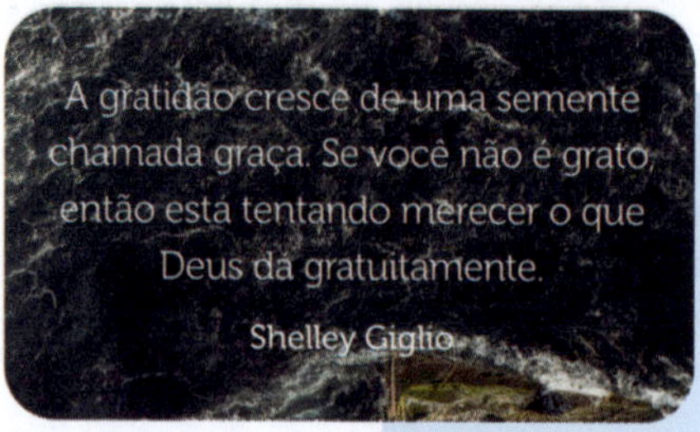

E esse mesmo Deus que cuida de mim lhes suprirá todas as necessidades por meio das riquezas gloriosas que nos foram dadas em Cristo Jesus.

Filipenses 4.19

LEIA

Filipenses 4.10-20

ORAÇÃO

Pai, quero viver uma vida de contentamento, cheio da alegria que vem de ti em todo o tempo. Ajuda-me a estar totalmente focado no presente, e não nas coisas que passaram ou nas que virão. Amém.

A passagem de hoje apresenta um paradoxo. Paulo promete que Deus suprirá todas as necessidades dos filipenses, mas admite que ele mesmo passou por momentos de necessidade. Como essas duas afirmações são possíveis? Paulo escreveu essa carta dentro de uma cela, um lugar de grande angústia e desgaste físico. Do ponto de vista humano, podemos pensar que Deus deveria ter cuidado melhor de seu apóstolo, não é? Contudo, o Senhor queria ensinar a Paulo o que é ter contentamento em meio à dificuldade.

Mudar nossa atitude em relação ao sofrimento é um grande desafio. É impossível fazermos isso sozinhos, mas o Senhor promete nos fortalecer através da vida de Cristo em nós. Quando vivemos um relacionamento diário com ele, em dependência e submissão, nosso caráter é transformado e aprendemos a dizer, assim como Paulo: "Aprendi a ficar satisfeito com o que tenho. Sei viver na necessidade e também na fartura. Aprendi o segredo de viver em qualquer situação, de estômago cheio ou vazio, com pouco ou muito" (Fp 4.12).

Na verdade, nosso grande problema não é que o Senhor não nos atende, mas sim que falhamos em entender quais são nossas verdadeiras e mais profundas necessidades. Deus as conhece bem, pois sua visão vai além da nossa compreensão limitada. Assim, ele trabalha para nosso bem eterno, suprindo aquilo que precisamos "por meio das riquezas gloriosas que nos foram dadas em Cristo Jesus" (Fp 4.19). Portanto, a partir de hoje, em vez de clamar a Deus que elimine as dificuldades de sua vida, peça a ele força e visão espiritual. Embora nem sempre sejamos salvos das provações, mesmo assim aprenderemos a lidar com elas com o coração grato e com a esperança renovada.

A bênção da generosidade

TEMA 33: As bênçãos de Deus

> Quanto maior o seu conhecimento da bondade e da graça de Deus, maior a probabilidade de você louvá-lo na tempestade.
>
> Matt Chandler

> O Senhor dirige os passos do justo; ele se agrada de quem anda em seu caminho. Ainda que tropece, não cairá, pois o Senhor o segura pela mão.
>
> **Salmos 37.23-24**

No mundo, existem pessoas abnegadas e outras que apenas usufruem do que os outros têm a oferecer. Isso não é uma característica exclusiva do nosso tempo, pois Davi já observava essa tendência em seus dias. Para ele esses dois grupos de pessoas também podem ser definidos com outras palavras: os perversos e os justos: "O perverso toma emprestado e nunca paga, mas o justo dá com generosidade" (Sl 37.21).

A generosidade não é uma ação esporádica, mas sim uma maneira de viver: "o justo é generoso e empresta de boa vontade" (37.26). Pessoas com esse perfil sempre encontram oportunidades de expressar sua benevolência, pois sabem que a generosidade vai muito além do aspecto financeiro; também envolve encorajamento, amor, conselhos, atenção, hospitalidade entre outras coisas. O salmo 37 nos dá uma visão mais ampla do povo de Deus, uma comunidade sustentada pela prática da generosidade mútua entre seus membros. Seja financeiramente ou de outra forma, os filhos de Deus sempre devem oferecer suporte uns aos outros em meio às tempestades particulares de cada um.

Sempre existem pessoas que necessitam de nossa generosidade. Há os doentes, os famintos, aqueles que não têm onde dormir, os injustiçados, os refugiados e os que não conseguem sustento para sua família. E a vontade de Deus para o seu povo é que doemos generosamente o que possuímos e carreguemos os fardos uns dos outros. Portanto, aproveite cada oportunidade para ser generoso. Mantenha olhos e coração abertos. Dessa forma, você e sua família experimentarão a plenitude das bênçãos de Deus.

LEIA

Salmo 37

ORAÇÃO

Senhor Jesus, obrigado por tua generosidade ao morreres na cruz por mim. Quero estender essa graça e generosidade a mais pessoas. Amém.

A bênção das tarefas comuns

TEMA 33: As bênçãos de Deus

Conta as bênçãos, conta quantas são. Recebidas da divina mão; uma a uma, dize-as de uma vez, hás de ver, surpreso, quanto Deus já fez.

Hino "Conta as bênçãos"

Realize um censo de toda a comunidade de Israel, de acordo com seus clãs e famílias.

Números 1.2

LEIA

Números 1.1-4

ORAÇÃO

Senhor Deus, eu medito em ti e me lembro de tua bondade. Venho renovar minha gratidão por todas as coisas que estás fazendo em minha vida e através dela. Amém.

A vida adulta é marcada por tarefas tediosas, mas necessárias. Pagamos contas, organizamos a casa, lavamos roupa, fazemos compras... a lista de afazeres é longa. E, às vezes, as tarefas que parecem menos importantes são as mais relevantes para nosso amadurecimento e para encher nosso coração de esperança. Em Números 1, Deus pede a Israel que faça um censo das pessoas que saíram da escravidão no Egito. É importante notar que o Senhor não pediu a Moisés que calculasse a quantidade de roupas, ouro ou comida, mas sim as pessoas — para Deus, o ser humano é mais importante do que suas posses.

Por meio de algo tão burocrático, Deus estava preparando Israel para tomar a terra de Canaã, conforme havia prometido a Abraão. Ele queria que eles conhecessem sua própria força militar e que todos se organizassem, mas também queria lembrá-los de como haviam sido resgatados do Egito. Isso era importante, pois o próximo passo da caminhada de Israel pelo deserto exigiria fé. Fazer que os israelitas avaliassem seus recursos foi a forma de Deus prepará-los para valorizar o que tinham, em vez de se concentrar no que não tinham.

Nós também temos tarefas e responsabilidades diárias que estão sempre diante de nós. Mas e se mudarmos nossa perspectiva e começarmos a enxergá-las como uma forma de contabilizar o quanto Deus já nos deu? Faça o seu próprio "recenseamento" hoje. Com certeza você terminará a lista com louvor em seus lábios.

A verdadeira fonte de força e identidade

TEMA 34: Reflexões sobre 2Coríntios

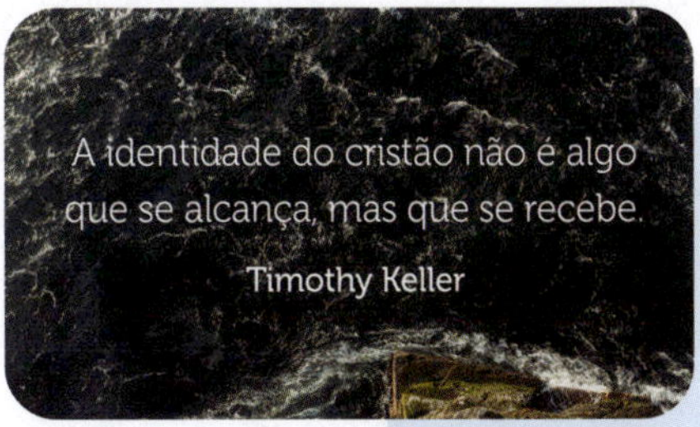

Ele nos capacitou para sermos ministros da nova aliança, não da lei escrita, mas do Espírito. A lei escrita termina em morte, mas o Espírito dá vida.

2Coríntios 3.6

Vivemos em um mundo repleto de informações. Quando não sabemos algo, rapidamente pesquisamos na internet e conseguimos, em poucos segundos, as informações que buscamos. Porém, não podemos confiar em tudo o que lemos on-line. No mundo antigo, se você fosse a uma nova comunidade era esperado que trouxesse uma carta de recomendação de alguém conhecido e influente. Essa carta então serviria para atestar suas credenciais. Mas, na passagem de hoje, Paulo basicamente diz: "Não preciso disso, porque vocês mesmos são minha carta de recomendação".

A igreja em Corinto havia se tornado uma carta aberta com o testemunho de Cristo para o mundo. Paulo pregou para eles, observou seu crescimento na fé, os nutriu e os amou. Mesmo assim, ele sabia que o sucesso de seu ministério naquela cidade não era mérito seu: "Não que nos consideremos capazes de fazer qualquer coisa por conta própria; nossa capacitação vem de Deus" (2Co 3.5).

À medida que avançamos na caminhada cristã, devemos abraçar a verdade de que nossa capacidade de dar frutos vem do Espírito Santo. Embora o mundo diga que nossa dependência de Cristo é sinal de fraqueza, é nele que encontramos a verdadeira fonte da nossa força. Em quais credenciais você está depositando sua confiança: naquilo que o mundo valoriza ou naquilo que é valioso para Deus? Não tenha medo de deixar de lado aquilo que o mundo diz sobre você; antes, confie na obra que Deus está fazendo em sua vida.

LEIA

2Coríntios 3.1-6

ORAÇÃO

Senhor, obrigado porque todo fruto vem de permanecer em ti e de aceitar teu chamado para minha vida. Peço que teu Espírito me ajude onde sou fraco. Amém.

A fraqueza e a glória do evangelho

TEMA 34: Reflexões sobre 2Coríntios

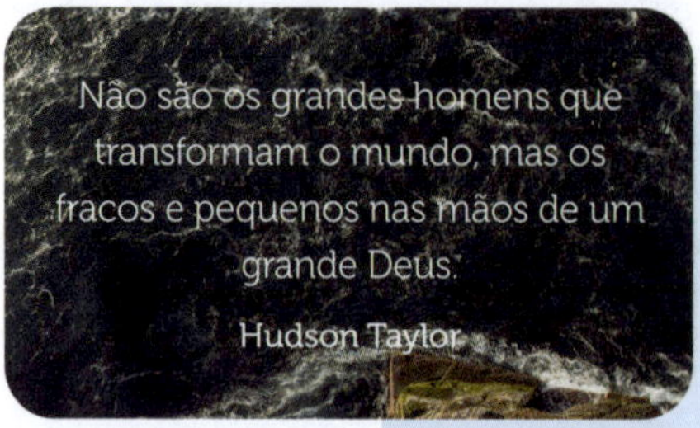

Pois Deus, que disse: "Haja luz na escuridão", é quem brilhou em nosso coração, para que conhecêssemos a glória de Deus na face de Jesus Cristo.

2Coríntios 4.6

LEIA

2Coríntios 4

ORAÇÃO

Senhor Jesus, muitas vezes me sinto desencorajado, como se o peso do mundo estivesse sobre meus ombros. Peço que removas esse fardo e o substituas por teu leve jugo. Amém.

Paulo tinha todos os motivos para desanimar. Deus parecia ter se esquecido dele, a maioria de seus amigos o abandonou, e muitas igrejas onde ele havia servido se viraram contra ele. Paulo estava pronto para desistir; quem sabe voltar a Tarso a fim de ter uma velhice tranquila. Ora, que Deus concluísse o trabalho que havia começado! Mas sabemos que não foi isso o que o apóstolo fez.

Em seu lugar, muitos de nós teríamos desanimado. Contudo, seu ministério estava alicerçado no chamado de Deus, e Deus sempre leva a cabo o que começou. Foi assim que Paulo seguiu em frente. Isso não quer dizer que tudo foi fácil; longe disso. Não foi ideia dele, ele não sonhou com isso, mas se viu incumbido da tarefa de pregar sobre o Cristo ressurreto que havia encontrado em uma estrada para Damasco. Aos coríntios, Paulo lembra que dependia exclusivamente do poder de Cristo: "De todos os lados somos pressionados por aflições, mas não esmagados. Ficamos perplexos, mas não desesperados. Somos perseguidos, mas não abandonados. Somos derrubados, mas não destruídos" (2Co 4.8-9).

Assim como Paulo, podemos encontrar alegria em saber que nossa fraqueza e dor revelam o poder do evangelho. Paulo se alegrou porque sabia que sua própria fraqueza revelava o poder de Deus. Na verdade, ele explica que a glória do evangelho é carregada pelos cristãos em "vasos frágeis". Nós somos esses vasos frágeis, ordinários e comuns. Apesar disso (ou talvez por causa disso), Deus nos escolheu para levar a maravilhosa glória de seu nome ao mundo.

À espera de um corpo glorioso

TEMA 34: Reflexões sobre 2Coríntios

> Defina-se radicalmente como alguém que é amado por Deus. Esse é o seu verdadeiro eu. Qualquer outra identidade é uma ilusão.
>
> Brennan Manning

Sabemos que, quando nosso corpo terreno, esta tenda em que vivemos, se desfizer, teremos um corpo eterno, uma casa no céu feita para nós pelo próprio Deus, e não por mãos humanas.

2Coríntios 5.1

Quando Paulo inicia um raciocínio com a expressão "Sabemos que...", podemos nos perguntar se seus leitores realmente sabiam aquilo que ele estava prestes a dizer, ou se essa é a maneira gentil de o apóstolo dizer: "Isto é o que eu gostaria que vocês soubessem". Na passagem de hoje, ele está se referindo à verdade que mais traz esperança ao nosso coração em meio a problemas e tribulações: a realidade da ressurreição.

Paulo usa a imagem de uma casa, uma "tenda", para apresentar o corpo humano como uma residência temporária. Ao se referir a nosso corpo, Paulo diz que que este templo atual será destruído, mas haverá um novo. Em nossa morada atual, "gememos e suspiramos" (2Co 5.4), porque ansiamos pela destruição daquilo que é mortal. Em outras palavras, o corpo futuro é algo maior e muito mais glorioso do que a estrutura física que possuímos hoje. É por isso que ele insiste com os coríntios para que perseverem em sua caminhada com Cristo.

Embora nosso corpo esteja em decomposição, há uma morada incorruptível aguardando por nós. Como podemos ter certeza disso? Ora, "Deus nos preparou para isso e, como garantia, nos deu o Espírito" (2Co 5.5). No original, essa garantia denota a imagem de um anel de noivado, o objeto que certifica ao amado que a promessa é certa e se cumprirá. Essa expressão também era usada em transações comerciais, algo como um "pagamento inicial", um sinal de que o valor total seria pago ao credor. O Espírito Santo garante que teremos um corpo renovado na vida eterna. Seja qual for seu problema hoje, não desanime; agarre-se à esperança, pois "sabemos que Deus faz todas as coisas cooperarem para o bem daqueles que o amam" (Rm 8.28).

LEIA

2Coríntios 5.1-10

ORAÇÃO

Amado Senhor, eu te agradeço por seres minha âncora. Tu me manténs firme e seguro e nunca me deixas à deriva. Dá-me forças para perseverar. Em nome de Jesus. Amém.

O ministério da reconciliação

TEMA 34: Reflexões sobre 2Coríntios

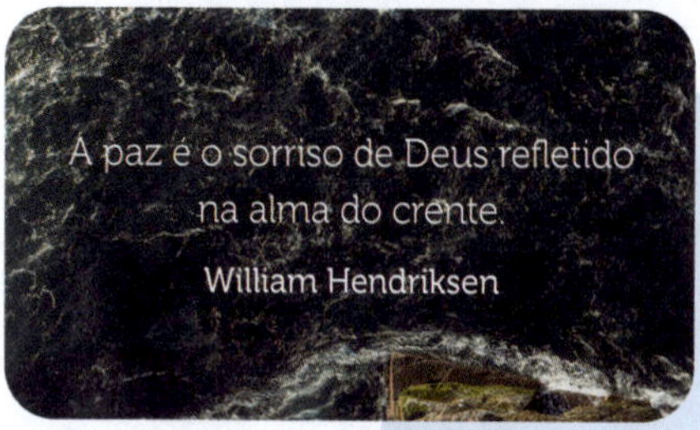

Ele morreu por todos, para que os que recebem sua nova vida não vivam mais para si mesmos, mas para Cristo, que morreu e ressuscitou por eles.

2Coríntios 5.15

LEIA

2Coríntios 5.11-21

ORAÇÃO

Senhor Jesus, que o grande motivo da minha vida seja o teu amor por mim, a fim de que, assim, eu possa despertar os outros para a realidade de que também são amados por ti. Amém.

Na passagem de hoje, descobrimos o grande segredo por trás da motivação de Paulo em seu ministério: o amor de Cristo. Era isso que o impulsionava (2Co 5.14), que o fazia agir e o orientava para o alvo. Paulo está dizendo que aquilo que deve nos motivar mais do que qualquer outra coisa é a experiência contínua do amor de Cristo. Ele havia experimentado esse amor e, por isso, tinha plena consciência de quem era.

Isso lhe proporcionou uma sensação de segurança e de valor próprio. Se você sofre de baixa autoestima, então comece a pensar no que Deus diz sobre você em sua Palavra, como ele o ama, e como Cristo se sacrificou por você. Isso mudará tudo. Ainda, de acordo com Paulo, a morte de Cristo também o libertou da necessidade de viver para si mesmo. Hoje, em todos os lugares, somos incentivados a fazer as coisas que atendam às nossas necessidades e desejos, não importa quais sejam — a cultura nos diz que precisamos ser sempre felizes e realizados, mas sabemos que nem sempre nos sentimos assim. Por isso, Paulo deseja que entendamos esta verdade importante: Jesus Cristo morreu para libertar você dessa compulsão.

Quando entendemos que todos os nossos anseios são satisfeitos em Cristo, descobrimos que o segredo para viver uma vida plena de sentido é, na verdade, voltar-se ao outro e buscar satisfazer às necessidades de seu próximo — e não há maior necessidade no coração humano do que ouvir o evangelho. Por isso, somos incumbidos de uma grande tarefa: anunciar a tantos quanto pudermos a "mensagem maravilhosa de reconciliação" (2Co 5.19).

Uma nova criatura: já e ainda não

TEMA 34: Reflexões sobre 2Coríntios

Um cristão com conhecimento espiritual levará em consideração a eternidade antes de tomar decisões.

Robert Madu

Logo, todo aquele que está em Cristo se tornou nova criação. A velha vida acabou, e uma nova vida teve início!

2Coríntios 5.17

No momento da salvação, a pessoa se torna nova criatura em Cristo. A salvação é o resultado de ouvir o evangelho e de responder com arrependimento e fé; algumas emoções podem acompanhar essa transformação (alívio, perdão, esperança), mas não determinam sua validade. Na passagem de hoje, Paulo apresenta três características objetivas dessa nova vida.

Uma nova posição. Antes da salvação, éramos inimigos de Deus, mas graças à morte de Cristo tornamo-nos seus filhos amados. Na cruz, Jesus pagou o castigo por nossos pecados. Por isso, sua justiça é atribuída a nós em uma transação legal que a Bíblia chama de justificação. Uma nova presença. No momento da salvação, o Espírito Santo passa a residir em nós e a trabalhar a fim de transformar nossa mente e nossos afetos, um processo chamado de santificação. Um novo poder. Uma vez que ainda lutamos contra o pecado e o egoísmo, viver de acordo com o padrão de Deus está além de nossas próprias habilidades. Porém, com o Espírito Santo recebemos também o poder de Deus que nos capacita a ser e a fazer tudo que ele deseja.

Já temos hoje a semente do que nos tornaremos um dia, pois quando Jesus retornar nossos corpos serão glorificados assim como o dele após sua ressurreição. Portanto, nossa esperança gloriosa no futuro deve moldar como vivemos no presente. Como Paulo, devemos viver de acordo com a fé que professamos: "suplico-lhes que vivam de modo digno do chamado que receberam" (Ef 4.1).

LEIA

2Coríntios 5.17-21

ORAÇÃO

Senhor Jesus, eu te agradeço pela nova vida que está disponível para mim em ti. Entra em meu coração mais uma vez e dá nova vida à minha alma. Amém.

O sofrimento de Paulo

TEMA 34: Reflexões sobre 2Coríntios

O cristão jamais escolhe o sofrimento, ele escolhe a vontade de Deus, assim como Jesus, quer isso signifique sofrimento ou não.

Oswald Chambers

Em tudo que fazemos, mostramos que somos verdadeiros servos de Deus. Suportamos pacientemente aflições, privações e calamidades de todo tipo.

2Coríntios 6.4

LEIA

2Coríntios 6.3-13

ORAÇÃO

Senhor Jesus, obrigado por seres meu provedor e estares sempre comigo. Ajuda-me a me alegrar pelas conquistas de outras pessoas e a estar junto delas em suas dores. Amém.

Dizem que, se um bebê não quer comer, os pais devem fingir que estão comendo; assim a criança imitará o adulto. Nesse texto, Paulo está falando como se fosse para crianças. Ele convida os coríntios a abrir o coração, como ele havia feito a eles: "Peço que retribuam esse amor como se fossem meus próprios filhos. Abram o coração para nós!" (2Co 6.13). Esses crentes estavam se comportando como filhos rebeldes, recusando-se a reconhecer a autoridade de Paulo.

Por isso, ele compartilha uma lista de episódios pelos quais teve de passar por causa do evangelho. O apóstolo deseja acabar com a indiferença deles e mostrar-lhes o que significa seguir um Messias crucificado: espancamento, prisão, exaustão e até fome; a lista em 2Coríntios 6.5 não é nada encorajadora. Porém, tudo isso é compensado pelo "poder de Deus que opera em nós" e pelas "armas da justiça" à nossa disposição" (2Co 6.7). Ao longo da vida cristã, dores e bênçãos caminham assim: lado a lado.

Frequentemente, ouvimos pregações que ensinam que nossa vida aqui neste mundo será feita apenas de glória, poder e celebração, com Deus suprindo todas as nossas necessidades. Porém, sabemos que ninguém vive assim o tempo todo — ensinos assim são hipócritas e superficiais. A maturidade cristã consiste em viver com contentamento em meio a esse equilíbrio. Não podemos negar a realidade do pecado em nosso mundo, mas podemos lamentar e celebrar ao mesmo tempo sabendo que, um dia, Deus dará cabo de todo o sofrimento: "Ele lhes enxugará dos olhos toda lágrima, e não haverá mais morte, nem tristeza, nem choro, nem dor. Todas essas coisas passaram para sempre" (Ap 21.4).

Uma tristeza que produz... salvação?

TEMA 34: Reflexões sobre 2Coríntios

Da mesma forma que o temor do mundo é fraqueza, o temor de Deus é grande força.

Ambrósio de Milão

Porque a tristeza que é da vontade de Deus conduz ao arrependimento e resulta em salvação. Não é uma tristeza que causa remorso. Mas a tristeza do mundo resulta em morte.

2Coríntios 7.10

Qual é a sua visão de um cristão bem-sucedido? É provável que você tenha em mente a imagem de uma pessoa perfeita, repleta de fé e confiança, que obedece a Deus em tudo e sempre se alegra nas adversidades, certo? Ou seja, alguém bem diferente de nós mesmos e de outros crentes que conhecemos.

Paulo sabia muito bem quão difícil a vida cristã poderia ser. Ao descrever uma de suas viagens, o apóstolo mostrou aos coríntios que ele não fazia excursões de férias para pregar o evangelho: "Quando chegamos à Macedônia, não tivemos nenhum descanso. Enfrentamos conflitos de todos os lados, com batalhas externas e temores internos" (2Co 7.5). Sem dúvida, Paulo foi um cristão bem-sucedido, mas seu ministério não foi fácil ou tranquilo, como a imaginação popular talvez descreva a vida com Deus. Se compararmos nossa própria experiência com a de Paulo, descobriremos que há muito em comum entre nós e o apóstolo — pelo menos no que diz respeito aos sofrimentos (menos severos, é verdade) pelos quais passamos.

Paulo sabia que não estava se dirigindo a supercristãos (seja aos coríntios, seja a nós hoje), ou a pessoas perfeitas. Ele estava escrevendo a vasos rachados e quebrados que precisavam encarecidamente de um Salvador. É por isso que podemos caminhar com Paulo sem medo, sabendo que o caminho de Deus é um caminho tanto de tristeza quanto de alegria pela restauração que recebemos todos os dias. É certo que, às vezes, Deus permite tristezas em nossa vida, porém tendo em vista um objetivo além do que podemos compreender: nosso arrependimento e, consequentemente, nossa salvação.

LEIA

2Coríntios 7

ORAÇÃO

Senhor, tu sabes que não sou nada além de pó. Mesmo assim, tu me chamaste para compartilhar a mensagem do evangelho; sou eternamente grato por isso. Amém.

A cura do nosso passado

TEMA 35: Cura

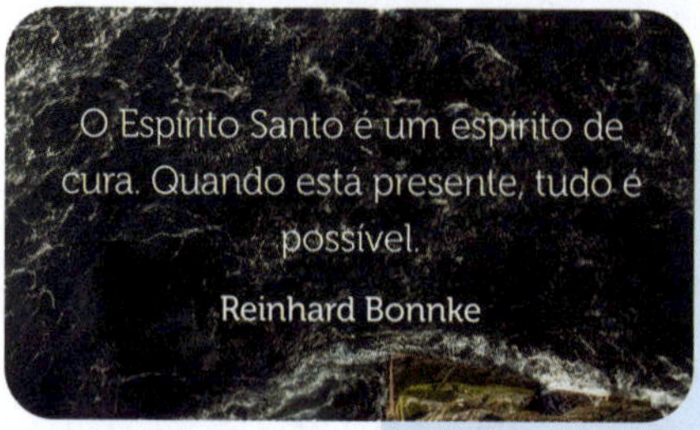

Clamo em alta voz ao Senhor; suplico pela misericórdia do Senhor.

Salmos 142.1

LEIA

Salmo 142

ORAÇÃO

Senhor Deus, agradeço-te por poder entrar em tua presença e ser sincero sobre como me sinto. Ajuda-me a buscar-te com mais frequência a fim de ter mais intimidade contigo. Amém.

De tempos em tempos nos vêm à mente decepções do passado. Muitas vezes ampliamos o que ocorreu e permitimos que essas lembranças tomem proporções gigantescas em nossa mente. O próximo passo é sentir pena de nós mesmos e ficarmos presos às dúvidas. A autopiedade é um problema sutil e difícil de ser detectado, pois geralmente está ligada a algo que precisa ser tratado e curado em nosso coração. Por isso, precisamos permitir que o Espírito Santo tome conta dessa dor, a fim de olharmos para o futuro com esperança.

No salmo de hoje, Davi é um exemplo de como resistir à autopiedade e lidar com as lembranças de forma saudável. Ele havia sido rejeitado por sua própria família e, por isso, derramou seu coração diante de Deus. É bem provável que Davi tenha composto esse salmo durante uma experiência de solidão, e ninguém o teria culpado por sentir pena de si mesmo. Ainda assim, Davi decidiu buscar a Deus em oração. Ele escolheu se aproximar do Senhor e declarou que somente Deus era sua fonte de conforto, provisão e força: "Tu és meu refúgio, és tudo que desejo na vida" (Sl 142.5). Assim como os conflitos, a devoção era algo recorrente na vida do rei.

Durante toda sua vida, Davi derramou suas emoções em cânticos e buscou enxergar seus problemas à luz da eternidade. Por isso, não importa o que estejamos enfrentando: devemos parar por um momento e buscar a Deus por meio de louvor e oração. Ao fazer isso, experimentaremos a paz total de Deus, nutriremos nosso coração com sua presença e processaremos melhor nossos sentimentos. A autopiedade não terá controle sobre nós, à medida que percebemos o cuidado, zelo e amor imensuráveis que Deus tem por seus filhos.

A cura de nossa incredulidade

TEMA 35: Cura

Então Pedro gritou: "Se é realmente o senhor, ordene que eu vá caminhando sobre as águas até onde está!". "Venha!", respondeu Jesus.

Mateus 14.28-29

Problemas e dificuldades existem aos montes e podem nos deixar inseguros. Gostaríamos de navegar nossa própria rota, contornando as curvas e os retrocessos da vida a fim de chegar mais rápido aos nossos objetivos. Contudo, um mar calmo raramente faz parte do modo de navegação que Deus tem para nós. Muitas vezes, o caminho do Senhor se parece mais com uma estrada desconhecida.

Considere Pedro na passagem de hoje. Ele e os outros discípulos haviam acabado de presenciar o Senhor curar enfermos e alimentar milagrosamente uma multidão. Porém, quando voltavam de barco para casa, foram surpreendidos por uma forte tempestade. Por um momento, pensaram que iriam sucumbir, até que viram Jesus caminhando sobre o mar na direção deles. Seria mesmo o Senhor, ou seus olhos estavam começando a lhes pregar peças? É aí que Pedro teve uma ideia: "Se é realmente o senhor, ordene que eu vá caminhando sobre as águas até onde está!". Então, ele firmou os olhos em seu Mestre e andou sobre o mar. De fato, era Jesus que estava ali!

Esqueça por alguns segundos o que aconteceu depois. Naquele instante, Pedro aceitou o convite de Jesus para se juntar a ele em um caminho nada convencional. "Venha!" Esse é o mesmo convite que Jesus faz para nós. O caminho que ele nos convida a trilhar pode ser confuso e cheio de curvas acentuadas, mas podemos confiar que ele nos guiará até o fim. E então, ao olhar para trás e perceber como a mão do Senhor nos conduziu até ali, poderemos louvá-lo assim como aqueles homens antes assustados: "De fato, o Senhor é o Filho de Deus!" (Mt 14.33).

LEIA

Mateus 14.22-33

ORAÇÃO

Senhor Jesus, tu reinas sobre ventos e ondas. Com uma palavra, fazes céus e mares se curvarem em obediência a ti. Ajuda-me a sempre lembrar de teu maravilhoso poder. Amém.

A cura de um leproso

TEMA 35: Cura

Um leproso aproximou-se de Jesus, ajoelhou-se diante dele e disse: "Senhor, se quiser, pode me curar e me deixar limpo".

Mateus 8.2

LEIA

Mateus 8.1-4

ORAÇÃO

Senhor Jesus, perdoa-me pelos momentos em que não me sinto digno do teu amor. Ó Espírito, ajuda-me a lembrar que tenho um grande amigo em Jesus. Amém.

Depois de concluir seu famoso Sermão do Monte, Jesus encontra um leproso que lhe implora para ser curado. De acordo com as leis da época, tocar aquele homem significaria contaminação e impureza cerimonial. O Senhor poderia tê-lo curado com apenas uma palavra, mas escolheu tocá-lo mesmo assim. Embora não sejamos leprosos, também nos aproximamos de Jesus como aquele homem: impuros, cheios de pecado e com um coração doente que precisa de cura e salvação.

Que grande alegria é saber que Jesus pode nos tocar e purificar! Seja uma doença física, um relacionamento que precisa de reconciliação ou uma situação que precisa ser restaurada, Jesus estende a mão, toca onde dói e nos convida a receber seu milagre. Por estar em Cristo, você foi feito digno de receber seu toque divino. É por isso que você pode se aproximar de Jesus como esse leproso que, de certa forma, é a personificação do convite feito pelo autor de Hebreus: "Aproximemo-nos com toda confiança do trono da graça, onde receberemos misericórdia e encontraremos graça para nos ajudar quando for preciso" (Hb 4.16).

Aproxime-se do trono da graça! Mesmo cambaleante e ferido, mesmo sem forças para caminhar e falar, mostre ao Médico suas feridas e deixe que ele aja. Ore com um coração humilde e quebrantado: "Senhor, se quiseres, podes restaurar meu casamento; se quiseres, podes salvar meu filho das drogas, se quiseres pode abrir uma porta de emprego para mim...". Seja qual for o seu pedido hoje, saiba que Jesus está disposto e pronto a curar seu coração e transformar sua vida. Ele responde a essas orações da mesma maneira: "Eu quero! Seja curado".

Mais leprosos são curados

TEMA 35: Cura

A boa notícia é que Jesus já levou sobre si todas as nossas dores. Então posso descansar, pois no final dessa batalha o nome de Cristo será glorificado.

Fabíola Melo

E disse ao homem: "Levante-se e vá. Sua fé o salvou".

Lucas 17.19

"Obrigado." Essa é uma das palavras mais poderosas do nosso vocabulário. Por vezes caminhamos pela vida sem parar para agradecer. Somos atendidos por balconistas, vendedores, motoristas, e nem sequer diminuímos o ritmo de nossos passos para demonstrar-lhes nossa gratidão. Isso não é novidade — os ingratos existem desde os dias de Jesus. Lucas narra a viagem derradeira de Jesus a Jerusalém. A certa altura, o Senhor é abordado por dez leprosos que, a distância, clamam por misericórdia. À primeira vista, ele parece não atender o pedido deles e simplesmente responde: "Vão e apresentem-se aos sacerdotes".

Na época, o sacerdote emitia uma espécie de certificado afirmando que os leprosos estavam curados e puros. Com esse documento, aqueles homens poderiam voltar ao convívio social. Jesus não curou os homens instantaneamente, mas eles foram curados no caminho. Imagine o espanto e a alegria deles ao olhar para sua pele e, de repente, ver que ela estava perfeita! Ainda assim, apenas um ex-leproso voltou para agradecer. Os outros nove continuaram desfrutando da bênção que receberam, mas não voltaram para expressar sua gratidão àquele que os havia curado.

Facilmente desconsideramos esses nove homens, mas poderíamos ter feito a mesma coisa no lugar deles. Possivelmente eles ficaram tão entusiasmados por terem sido curados que mal podiam esperar para rever sua família, um sentimento totalmente compreensível. No entanto, ao voltar para agradecer, aquele samaritano recebeu muito além do que poderia imaginar — mais do que a cura, ele ganhou de presente sua salvação: "Levante-se e vá. Sua fé o salvou". Das mãos de Jesus, ele recebeu um certificado imperecível atestando que havia sido alcançado pela graça imerecida de Deus.

LEIA

Lucas 17.11-19

ORAÇÃO

Amado Deus, perdoa-me pelas vezes em que não sou grato o suficiente. Capacita-me a ver a tua mão trabalhando em cada detalhe da minha vida. Em nome de Jesus. Amém.

A cura por meio da esperança

TEMA 35: Cura

Que Deus, a fonte de esperança, os encha inteiramente de alegria e paz.

Romanos 15.13

31 AGO

LEIA

Romanos 15.1-13

ORAÇÃO

Obrigado, Senhor Deus, por restaurares minha esperança. Espírito Santo, cura meu coração para que eu possa levar essa mesma cura aos outros. Amém.

A vida é imprevisível. Quem poderia imaginar que, há alguns poucos anos, uma pandemia global nos atingiria e mudaria nossos planos, deixando-nos com saudades da estabilidade? Aprendemos que tudo pode mudar radicalmente em questão de dias. Felizmente, em tempos de incerteza, podemos nos apegar a este trecho de Romanos: "Que Deus, a fonte de esperança, os encha inteiramente de alegria e paz. Em vista da fé que vocês depositam nele, de modo que vocês transbordem de esperança, pelo poder do Espírito Santo" (Rm 15.13).

A palavra esperança é mencionada duas vezes nesse versículo. A primeira ocorrência se refere a Deus como a origem e autor da esperança. Certamente enfrentaremos decepções, como o fim de um sonho ou a perda de um ente querido. No entanto, por mais difíceis que sejam nossas circunstâncias, podemos ter esperança, pois sabemos quem Deus é: poderoso, sábio, soberano e bom! Já a segunda menção se refere a nós como os destinatários da esperança. Com o Espírito Santo, somos abençoados com um poder que vai além de um mero otimismo de que tudo dará certo no fim. Ele nos enche com a sólida expectativa da vida eterna.

A humanidade hoje busca algo a que possa se apegar. Por isso, Deus deseja que sejamos luz, que possamos transbordar esperança aos que estão ao nosso redor. É o que Pedro também nos aconselha a fazer: "E, se alguém lhes perguntar a respeito de sua esperança, estejam sempre preparados para explicá-la" (1Pe 3.15). Quanto mais meditamos nas Escrituras, mais Deus cura nosso coração ferido, pois sabemos que, um dia, Jesus voltará e fará novas todas as coisas. Nesse grande dia, Deus enxugará cada lágrima de nossos olhos.

SETEMBRO

O Deus que enxerga nossa dor

TEMA 35: Cura

Sem dor, não há vitória. Sem espinhos, não há trono. Sem fel, não há glória. Sem cruz, não há coroa.

William Penn

Tu me viste quando eu ainda estava no ventre; cada dia de minha vida estava registrado em teu livro, cada momento foi estabelecido quando ainda nenhum deles existia.

Salmos 139.16

LEIA

Salmo 139

ORAÇÃO

Amado Deus e Pai, tu me vês, me conheces e me amas! Obrigado por tua imerecida graça e por tua infalível bondade. Em nome de Jesus. Amém.

Deus nos vê e conhece cada detalhe de nossa vida, assim como nossas dores e alegrias, altos e baixos. Nada escapa à sua vista. E por enxergar tudo isso, ele compreende a angústia que invade nossa alma e destrói coisas valiosas como nossa autoestima, pureza, saúde e esperança. A dor causada por essas perdas pode se manifestar de várias formas: sofrimento físico quando lutamos contra um câncer, angústia emocional quando rompemos um relacionamento e até mesmo uma agonia do espírito quando questionamos o amor de Deus por nós. Mas aquele que nos vê também é poderoso para moldar nosso caráter por meio das provações.

Esse salmo canta de maneira bela a verdade de que nunca estamos fora do campo de visão de Deus, nem mesmo enquanto estávamos sendo formados no ventre materno. Não há lugar para fugir de sua presença. Deus nos vê no escuro, porque, para ele, "a noite é tão clara como o dia; escuridão e luz são a mesma coisa" (Sl 139.12); ele também nos vê enquanto vagamos sem rumo a fim de nos conduzir "pelo caminho eterno" (139.24).

Você se lembra da história de Hagar? Ela não é uma das principais personagens da Bíblia, mas experimentou em primeira mão o que o salmista, mais adiante, transformaria em poesia. Hagar era serva de Sara e estava grávida de um filho de Abraão. Sara, tomada por inveja, passou a tratá-la tão mal que Hagar fugiu para o deserto. Uma gestante em um lugar inóspito e sem mantimentos foi alvo da misericórdia divina, pois Deus falou com ela e lhe deu esperança. "Então Hagar passou a usar outro nome para se referir ao Senhor, que havia falado com ela. Chamou-o de Tu és o Deus que me vê" (Gn 16.13).

Quando o perdão ainda dói

TEMA 35: Cura

> Nada pode acalmar mais a nossa alma ou nos preparar melhor para os desafios da vida do que passar um tempo a sós com Deus.
>
> Billy Graham

> **Sim, eu sou a videira; vocês são os ramos. Quem permanece em mim, e eu nele, produz muito fruto. Pois, sem mim, vocês não podem fazer coisa alguma.**
>
> **João 15.5**

Perdoar enquanto ainda estamos machucados pode ser ainda mais doloroso. Ainda assim, à medida que andamos com Cristo, muitas vezes tentamos perdoar aqueles que nos injustiçaram, porém sem pedir a ajuda de Jesus nesse processo. Assim como tudo na vida, também precisamos estar enraizados na videira se quisermos perdoar. Por nossa própria força, não conseguimos fazer nada, e o próprio Jesus nos alertou sobre isso: "Assim como um ramo não pode produzir fruto se não estiver na videira, vocês também não poderão produzir frutos a menos que permaneçam em mim" (Jo 15.4).

Perdoar os outros assim como fomos perdoados é uma tarefa que está além de nosso alcance. Deus, obviamente, sabe disso e mesmo assim pede que o façamos. Por quê? Porque nunca foi sua intenção que cumpríssemos sua Palavra sozinhos! É por isso que mais adiante no Evangelho de João, o Senhor promete a seus discípulos uma ajuda mais do que especial: "Enviarei a vocês o Encorajador, o Espírito da verdade. Ele virá do Pai e testemunhará a meu respeito" (Jo 15.26).

É o Espírito Santo que nos capacita a exercer o perdão, pois ele cura todas as nossas feridas. Assim, completamente curados, poderemos perdoar, real e completamente, aqueles que parecem não merecer. Nesse processo, nossas feridas darão lugar aos frutos que a mensagem do evangelho produz em nós: "Todo ramo que dá fruto, ele poda, para que produza ainda mais. Vocês já foram limpos pela mensagem que eu lhes dei" (Jo 15.2-3).

LEIA

João 15.1-17

ORAÇÃO

Senhor Deus, trago diante de ti todos aqueles que me ofenderam e feriram. Não posso perdoá-los sozinho; preciso de tua graça para perdoar e amar incondicionalmente, como tu fazes. Amém.

A esperança da vida eterna

TEMA 36: Esperança eterna

Jesus me deu vida eterna nele. Que tomem minha vida, mas Deus me segura na palma de suas mãos, e ninguém pode tirar-me de lá.

Francine Rivers

Então Jesus disse: "Eu sou a ressurreição e a vida. Quem crê em mim viverá, mesmo depois de morrer. Quem vive e crê em mim jamais morrerá. Você crê nisso, Marta?".

João 11.25-26

LEIA

João 11.1-44

ORAÇÃO

Senhor, obrigado pela promessa da vida eterna através de Jesus Cristo. Ajuda-me a viver sem medo da morte, lembrando que estarei contigo na eternidade. Amém.

Um dia, todos nós, seres humanos finitos e limitados, enfrentaremos a morte. Muitos preferem não pensar sobre isso, pois têm muito medo de morrer. Outros veem a morte como o fim da jornada para todos nós, quando viraremos pó e cessaremos de existir. Contudo, não fazemos parte de nenhum desses grupos — cremos em Cristo e em sua obra redentora; para nós a vida eterna é uma promessa e uma realidade.

Na verdade, a Bíblia nos diz que o anseio pela eternidade é algo comum a toda a humanidade: "Deus fez tudo apropriado para seu devido tempo. Ele colocou um senso de eternidade no coração humano" (Ec 3.11). Fomos criados para nos relacionarmos com um Deus eterno. Nas palavras do Catecismo de Westminster: "O propósito supremo do homem é adorar a Deus, e satisfazer-se nele eternamente". É por isso que há em nosso coração um anseio por algo mais do que apenas esta vida aqui e agora. Muitas vezes, por não conseguir entender isso, buscamos suprir essa aspiração com coisas terrenas e passageiras que simplesmente não serão capazes de preencher um vazio que só pode ser preenchido pelo próprio Deus.

Quando entendemos que fomos criados para um relacionamento eterno com um Deus eterno, todo medo da morte se esvai, pois descobrimos que ela não é o fim de todas as coisas. Como diz o autor de Hebreus, ao morrer Cristo libertou "aqueles que durante toda a vida estiveram escravizados pelo medo da morte" (Hb 2.15). Ao fechar nossos olhos para esta vida, temos a confiança que despertaremos diante do Rei dos reis e Senhor dos senhores. E então desfrutaremos de sua presença por todo o sempre.

Planejada antes que tudo viesse a existir

TEMA 36: Esperança eterna

Toda ação de nossa vida toca alguma corda que vibrará na eternidade.

E. H. Chapin

O salário do pecado é a morte, mas a dádiva de Deus é a vida eterna em Cristo Jesus, nosso Senhor.

Romanos 6.23

A vida eterna sempre foi o plano de Deus para todos nós. Basta lermos com atenção um dos versículos mais famosos da Bíblia para chegarmos a essa conclusão: "Porque Deus amou tanto o mundo que deu seu Filho único, para que todo o que nele crer não pereça, mas tenha a vida eterna" (Jo 3.16). Mas também podemos voltar ao início de tudo, em Gênesis, para já observar alguns vislumbres desse plano glorioso de Deus para seus filhos.

Após criar todas as coisas, Deus colocou o homem — o único ser criado à sua imagem e semelhança — no jardim, a fim de que Adão pudesse não apenas guardar e cultivar o que Deus havia feito, mas, principalmente, desfrutar de um relacionamento pessoal e íntimo com o próprio Criador. Não é incrível pensar que todos os dias, ao entardecer, o Senhor ia pessoalmente até o jardim caminhar com o homem? Uma realidade incrível, mas que foi rejeitada pelo casal primevo. Adão e Eva pecaram, não porque comeram um fruto proibido, mas porque, ao fazê-lo, decidiram ser os senhores de sua própria vida, em vez de obedecer à voz de Deus. Foi assim que a morte foi convidada a entrar no mundo.

Mas, mesmo que os representantes da humanidade tenham sido infiéis ao Senhor, ele, em sua infinita bondade e misericórdia, não desistiu de nós. Deus enviou seu Filho para morrer na cruz como pagamento pelos nossos pecados e, assim, restaurar nossa comunhão com o Pai. No Calvário, Jesus concretizou aquilo que havia sido planejado pela Trindade desde antes de o mundo ser criado: "Por causa de sua graça, nos declarou justos e nos deu a esperança de que herdaremos a vida eterna" (Tt 3.7).

LEIA

Romanos 6

ORAÇÃO

Senhor, obrigado pelo dom gratuito da vida eterna através de Jesus Cristo. Que eu possa valorizar o sacrifício de Cristo e buscar um relacionamento mais profundo contigo. Amém.

Afinal, como será a vida eterna?

TEMA 36: Esperança eterna

Alegrem-se: o Deus imortal nasceu para que os homens mortais pudessem viver na eternidade.

Jan Hus

Depois, com eles, nós, os que ainda estivermos vivos, seremos arrebatados nas nuvens ao encontro do Senhor, nos ares. Então, estaremos com o Senhor para sempre.

1Tessalonicenses 4.17

LEIA

1Tessalonicenses 4.13-18

ORAÇÃO

Pai amado, agradeço-te pela esperança de estar contigo eternamente. Que minha vida seja um reflexo dessa promessa gloriosa. Em nome de Jesus. Amém.

João foi um dos homens escolhidos por Deus para ver, em primeira mão, como será a Nova Jerusalém. Em Apocalipse, o apóstolo deu um vislumbre aos seus leitores — que estavam sofrendo grande perseguição naquele momento — de como será viver nessa cidade eterna: "Não haverá mais morte, nem tristeza, nem choro, nem dor. Todas essas coisas passaram para sempre" (Ap 21.4). Pense em todo sofrimento, medo, ansiedade e dor desta vida: um dia, tudo isso deixará de existir. Cristo, que ascendeu aos céus após sua ressurreição, voltará uma vez mais à terra para levar sua amada igreja para junto de si.

Isaías também profetizou sobre o novo céu e a nova terra, algo que deve trazer esperança e alegria ao povo de Deus que sofre neste mundo: "Alegrem-se e exultem para sempre em minha criação! Vejam! Criarei Jerusalém para ser um lugar de celebração" (Is 65.18). Na eternidade, toda a criação será redimida e não haverá mais nenhum sinal de hostilidade, até mesmo entre os animais, pois o profeta diz que o lobo e o cordeiro pastarão juntos, e até o leão comerá palha ao lado do boi. "Em meu santo monte, ninguém será ferido nem destruído; eu, o SENHOR falei!" (IS 65.25).

Enquanto aguardamos com expectativa esse dia glorioso, devemos sempre buscar santificar a Cristo como Senhor em nosso coração e compartilhar com todos a mensagem do evangelho. Dessa forma, além de desfrutar da vida eterna, teremos a incomparável alegria de ver todos os que amamos também vivendo como habitantes da nova Jerusalém.

O pobre moço rico

TEMA 36: Esperança eterna

> Aquele que ajunta tesouros no céu espera pela eternidade; está caminhando diariamente em direção a seus tesouros. Para ele, a morte é um ganho.
>
> Randy Alcorn

Que vantagem há em ganhar o mundo inteiro, mas perder a vida?

Marcos 8.36

O Evangelho de Mateus conta a história de um jovem muito preocupado com o que deveria fazer para ganhar seu passaporte dourado para a eternidade. Assim, ele questiona Jesus de maneira direta sobre esse assunto: "Mestre, que boas ações devo fazer para obter a vida eterna?" (Mt 19.16). E a resposta de Jesus até pode dar a impressão de que a eternidade pode ser alcançada por mérito: "Se você deseja entrar na vida eterna, guarde os mandamentos" (19.17).

"Perfeito!", aquele homem deve ter pensado, afinal ele considerava que seguia à risca toda a lei. Mas o diálogo não parou por aí. Jesus ainda tinha mais uma coisa a lhe dizer, e as próximas palavras de Jesus àquele rapaz foram diretamente de encontro ao seu coração: "Se você quer ser perfeito, vá, venda todos os seus bens e dê o dinheiro aos pobres. Então você terá um tesouro no céu. Depois, venha e siga-me" (19.21). Ao ouvir isso, o jovem se afastou lentamente de Jesus, pois era muito rico.

Essa história nos ensina que não são nossas obras ou méritos que nos garantem a vida eterna, mas sim a obra de Cristo por nós. Contudo, não quer dizer que podemos viver de qualquer jeito, uma vez que nossas ações revelam aquilo que amamos. Por isso, o convite de Jesus para nós é o mesmo feito àquele rapaz: "Abandone o amor pelas coisas passageiras desta vida, coisas que nunca trarão satisfação plena, e siga-me até a cruz. Lá, você poderá testemunhar o que fiz para lhe dar vida".

LEIA

Mateus 19.16-22

ORAÇÃO

Pai, ajuda-me a não ser seduzido pelas riquezas deste mundo. Que eu possa valorizar minha alma acima de tudo e seguir teus caminhos com amor sincero. Em nome de Jesus. Amém.

Uma realidade além do que podemos conceber

TEMA 36: Esperança eterna

> O maior sucesso de Satanás é fazer as pessoas pensarem que têm muito tempo antes de morrer para que considerem seu bem-estar eterno.
>
> John Owen

> **Olho nenhum viu, ouvido nenhum ouviu, e mente nenhuma imaginou o que Deus preparou para aqueles que o amam.**
>
> **1Coríntios 2.9**

LEIA

Apocalipse 21

ORAÇÃO

Pai amado, obrigado por preparares maravilhas além da nossa compreensão. Que minha vida seja guiada pela esperança de te conhecer plenamente na eternidade. Amém.

Quando João foi arrebatado em espírito e recebeu a revelação para escrever Apocalipse, um dos anjos o tomou pela mão e lhe disse: "Venha comigo, e eu lhe mostrarei a noiva, a esposa do Cordeiro" (Ap 21.9). Do alto de uma montanha, João viu a Nova Jerusalém descer do céu, e é bem provável que seu relato não tenha dado conta de transmitir à nossa imaginação tudo o que ele viu. Mesmo assim, ele tentou traduzir em palavras o que tinha diante de si.

A cidade brilhava como uma joia preciosa e clara como cristal. Tinha um muro grande e alto, com doze portas e doze anjos como seus guardiões. O muro era feito de jaspe, e seus fundamentos, ornamentados com toda sorte de pedras preciosas: jaspe, safira, esmeralda, topázio e ametista. A rua principal era pavimentada com ouro puro, e a cidade não precisava do sol nem da lua para brilharem sobre ela, pois a glória de Deus a iluminava com um brilho jamais visto. No meio da rua principal, do trono de Deus, fluía o rio da vida, caudaloso e límpido. E de cada lado do rio estava a árvore da vida, cujas folhas curavam as nações.

É impossível compreender com nossa mente limitada a imensidão daquilo que Deus tem preparado para nós. Um dia, veremos face a face aquele que é ilimitado e eterno. Nunca vamos nos cansar, nem ficaremos entediados, pois sempre haverá algo novo de Deus para nos surpreender. Então, por mais grandiosa que seja sua expectativa sobre a eternidade, esteja certo de que ela será muito melhor: "Toda a glória seja a Deus que, por seu grandioso poder que atua em nós, é capaz de realizar infinitamente mais do que poderíamos pedir ou imagina" (Ef 3.20).

Aos vitoriosos...

TEMA 36: Esperança eterna

Muitos homens devem a grandeza da sua vida aos obstáculos que tiveram de superar.

C. H. Spurgeon

O vitorioso se sentará comigo em meu trono, assim como eu fui vitorioso e me sentei com meu Pai em seu trono.

Apocalipse 3.21

O livro de Apocalipse revela muitas coisas que dizem respeito ao fim dos tempos, como o retorno glorioso de Jesus, o julgamento dos ímpios e o estabelecimento do reino. Mas antes de tratar dessas coisas, o livro apresenta as cartas ditadas pelo próprio Senhor Jesus a sete igrejas do primeiro século. Essas cartas contêm palavras preciosas que nos ensinam como viver enquanto aguardamos o retorno de nosso Senhor.

Somos exortados a nos manter perseverantes diante dos sofrimentos e tristezas desta vida; a guardar a fé; a buscar o entendimento da Palavra; a manter acesa a chama do primeiro amor; e a conservar um coração quebrantado diante de Deus. Os que guardam esses conselhos são chamados por Jesus de "vitoriosos" e recebem do próprio Senhor inúmeras promessas que também são descritas nessas cartas: "Ao vitorioso, darei o fruto da árvore da vida que está no paraíso de Deus" (Ap 2.7); "Quem for vitorioso não sofrerá o dano da segunda morte" (2.11); "Ao vitorioso, darei do maná escondido" (2.17); "O vitorioso será vestido de branco" (3.5).

Todas essas promessas já nos pertencem e serão concretizadas na eternidade. Para isso, precisamos manter firme nossa confiança e esperança em tudo o que ele diz. É importante também notar nessas cartas que o conceito de Jesus a respeito de quem é um vitorioso é bem diferente do nosso. Em nossa cultura, pensamos que alguém "venceu na vida" quando conquistou muitas posses e teve uma carreira sólida. Mas, para Jesus, o vencedor é aquele que ouve suas palavras e as pratica. E, além de "vitorioso", o Senhor usa outro adjetivo para se referir a esses: "*Felizes* aqueles que lavam suas vestes. A eles será permitido entrar pelas portas da cidade e comer do fruto da árvore da vida" (Ap 22.14).

LEIA

Apocalipse 2–3

ORAÇÃO

Senhor Jesus, obrigado pelas promessas maravilhosas que reservaste para os vencedores. Dá-me força e coragem para perseverar diante das dificuldades, mantendo a fé em ti. Amém.

Assim na terra como no céu

TEMA 36: Esperança eterna

O céu não é uma vaga possibilidade para os que creem em Cristo, mas é uma certeza absoluta.

Hernandes Dias Lopes

Os fariseus perguntaram a Jesus: "Quando virá o reino de Deus?". Jesus respondeu: "O reino de Deus não é detectado por sinais visíveis. Não se poderá dizer: 'Está aqui!' ou 'Está ali!', pois o reino de Deus já está entre vocês".

Lucas 17.20-21

LEIA

Lucas 17.20-37

ORAÇÃO

Querido Pai, obrigado por nos permitires experimentar teu reino aqui e agora. Ajuda-me a viver cada dia conforme a tua vontade, trazendo a realidade do céu para minha vida na terra. Amém.

Ao longo dos últimos dias, aprendemos sobre como será a vida eterna. Talvez seu coração tenha sido tocado e se enchido de esperança e expectativa sobre tudo que viveremos ao lado da Trindade para todo o sempre. Mas talvez tudo isso possa parecer distante demais para você, especialmente diante de tantas demandas, dificuldades, frustrações e de toda a correria desta vida. A boa notícia é que Jesus disse que já podemos viver muitas das realidades espirituais e físicas do seu reino vindouro enquanto ainda vivemos aqui.

O reino de Deus foi inaugurado quando Jesus veio ao mundo como homem, e, apesar de ter tido um início, esse reino nunca terá fim e está a nosso alcance hoje. É por isso que Jesus nos ensina a orar ao Pai: "Venha o teu reino. Seja feita a tua vontade, assim na terra como no céu" (Mt 6.10). Quando oramos assim, pedimos não apenas pelo reino, mas também para que a boa, agradável e perfeita vontade de Deus esteja disponível a nós enquanto vivemos nossos dias nesta terra.

O amor que sentimos pelo Senhor e as obras de nossas mãos que revelam arrependimento e fé são traços da eternidade dos quais já podemos desfrutar. Ou seja, podemos começar a viver a eternidade aqui e agora com confiança em que a obra redentora de Cristo já foi colocada em marcha e será concretizada. Portanto, se você anseia pela eternidade, ore e busque ao Senhor todos os dias. Que o Espírito lhe conceda amostras da eternidade em meio às experiências cotidianas da vida.

Direitos, deveres e fidelidade

TEMA 37: Praticando a fidelidade

Fé verdadeira significa entregar-se totalmente, depositando toda esperança na fidelidade de Deus e em suas promessas.

Francis Chan

Portanto, devemos ser considerados simples servos de Cristo, encarregados de explicar os mistérios de Deus. De um encarregado espera-se que seja fiel.

1Coríntios 4.1-2

Sempre estamos nos relacionando, e todo relacionamento envolve direitos e deveres. Os direitos são as partes que nos beneficiam, já os deveres dizem respeito àquilo que fazemos e que favorece os outros. Pense, por exemplo, na relação que existe entre você e a companhia elétrica da sua cidade. É seu direito ter energia em casa, desde que você mantenha os pagamentos em dia.

Contudo, existe ainda outra característica essencial nos relacionamentos, principalmente no que diz respeito à nossa relação com Deus: a fidelidade. Paulo, por exemplo, inclui essa virtude entre as características do fruto que o Espírito Santo produz em nós (Gl 5.22-23), mostrando que esse é um assunto que não pode ser negligenciado. Mas o que a fidelidade significa? Ela pode ser definida como a qualidade daquele que é leal, que honra seus compromissos e cumpre suas promessas. E Deus exige fidelidade do seu povo; essa é a base da aliança feita com Israel: "Eu sou o SENHOR, seu Deus, que o libertou da terra do Egito, onde você era escravo. Não tenha outros deuses além de mim" (Êx 20.2-3).

Deus exige isso de nós como uma resposta àquilo que ele já fez em nosso favor. O Senhor havia libertado os israelitas da opressão egípcia e, por isso, pedia-lhes que fossem fiéis — e o mesmo ocorre conosco. Quando Deus nos redime, ele também se compromete a nos conduzir até a eternidade, e nós nos comprometemos a servi-lo e obedecer-lhe. Dessa forma, somos abençoados com a dádiva da vida eterna e da justificação, bênçãos que jamais poderíamos obter por nosso mérito.

LEIA

1Coríntios 4

ORAÇÃO

Pai, tua Palavra nos ensina que é fundamental nos mantermos fiéis a ti. Obrigado por me dares a oportunidade de andar em aliança contigo. Em nome de Jesus. Amém.

A fidelidade para cumprir nosso chamado

TEMA 37: Praticando a fidelidade

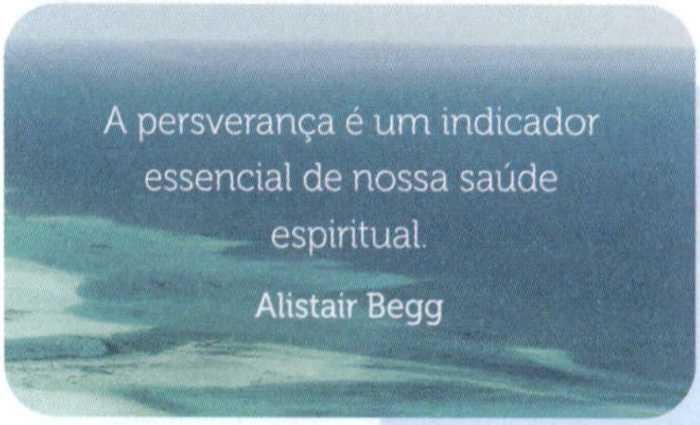

Deus concedeu um dom a cada um, e vocês devem usá-lo para servir uns aos outros, fazendo bom uso da múltipla e variada graça divina.

1Pedro 4.10

LEIA

1Pedro 4.1-11

ORAÇÃO

Senhor, ajuda-me a utilizar os dons que me deste para edificar o teu Corpo. Que eu sempre esteja ciente da grande responsabilidade que é ser chamado para trabalhar em favor do teu reino. Amém.

A igreja do Senhor é constituída de pessoas chamadas para diferentes ministérios. Existem os que lideram, os que ensinam, os que intercedem... enfim, há muito trabalho a ser feito. A Bíblia também afirma que cada um de nós prestará contas a Deus daquilo que fazemos, e os reis de Israel são uma demonstração disso.

A monarquia em Israel durou aproximadamente quatro séculos e, ao longo desse período, os reis eram classificados como bons ou maus governantes. E o critério para avaliar o mandato de um monarca não era a força de seu exército, a riqueza de sua corte ou a quantidade de vitórias militares, mas sim o quanto ele se manteve fiel em liderar o povo de acordo com os mandamentos do Senhor. Assim como os reis recebiam de Deus a permissão para governar seu povo, também recebemos os dons para servir à igreja, e devemos fazer tudo o que for possível para servir e desempenhar bem as tarefas que nos são atribuídas. É isso que Paulo nos incentiva a fazer: "Se tiver o dom de servir, sirva com dedicação. Se for mestre, ensine bem" (Rm 12.7).

Portanto, devemos nos empenhar naquilo que nos sentimos chamados a fazer, usando com fidelidade os dons que o Espírito Santo concedeu a cada um de nós. Deus tem um papel para você nos lugares em que ele o inseriu, e isso não se resume a sua igreja local. Peça ao Senhor que lhe dê clareza sobre onde seus esforços serão mais bem aproveitados para sua obra. E então faça o que deve ser feito com zelo e fidelidade.

A fidelidade no trabalho

TEMA 37: Praticando a fidelidade

Estamos sempre sendo forjados. Por meio das provações, Deus está nos moldando para coisas mais elevadas. Seja fiel.

Steven Furtick

Trabalhem com entusiasmo, como se servissem ao Senhor, e não a homens. Lembrem-se de que o Senhor recompensará cada um de nós pelo bem que fizermos, quer sejamos escravos, quer livres.

Efésios 6.7-8

Como cristãos, não podemos ver o trabalho apenas como um meio para obter nosso sustento. A Palavra de Deus mostra que o trabalho é uma bênção e que devemos exercê-lo com fidelidade. Após a Queda, a fadiga e o cansaço surgiram como consequência da desobediência, porém o trabalho já existia antes de Adão e Eva pecarem — ao contrário do que muitos pensam, o trabalho não é consequência do pecado: "O SENHOR Deus colocou o homem no jardim do Éden para cultivá-lo e tomar conta dele" (Gn 2.15).

Por isso, ao desobedecer a Deus e pecar, Adão não traiu apenas ao Senhor, mas também foi infiel a sua vocação, pois, ao trabalhar, exercemos nosso papel como administradores da criação divina. Dessa forma, quando trabalhamos, estamos cumprindo nossa responsabilidade diante de Deus, das pessoas e da criação em geral, um aspecto que os teólogos chamam de mandato cultural, cuja base teológica está descrita em Gênesis 1.28-30. Com isso em mente, podemos compreender que é uma imensa responsabilidade agirmos com fidelidade e gratidão ao Senhor, pois além do sustento que recebemos, também contribuímos com o desenvolvimento do mundo e da sociedade.

Precisamos ser cuidadosos com a nossa vocação, cumprindo devidamente nossos horários, sendo honestos, trabalhando com zelo e cuidado. Ao mesmo tempo, enquanto fazemos sempre o nosso melhor, devemos cultivar o hábito de orar por aqueles que estão à nossa volta para que eles sejam abençoados com os frutos de nosso trabalho e para que o nome do Senhor seja sempre glorificado por meio de nossas ações.

LEIA

Efésios 6.1-9

ORAÇÃO

Senhor, ajuda-me a ver o trabalho como um serviço a ti, e não apenas como um meio de obter dinheiro. Que eu possa honrar teu nome através do que faço. Amém.

A fidelidade nos talentos

TEMA 37: Praticando a fidelidade

> Quando Cristo voltar, o pequeno será grande; o esquecido será lembrado; o desconhecido será coroado; e o fiel será honrado.
>
> Max Lucado

> **O senhor disse: "Muito bem, meu servo bom e fiel. Você foi fiel na administração dessa quantia pequena, e agora lhe darei muitas outras responsabilidades. Venha celebrar comigo".**
>
> **Mateus 25.21**

LEIA

Mateus 25.14-30

ORAÇÃO

Deus, obrigado pelos talentos que recebi. Inspira-me a usá-los com diligência e fidelidade, multiplicando o que me foi confiado. Amém.

A parábola dos dez talentos é uma das mais conhecidas de toda a Bíblia. Nela, um homem estava se preparando para uma longa viagem e, antes de partir, distribuiu a administração de seus bens a três funcionários. Dois deles trabalharam arduamente e multiplicaram a parte que havia sido colocada sob sua responsabilidade. Porém, o último servo apenas guardou a quantia que havia recebido e não se preocupou em fazê-la render.

Quando o patrão retornou, os dois primeiros prestaram contas e foram elogiados, ao passo que o último foi severamente punido por sua preguiça e desleixo. Todos nós, cristãos ou não, recebemos de Deus a capacidade para fazer alguma coisa, seja ela simples ou complexa, e a essa capacidade damos o nome de dons ou talentos. Os teólogos se referem a esse aspecto como graça comum, ou seja, Deus, em sua bondade, permite que todos os indivíduos tenham a capacidade de contribuir para o bom andamento da vida. É por isso que podemos desfrutar de coisas muito boas, como música, teatro, moda, gastronomia, turismo, tecnologia, segurança, saúde, entre tantas outras.

Quando agimos como os dois primeiros homens da parábola, beneficiamos a humanidade e, assim, demonstramos fidelidade ao Senhor, desenvolvendo aquilo que ele nos confiou. Mas também somos fiéis às outras pessoas, pois contribuímos para o seu bem-estar. Porém, quando nos entregamos à ociosidade e ao desânimo, somos infiéis ao que Deus nos confiou e falhamos com o próximo.

Quais talentos Deus concedeu a você? O que você tem feito com eles? Ore e peça ao Senhor que o direcione e o ajude a desenvolver seus talentos e aptidões. Sua fidelidade em desenvolver o que Deus lhe concedeu agrada não somente a ele, mas abençoa muitas vidas.

A fidelidade nas relações familiares

TEMA 37: Praticando a fidelidade

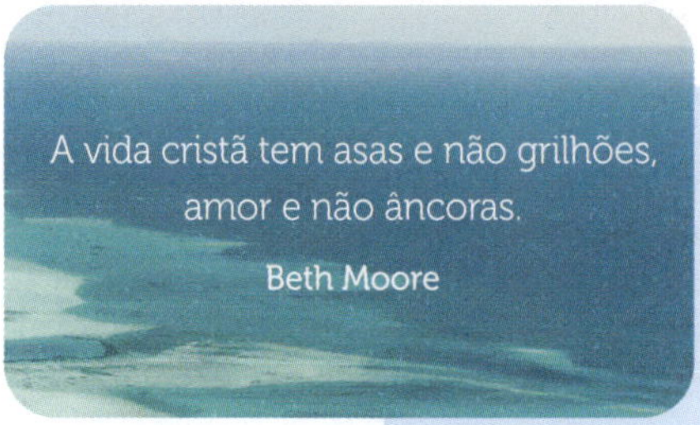

Pais, não tratem seus filhos de modo a irritá-los; antes, eduquem-nos com a disciplina e a instrução que vêm do Senhor.

Efésios 6.4

No meio cristão, há muitos materiais que falam sobre a fidelidade conjugal. Hoje, vamos tratar da fidelidade nas relações familiares como um todo. Para uma família seguir bem, não basta que os cônjuges se mantenham fiéis um ao outro; é necessário que todos cumpram seu papel.

Agostinho de Hipona foi um dos maiores teólogos da igreja. Sua influência foi significativa na teologia e na filosofia, e seus livros são estudados até hoje. No entanto, muitos desconhecem a influência que sua mãe, Mônica, exerceu sobre sua vida. Desde muito cedo, Mônica instruiu Agostinho nos caminhos do Senhor, e quando ele se converteu a Cristo, fez questão de destacar em suas *Confissões* quanto o zelo e a dedicação de sua mãe por Cristo o beneficiaram. Essa história demonstra a importância do que a Palavra diz ao orientar os pais a instruir os filhos nos caminhos do Senhor, e também prova que a fidelidade no cumprimento dessa vocação traz resultados abençoadores.

A Bíblia mostra ainda que os filhos têm um papel a cumprir na família: obedecer aos pais na infância, cuidar deles na velhice, e honrá-los sempre. De forma geral, todos nós temos de cumprir com fidelidade nossas obrigações familiares. É isso que Paulo instrui Timóteo a fazer: "Aqueles que não cuidam dos seus, especialmente dos de sua própria família, negaram a fé e são piores que os descrentes" (1Tm 5.8).

Portanto, peça ao Senhor que ajude você a honrar seus pais e a cumprir a nobre tarefa de cuidar de seus familiares. Se você é pai ou mãe, inspire-se em Mônica e em tantos outros pais que instruíram seus filhos com fidelidade. Ensinar os valores do reino a nossos filhos talvez seja a coisa mais importante que podemos fazer por eles.

LEIA

Efésios 6.1-4

ORAÇÃO

Pai celestial, dá-me sabedoria e paciência para criar meus filhos segundo teus ensinamentos. Que eu seja uma influência positiva e fiel, guiando-os em teus caminhos. Amém.

A fidelidade no casamento

TEMA 37: Praticando a fidelidade

Acaso o SENHOR não o fez um só com sua esposa? Em corpo e em espírito vocês pertencem a ele. E o que ele quer? Dessa união, quer filhos dedicados a ele. Portanto, guardem seu coração; permaneçam fiéis à esposa de sua mocidade.

Malaquias 2.15

15 SET

LEIA

Malaquias 2.10-17

ORAÇÃO

Senhor, ajuda-me a manter meu coração puro. Protege meu casamento de toda tentação, para que eu honre o compromisso que fiz ao meu cônjuge diante de ti. Amém.

Uma das principais áreas que nos vem à mente quando falamos de fidelidade é o relacionamento amoroso. A infidelidade conjugal é condenada por Deus desde o Antigo Testamento. Trata-se de algo tão grave que, no período da Lei, tal pecado era punido com a morte. O Senhor estabeleceu o casamento como uma aliança. É o vínculo mais íntimo que uma pessoa pode ter, uma dádiva de Deus para os seres humanos. Portanto, a profanação do casamento afronta o Criador.

Infelizmente, as sociedades se corrompem e, ao se afastarem dos princípios cristãos, começam a menosprezar o matrimônio. Muitos têm atacado a fidelidade conjugal como algo antiquado e desimportante, porém as Escrituras são claras ao afirmar que a pureza do casamento continua sendo a vontade de Deus para nós: "'Pois eu odeio o divórcio', diz o SENHOR, o Deus de Israel. 'Divorciar-se de sua esposa é cobri-la de crueldade. Portanto, guardem seu coração; não sejam infiéis'" (Ml 2.16). No Sermão do Monte, Jesus também aborda esse assunto, ampliando nossa visão sobre o tema: "Eu, porém, lhes digo que quem olhar para uma mulher com cobiça já cometeu adultério com ela em seu coração" (Mt 5.28).

Jesus mostra que a infidelidade já está presente quando homens e mulheres nutrem em seu coração o desejo por pessoas que não são seus cônjuges. Esse alerta é essencial, pois a infidelidade traz grandes males. Famílias são destruídas, lares são desfeitos, e filhos levam consigo traumas por toda a vida. Portanto, precisamos guardar nosso coração da impureza e tratar o casamento com profunda reverência. Mantenha-se fiel à sua família, ao seu próximo e ao Senhor.

A fidelidade de Deus

TEMA 37: Praticando a fidelidade

> O Calvário é a prova objetiva, absoluta e irrefutável do amor de Deus por nós.
>
> Jerry Bridges

> **Deus é fiel, e ele os convidou a ter comunhão com seu Filho Jesus Cristo, nosso Senhor.**
>
> **1Coríntios 1.9**

A fidelidade de Deus transborda pelas páginas das Escrituras. São centenas os versículos que destacam esse atributo divino: "Grande é sua fidelidade; suas misericórdias se renovam cada manhã" (Lm 3.23); "Teu amor, SENHOR, é imenso como os céus; tua fidelidade vai além das nuvens" (Sl 36.5); "Se formos infiéis, ele permanecerá fiel, pois não pode negar a si mesmo" (2Tm 2.13). São apenas alguns exemplos de como os autores bíblicos apresentam esse tema ao longo da história da redenção.

A fidelidade divina também fundamenta nossa fé. Podemos descansar e confiar, pois sabemos que em nenhum momento Deus deixará de cumprir sua palavra. Ele nunca falhou com nenhum de seus filhos, e não falhará conosco, mesmo quando nos encontrarmos em situações difíceis. O povo de Israel experimentou a fidelidade de Deus, dia após dia, enquanto peregrinava pelo deserto. Para esses israelitas, as palavras de Moisés acerca do caráter de Deus não eram apenas um ensino abstrato — elas refletiam o que eles mesmos haviam testemunhado: "Ele é o Deus fiel que cumpre por mil gerações sua aliança de amor com todos que o amam e obedecem a seus mandamentos" (Dt 7.9).

Se, por um lado, sentimos segurança na fidelidade do Senhor, por outro, também somos compelidos a ser fiéis em tudo o que fazemos. E podemos contar com a ajuda do Senhor para nos aperfeiçoar em fidelidade ao longo da caminhada. Portanto, mesmo que venhamos a cair ou a encontrar obstáculos pelo caminho, "apeguemo-nos firmemente, sem vacilar, à esperança que professamos, porque Deus é fiel para cumprir sua promessa" (Hb 10.23).

LEIA

Hebreus 10.19-39

ORAÇÃO

Senhor, capacita-me a ser fiel a ti e, assim, cumprir os papéis que tu me designaste: na família, no trabalho, na igreja e na sociedade. Em nome de Jesus. Amém.

O Deus que nos vê

TEMA 38: Lidando com as dificuldades

Esta é a coisa fundamental, a mais séria de todas: estamos sempre na presença de Deus.

Martyn Lloyd-Jones

Vais adiante de mim e me segues; pões sobre mim a tua mão. Esse conhecimento é maravilhoso demais para mim; é grande demais para eu compreender!

Salmos 139.5-6

LEIA

Salmo 139

ORAÇÃO

Senhor, obrigado por estares comigo em meio às tribulações. Ajuda-me a ter mais consciência da tua presença e dá-me também um novo apetite por tua Palavra. Em nome de Jesus. Amém.

A dor e o sofrimento são únicos para quem os sente, e podemos dizer que são potencializados quando nos damos conta de que Deus parece estar distante de nós, indiferente à nossa situação. Foi assim que Jesus se sentiu na cruz. Ao carregar sobre si o pecado de todos, Cristo, por um instante, encontrou-se abandonado por Deus.

Talvez você esteja se sentindo assim agora, isolado e envolto em trevas. Mas seja qual for sua luta hoje, saiba que você não está sozinho. Aliás, não se culpe por questionar se Deus realmente está a seu favor; duvidar não é sinal de fraqueza ou incredulidade. Esteja certo: Deus está aí, ao seu lado, mesmo quando tudo parece indicar o contrário. Como o salmista nos lembra, é impossível ocultar nossa vida do Senhor: "Se subo aos céus, lá estás; se desço ao mundo dos mortos, lá estás também. Se eu tomar as asas do amanhecer, se habitar do outro lado do oceano, mesmo ali tua mão me guiará, e tua força me sustentará" (Sl 139.8-10).

Ao enfrentar dificuldades, concentre-se em fazer aquilo que trará paz ao seu coração. Dedique-se à oração, passe tempo conversando com Deus e se aprofundando em sua Palavra. Reúna-se com os santos em sua igreja local e seja paciente. A fim de amadurecer como cristãos, precisamos entender que há algo muito mais importante do que meramente sentir a presença de Deus: precisamos saber, pela fé, que ele nos encontrou e é fiel. Só assim poderemos descansar.

O sofrimento presente

TEMA 38: Lidando com as dificuldades

Podemos encontrar sofrimento implacável em nossos dias, mas nossos dias nunca devem perder a esperança implacável de vista.

Jennie Lusko

Considero que nosso sofrimento de agora não é nada comparado com a glória que ele nos revelará mais tarde.

Romanos 8.18

À medida que crescemos na fé e avançamos em nossa caminhada com Cristo, descobrimos que confiar em suas promessas requer mais do que simplesmente fé — exige paciência também. É por isso que a Palavra de Deus nos lembra, repetidamente, que fé e paciência são virtudes que devem caminhar de mãos dadas, já que uma sem a outra pode nos desanimar ou nos tornar resignados quanto aos problemas da vida. A fé nos dá a motivação para confiar na Palavra de Deus, e a paciência nos enche de vigor para confiar que, em seu tempo, o Senhor trará ordem a todo o caos.

Em sua carta à igreja de Roma, Paulo nos lembra que "se esperamos por algo que ainda não temos, devemos fazê-lo com paciência e confiança" (Rm 8.25). O termo original traduzido por "paciência" nesse versículo passa a imagem de alguém que persiste, que simplesmente se recusa a desistir. Paciência é o que nos faz perseverar enquanto Deus permanece em silêncio; é o que impede que o tempo de Deus enfraqueça nossa fé e nos faça esmorecer. Esperar nunca é fácil (mesmo que seja pelo agir de Deus), mas pelo Espírito Santo isso é possível, pois sabemos que "o Espírito nos ajuda em nossa fraqueza" (8.26).

Se você está em modo de espera hoje, saiba que as promessas de Deus são absolutamente confiáveis. Então aguarde e continue a confiar. Do outro lado de sua espera está uma promessa cumprida. E quando seus olhos virem o que sua fé já sabe ser real, haverá motivo para celebrar e compartilhar seu testemunho com todos.

LEIA

Romanos 8.18-39

ORAÇÃO

Pai celestial, eu te amo de todo meu coração e confio em tuas promessas. Ajuda-me a perseverar até o fim. Em nome de Jesus. Amém.

Honestidade com Deus

TEMA 38: Lidando com as dificuldades

Deus nos vê como somos e, mesmo assim, nos ama e nos aceita. Mas, por sua graça, ele não nos deixa permanecer na condição em que estamos.

Timothy Keller

Quando eu estava angustiado, busquei o Senhor. Orei a noite toda, de mãos estendidas para o céu, mas minha alma recusou ser consolada.

Salmos 77.2

LEIA

Salmos 77.1-9

ORAÇÃO

Senhor, eu te agradeço por não te deixares intimidar por meus anseios e preocupações. Tu me criaste e conheces cada um de meus pensamentos. Ajuda-me a lembrar disso. Amém.

Muitos livros cristãos foram escritos ao longo dos séculos, mas talvez nenhum tenha se tornado tão popular quanto *O peregrino*, de John Bunyan. Esse livro conta a história do personagem Cristão em uma jornada da Cidade da Destruição rumo à Cidade Celestial. No caminho, ele enfrenta muitas dificuldades, mas persevera até o fim. É uma metáfora para a vida cristã: sempre marcada por obstáculos, mas, à medida que passamos por momentos difíceis para permanecer perto de Deus, emergimos mais fortes, mais sábios e mais semelhantes a Cristo. Então, qual deve ser nossa postura em meio à dificuldade?

Davi começa o salmo 77 expondo diante de Deus todas as suas queixas. Ele foi ousado demais ou podemos seguir seu exemplo em nosso relacionamento com o Senhor? Na medida em que não estamos livres das dificuldades e de suas consequências, podemos nos apresentar a Deus com honestidade e sinceridade, pois ele não se deixa intimidar por nossas reivindicações. A dor de Davi foi tão real e intensa que seu louvor passou a ser marcado pela dúvida: "Acaso o Senhor me rejeitou em definitivo? Jamais voltará a ser bondoso comigo?" (Sl 77.7).

Deus ouve nosso clamor honesto e está atento às nossas palavras quando transformamos nossa angústia em oração. Ele deseja ouvir orações verdadeiras e sinceras de você hoje. Não é preciso fingir que está tudo bem; ele conhece todas as coisas e quer ouvir o clamor do seu coração. Então, ao final de sua angústia, sua dúvida dará lugar a uma pergunta repleta de assombro e maravilhamento e cuja resposta é *ninguém*: "Teus caminhos, ó Deus, são santos; que deus é poderoso como o nosso Deus?" (Sl 77.13).

Aprendendo a obedecer

TEMA 38: Lidando com as dificuldades

Nunca estamos mais perto de Cristo do que quando nos encontramos perdidos, maravilhados com seu amor indizível.

John Owen

Embora fosse Filho, aprendeu a obediência por meio de seu sofrimento. Com isso, foi capacitado para ser o Sumo Sacerdote perfeito e tornou-se a fonte de salvação eterna para todos que lhe obedecem.

Hebreus 5.8-9

Raramente sabemos como agir em uma emergência, até que nos encontramos em uma situação extrema. É quando as coisas dão errado que aprendemos de que somos feitos e para o que fomos criados. A passagem de hoje revela que Jesus sofreu e, por meio da angústia, aprendeu a acolher a vontade de Deus: "Embora fosse Filho, aprendeu a obediência por meio de seu sofrimento" (Hb 5.8).

Se pudéssemos escolher, gostaríamos de aprender a obediência em nossos melhores dias, durante comemorações, ao recebermos elogios ou enquanto nos divertimos. Podemos imaginar que os aprendizados possam ser recebidos em meio ao entusiasmo e à alegria, mas raramente é assim que a transformação verdadeira acontece em nossa vida. Nosso caráter e força interior são revelados quando há perigo, luta — isto é, quando há sofrimento.

Alegria e sofrimento caminham lado a lado na vida cristã. Como um haltere cujo peso é distribuído nas duas extremidades, os momentos de sofrimento nos ensinam e nos fortalecem, enquanto as alegrias nos lembram que precisamos estar abertos aos ensinamentos de Deus. Ser cristão é abraçar tanto a tristeza quanto a alegria, reconhecendo que cada momento pode nos ensinar algo novo. Devemos permitir que a alegria floresça, e buscar experimentá-la em toda sua plenitude. E quando o sofrimento chegar, deixar que ele opere transformação. É assim que nos tornamos quem fomos criados para ser: pessoas que, gradualmente, se parecem mais e mais com Cristo.

LEIA

Hebreus 5.1-10

ORAÇÃO

Amado Senhor, obrigado por seres para nós um exemplo de obediência e confiança. Ajuda-me a crescer nessas áreas e a ser um modelo de fé para todos que me conhecem. Amém.

Alegria eterna

TEMA 38: Lidando com as dificuldades

O Senhor nos concede alegria perpétua quando andamos em obediência a ele.

D. L. Moody

Pois estas aflições pequenas e momentâneas que agora enfrentamos produzem para nós uma glória que pesa mais que todas as angústias e durará para sempre

2Coríntios 4.17

LEIA

Salmo 30

ORAÇÃO

Amado Senhor, como é bom saber que o sofrimento é leve e momentâneo. Ajuda-me a ter uma perspectiva da eternidade e a enxergar teu grande plano mesmo quando estiver sofrendo. Em nome de Jesus. Amém.

O salmo 30 é um lembrete de que, apesar de nos sentirmos por vezes desapontados ou tristes, esses sentimentos não são eternos. Por isso, não devemos permitir que as decepções nos aprisionem à dor ou nos deixem estagnados em nossa caminhada com Cristo. A fim de superar essas fases, devemos escolher confiar em Deus e nos seus planos para nós — nosso futuro está sendo planejado cuidadosamente pelo Senhor.

Davi nos encoraja ao nos lembrar que toda dor dura apenas por um período de tempo: "O choro pode durar toda a noite, mas a alegria vem com o amanhecer" (Sl 30.5). A decepção e a tristeza são sentimentos poderosos que prendem nosso olhar naquilo que perdemos, mas que perdem sua força quando mudamos nossa perspectiva sobre os acontecimentos. À medida que amadurecemos na fé, olhamos em direção ao passado, para as situações difíceis que experimentamos, e vemos a mão do Senhor agindo em tudo.

Portanto, assim como o salmista, busquemos o Messias a fim de que sua luz brilhe na noite escura da nossa alma. Somente nele teremos alegria; nesta vida e na que está por vir! E essa realidade pela qual ansiamos é muito mais gloriosa do que tudo o que um dia experimentamos aqui. Quando estivermos na eternidade, na Nova Jerusalém, poderemos olhar para trás e louvar em uníssono com o salmista: "Transformaste meu pranto em dança; tiraste minhas roupas de luto e me vestiste de alegria [...]. Senhor, meu Deus, te darei graças para sempre!" (Sl 30.11-12).

Aquilo que tanto esperamos

TEMA 38: Lidando com as dificuldades

A lagarta não precisa de um milagre para virar borboleta, ela precisa de um processo. Portanto, não fuja do processo por meio do qual Deus está trabalhando em você.

Andrew Amaurick

Quando Jesus o viu e soube que estava enfermo por tanto tempo, perguntou-lhe: "Você gostaria de ser curado?".

João 5.6

Em João 5.1-15, lemos sobre um paralítico que se apegou à ideia de que precisava da cooperação de outras pessoas para ser curado, de alguém que o ajudasse a entrar no tanque antes de todos os outros enfermos. Até que um dia Jesus foi ao seu encontro e lhe fez uma pergunta simples e direta: "Você gostaria de ser curado?". Em vez de responder afirmativamente, aquele homem começou a justificar por que ainda não havia sido curado: "não tenho quem me coloque no tanque quando a água se agita" (Jo 5.7).

Foram 38 anos de espera junto ao tanque, tempo demais. Longos anos que o impediram de perceber o que Jesus estava prestes a realizar. E, contudo, ele recebeu o que tanto havia esperado: "Levante-se, pegue sua maca e ande!" (5.8). Ele obedeceu às palavras de Jesus e, assim, foi imediatamente curado. Sem tanque, sem água agitada por um suposto anjo: essa cura milagrosa envolveu apenas o paralítico e Jesus, ninguém mais.

O que devemos fazer para seguir em frente, para enxergar a luz além de nossa escuridão, envolve apenas nós mesmos e o Senhor. Não precisamos esperar que outras pessoas façam algo por nós, precisamos simplesmente obedecer àquilo que Deus nos pede. Nossa cura depende unicamente de nosso relacionamento individual com o nosso amado Senhor Jesus, e quando nos entregamos e confiamos de todo o coração, as bênçãos não são retidas por qualquer tipo de intermediário. Assim como fez com o homem à beira do tanque, Jesus se aproxima de você agora e pergunta: "Você gostaria de ser curado?".

LEIA

João 5.1-15

ORAÇÃO

Senhor Deus, desejo ficar bem e ser curado. Ajuda-me a assumir a responsabilidade pelas coisas que posso mudar e a confiar em ti nas áreas que só tu podes mudar. Em nome de Jesus. Amém.

Quando Deus parece distante

TEMA 38: Lidando com as dificuldades

O Calvário mostra como os homens podem ir longe no pecado, e como Deus pode ir longe para salvá-los.

Henry C. Trumbull

Até quando, Senhor, te esquecerás de mim? Será para sempre?

Salmos 13.1

LEIA

Salmo 13

ORAÇÃO

Pai celestial, obrigado por ouvires meu clamor. Não há nada sobre mim que tu não saibas, e tu te importas com minhas dores. Faze-me corajoso e capacita-me para viver uma vida de fé. Amém

Em várias ocasiões, Deus não responde a nossa oração, ou pelo menos não responde como gostaríamos. Quando isso acontece, questionamos, assim como Davi: "Até quando, Senhor?". Ao ler a Bíblia, passamos os olhos pelos títulos dos salmos sem dar muita importância a eles, mas o título do salmo 13 é revelador: "Ao diretor do coral: salmo de Davi". Esse desabafo foi escrito para ser ensinado ao povo como parte dos louvores oficiais de Israel. Um louvor que incentivava os israelitas a abrir o coração sem reservas a Deus.

Quando nossos planos são colocados em modo de espera ou até mesmo quando são frustrados, podemos recorrer a Davi e ao seu coração sincero. Podemos lembrar que até mesmo o homem segundo o coração de Deus se sentiu abandonado pelo Senhor. Mas, à medida que o salmo avança, vemos o coração do rei ser transformado. Ele faz um pedido de ajuda (13.3) e conclui declarando sua certeza no amor infalível de Deus: "Eu, porém, confio em teu amor; por teu livramento me alegrarei" (13.5).

Há uma progressão evidente nesse salmo: Davi sofre, questiona e, então, louva. Mesmo se sentindo esquecido e abandonado, o rei se esforçou para se lembrar da bondade de Deus. Talvez ele tenha se recordado de sua vitória sobre o gigante Golias (1Sm 17), ou das inúmeras vezes em que o Senhor o livrou das mãos de Saul. Aparentemente, as circunstâncias difíceis de Davi não mudaram enquanto ele escrevia os versos desse salmo, mas seu coração sim. Apesar do caos à nossa volta, sempre podemos escolher meditar na bondade de Deus.

Andar pela fé

TEMA 39: Deus, nosso ajudador

Deus não pode mudar para melhor, pois é perfeito e, sendo perfeito, não pode mudar para pior.

A. W. Pink

Mesmo quando não havia motivo para ter esperança, Abraão a manteve, crendo que se tornaria o pai de muitas nações. Pois Deus lhe tinha dito: "Esse é o número de descendentes que você terá!".

Romanos 4.18

"Espera." Essa palavra define grande parte da vida de Abraão e Sara. Para ser mais preciso, uma espera de 25 anos, desde que Deus lhes prometera um filho até o momento em que seguraram um menininho nos braços. Deus deseja que confiemos nele não só no que diz respeito à vida eterna, mas também em relação aos detalhes de nosso dia a dia. Esse é o caminho que todos nós, como cristãos, devemos trilhar.

O caminho da fé começa quando somos salvos e continua até que o Senhor volte para nos buscar. A princípio podemos tropeçar, mas, ao longo da jornada, devemos nos concentrar em Deus, e não nos obstáculos à nossa frente. No texto de hoje, o apóstolo Paulo menciona Abraão para nos ensinar sobre a essência da fé. Embora fosse muito idoso, e Sara, sua esposa, estéril, Abraão creu na promessa de Deus de torná-lo o pai de muitas nações: "Em nenhum momento a fé de Abraão na promessa de Deus vacilou" (Rm 4.20).

A vida de Abraão nos lembra que a fé não é algo abstrato, mas uma resposta ativa ao chamado de Deus. A fé nem sempre muda a maneira como nos sentimos, nem é um instrumento para manipularmos a vontade divina — ela nos impulsiona em nossa caminhada com Deus e nos leva a desejá-lo sempre mais. Assim como Abraão, quando recebemos a revelação de Deus em sua Palavra, deixamos de agir segundo aquilo que nossos olhos veem. E se, ao contrário de Abraão, nossa confiança vacilar, podemos orar e pedir a Deus mais coragem e ânimo. Portanto, perseveremos com paciência, certos de que veremos Deus cumprir diante de nossos olhos tudo o que nos prometeu.

LEIA

Romanos 4

ORAÇÃO

Amado Senhor, obrigado por nos convidares a viver pela fé. Tu pedes que nos aproximemos de ti, portanto ajuda-me a buscar-te diligentemente e a confiar de todo o coração. Em nome de Jesus. Amém.

A primeira multiplicação dos pães

TEMA 39: Deus, nosso ajudador

Aquele que revelou sua glória também é aquele que nos ajudará a compreendê-la.

Jackie Hill Perry

Então Jesus tomou os pães, agradeceu a Deus e os repartiu entre o povo. Em seguida, fez o mesmo com os peixes. E todos comeram à vontade.

João 6.11

LEIA

João 6.1-15

ORAÇÃO

Senhor, tu sabes como somos limitados e carentes da tua provisão. Que possamos olhar para nossa aparente escassez com esperança, sabendo que tu podes fazer muito mais do que pensamos. Amém.

O Senhor nos convida a colaborarmos com ele em sua obra no mundo. Por isso, ele recebe o que lhe oferecemos e faz com isso algo infinitamente maior do que podemos imaginar. A primeira multiplicação dos pães é um exemplo disso. Porque havia curado enfermos e realizado muitos outros milagres, uma multidão seguia Jesus, ávida pelo que ele faria a seguir. No entanto, Jesus queria fazer algo aparentemente simples por eles: ele queria dar comida àquelas pessoas, e perguntou a Filipe onde poderiam comprar pão.

"O Mestre enlouqueceu", Filipe deve ter pensado e, por isso, tentou colocar um pouco de juízo na cabeça de Jesus. "Mesmo que trabalhássemos vários meses, não teríamos dinheiro suficiente para dar alimento a todos!" (Jo 6.7). É aí que André, outro discípulo, surge na história. Ele havia encontrado um menino que tinha cinco pães e dois peixes, mas em vez de ver isso como uma oportunidade, enxergou a escassez como um obstáculo: "Que adianta isso para tanta gente?". Jesus então deu graças ao Pai pelo que tinham, repartiu aqueles cinco pães e dois peixes, e alimentou milhares de pessoas.

O que os discípulos deram a Jesus parecia insuficiente, e é assim que frequentemente nos sentimos quando oferecemos algo a Deus. Afinal, o que ele pode fazer com nossas fracas tentativas e com nossa limitada capacidade? Ainda assim, devemos entregar o pouco que temos. Nossos pães e peixes podem ser multiplicados para saciar uma multidão, pois Deus sempre usará aquilo que colocarmos à sua disposição. De maneira inexplicável, ele multiplica exponencialmente nossos recursos a fim de usá-los para abençoar os outros.

Graça abundante

TEMA 39: Deus, nosso ajudador

Apaixonar-se por Deus é o maior romance; buscá-lo, a maior aventura; e encontrá-lo, a maior realização humana.

Agostinho de Hipona

"Minha graça é tudo de que você precisa. Meu poder opera melhor na fraqueza". Portanto, agora fico feliz de me orgulhar de minhas fraquezas, para que o poder de Cristo opere por meu intermédio.

2Coríntios 12.9

Você já se encontrou sob a exaustiva pressão de estar à altura de outras pessoas? Talvez você esteja se esforçando no trabalho, talvez a armadilha da comparação esteja apagando sua alegria, ou talvez seus relacionamentos estejam por um fio e você sente que qualquer deslize colocará tudo a perder. Sabemos que Jesus nos prometeu vida e paz, mas essas promessas parecem um sonho distante nos dias em que nossa frustração está à flor da pele.

A verdade é que o mundo não demonstra simpatia por nós quando nossas fraquezas vêm à tona. Só o que encontramos aqui é uma "graça" condicional, que se esgota ao primeiro sinal de fracasso. Paulo compreendeu profundamente essa luta e, por três vezes, implorou a Deus que removesse o que ele chamou de "espinho em sua carne". Contudo, Deus revelou a Paulo que seus propósitos eram muito maiores: ele estava usando aquele espinho para o crescimento espiritual do apóstolo.

Deus lembrou a Paulo que sua graça, ao contrário da oferecida pelo mundo, não desaparece ao primeiro sinal de nossas fraquezas. Em vez disso, reconhecê-las humildemente e levá-las a Deus permite que sua força divina seja manifestada em nós — o poder de Deus encontra perfeição em nossa imperfeição. Por isso, podemos descansar. Sabemos que Deus usará nossas fraquezas para mostrar sua força. A suficiente graça de Jesus nos liberta da necessidade de lutar, de estar à altura ou de tentar alcançar a perfeição, "pois, quando sou fraco, então é que sou forte" (2Co 12.10).

LEIA

2Coríntios 12.1-10

ORAÇÃO

Pai celestial, tua graça é abundante e sempre suficiente! Oro para que minha vida seja um exemplo de gratidão, a fim de que eu testemunhe sobre teu amor incondicional. Em nome de Jesus. Amém.

Uma armadilha sutil

TEMA 39: Deus, nosso ajudador

O amor e a fé sentem-se em casa no ministério da divindade. Já a razão se ajoelha reverentemente do lado de fora.

A. W. Tozer

Temer as pessoas é uma armadilha perigosa, mas quem confia no Senhor está seguro.

Provérbios 29.25

LEIA

Provérbios 29

ORAÇÃO

Senhor Deus, ajuda-me a viver em santo temor. Que meus joelhos se dobrem apenas diante de tua majestade e grandeza. Perdoa-me pelos momentos em que escolho honrar outras pessoas acima de ti. Amém.

Buscar constantemente a aprovação dos outros em vez de descansar na aprovação de Deus nos leva a viver com medo da reação das pessoas às nossas necessidades e fraquezas. Assim, paramos de expressar o que verdadeiramente queremos e sentimos. O versículo em destaque hoje declara que isso é uma "armadilha", um substantivo que na língua portuguesa é comumente utilizado para descrever um engenho para capturar animais.

No hebraico, entretanto, a palavra traduzida por "armadilha" também transmite o conceito de isca, um chamariz que atrai homens e mulheres a uma situação perigosa com a promessa de um suposto prêmio. Cedo ou tarde, todos nós caímos em uma armadilha assim. Então, o que podemos fazer para nos libertar? No que diz respeito a temer os homens, somos libertos quando percebemos que não precisamos da aprovação dos outros. Já obtivemos a maior aprovação de todas, pois, pelo sacrifício de Jesus, Deus nos aceita e nos torna seus filhos. Assim, o Espírito Santo nos enche de coragem e força para resistirmos ao mal e à tendência de construir nossa identidade com base na opinião que os outros têm de nós.

Por meio do Espírito, Deus deseja que nossa mente seja disciplinada para se lembrar constantemente dessa verdade. Portanto, peça a Deus que o ajude a fazer escolhas com base no que ele deseja para nós, e não com o objetivo de agradar os outros. Devemos aprender a confiar nossa vida a Deus, oferecendo às pessoas respostas que condizem com sua Palavra, com ousadia e confiança.

Barnabé, o encorajador

TEMA 39: Deus, nosso ajudador

A esperança nunca vai mal
quando a fé vai bem.
John Bunyan

Todos os que creram estavam unidos em coração e mente. Não se consideravam donos de seus bens, de modo que compartilhavam tudo que tinham.

Atos 4.32

Estamos familiarizados com os doze apóstolos e também com Paulo, o responsável por escrever a maior parte do Novo Testamento. Contudo, existem outros grandes personagens nas Escrituras que também deixaram sua marca. É o caso de Barnabé, um pregador influente na igreja primitiva.

Barnabé, na verdade, foi o apelido dado pelos apóstolos a um homem chamado José, e significa "filho do encorajamento". Uma descrição apropriada, já que a primeira menção a Barnabé nas Escrituras relata que ele vendeu um terreno e doou todo o dinheiro à igreja de Jerusalém. Esses atributos de incentivo e generosidade permaneceram com Barnabé, e quando viu que Paulo havia sido impactado pelo evangelho, fez questão de apresentá-lo aos apóstolos (At 9.27). Mais adiante no livro de Atos, Lucas nos conta que Barnabé também teve um papel importante na igreja em Antioquia e foi selecionado pelo próprio Deus para acompanhar Paulo em sua primeira viagem missionária: "Certo dia, enquanto adoravam o Senhor e jejuavam, o Espírito Santo disse: 'Separem Barnabé e Saulo para realizarem o trabalho para o qual os chamei'" (At 13.2).

Barnabé era realmente um encorajador. Ele dedicou sua vida à igreja e se sacrificou muito pela fé. Juntamente com Paulo e outros líderes cristãos de seu tempo, foi fundamental para espalhar o evangelho e converter um grande número de judeus e gentios. É por causa de homens como ele que, hoje, conhecemos Jesus. Podemos honrar seu testemunho compartilhando as boas-novas e encorajando outras pessoas com a mensagem poderosa do evangelho.

LEIA

Atos 4.32-37

ORAÇÃO

Senhor, permite-me seguir o exemplo de Barnabé e enxergar oportunidades para fazer a diferença e ter um impacto eterno na vida das pessoas, ao encorajá-las na fé e conduzi-las a ti. Amém.

A armadura de Deus

TEMA 39: Deus, nosso ajudador

Fé é crer no que não vemos, e a recompensa da fé é ver o que cremos.

Agostinho de Hipona

Vistam toda a armadura de Deus, para que possam permanecer firmes contra as estratégias do diabo.

Efésios 6.11

LEIA

Efésios 6.10-20

ORAÇÃO

Senhor Deus, obrigado por me equipares para lutar contra os planos malignos do diabo. Ajuda-me a usar minha armadura diariamente, para que teus planos prevaleçam contra as artimanhas do inimigo. Amém.

O que fazemos quando queremos ser usados por Deus, mas estamos com medo e cansados de nos sentir atacados? Primeiro, devemos lembrar que não estamos lutando contra pessoas. Satanás, o acusador, é o verdadeiro inimigo de nossa alma (Ef 6.12). Pode ser difícil nos lembrarmos disso quando flechas venenosas são direcionadas a nós por meio de lábios violentos. Mas não devemos perder de vista quem é nosso real adversário.

Nesse campo de batalha, também devemos reconhecer que somos incapazes de nos proteger: "somos fortes *no* Senhor e *em* seu grande poder" (Ef 6.10). Por isso, como nossas batalhas são guerreadas espiritualmente, precisamos orar sempre e nos revestir do que recebemos de Deus para nossa proteção: "Vistam toda a armadura de Deus, para que possam permanecer firmes contra as estratégias do diabo" (6.11). Devemos nos cingir com o cinto da verdade; vestir a couraça da justiça que o Senhor conquistou por nós; ter os pés calçados em sinal de prontidão para pregar as boas-novas; e manejar bem a Palavra de Deus, nossa espada.

Deus não nos chamou para repelirmos as pessoas. Antes, devemos amá-las como ele nos amou primeiro. Mas ele também nos alertou que há uma batalha sendo travada diante de nós. Sim, a dor que sentimos quando somos atacados é real, mas a armadura de Deus também é. Cada uma de suas peças foi projetada cuidadosamente para nos defender de Satanás e de suas hostes. Assim, podemos nos entregar nas mãos do Senhor para sermos usados por ele uma vez que estamos totalmente protegidos por seu poder.

A videira e os ramos

TEMA 39: Deus, nosso ajudador

Cristo não vai lhe dar o que você precisa. Ele é o que você precisa!

Josemar Bessa

Todo ramo que, estando em mim, não dá fruto, ele corta. Todo ramo que dá fruto, ele poda, para que produza ainda mais.

João 15.2

Eis um aborrecimento bastante frustrante (e banal) dos nossos dias: estar fora de casa e não conseguir se conectar a uma rede wi-fi. Procuramos uma conexão aberta em algum estabelecimento, tentamos descobrir senhas de redes privadas e, às vezes, pagamos caro por um acesso momentâneo e urgente à internet. Buscar uma conexão sem sucesso pode ser uma experiência bem desagradável.

Felizmente, temos acesso ininterrupto a Jesus, porém não há benefício algum nisso se não o buscarmos. Muitas vezes nos sentimos sozinhos, pois priorizamos outros assuntos e pessoas no lugar de Deus, mas só encontraremos alívio da sensação de solidão ou desamparo quando aceitarmos o convite de Jesus para estar junto dele: "Permaneçam em mim, e eu permanecerei em vocês" (Jo 15.4).

Com amor e paciência, Jesus espera que nos acheguemos a ele de todo o coração, mente e espírito. Após a salvação, somos enxertados na videira, e isso significa que o Espírito vive e trabalha em nós, fornecendo acesso constante ao Pai e ao Filho. Permanecer nessa verdade nos ajuda a atravessar todas as estações da vida com propósito, esperança e fé. E o dom da presença de Deus é gratuito, porque o preço já foi pago na cruz. Há um Salvador que deu sua vida para se relacionar conosco agora e para sempre, então podemos caminhar com nossa fé alicerçada em um fundamento forte, seguro e inabalável.

LEIA

João 15.1-17

ORAÇÃO

Senhor, confesso que nem sempre busco tua presença. Às vezes, sigo meu próprio caminho e acho que sei o que é melhor para mim. Ensina-me a confiar que teus planos são melhores do que posso imaginar. Amém.

OUTUBRO

A Queda

TEMA 40: Aprendendo com as dificuldades

Você não pode levar Deus a sério,
até que leve a sério o pecado.
R. C. Sproul

A mulher viu que a árvore era linda e que seu fruto parecia delicioso, e desejou a sabedoria que ele lhe daria. Assim, tomou do fruto e o comeu. Depois, deu ao marido, que estava com ela, e ele também comeu.

Gênesis 3.6

LEIA

Gênesis 3

ORAÇÃO

Senhor, obrigado por teres morrido na cruz em meu lugar. O salário do pecado é a morte, e tu morreste para que eu pudesse ter a vida eterna. Ajuda-me a caminhar à luz dessa verdade. Amém.

Uma das lições mais importantes que Deus tem para nós está logo no início da Bíblia. Em Gênesis, depois do relato da Criação, lemos sobre o grande engano que afetou todo ser humano daquele momento em diante. Quando Satanás enganou a primeira família, o pecado entrou no mundo, e, desde então, precisamos lidar diariamente com suas consequências.

Enganar, mentir, desviar... esses verbos descrevem o *modus operandi* de Satanás. Foi esse o método que ele usou para arrastar toda a raça humana ao pecado, e é com essa mesma tática que ele segue tentando nos convencer desta mentira: podemos pecar livremente sem sofrer nenhuma consequência. Contudo, Gênesis 3 nos mostra que não é bem assim. A serpente foi astuta com Adão e Eva e ainda tenta nos convencer de que Deus não está dizendo a verdade para nós. O inimigo não é nada criativo e quer nos fazer acreditar que Deus deseja nos afastar daquilo que nos trará felicidade.

Mas Deus sempre tem nosso melhor interesse em mente, e sua Palavra não só nos leva à verdade, como também nos adverte sobre a natureza autodestrutiva e prejudicial do pecado. Ele sabe que estamos em uma guerra espiritual contra Satanás e quer nos proteger dos danos da desobediência. Você já tomou a decisão de confiar em Deus hoje? Você acredita que os limites que ele estabeleceu existem para protegê-lo? Nossa obediência a Deus e à sua Palavra é nossa proteção contra a serpente e nosso testemunho para os que estão ao nosso redor.

Batismo e tentação

TEMA 40: Aprendendo com as dificuldades

> Nunca é cedo para se arrepender, porque não se sabe quão depressa pode ser tarde demais.
>
> Thomas Fuller

> **Enquanto saía da água, viu o céu se abrir e o Espírito Santo descer sobre ele como uma pomba. E uma voz do céu disse: "Você é meu Filho amado, que me dá grande alegria".**
>
> **Marcos 1.10-11**

Um famoso diretor de cinema travou, recentemente, uma longa disputa judicial com seu mentor. Esse jovem diretor não aguentou as críticas constantes e acabou rejeitando a pessoa com quem havia trabalhado por anos. Quando tudo acabou, um amigo em comum resumiu o problema: "Tudo se tratava de um pai mesquinho e de um filho em busca de afirmação e amor". Isso acontece com frequência em famílias e até mesmo em igrejas. Muitas crianças crescem sem nunca ouvir frases do tipo "você é meu filho querido" ou "tenho orgulho de você".

O evangelho vai na contramão disso; aliás, podemos resumi-lo assim: quando o Deus vivo olha para nós, ele nos diz exatamente o que disse a Jesus após seu batismo: "Você é meu Filho amado, que me dá grande alegria". Leia novamente — a afirmação divina que Jesus recebeu em seu batismo foi um ponto de virada na história do mundo. Daquele momento em diante, o que era verdade desde a eternidade passou a ser conhecido publicamente: o mundo havia sido marcado pela bondade de Deus, por sua afeição profunda e pela presença do seu Filho.

O Evangelista está nos dizendo que, quando olhamos para Jesus, é assim que devemos entender nossa vida. Olhe para si mesmo e para sua história e ouça o Pai amoroso se dirigir a você. Deixe que essas palavras mudem você, moldem seu caráter e o transformem em uma nova criatura. Ao fazer isso, você será capaz de lidar com tudo o que vier em seu caminho, até mesmo um árido deserto, pois essa foi a realidade que Jesus teve de enfrentar logo após ser batizado.

LEIA

Marcos 1.9-15

ORAÇÃO

Pai, te agradeço pois tu me amas incondicionalmente. Sei que nunca me abandonarás e que posso encontrar segurança em teu abraço. Ajuda-me a descansar sabendo que sou um filho amado. Amém.

Jesus é tentado no deserto

TEMA 40: Aprendendo com as dificuldades

Não voltar a fazer determinada coisa é a essência do mais verdadeiro arrependimento.

Martinho Lutero

Em seguida, Jesus foi conduzido pelo Espírito ao deserto para ser tentado pelo diabo. Depois de passar quarenta dias e quarenta noites sem comer, teve fome.

Mateus 4.1

LEIA

Mateus 4.1-11

ORAÇÃO

Senhor Jesus, quero ser conduzido por tua voz. Desejo viver pelo Espírito que me dá vida e calar o discurso malicioso do inimigo. Ajuda-me a reconhecer e a lidar com as ciladas de Satanás. Amém.

Em nossa caminhada diária com Jesus, precisamos lidar com duas vozes que competem por nossa atenção e nossos afetos: a voz de nossa natureza caída e a voz do Espírito. Um dos primeiros autores cristãos disse que Jesus foi tentado de todas as maneiras humanamente possíveis. Portanto, não deve nos surpreender que, após seu batismo, ele teve de enfrentar essas vozes dissonantes.

A voz da nossa carne sempre distorce nossa verdadeira vocação. É por isso que as duas primeiras tentações tentam colocar em xeque a identidade de Jesus. Ele havia acabado de ouvir de seu Pai que era seu Filho amado, mas aí vem Satanás e tenta distorcer essas palavras: "*Se você é o Filho de Deus,* certamente ele não quer que você passe fome ou se machuque, não é mesmo?". O inimigo argumenta com ousadia tentando fazer com que Jesus se esqueça de quem é.

Mas o Senhor reconhece a armadilha e responde a cada argumento com a Palavra de Deus. Ele confia totalmente em Deus e, portanto, não colocará seu Pai à prova. Ele também está comprometido em amar e servir somente a Deus. E nós também devemos estar. A carne pode clamar por prazeres momentâneos, mas como resultado de nossa obediência, Deus nos oferece a vida eterna ao seu lado. Portanto, guarde as Escrituras em seu coração todos os dias. Mantenha seus olhos em Jesus e diga um convicto "não" a qualquer voz que queira semear dúvidas em seu coração.

O pecado de Davi

TEMA 40: Aprendendo com as dificuldades

Não importa se o outro lado errou. Prestamos conta apenas do nosso coração.

Zoe Lilly

Cria em mim, ó Deus, um coração puro; renova dentro de mim um espírito firme.

Salmos 51.10

O salmo 51 mostra o pior de Davi. Ele tinha acabado de pecar contra Deus, contra sua família e contra seu próprio povo ao tirar Bate-Seba de seu marido. Vidas foram perdidas por causa disso e, ao ser confrontado com sua falha, Davi desabou e clamou a Deus. Ele pediu por misericórdia (51.1), por um coração puro (51.10) e para que seu relacionamento com Deus fosse restaurado (51.12). O rei sabia que merecia a justa punição por seus erros, mas também sabia que Deus tinha perdão, misericórdia e compaixão para lhe oferecer.

Embora Davi tivesse pecado, o Senhor não o abandonou. Deus é sábio o suficiente para usar até mesmo nossos pecados para sua glória e para seus propósitos. Salomão, filho de Davi e Bate-Seba, se tornaria um dos principais reis de Israel, e cerca de mil anos depois Jesus viria dessa mesma linhagem (Mt 1.6). Afinal, não devemos nos esquecer de que o Salvador nasceu e viveu em meio a pecadores, não é?

Isso quer dizer que Deus nos oferece uma segunda chance. Embora o pecado nunca faça parte de seu plano, Deus faz a luz brilhar nas trevas e as transforma em bênção. Esta foi a missão de Jesus durante seu ministério terreno: restaurar o povo de Deus, dando-lhes o dom da vida em vez da morte. Portanto, não importa o quanto você tenha errado, Deus deseja redimi-lo. Siga o exemplo de Davi e arrependa-se. Volte para casa. É ali que Deus está esperando por você de braços abertos.

LEIA

Salmo 51

ORAÇÃO

Senhor, à luz do exemplo de Davi venho diante de ti e me arrependo de meus pecados. Desejo entregar minhas transgressões em tuas mãos e me afastar dos caminhos que não glorificam o teu nome. Amém.

Morte em Adão, vida em Cristo

TEMA 40: Aprendendo com as dificuldades

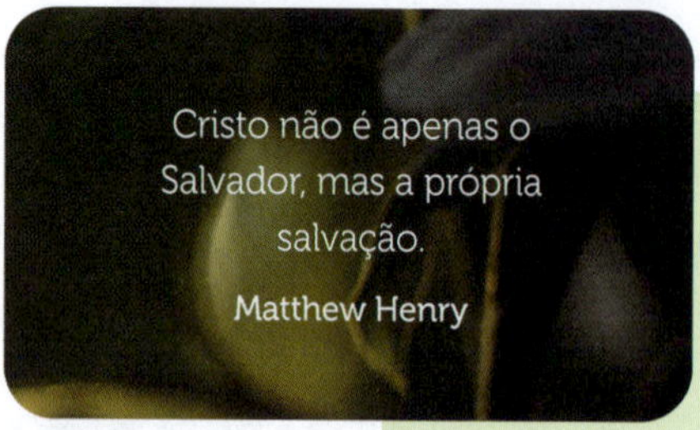

Por causa da desobediência a Deus de uma só pessoa, muitos se tornaram pecadores. Mas, por causa da obediência de uma só pessoa a Deus, muitos serão declarados justos.

Romanos 5.19

LEIA

Romanos 5.12-21

ORAÇÃO

Senhor Jesus, eu era digno de receber o castigo do pecado, mas tu me chamaste para junto de ti. Muito obrigado! Sou livre pois tu compraste minha liberdade com teu sangue. Amém.

Um dos princípios mais importantes para vivermos uma vida de vitória é o princípio da perspectiva. O que vemos determina como pensamos, e a forma como pensamos rege nossas ações. Assim, podemos nos perguntar: "Como eu me vejo? Isso condiz com a forma como Deus me vê?". A Bíblia afirma que Deus nos vê como pessoas justificadas (Rm 5.19).

A justiça é um dom gratuito que recebemos ao crer em Jesus e em sua obra redentora. Para ilustrar esse conceito, Paulo retrata dois reinos: o reino de Adão e o de Cristo. Naturalmente, segundo o apóstolo, somos súditos do primeiro reino, já que o pecado entrou no mundo por meio de Adão. No entanto, Paulo também descreve uma nova realidade conquistada por Jesus por meio de sua morte e ressurreição: todos os que creem em Jesus foram transferidos do domínio de Adão para o reino de Jesus. Não por esforço ou mérito próprio, mas simplesmente pelo dom da graça.

Quando tiver dúvidas sobre quem você é, lembre-se: você foi justificado e recebeu a vida eterna! Permita que essas verdades governem sua mente hoje. Olhe para si mesmo com os olhos de Deus e saiba que, por causa da cruz, ele fica satisfeito quando o vê. "A morte reinou sobre muitos por meio do pecado de um único homem. Ainda maior, porém, é a graça de Deus e sua dádiva de justiça, e todos que a recebem reinarão em vida por meio de um único homem, Jesus Cristo" (Rm 5.17).

Montanhas e vales

TEMA 40: Aprendendo com as dificuldades

O maior acontecimento da história não foi o homem subir e pisar na Lua, mas foi Deus descer e pisar na Terra.

Billy Graham

Jesus respondeu: "As Escrituras dizem: 'Adore o Senhor, seu Deus, e sirva somente a ele'".

Lucas 4.8

Na vida cristã, é comum depararmos com batalhas logo após uma bênção. Depois de nos sentirmos tão perto de Deus, chega um momento em que o vemos à distância. É nesses vales que, geralmente, ocorrem as maiores tentações. O batismo de Jesus foi o topo da montanha. Ele saiu da água depois de ser batizado por João e ouviu o Pai exclamar: "Você é meu filho amado, que me dá grande alegria" (Lc 3.22). Logo na sequência, Lucas começa a relatar o vale pelo qual Jesus teria de caminhar. "Jesus, cheio do Espírito Santo, voltou do rio Jordão e foi conduzido pelo Espírito no deserto, onde foi tentado pelo diabo durante quarenta dias" (4.1-2).

O que Adão falhou em fazer no jardim, Jesus fez no deserto. Quando o diabo desafiou sua identidade e autoridade, Jesus respondeu citando as Escrituras, uma forma de demonstrar que não aceitaria viver separado de seu Pai. O inimigo foi persistente e tentou seduzir o Senhor novamente para que ele evitasse a cruz e obtivesse poder de uma maneira mais fácil, mas Jesus confrontou seus argumentos mais uma vez.

Por fim, o diabo sugeriu que Jesus saltasse do ponto mais alto do templo. Ele queria que Jesus manipulasse o sobrenatural e demonstrasse, antes do tempo, todo o seu poder publicamente. Recusando-se a colocar Deus à prova, Jesus resistiu a essa última tentação citando pela terceira vez as Escrituras. O embate entre Jesus e Satanás nos ensina que os esquemas do diabo são derrotados quando permanecemos firmes na Palavra de Deus. Portanto, mantenha seus olhos em Jesus — ele o conduzirá através do vale da tentação.

LEIA

Lucas 4.1-13

ORAÇÃO

Senhor Jesus, agradeço-te por teres sido fiel no deserto. Tu não pecaste e ainda criaste um caminho pelo qual podemos andar em justiça. Ajuda-me a permanecer firme contra os esquemas do inimigo. Amém.

O perdão divino

TEMA 40: Aprendendo com as dificuldades

Num mundo ideal não haveria necessidade de ninguém se desculpar. Acontece que o mundo está longe do ideal, e por isso não há como viver sem o perdão.

Gary Chapman

Como é feliz aquele cuja desobediência é perdoada, cujo pecado é coberto!

Salmos 32.1

LEIA

Salmo 32

ORAÇÃO

Jesus, agradeço pelo teu perdão sem limites; que eu tenha a capacidade e a coragem de estender esse perdão. Ajuda-me a deixar de lado o rancor e a amargura. Amém.

Você já teve dificuldade em perdoar pessoas que o magoaram? Já achou difícil até mesmo perdoar a si mesmo por um erro do passado? A passagem de hoje conta o que precisamos saber para perdoar os outros e a nós mesmos. E a resposta é simples: saber que fomos perdoados nos ajuda a perdoar mais facilmente.

No salmo 32, Davi mostra três formas como Deus se relaciona com nosso pecado. Primeiro, o Senhor não leva em conta nossa culpa (32.2); é como se nossos pecados tivessem sido enterrados nas profundezas do mar. Em segundo lugar, os pecados são "cobertos", ou seja, eles são apagados (32.1). Por fim, somos perdoados (32.5) e recebemos um novo começo: "Disse comigo: 'Confessarei ao Senhor a minha rebeldia', e tu perdoaste toda a minha culpa" (32.5).

Por meio do sacrifício de Jesus, somos restaurados e podemos ter um relacionamento com Deus. É por isso que podemos orar a ele (32.6), encontrar abrigo e proteção (32.7), e experimentar seu amor (32.10). Tudo isso é maravilhoso, sem dúvida, mas não pode servir de desculpa para que continuemos a pecar, afinal nosso objetivo deve ser trilhar o caminho pelo qual ele nos guia (32.8). O Senhor deseja que você ouça a voz dele todos os dias, e que siga suas instruções para que você possa andar em amor e oferecer perdão aos outros. Afinal, podemos amar porque ele nos amou primeiro, e podemos perdoar pois fomos muito perdoados.

Permaneça firme na fé

TEMA 41: Os últimos conselhos de Paulo

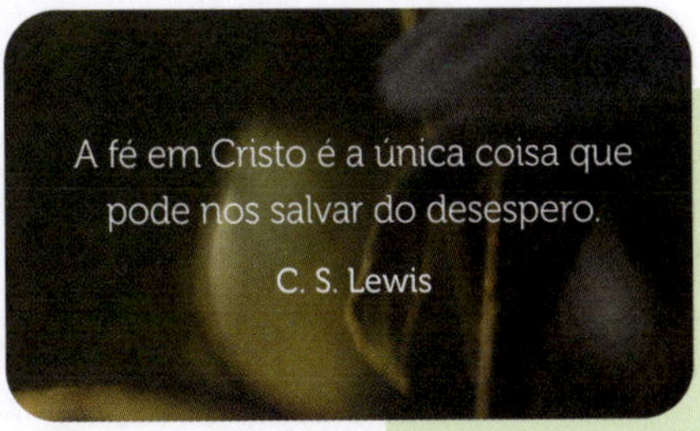

Apegue-se à fé e mantenha a consciência limpa, pois alguns rejeitaram deliberadamente a consciência e, como resultado, a fé que tinham naufragou.

1Timóteo 1.19

Após seu encontro com Cristo na estrada para Damasco, Paulo passou por uma transformação profunda. Sua mente, seu coração e suas atitudes foram redimidos pelo evangelho e, assim, um dos maiores perseguidores da igreja se tornou um missionário. Ao longo de seu ministério, Paulo plantou e pastoreou diversas comunidades, e suas cartas enviadas a essas igrejas compõem grande parte do Novo Testamento.

Suas últimas cartas, porém, não foram endereçadas a igrejas, mas a seus fiéis amigos e cooperadores: Timóteo e Tito. Paulo os amava como se fossem seus filhos, e foi para eles que escreveu suas últimas palavras. Essas cartas, conhecidas como "Epístolas pastorais", apresentam aquilo que o apóstolo julgava ser as recomendações mais importantes que poderia compartilhar com seus jovens discípulos. Por isso, são conselhos valiosos para todo aquele que deseja viver uma vida cheia da presença e da sabedoria de Deus.

Um desses conselhos diz respeito a manter-se firme na fé. Paulo elogia Timóteo por sua fé sincera (1Tm 1.5), e o encoraja a conservar também uma consciência limpa (1.19). Timóteo sabia que não se tratava apenas de um discurso de Paulo, já que o exemplo de vida do apóstolo atestava como a fé o havia sustentado em momentos difíceis. É por isso que ao escrever 2Timóteo, na iminência de ser executado, o apóstolo não esmoreceu: "conheço aquele em quem creio e tenho certeza de que ele é capaz de guardar o que me foi confiado até o dia de sua volta" (2Tm 1.12). A fé era o que o fortalecia diante das tristezas e dificuldades da vida. E assim também é conosco. Somente se mantivermos nossa fé em Cristo seremos capazes de enfrentar os desafios e vencer as aflições.

LEIA

1Timóteo 1

ORAÇÃO

Senhor Deus, ajuda-me a manter uma fé sincera e firme, mesmo nas dificuldades. Fortalece meu coração para confiar em ti, lembrando-me de tua bondade e fidelidade. Amém.

Apegue-se à Palavra

TEMA 41: Os últimos conselhos de Paulo

Não devemos nos intimidar ao proclamar: "A Bíblia diz...".

Russell Moore

Toda a Escritura é inspirada por Deus e útil para nos ensinar o que é verdadeiro e para nos fazer perceber o que não está em ordem em nossa vida.

2Timóteo 3.16

LEIA

2Timóteo 3–4

ORAÇÃO

Senhor, ensina-me a valorizar tua Palavra, buscando nela sabedoria, fé e força. Que eu possa meditar nas Escrituras diariamente e ser guiado pelos teus ensinamentos. Em nome de Jesus. Amém.

Paulo passou seus últimos dias no corredor da morte. Ele não sabia se ainda lhe restavam dias ou semanas de vida. Enquanto aguardava sua execução, ele decide escrever sua última carta, cujo destinatário foi Timóteo. Quanto mais pensava em Timóteo, mais saudades Paulo sentia dele. Ele queria abraçá-lo uma última vez e, por isso, pede: "Por favor, venha assim que puder" (2Tm 4.9).

Timóteo estava pastoreando a igreja de Éfeso. Essa comunidade havia sido fundada por Paulo, e estava passando por uma perseguição acirrada. O apóstolo sabia que esse jovem pastor precisaria de muita sabedoria para conduzir esse rebanho e também sabia que só havia um jeito de fazer isso: apegando-se firmemente à Palavra de Deus. É por isso que escreve: "Você, porém, deve permanecer fiel àquilo que lhe foi ensinado. Sabe que é a verdade, pois conhece aqueles de quem aprendeu. Desde a infância lhe foram ensinadas as Sagradas Escrituras, que lhe deram sabedoria para receber a salvação" (2Tm 3.14-15).

Contudo, a um pastor não basta ser fiel à Palavra, é necessário também proclamá-la com fidelidade, e Paulo também sabia disso: "pregue a palavra. Esteja preparado, quer a ocasião seja favorável, quer não. Corrija, repreenda e encoraje com paciência e bom ensino" (2Tm 4.2). Paulo foi sustentado em meio a suas lutas por meio da Palavra que o fortaleceu e lhe revelou o caráter de Deus e de sua obra. Essa mesma Palavra, revelada e preservada por Deus ao longo da história, está à nossa disposição hoje. Portanto, se você precisa de sabedoria, medite nela. Somente a Palavra pode supri-lo com fé e ânimo, até mesmo diante da iminência da morte.

Fuja das paixões carnais

TEMA 41: Os últimos conselhos de Paulo

> Se você não deseja ser santo, não tem o direito de pensar que é cristão.
>
> Martyn Lloyd-Jones

> **Esforce-se sempre para receber a aprovação do Deus a quem você serve. Seja um bom trabalhador, que não tem de que se envergonhar e que ensina corretamente a palavra da verdade.**
>
> **2Timóteo 2.15**

Em breve, Timóteo não teria mais o apóstolo Paulo ao seu lado, mas teria suas cartas, às quais sempre poderia recorrer em busca de encorajamento, sabedoria e direção quando se sentisse perdido. Essas epístolas continham conselhos de um pai amoroso, não apenas de Paulo para Timóteo, mas de nosso Pai para cada um de nós. Afinal, tudo o que está nas páginas da Bíblia foi escrito também para nossa edificação. Deus deseja nos conduzir enquanto somos estrangeiros neste mundo. A eternidade é nosso verdadeiro lar, e a Bíblia é nosso mapa nessa jornada repleta de obstáculos.

Esses obstáculos também atendem pelo nome de pecado, e a Bíblia nos diz que os pecados nos separam de Deus, ou seja, nos deixam mais distantes do conforto do lar. Sendo santo, Deus não pode suportar o mal e, por isso, somos chamados a uma vida de santidade e arrependimento contínuo. Timóteo precisava ter isso claro em sua mente: "Fuja de tudo que estimule as paixões da juventude. Em vez disso, busque justiça, fidelidade, amor e paz, na companhia daqueles que invocam o Senhor com coração puro" (2Tm 2.22).

Se você tem se deixado dominar pelos maus desejos e tem cedido às tentações, peça a Deus que produza em seu coração um arrependimento genuíno e o incentive a buscá-lo com um espírito quebrantado. Assim, ao deparamos com essa exortação de Paulo a Timóteo — e também a nós —, que possamos orar como o salmista: "Cria em mim, ó Deus, um coração puro; renova dentro de mim um espírito firme" (Sl 51.10).

LEIA

2Timóteo 2.15-26

ORAÇÃO

Pai celestial, cria em mim um coração puro e renova um espírito reto dentro de mim. Ajuda-me a fugir das paixões e tentações e a viver em santidade. Amém.

Ore continuamente

TEMA 41: Os últimos conselhos de Paulo

Seu relacionamento com Deus vai melhorar se você orar "pequenas" orações frequentemente, em vez de "grandes" orações ocasionalmente.

Teófilo Hayashi

Nunca deixem de orar. Sejam gratos em todas as circunstâncias, pois essa é a vontade de Deus para vocês em Cristo Jesus.

1Tessalonicenses 5.17-18

LEIA

1Timóteo 2

ORAÇÃO

Senhor Deus, obrigado por sempre estares atento às minhas orações. Ensina-me a buscar-te em todas as circunstâncias, confiando no teu cuidado por mim. Em nome de Jesus. Amém.

Antes do encarceramento que culminou em sua morte, Paulo havia passado dois anos em uma prisão domiciliar em Roma (At 28.17-31). Contudo, por um milagre do Senhor, ele foi posto em liberdade e, assim que pôde, realizou mais uma viagem missionária para rever muitas igrejas. Enquanto visitava algumas comunidades na província da Macedônia, Paulo escreveu sua primeira carta a Timóteo, que estava pastoreando a igreja em Éfeso.

Paulo sabia da fé e do zelo de Timóteo pelo Senhor. Tinha visto tudo isso em primeira mão ao longo dos anos de convivência. Timóteo era jovem, e pastorear uma igreja era algo extremamente desafiador, mas Paulo não escreve a ele apresentando os "dez passos para ser um pastor bem-sucedido". Na verdade, o apóstolo incentiva Timóteo a pôr em prática a disciplina da oração: "Em primeiro lugar, recomendo que sejam feitas petições, orações, intercessões e ações de graça em favor de todos" (1Tm 2.1).

Cerca de dois mil anos nos separam desse jovem pastor de Éfeso, mas como ainda temos inúmeros desafios diante de nós, esse conselho também se aplica a nós: devemos orar o tempo todo. Mesmo que Deus seja onisciente, ele deseja que compartilhemos com ele nossas angústias, medos e aflições. Talvez seja por isso que Jesus fazia perguntas àqueles que o procuravam: "'O que você quer que eu lhe faça?', perguntou Jesus. O cego respondeu: 'Rabi, quero enxergar'" (Mc 10.51). Que nossa ansiedade e preocupação sejam substituídas pela oração, pois, quando oramos, entregamos nossos fardos e confiamos que Deus pode fazer tudo aquilo que não somos capazes de realizar.

Pregue a Palavra

TEMA 41: Os últimos conselhos de Paulo

> Pregue de tal modo que, se as pessoas não odiarem os pecados delas, elas odiarão você.
>
> Martinho Lutero

Pois não me envergonho das boas-novas a respeito de Cristo, que são o poder de Deus em ação para salvar todos os que creem, primeiro os judeus, e também os gentios.

Romanos 1.16

Após dedicar sua vida a pregar as boas-novas, Paulo, já idoso, passa seus últimos dias em uma prisão. Entretanto, ao considerar os motivos que o levaram até ali, de modo algum ele se envergonha ou se arrepende. Ao contrário, quando escreve sua última carta, Paulo agradece a Deus por ter sido escolhido e considerado digno de sofrer pelo evangelho. Usando sua vida como exemplo, ele aconselha Timóteo a jamais se envergonhar do evangelho, ainda que tenha que padecer por causa dele.

Contudo, Timóteo não deveria apenas se comprometer com Cristo e sua mensagem. Seria necessário também vivê-la e ensiná-la, independentemente das circunstâncias: "Você me ouviu ensinar verdades confirmadas por muitas testemunhas confiáveis. Agora, ensine-as a pessoas de confiança que possam transmiti-las a outros" (2Tm 2.1-3). Porque Timóteo e outros homens piedosos ao longo da história foram fiéis a esse chamado, um dia essa maravilhosa mensagem também foi pregada a nós.

Fomos alcançados pela mensagem da cruz que nos encheu de esperança e propósito. Em Cristo temos paz com Deus. Essa é a boa-nova pela qual vale a pena dedicar — e até mesmo perder — nossa vida. Somos chamados por Deus para contar aos outros que estávamos perdidos e fomos achados. Mais do que uma vocação ou ministério, pregar o evangelho é nosso privilégio. Que as palavras do apóstolo nos inspirem a realizar essa nobre tarefa: "Portanto, estou disposto a suportar qualquer coisa se isso trouxer salvação e glória eterna em Cristo Jesus para os que foram escolhidos" (2Tm 2.10).

LEIA

2Timóteo 2.1-14

ORAÇÃO

Senhor, obrigado pela honra de conhecer e compartilhar o evangelho. Dá-me coragem para proclamar tua mensagem de salvação e que minha vida seja um testemunho vivo do teu amor. Amém.

Seja generoso

TEMA 41: Os últimos conselhos de Paulo

Já tive muitas coisas em minhas mãos, e perdi todas elas; mas tudo o que coloquei nas mãos de Deus, eu ainda possuo.

Martinho Lutero

Cuidado! Guardem-se de todo tipo de ganância. A vida de uma pessoa não é definida pela quantidade de seus bens.

Lucas 12.15

LEIA

1Timóteo 6.1-10

ORAÇÃO

Pai celestial, dá-me um coração generoso e livre da ganância e ajuda-me a buscar tua justiça acima de tudo. Que eu possa ser rico em boas obras, generoso e pronto a repartir. Em nome de Jesus. Amém.

Em sua primeira carta a Timóteo, Paulo reflete sobre temas como ganância, avareza e amor ao dinheiro. E, claro, aborda também o contraponto a tudo isso: a generosidade. Ao que parece, alguns irmãos estavam se desviando da verdade, pois estavam buscando em bens materiais aquilo que só Deus poderia oferecer. Por isso, o apóstolo é direto em suas palavras: "O amor ao dinheiro é a raiz de todo mal. E alguns, por tanto desejarem dinheiro, desviaram-se da fé e afligiram a si mesmos com muitos sofrimentos" (1Tm 6.10).

Ele não está dizendo que não devemos trabalhar ou almejar ter uma melhor condição de vida. O próprio Senhor Jesus disse que o Pai sabe de nossas necessidades e que está disposto a supri-las (Mt 6.25-34). Por isso, não devemos ficar ansiosos, mas buscar, como nossa prioridade, o reino e a justiça de Deus. De certa forma, Paulo ecoa esse ensinamento de Jesus ao escrever a Timóteo: "Você, porém, que é um homem de Deus, fuja de todas essas coisas más. Busque a justiça, a devoção e também a fé, o amor, a perseverança e a mansidão" (1Tm 6.11).

A igreja de Éfeso deveria se concentrar em ser uma comunidade generosa e pronta a repartir o que possuía, pois assim acumulariam "tesouros para si como um alicerce firme para o futuro, a fim de experimentarem a verdadeira vida" (1Tm 6.19). Que conselho precioso! Não deixe a ganância dominar seu coração. Não permita que ela tire de você o tempo que poderia ser dedicado à sua família. Peça a Deus que dê a você um coração generoso e doador — um coração igual ao dele.

Seja um exemplo para o rebanho

TEMA 41: Os últimos conselhos de Paulo

Permita que o seu cristianismo seja menos uma teoria e mais uma demonstração de amor.

G. K. Chesterton

Porque Deus os chamou para fazerem o bem, mesmo que isso resulte em sofrimento, pois Cristo sofreu por vocês. Ele é seu exemplo; sigam seus passos.

1Pedro 2.21

Nos últimos dias, meditamos sobre alguns conselhos dados por Paulo em suas cartas pastorais. Em uma dessas recomendações, o apóstolo diz a Timóteo que ele deveria ser alguém que as pessoas desejassem imitar: "Seja exemplo para todos os fiéis nas palavras, na conduta, no amor, na fé e na pureza" (1Tm 4.12). Timóteo deveria ser o padrão a ser seguido no que diz respeito ao apego pela Palavra de Deus. Deveria ainda dar bom testemunho do evangelho com seu comportamento e, com suas palavras, revelar o caráter do Deus a quem servia.

Isso pode parecer muito difícil. Afinal, como conseguiremos, com todas as nossas falhas, ser padrão de cristão para aqueles à nossa volta? Apenas Jesus é o homem perfeito. Devemos manter nossos olhos sempre nele, a fim de aprendermos sobre amor, mansidão, humildade e compaixão. Era o isso o que Paulo fazia: "Sejam meus imitadores, como eu sou imitador de Cristo" (1Co 11.1).

Em Cristo todas as virtudes convergem. Ele foi obediente e zeloso pela Palavra e pela obra de Deus. Suportou tudo com perseverança e paciência e confiou no plano perfeito do Pai mesmo em meio à dor. Somos chamados para seguir a Cristo e, à medida que caminhamos com ele, nos tornamos mais parecidos com nosso Mestre. Ser cristão é buscar ser semelhante a Cristo; é andar como ele andou e imitá-lo em seu amor e confiança no Pai. Alcançaremos tamanha perfeição? Não. Mas podemos ter esperança e descansar, pois é exatamente pessoas imperfeitas — como Paulo e Timóteo, como nós — que o Senhor convida e capacita: "Não estou dizendo que já obtive tudo isso, que já alcancei a perfeição. Mas prossigo a fim de conquistar essa perfeição para a qual Cristo Jesus me conquistou" (Fp 3.12).

LEIA

1Timóteo 4

ORAÇÃO

Senhor, faz de mim um exemplo digno de ser seguido. Que minhas palavras, ações, amor e fé reflitam o teu caráter. Dá-me a graça de caminhar contigo, sendo transformado à tua imagem. Amém.

Conhecer e amar

TEMA 42: Amar a Deus e ao próximo

> Saber que Deus conhece tudo sobre mim e, ainda assim, me ama é meu consolo definitivo.
>
> R. C. Sproul

> **Eu os amei como o Pai me amou. Permaneçam no meu amor.**
>
> **João 15.9**

LEIA

João 15.9-17

ORAÇÃO

Senhor Jesus, desejo conhecer-te cada dia mais. Que eu cumpra meu propósito glorificando a ti com a minha vida e que tu sejas o único desejo do meu coração. Amém.

É comum recebermos recomendações de amigos sobre um filme ou série que eles têm certeza de que iremos gostar. Então assistimos ao primeiro episódio e... não gostamos. Mas aí o amigo insiste conosco para darmos uma nova chance. Então, assistimos a mais um episódio e ficamos intrigados com a trama e seus personagens.

Nossa tendência é julgar livros e filmes com base em uma observação superficial, e isso também afeta nossa percepção das pessoas, incluindo Jesus. Vê-lo como um bebê em uma manjedoura é o mais perto que algumas pessoas desejam estar dele, talvez porque o Jesus recém-nascido parece inofensivo, enquanto Jesus, em sua fase adulta, é mais intenso e exigente. Contudo, se quisermos mover nossa fé do campo intelectual para o coração, precisamos desenvolver um relacionamento profundo, íntimo e de amor com Jesus. E só podemos amá-lo se dedicarmos tempo para conhecê-lo, assim como ocorre em todo relacionamento significativo. É por isso que Jesus nos convida a permanecer no seu amor (Jo 15.9), a repousar, descansar e ficar ali, sem pressa, em seus braços.

Pode ser que você confunda amor com obediência. Certamente, a obediência é parte essencial do que significa amar a Deus. Contudo, o Senhor também deseja que nossos afetos, nossas emoções e desejos sejam totalmente voltados para ele. Existem infinitos motivos para amar Jesus, mas este talvez seja o mais importante: Jesus é uma pessoa. Ele é real e nos ama: "Eu os amei como o Pai me amou" (15.9).

Um exemplo a seguir

TEMA 42: Amar a Deus e ao próximo

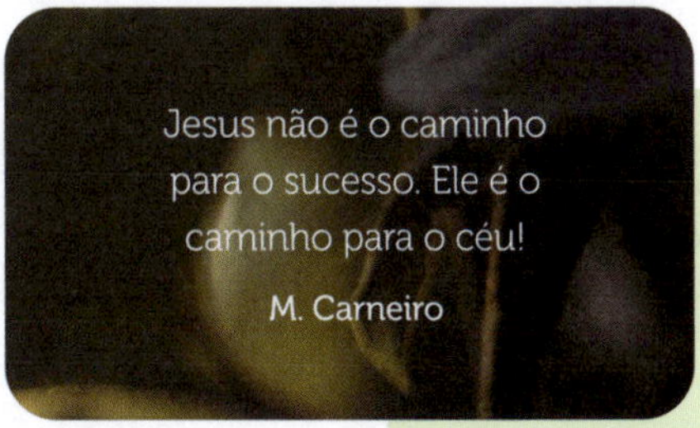

> **Portanto, como filhos amados de Deus, imitem-no em tudo que fizerem. Vivam em amor, seguindo o exemplo de Cristo, que nos amou e se entregou por nós como oferta e sacrifício de aroma agradável a Deus.**
>
> **Efésios 5.1-2**

Sejamos sinceros: nem sempre nosso coração é quebrantado e bondoso. Às vezes, somos guiados apenas por nossa ambição e nossos interesses egoístas; somos tentados a competir por posições e gostamos de receber privilégios exclusivos. Assim, como podemos amar como Jesus nos ama?

O ensino e o exemplo do Senhor revelam pelo menos quatro qualidades distintas de seu amor por nós. Se desejamos amar como Jesus, somos incentivados a ser: menos indiferentes aos outros; mais acessíveis; mais misericordiosos; e, por fim, mais generosos. Essa não é uma lista completa, mas apenas algumas maneiras práticas de buscar replicar o amor divino em nossos relacionamentos. Jesus demonstrou essas cinco qualidades e falou sobre elas não como um alvo inatingível, mas como um estilo de vida acessível a nós por meio do poder e da obra do Espírito Santo.

Esse amor não é ilusório e, certamente, não é impossível ou apenas restrito a algumas pessoas: ele é para todos! Jesus nos dá passos práticos para escolhermos amar dessa maneira extraordinária todos os dias, e também nos dá seu Espírito Santo, que nos fortalece na jornada. Desenvolver essas qualidades certamente será um desafio, e é bem provável que falharemos ao tentar vivê-las. Porém, não deixe que isso o desanime. É em meio às nossas falhas e fracassos que Deus molda nosso caráter — isso é o que chamamos de santificação.

LEIA

Efésios 5.1-14

ORAÇÃO

Amado Deus, obrigado porque não dependo de minhas próprias forças, mas posso contar com teu favor em tudo. Que tua amorosa misericórdia me capacite a amar como tu me amas. Amém.

Perdão e gratidão

TEMA 42: Amar a Deus e ao próximo

Cristo não é valorizado, a não ser que seja valorizado acima de tudo.

Agostinho de Hipona

Eu lhe digo: os pecados dela, que são muitos, foram perdoados e, por isso, ela demonstrou muito amor por mim. Mas a pessoa a quem pouco foi perdoado demonstra pouco amor.

Lucas 7.47

LEIA

Lucas 7.36-50

ORAÇÃO

Jesus, tu vieste ao mundo para morrer pelos meus pecados e para me reconciliar contigo. Que teu Espírito mantenha essa verdade em meu coração. Amém.

Os fariseus eram peritos em cumprir ritualisticamente as leis de Deus, mas falhavam em amar o próprio Deus. Certa vez, um fariseu chamado Simão convidou Jesus para jantar. Uma prostituta, sabendo que Jesus estava naquela casa, foi até lá, ajoelhou-se e começou a beijar os pés de Jesus. Ao ver essa cena, o fariseu ficou indignado. Percebendo isso, Jesus propôs uma parábola àquele mestre da lei: dois homens tiveram suas dívidas canceladas; um devia muito dinheiro, já outro, uma pequena quantia. Qual desses homens amou mais seu credor após isso? "Simão respondeu: Suponho que aquele de quem ele perdoou a dívida maior" (Lc 7.43).

Então Jesus aponta para a mulher a seus pés e diz que quando ele entrou na casa, o fariseu não lhe ofereceu água para lavar o pó de seus pés, mas a mulher os lavou com suas lágrimas e os enxugou com seus cabelos. Ele diz ainda que não foi cumprimentado por Simão com um beijo, mas a mulher não parava de beijar-lhe os pés. O fariseu não ungiu a cabeça de Jesus com óleo, mas a mulher o ungiu com perfume. Jesus, então, conclui: "Eu lhe digo: os pecados dela, que são muitos, foram perdoados e, por isso, ela demonstrou muito amor por mim" (7.47).

Por conhecer o tamanho de sua dívida com Deus e o quanto havia sido perdoada, aquela mulher amou o Senhor. Muitas vezes, temos a consciência de que merecemos a justa ira divina por nossos pecados, mas nem sempre nossa gratidão é proporcional a esse sentimento de culpa. Por isso, a chave para amar a Deus cada vez mais é estar ciente daquilo que ele fez por nós na cruz. Quando entendemos isso, ouvimos Jesus dizer: "Sua fé o salvou. Vá em paz".

"Quem não ama não conhece a Deus"

TEMA 42: Amar a Deus e ao próximo

Eu dou a Cristo incontáveis razões para ele não me amar, mas nenhuma delas é forte o suficiente para fazê-lo mudar de ideia.

Paul Washer

Nós amamos porque ele nos amou primeiro.

1João 4.19

Todos os dias deparamos com pessoas que precisam desesperadamente receber o amor de Deus. Podemos não saber a história de cada um, mas ainda assim Deus pode nos usar para levar seu amor a essas vidas. Esta é nossa vocação: como seguidores de Cristo, somos chamados a investir tempo e esforços nos outros e a amá-los. Afinal, fomos alcançados por esse amor primeiro, como nos diz o apóstolo João.

Sua primeira epístola está repleta de instruções sobre o amor mútuo entre os cristãos, como 1João 4.10: "É nisto que consiste o amor: não em que tenhamos amado a Deus, mas em que ele nos amou e enviou seu Filho como sacrifício para o perdão de nossos pecados". Ao ler essa carta, podemos perceber claramente os ecos de uma oração de Jesus que provavelmente foi ouvida por João: "Que eles experimentem unidade perfeita, para que todo o mundo saiba que tu me enviaste e que os amas tanto quanto me amas" (Jo 17.23). Quando olhamos para nós mesmos através dos olhos de Jesus, sabemos que, ainda que pequemos, ele continua a nos amar inabalavelmente.

Em razão de seu profundo amor por nós, somos convidados não apenas a amá-lo de volta, mas também a estender esse amor aos outros: "Amados, se Deus assim nos amou, também nós devemos amar uns aos outros" (1Jo 4.11). Esse é um círculo virtuoso que vence o padrão de discórdia e divisão que há no mundo. Vivendo assim, o mundo conhecerá o amor de Jesus através de nós, seus seguidores.

LEIA

1João 4.7-21

ORAÇÃO

Senhor Deus, ajuda-me a amar os outros com o teu amor incondicional. Dá-me mais compaixão e preocupação com os necessitados, e que eu leve esperança a todos que encontrar. Amém.

Um naufrágio, uma ilha e muita bondade

TEMA 42: Amar a Deus e ao próximo

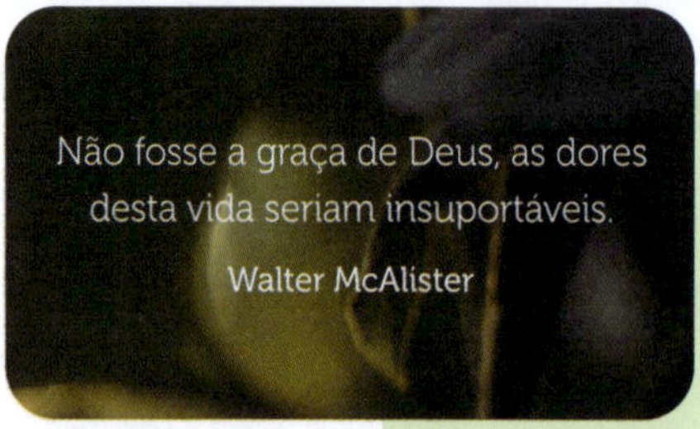

O povo de lá nos tratou com muita bondade.

Atos 28.2

LEIA

Atos 28.1-10

ORAÇÃO

Pai, ajuda-me a ser gentil com todos em minha vida. Sei que posso guiar outros pelo exemplo, mas sei também que não posso fazer isso sozinho, sem teu Espírito. Tu és minha esperança e auxílio. Amém.

Em Atos 28, lemos sobre alguns nativos que moravam em uma ilha remota onde um barco com o apóstolo Paulo a bordo naufragou por causa de uma tempestade. Após esse incidente, Lucas, o autor de Atos (e também um dos náufragos), descreve melhor onde estavam: "Uma vez a salvo em terra, descobrimos que estávamos na ilha de Malta. O povo de lá nos tratou com muita bondade" (At 28.1-2).

"Muita bondade." O comportamento acolhedor dos habitantes daquela ilha foi tão surpreendente, que Lucas usa o advérbio "muito" para descrever a gentileza que encontraram. O texto não diz que essa bondade extraordinária foi demonstrada porque Paulo e seus companheiros de viagem eram pessoas importantes, ou porque possuíam as mesmas visões políticas e teológicas do povo daquela ilha. Não! Eles foram tratados com amabilidade extraordinária simplesmente porque estava chovendo e fazia frio. Foi por isso que, nas palavras de Lucas, aqueles homens "fizeram uma fogueira na praia para nos receber".

Hoje, também encontramos vários "náufragos espirituais", pessoas que estão lutando contra muitos problemas e que clamam por demonstrações de acolhimento por parte da igreja. Então, como podemos imitar a conduta dos nativos de Malta? O coração bondoso deixa a zona de conforto e se sacrifica pelo outro. A bondade extraordinária se caracteriza por convidar quem está faminto e com frio a entrar e por não deixar ninguém de fora. A bondade se interessa pela dor alheia, faz perguntas e atende às necessidades daquele que sofre. Portanto, busque ser *muito* bondoso hoje com alguém. A vida de alguém pode ser completamente transformada por um simples gesto seu.

Superpoderes

TEMA 42: Amar a Deus e ao próximo

Não devemos passar um dia sem agradecer a Deus por sua misericórdia e graça para conosco em Jesus Cristo.

Billy Graham

Quando Deus, nosso Salvador, revelou sua bondade e seu amor, ele nos salvou não porque tivéssemos feito algo justo, mas por causa de sua misericórdia.

Tito 3.4-5

Você gosta de filmes de super-heróis? Nesses filmes, os cidadãos sabem que podem contar com o herói e seus poderes sempre que precisarem. E, assim como o mundo fictício dos super-heróis, nossa realidade também é uma bagunça. As notícias são assustadoras, os relacionamentos são complicados e a gentileza parece estar em extinção. Contudo, mesmo em meio ao caos, podemos ter grande esperança. Como cristãos, acreditamos que é possível nos comportar com graça e dignidade, ainda que vivamos em uma cultura que aparenta celebrar a discórdia e a agressividade.

Nosso mundo precisa de heróis — heróis reais e dispostos a agir com mansidão e bondade com todos. E você não precisa de uma capa para isso; o único requisito para ser um herói é ter disposição, começar aos poucos, com pequenos gestos, e prosseguir. Mas antes de se inscrever para essa missão, lembre-se: não somos capazes de realizá-la por conta própria. Precisamos do Espírito Santo, e essa é a definição perfeita do que é um poder sobre-humano.

A prática da bondade é algo que aprendemos, pois não é natural para nós. Por causa do pecado, não podemos amar os outros com nossas próprias forças, mas Paulo nos dá uma notícia maravilhosa: Deus nos salvou por sua misericórdia, não por nossa capacidade de sermos bons. Embora não mereçamos, Jesus nos trata com grandiosa bondade e amor. Da mesma forma, precisamos ser capacitados pelo Espírito Santo para olhar para todos com amor. Quando submetemos nossa vida à sua missão, Deus transforma nossos pequenos atos de bondade em superpoderes a fim de resgatar vidas do poder infernal.

LEIA

Tito 3.1-11

ORAÇÃO

Amado Deus, ajuda-me a refletir em ações e conduta a fé que proclamo. Quero ser um exemplo do teu caráter para que outros sejam inspirados a seguir teus caminhos. Amém.

O homem perfeito

TEMA 42: Amar a Deus e ao próximo

Palavras são boas apenas quando são melhores do que o silêncio.

Richard Sibbes

Nosso Sumo Sacerdote entende nossas fraquezas, pois enfrentou as mesmas tentações que nós, mas nunca pecou

Hebreus 4.15

LEIA

Tiago 3.1-12

ORAÇÃO

Senhor, ajuda-me a usar minhas palavras para curar, dar esperança e oferecer justiça. Que minha língua não seja uma arma de divisão, mas sim um instrumento de edificação. Amém.

Nossas palavras têm um grande potencial, tanto para ferir quanto para curar. É por isso que a passagem de hoje nos lembra do enorme poder de um pequeno músculo: a língua. Ela é indomável e capaz de grandes estragos. Por isso, um dos principais temas do capítulo 3 de Tiago é este: não se deixe enganar, pois embora pequena a língua é poderosa. Se canto louvores na igreja, mas espalho fofocas no dia seguinte, algo está errado com meu coração. Este é o diagnóstico de Jesus: a boca fala do que o coração está cheio (Mt 12.34).

Que bom é saber que não somos salvos pelas palavras que proferimos! Mas, porque somos nova criatura, nosso discurso deve refletir o Espírito Santo que habita em nós. Isso não significa que sempre falaremos palavras justas na hora certa, ou que nunca mais teremos rompantes de raiva ou impaciência. Afinal, "se pudéssemos controlar a língua, seríamos perfeitos", afirma Tiago.

Sendo assim, o que adianta não tropeçar, uma vez que ninguém é capaz de atingir a perfeição de ser irrepreensível no falar? Em nossa vida com Cristo, a ênfase não deve ser colocada em quão aquém ficamos do padrão de Deus. Em vez disso, devemos nos concentrar em nosso progresso constante. Quando obedecemos à Palavra de Deus, estamos sendo aperfeiçoados. Portanto, uma palavra doce e sábia de cada vez. E, enquanto nos esforçamos nesse sentido, podemos descansar em saber que Jesus, o homem perfeito e sem pecado, se compadece de nós.

Éfeso: trabalho e perseverança

TEMA 43: As sete igrejas do Apocalipse

Trabalhe como se tudo dependesse do seu trabalho e ore como se tudo dependesse da sua oração.

William Booth

Sei de tudo que você faz. Vi seu trabalho árduo e sua perseverança, e sei que não tolera os perversos.

Apocalipse 2.2

Existem duas coisas que todo cristão precisa lidar em seu dia a dia: trabalho e perseverança. O trabalho diz respeito a tudo em que estamos envolvidos. Sejam atividades relacionadas à igreja, tarefas voltadas para família ou até mesmo atividades pessoais, o fato é que sempre estamos fazendo algo. No entanto, em grande parte da vida, isso é um desafio enorme, pois o trabalho também envolve dificuldades e obstáculos imensos. Às vezes, os problemas resultam de fatores externos, porém podem também ser a consequência de nossos pecados. Nesses momentos, a perseverança precisa entrar em cena para seguirmos em frente.

Escrevendo à igreja de Éfeso, o Senhor Jesus fala isso claramente: "Sei de tudo que você faz. Vi seu trabalho árduo e sua perseverança, e sei que não tolera os perversos. Examinou as pretensões dos que se dizem apóstolos, mas não são, e descobriu que são mentirosos. Sofreu por meu nome com paciência, sem desistir" (Ap 2.2-3). Isso é consolador, pois nos mostra que o Senhor não é indiferente às nossas lutas. No entanto, se por um lado ele elogia os efésios por seu labor e resiliência, ele também deixa claro que conhece as falhas daquela igreja. E, por isso, ele os convida ao arrependimento.

Isso também é de grande importância para nós: saber que nossa perseverança e nossos esforços, bem como nossas falhas, são conhecidos por Deus — uma verdade que deve nos motivar a um arrependimento constante. Portanto, enfrente as dificuldades de cabeça erguida e com fé, mas também persevere em uma vida marcada pelo constante voltar-se para Deus.

LEIA

Apocalipse 2.1-7

ORAÇÃO

Senhor Jesus, Dá-me força para enfrentar as dificuldades com fé e para continuar firme nas tarefas que me confiaste. Em teu nome. Amém.

Esmirna: vitória em meio à tribulação

Há injustiça em Deus pelo fato de nos colocar na fornalha a fim de nos purificar?

Thomas Watson

Não tenha medo do que está prestes a sofrer. O diabo lançará alguns de vocês na prisão [...]. Mas, se você permanecer fiel mesmo diante da morte, eu lhe darei a coroa da vida.

Apocalipse 2.10

LEIA

Apocalipse 2.8-11

ORAÇÃO

Senhor Jesus, obrigado por conheceres minha dor e me ajudares a vencer todas as tribulações. Que eu possa sempre me lembrar de tua ressurreição e encontrar força em tua vitória. Amém.

Quando o Senhor Jesus se dirige à igreja de Esmirna, ele se apresenta como aquele "que esteve morto mas agora vive". Em seguida, afirma que conhece a tribulação pela qual aqueles irmãos estavam passando. Essa apresentação de Jesus e sua mensagem àqueles irmãos nos ensinam muito sobre como Cristo se identifica com seu povo em suas aflições, pois ele mesmo passou pela maior delas: a morte na cruz e o desamparo total.

É fato que todo cristão enfrenta tribulações. O próprio Jesus afirmou isso (Jo 16.33), um ensino que também foi reverberado pelo apóstolo Paulo em sua última carta: "todos que desejam ter uma vida de devoção em Cristo Jesus sofrerão perseguições" (2Tm 3.12). Mas nada disso deve nos levar ao desespero. Ao citar que "esteve morto", Jesus está mostrando que sabe o que é a dor, o sofrimento e a perseguição. No entanto, Jesus não para nesse ponto: ele também diz que "agora vive", ou seja, toda dor e sofrimento que ele experimentou também foram vencidos quando ele ressurgiu triunfantemente dos mortos.

Temos um Mestre que não apenas conhece nossas dores, mas também viveu cada uma delas e as venceu todas em sua ressurreição. É por isso que o autor da carta aos Hebreus diz que nosso sumo sacerdote pode se compadecer de nossas fraquezas, "pois enfrentou as mesmas tentações que nós, mas nunca pecou" (Hb 4.15). A grande realidade da fé cristã é que servimos a um Deus que se assemelha a nós em nossas fraquezas, e que seremos semelhantes a ele em sua vitória, pois ele venceu por nós: "Quem for vitorioso não sofrerá o dano da segunda morte" (Ap 2.11).

Pérgamo: o dever de zelar pela sã doutrina

As Escrituras não nos foram dadas para aumentar nosso conhecimento, mas para mudar nossa vida.

Dwight L. Moody

Conheço o lugar onde você vive, a cidade onde está o trono de Satanás. Ainda assim, você permanece leal a meu nome.

Apocalipse 2.13

O cristianismo se baseia nas Escrituras Sagradas. Assim, ser cristão não diz respeito apenas ao que uma pessoa pensa ou sente, mas sim à obediência àquilo que foi revelado por Deus ao longo da história da redenção. Estudar a Bíblia e ter uma vida de oração a fim de buscarmos o auxílio do Espírito para entender a Palavra é fundamental para ser um cristão genuíno, ou seja, alguém disposto a se submeter aos ensinos de Jesus: "Aqueles que aceitam meus mandamentos e lhes obedecem são os que me amam" (Jo 14.21).

Duas coisas estão presentes nessa afirmação de Jesus. Em primeiro lugar, a responsabilidade de aceitar seus mandamentos, ou seja, conhecê-los. Segundo, o dever de obedecer-lhes. Quando Cristo se dirige à igreja de Pérgamo, primeiro ele a elogia por ter permanecido fiel em um momento de aguda perseguição. Mesmo diante de uma grave ameaça, aqueles cristãos não negaram a fé. Isso foi algo louvável da parte deles, e o Senhor os consolou por isso. No entanto, em seguida o Senhor faz uma exortação severa, pois a igreja de Pérgamo mantinha em seu meio pessoas que seguiam e ensinavam doutrinas contrárias às Sagradas Escrituras, e que praticavam livremente o culto a ídolos e a imoralidade sexual.

Nossa fidelidade a Deus deve ser demonstrada na forma como zelamos pela obediência à sua Palavra. Ainda que seja preciso entregar nossa vida como sacrifício, nunca devemos negar os princípios fundamentais das Sagradas Escrituras. Dessa forma, seremos fiéis a Deus e demonstraremos nosso verdadeiro amor ao nosso amado Salvador e também Senhor: Jesus Cristo.

LEIA

Apocalipse 2.12-17

ORAÇÃO

Senhor, agradeço-te pela Palavra que nos guia e sustenta. Dá-me força e coragem para ser fiel às Escrituras em todos os momentos. Amém.

Tiatira: anseio pelo retorno de Jesus

TEMA 43 As sete igrejas do Apocalipse

A igreja apostólica pensava mais sobre a Segunda Vinda de Jesus Cristo do que na morte e no céu.

Alexander MacLaren

Aquele que é testemunha fiel de todas essas coisas diz: "Sim, venho em breve!". Amém! Vem, Senhor Jesus!

Apocalipse 22.20

LEIA

Apocalipse 2.18-29

ORAÇÃO

Senhor, obrigado por tua promessa de voltar para nos levar ao teu encontro. Ajuda-me a conservar minha fé, mesmo em meio às adversidades. Amém.

Em Tiatira, havia pessoas reconhecidas pelo amor ao Senhor, pelo serviço ao próximo e pela perseverança na fé. No entanto, também havia aqueles envolvidos em práticas terríveis, como prostituição e idolatria. O Senhor Jesus se dirige a estes de forma severa, prometendo punir os que não se arrependerem.

Mas lembre-se: também havia pessoas fiéis naquela cidade. Os olhos de Deus não estavam postos apenas sobre os ímpios; ele conhecia aqueles que diariamente lutavam e se esforçavam para segui-lo. Essa distinção está muito clara no texto, pois, após apontar os desvios dos impenitentes, o Senhor diz: "Tenho também uma mensagem para o restante de vocês em Tiatira que não seguiram esse falso ensino [...]. Não lhes pedirei coisa alguma, senão que se apeguem firmemente ao que já têm até que eu venha" (Ap 2.24-25).

"*Até que eu venha.*" Esse é um dos traços que diferem a fé cristã de outras religiões: aguardamos esperançosamente o retorno de nosso Salvador. É por isso que temos esperança ao enfrentar todas as afrontas, perseguições, calúnias e ameaças — passamos por tudo isso com os olhos fitados no céu, de onde Cristo retornará triunfante, assim como anjos prometeram aos discípulos que, atônitos, viram o Senhor ascender: "Homens da Galileia, por que estão aí parados, olhando para o céu? Esse Jesus, que foi elevado do meio de vocês ao céu, voltará do mesmo modo como o viram subir!" (At 1.11).

Às vezes, vivemos como se o retorno de Cristo fosse uma utopia, um final de conto de fadas, mas nunca devemos perder de vista essa esperança! Quando foi a última vez que você parou para meditar nessa promessa? Quando você pensa nisso, o que vem à sua mente: esperança ou desespero?

Sardes: fortaleçam-se na fé

TEMA 43 As sete igrejas do Apocalipse

> É fácil seguir a Cristo quando estamos seguros e confortáveis, mas quando o mundo se despedaça, somente uma fé segura nos sustentará.
>
> Billy Graham

> **Desperte! Fortaleça o pouco que resta, pois até mesmo isso está quase morto. Vejo que suas ações não atendem aos requisitos de meu Deus.**
>
> **Apocalipse 3.2**

Há na Bíblia a categoria de livros conhecidos como sapienciais, os livros de Sabedoria, como Jó, Salmos, Provérbios, Eclesiastes e Cântico dos Cânticos. Neles, encontramos conselhos excelentes como este, que enfatizam a importância da vida comunitária: "É melhor serem dois que um, pois um ajuda o outro a alcançar o sucesso. Se um cair, o outro o ajuda a levantar-se. Mas quem cai sem ter quem o ajude está em sérios apuros" (Ec 4.9-10).

Isso é tão importante que está presente em outras partes das Escrituras, como em Apocalipse. Quando Cristo se dirige à igreja de Sardes, a situação era preocupante. Eles haviam parado no tempo, não progrediram e viviam no engano. Contudo, o Senhor ainda podia identificar alguma forma de vida naquela igreja, e é por isso disso que diz: "Desperte! Fortaleça o pouco que resta, pois até mesmo isso está quase morto". Por menor que fosse a fagulha de vida existente ali, esse fogo deveria ser alimentado para crescer e se espalhar.

É importante perceber que o Senhor se dirige a uma igreja e a seus membros. Por isso, as ordens de fortalecer e despertar enfatizam a importância de um empenho mútuo. Os mais fortes deveriam encorajar os mais fracos, os atentos deveriam despertar os apáticos. A responsabilidade era de todos. É por isso que a vida coletiva da igreja é tão importante — porque ali havia uma comunidade, os irmãos de Tiatira podiam ser pastoreados em meio à dor. Se você está afastado da igreja, achegue-se ao aprisco, a fim de contar com a comunhão e a proteção dos demais membros do corpo de Cristo.

LEIA

Apocalipse 3.1-6

ORAÇÃO

Senhor, obrigado pela comunidade de fé que me deste. Ajuda-me a fortalecer meus irmãos e a ser fortalecido por eles. Que eu possa encorajá-los a viver em união. Em nome de Jesus. Amém.

Filadélfia: um convite aos fracos

Nossa única esperança é que alguém manso e suave acalme a tempestade, cure nossas feridas e carregue nosso jugo.

Jackie Hill Perry

Porque obedeceu à minha ordem para perseverar, eu o protegerei do grande tempo de provação que virá sobre todo o mundo.

Apocalipse 3.10

LEIA

Apocalipse 3.7-13

ORAÇÃO

Senhor Jesus, obrigado por confiares a mim a missão de compartilhar teu evangelho. Que eu seja fiel, mesmo em minhas fraquezas, lembrando que teu poder se aperfeiçoa na minha limitação. Amém.

O evangelho é descrito na Bíblia como algo a ser compartilhado. Assim, cada cristão tem a missão de levar a palavra de salvação a outras pessoas. Isso pode ser feito individualmente ou de uma forma mais ampla, como por meio de agências missionárias. Uma das características da igreja de Filadélfia era seu enorme comprometimento e produtividade no que dizia respeito ao trabalho em prol do evangelho.

O Senhor Jesus confirma isso e se dirige a esses irmãos dizendo conhecer as obras deles, e que ele mesmo era quem mantinha uma porta aberta diante deles, que ninguém fecharia. Ele diz mais: "Você tem pouca força, mas ainda assim obedeceu à minha palavra e não negou meu nome" (Ap 3.8). Ou seja, apesar de sua debilidade, eles continuaram a trabalhar fielmente. Cada um de nós recebeu essa mesma missão do Senhor Jesus. No entanto, às vezes somos induzidos a negligenciar o trabalho por pensar que ele não está produzindo os frutos esperados.

Nesses momentos, devemos nos lembrar que aquele que mantém a porta aberta é o Senhor Jesus Cristo, o dono da obra. Ao mesmo tempo, ele também atrai seu povo a entrar por essa porta; assim, cabe a nós apenas ser diligentes e fiéis nas tarefas que ele nos confia. Por isso, descanse nessa verdade: sua fraqueza não é motivo para parar. Afinal, Deus age por meio de nossas limitações, como bem descobriu o apóstolo Paulo: "Pois, quando sou fraco, então é que sou forte" (2Co 12.10). Nossa fraqueza não é sinônimo de derrota, mas sim a garantia de que Deus trabalha através de nós.

Laodiceia: repreensão amorosa

TEMA 43 As sete igrejas do Apocalipse

> O ponto mais significativo é que Cristo está envolvido em tudo o que está acontecendo, seja na redenção ou no julgamento, seja na repreensão ou na bênção.
>
> Eugene Peterson

Estou à porta e bato. Se você ouvir minha voz e abrir a porta, entrarei e, juntos, faremos uma refeição, como amigos.

Apocalipse 3.20

A última carta do Senhor às igrejas do Apocalipse é direcionada a Laodiceia. Ali, uma comunidade cristã começou de forma muito vívida. Ardia naqueles irmãos um fogo espiritual, e eram notáveis seu amor e dedicação. No entanto, o tempo passou, e as coisas mudaram. Eles se deixaram levar pela percepção de que estavam bem e de que já possuíam tudo de que precisavam — já não se viam mais como dependentes de Cristo. Aqueles que antes estavam cheios do Espírito de Deus tornaram-se apáticos e vazios. Uma situação que, claramente, não passou despercebida por Deus.

"Você não é frio nem quente. Desejaria que fosse um ou o outro! Mas, porque é como água morna, nem quente nem fria, eu o vomitarei de minha boca" (Ap 3.15-16). Palavras duras de digerir, mas que também carregam esperança: eles não haviam se desviado totalmente da fé. É por isso que a repreensão do Senhor é uma chance de se arrependerem e voltarem ao caminho correto, afinal de contas, o Senhor diz: "Eu corrijo e disciplino aqueles que amo" (3.19).

Isso fala diretamente ao nosso coração. Mesmo diante da apatia espiritual e de nossos fracassos recorrentes em viver uma vida plena na presença de Deus, o Senhor Jesus se compadece de nós. Portanto, alegre-se quando Cristo o repreender por seus maus caminhos. Isso significa que ele nos ama e tem prazer em se relacionar com pecadores como nós: "Estou à porta e bato. Se você ouvir minha voz e abrir a porta, entrarei e, juntos, faremos uma refeição, *como amigos*" (3.20).

LEIA

Apocalipse 3.14-22

ORAÇÃO

Senhor Jesus, agradeço por tua repreensão, pois é por meio dela que demonstras teu amor por mim. Abre meus olhos para que eu veja minha verdadeira condição e me arrependa de meus pecados. Amém.

Mantenha o sabor

TEMA 44: Histórias sobre identidade e redenção

Recebemos uma identidade ao nascer, mas ser portador da imagem divina nunca basta quando não depositamos nossa fé no Deus que fomos criados para espelhar.

Jackie Hill Perry

Vocês são o sal da terra. Mas, se o sal perder o sabor, para que servirá? É possível torná-lo salgado outra vez?

Mateus 5.13

LEIA

Mateus 5.13-16

ORAÇÃO

Senhor Deus, ajuda-me a levar tua luz às trevas deste mundo. Peço que me ajudes a estar firme na identidade e no propósito que tu preparaste para mim. Em nome de Jesus. Amém.

Imagine esta cena: você está preparando uma refeição especial que deseja compartilhar com os amigos e, de repente, percebe que não há sal na despensa. Nesse momento, você procura em todos os armários por qualquer pequeno sachê para adicionar sabor ao seu prato. Infelizmente, não são apenas nossas refeições que podem ficar sem esse valioso tempero. No texto de hoje, Jesus diz aos discípulos que eles devem ser o sal da terra, mas os adverte que até mesmo o sal pode perder seu sabor.

Ao fazer essa declaração, Jesus mostra a identidade e o propósito de seus seguidores, e isso também se aplica a nós. O sal possui três funções: adicionar sabor, conservar a qualidade de um alimento e provocar sede. É incrível como essas características estão presentes nesse ensinamento de Jesus. Como cristãos, devemos adicionar o sabor de Cristo a qualquer ambiente, relacionamento ou situação em que ele nos coloque. Também devemos preservar os valores do reino em um mundo moralmente decadente. E, por fim, podemos fazer com que outros tenham sede do Deus que conhecemos e amamos.

Ser um verdadeiro cristão e passar tempo com Deus deve nos mudar e, por conseguinte, impactar aqueles ao nosso redor. Assim como o sal não tem valor se perder seu propósito prático, nossa identidade não tem utilidade se não refletir ações que condizem com o evangelho. Além de filhos do Deus Altíssimo, somos também seus embaixadores e temos a responsabilidade de representá-lo aonde formos.

Uma história redimida

TEMA 44: Histórias sobre identidade e redenção

Então Jesus explicou: "Meu alimento consiste em fazer a vontade daquele que me enviou e em terminar a sua obra".

João 4.34

Todos amamos uma bela história, mas nem todo mundo gosta da sua própria história. Se pudéssemos escolher, teríamos elaborado um roteiro diferente para nossa vida. E é por isso que, frequentemente, lutamos por uma história diferente ou cobiçamos a história de outra pessoa. Todos nós podemos admitir que gostaríamos de arrancar algumas páginas da nossa biografia. Mas é difícil entender uma história, seja ela qual for, se estiverem faltando páginas e capítulos. Cada capítulo ajuda a explicar por que os personagens são como são, e o que os levou a estarem onde estão.

A mulher samaritana não gostava nem um pouco de seu passado. Em vez de pegar água no frescor da manhã ou da noite, ela ia ao poço no calor do meio-dia a fim de evitar olhares de desaprovação. Ela certamente se sentiu desprezada por seus cinco maridos anteriores, e estava envergonhada por não ser casada com o homem com quem vivia naquele momento. Mas Jesus veio para mudar tudo isso, e tudo começou quando ele lhe pediu um pouco de água. A conversa seguiu e atingiu seu ápice com a maravilhosa afirmação de Jesus: "Eu sou o Messias" (Jo 4.26).

Ao ouvir isso, a mulher largou o jarro no chão e correu para contar a todos em sua cidade que havia conhecido um homem capaz de reescrever até mesmo as histórias mais sombrias. Por isso, seja qual forem as páginas que você deseja riscar do seu passado, saiba que elas o trouxeram até aqui, até um encontro com o Messias. E assim como fez com a mulher samaritana, Jesus também lhe oferece a mesma chance de mudar o final de sua história.

LEIA

João 4.1-42

ORAÇÃO

Amado Pai, eu te louvo e te agradeço por teres escolhido me redimir. Ajuda-me a compartilhar minha história com confiança, para que outros possam encontrar um novo sentido para suas vidas. Amém.

Nenhuma dor é ignorada

TEMA 44: Histórias sobre identidade e redenção

O resultado da pregação não é apenas levar pecadores para o céu, mas é fazer de cada pessoa salva alguém que ama a Cristo.

Watchman Nee

Jesus lhe disse: "Filha, sua fé a curou. Vá em paz. Seu sofrimento acabou".

Marcos 5.34

LEIA

Marcos 5.21-34

ORAÇÃO

Senhor Jesus, obrigado por seres meu exemplo e modelo. Que eu esteja atento para ver e atender às necessidades dos outros e, assim, agir como um embaixador do teu reino. Amém.

Jesus raramente se comportava da maneira que as pessoas esperavam. Ele era um exímio observador e olhava com atenção para aqueles que não esperavam ser vistos. Jesus nunca estava ocupado demais para prestar atenção às pessoas ao seu redor, e não queria fazer coisas grandiosas aos olhos dos homens, mas sim a coisa certa diante de Deus. E, muitas vezes, a coisa certa era atender às necessidades de uma pessoa simples.

Na passagem de hoje, vemos uma grande multidão e um homem desesperado. Jairo, o chefe da sinagoga, vai até Jesus com uma emergência: sua filha estava morrendo e ele ansiava que Jesus a curasse. Jesus concordou e foi com ele, assim como a multidão. Enquanto se dirigiam até a casa de Jairo, uma mulher que havia anos sofria com uma hemorragia crônica se aproximou de Jesus no meio de toda aquela gente e o tocou, pois pensava: "Se eu apenas tocar em seu manto, serei curada" (Mc 5.28). Mas seu toque não passou despercebido. Jesus a olhou e disse que ela estava curada.

Ele se importou com aquela mulher aparentemente insignificante e compadeceu-se do seu sofrimento. Ela não era importante como Jairo, o chefe de uma sinagoga, e nem sequer sabemos o seu nome. Mesmo assim, ela era importante para Jesus. Devemos buscar ser mais parecidos com nosso Mestre. Ele é nosso modelo, o homem perfeito, que nunca estava ocupado demais para notar alguém que precisava de seu toque. Hoje, muitas coisas nos mantêm ocupados, mas Jesus nos chama a parar e a observar. Há pessoas em nosso meio que precisam de cura, de transformação ou, simplesmente, de nossa atenção.

NOVEMBRO

Lento em irar-se

TEMA 44: Histórias sobre identidade e redenção

Aprender a amar pessoas difíceis começa quando você pede a Deus que lhe mostre quão difícil é ele amar alguém como você.

Josemar Bessa

O Senhor é misericordioso e compassivo, lento para se irar e cheio de amor.

Salmos 145.8

LEIA

Salmo 145

ORAÇÃO

Senhor, obrigado por seres um Pai gracioso e amoroso e teres me adotado em tua família. Ajuda-me a manter esse amor em meus pensamentos e a estendê-lo às pessoas em minha vida. Amém.

Quando conhecemos a Deus e nos reconhecemos como pecadores, aprendemos a temê-lo. Para muitos, a imagem de um Deus sempre insatisfeito conosco pode perdurar por algum tempo. Certamente, devemos demonstrar reverência pelo Senhor, porém precisamos enxergar outros de seus atributos. Quando fomos redimidos, também fomos adotados. Portanto, Deus quer se revelar a nós como um Pai amoroso e bondoso — uma vez que nossos pecados foram cobertos pelo sangue de Cristo, já não estamos mais sob a sua ira.

É por isso que, quando pensamos em Deus, temos em mente a imagem de um Pai bondoso que nos chama de filhos. O salmista também tinha essa compreensão e escreveu que o Senhor é "lento para se irar e cheio de amor". Ele dá muitas chances ao pecador e concede perdão a todos que confessam seus pecados e se arrependem. Ele está do nosso lado, e não contra nós.

Nosso relacionamento com Deus não encontra paralelos com outras experiências neste mundo. Ele é perfeitamente justo e fiel, e se ele diz que você foi perdoado, limpo e que agora é uma nova criatura, então você realmente é tudo isso! Às vezes, percepções erradas e medos minam nosso pensamento. Mas o Espírito Santo renova e transforma nosso coração e mente como só ele é capaz de fazer. Assim, quando a verdade de Deus penetra profundamente em nossa vida, as mentiras sutis do inimigo são derrubadas e podemos louvar como o salmista: "O Senhor é bom para todos; derrama misericórdia sobre toda a sua criação" (Sl 145.9).

Descanso em meio à noite

TEMA 44: Histórias sobre identidade e redenção

Sou mais pecador e imperfeito do que pensava, mas sou mais aceito e amado do que esperava.

Timothy Keller

Durante o dia, porém, o Senhor me derrama seu amor, e à noite entoo seus cânticos e faço orações ao Deus que me dá vida.

Salmos 42.8

Você já travou batalhas no silêncio da noite? Talvez, deitado na cama e sem conseguir dormir, pensamentos tomem sua mente de assalto: "Por que minha vida é tão difícil? Por que só eu enfrento problemas enquanto os outros parecem desfrutar apenas de bênçãos?". As batalhas da mente são reais e podem roubar muito mais do que o nosso sono. Em madrugadas insones, o salmo de hoje pode oferecer conforto e auxílio.

À noite, Davi deixou de lado todas as palavras e pensamentos difíceis e apenas louvou a Deus. Com o pôr do sol, ele deixou de ser alguém preocupado diante dos problemas e se transformou em um adorador fervoroso. Quando as luzes se apagam, podemos escolher uma canção de louvor e nos fortalecer com a adoração ao único capaz de carregar nossa dor. Quando sua mente voltar ao problema e tentar solucioná-lo novamente, concentre-se mais uma vez na adoração — essa situação já está nas mãos daquele que pode resolvê-la.

Experimente fazer isso da próxima vez que perceber-se remoendo muitas preocupações. Isso o lembrará de entregar todos os seus problemas ao Senhor, para então dormir e descansar em paz. Nesta noite, quando os pensamentos ruins aparecerem e a preocupação tentar tomar conta de sua mente, ore e cante louvores a Deus. E então observe o medo dar lugar à esperança: "Em paz me deitarei e dormirei, pois somente tu, Senhor, me guardas em segurança" (Sl 4.8).

LEIA

Salmo 42

ORAÇÃO

Pai celestial, muitas vezes sinto como se estivesse sendo atacado e encurralado pelo medo. Dá-me coragem para viver o dom da fé que recebi e exercê-la a todo momento. Amém.

Mais que vencedores

TEMA 44: Histórias sobre identidade e redenção

O evangelho não denuncia pecado nem pronuncia julgamento. Ele anuncia salvação.

George C. Morgan

Mas, apesar de tudo isso, somos mais que vencedores por meio daquele que nos amou.

Romanos 8.37

LEIA

Romanos 8.31-39

ORAÇÃO

Senhor Deus, ajuda-me a viver de acordo com a identidade que tu me deste. Quero viver à luz de tua gloriosa vitória na cruz, que derrotou a morte, o inferno e a sepultura. Em nome de Jesus. Amém.

Sem dúvida, nosso passado é importante, afinal ele mostra o que Deus fez por nós. Contudo, não podemos negligenciar o presente. A história que estamos escrevendo agora demonstra tanto a nossa fidelidade a Deus quanto a obra do seu Espírito em nós? Estamos vivendo de acordo com aquilo que Paulo diz que somos, ou seja, vencedores?

Romanos 8.37 é um dos textos mais famosos da Bíblia, e talvez seja um dos que mais estampe adesivos, bonés e camisetas em lojas cristãs. Paulo diz que somos "mais que vencedores", mas a verdade é que raramente nos sentimos assim. Na maior parte dos dias, parece que estamos apenas jogando para evitar a derrota. Contudo, não podemos nos esquecer das palavras que precedem essa famosa afirmação. O apóstolo faz uma lista de todas as calamidades imagináveis (perseguição, miséria, ameaça de morte etc.) e, então, conclui com sua tradicional pergunta: "O que nos separará do amor de Cristo?" (Rm 8.35). Ou seja, podemos ser mais do que vencedores mesmo em meio às mais extremas dificuldades.

Ser mais do que vencedor significa que tudo o que o inimigo tenta usar para nos derrubar, qualquer ação a fim de nos prejudicar, será transformada em glória para Deus. Significa que perseveraremos até chegarmos do outro lado da provação. Temos essa garantia porque Jesus já venceu por nós a morte, o inferno e a sepultura. É por isso que a segunda parte do versículo é importante para a sua correta interpretação. Assim como Paulo, podemos perguntar: Somos mais que vencedores pois conquistamos nós mesmos a vitória? E também chegar à conclusão: De maneira alguma! "Somos mais que vencedores *por meio daquele que nos amou*."

Uma aliança indestrutível

TEMA 44: Histórias sobre identidade e redenção

Pensar que mereço o céu é um sinal claro de que não entendi o evangelho.
Sinclair B. Ferguson

Tirei vocês do Egito e os trouxe a esta terra que jurei dar a seus antepassados, e afirmei que jamais quebraria a minha aliança com vocês

Juízes 2.1

O pecado é uma luta diária para todos nós. Podemos não gostar de pensar muito nisso, mas cedo ou tarde precisaremos lidar com essa realidade, senão seremos consumidos por ela. O pecado alimenta um círculo nocivo em nosso coração, um círculo de desejos impuros, de afronta, de desobediência e destruição. Inevitavelmente ele nos levará ao sofrimento.

Na passagem de hoje, os israelitas estavam nessa situação. A princípio o texto mostra um tom alegre, com lembranças daquilo que Deus fizera por seu povo. Mas, já nos versículos seguintes, descobrimos que essa passagem trata das consequências do pecado. Considere o que aconteceu na vida dos israelitas: Deus havia libertado o povo do cativeiro, conduzindo-o pelo deserto rumo à Terra Prometida. Deus permaneceu fiel ao seu povo, mas Israel não preservou sua fidelidade. Assim, o anjo do Senhor deixou Gilgal (um lugar associado à bênção) e foi para a região de Boquim, que significa pranto. Lá, os israelitas enfrentaram as consequências de sua desobediência: a presença e proteção de Deus se afastaria deles, e eles se veriam entregues aos ídolos que tanto buscaram.

Contudo, mesmo em meio à desobediência, a aliança de Deus com Israel jamais foi desfeita. O próprio livro de Juízes narra que vez após vez o Senhor se compadeceu de seu povo e capacitou homens e mulheres como Gideão, Sansão e Débora para livrar Israel de seus inimigos. E mais adiante na história de Israel, Deus promete a Davi que um de seus filhos ocuparia o trono para sempre. Essa promessa foi cumprida em Jesus, o descendente que havia sido prometido a Davi e o único ser humano perfeito capaz de pôr um fim ao pecado e suas consequências.

LEIA

Juízes 2.1-5

ORAÇÃO

Senhor Deus, obrigado porque teu Santo Espírito me convence amorosamente do meu pecado. Conduze-me em teus caminhos, e que eu possa testemunhar sobre tua fidelidade e amor. Amém.

Quando a alegria parece distante

TEMA 45: Reflexões sobre Filipenses

O pecado é o motivo de sua tristeza. Portanto, deixe que a santidade seja o motivo de sua alegria.

Agostinho de Hipona

Tu guardarás em perfeita paz todos que em ti confiam, aqueles cujos propósitos estão firmes em ti.

Isaías 26.3

LEIA

Filipenses 1.1-19

ORAÇÃO

Pai celestial, ajuda-me a fixar os olhos em ti e a encontrar alegria em teu amor independentemente das circunstâncias ao meu redor. Amém.

Nos próximos dias, veremos como é possível superar situações negativas que podem aparecer em nossa vida, como ansiedade, preocupação, preocupação entre outros sentimentos ruins.

Talvez sentimentos como esses estejam ocupando sua mente neste momento, enquanto você se esforça para ler este texto. Alguma ansiedade ou medo sutil que teima em se fazer presente. Seja o que for, pensamentos negativos nos fazem sentir como se uma nuvem densa e carregada estivesse constantemente sobre nós.

Se você se sente assim, lembre-se: você não está sozinho. Nossa sociedade é tão acelerada e esmagadora que acaba colocando todos em uma batalha pelo bem-estar mental. As redes sociais atiçam comparações destrutivas, os jornais publicam histórias tristes e preocupantes todos os dias. Diante da quantidade de informações que recebemos, dificilmente conseguimos aquietar a mente e descansar. Não é de se estranhar que a vida pareça tão assustadora de vez em quando. De todo modo, como podemos combater essas sensações?

Como cristãos, sabemos que Jesus é a resposta. No entanto, nem sempre conseguimos colocar isso em prática. É por isso que, às vezes, é difícil ler e aplicar à nossa vida ensinamentos como este: "Alegrem-se sempre no Senhor. Repito: alegrem-se!" (Fp 4.4). Note, no entanto, que Paulo não diz para nos alegrarmos de acordo com as situações que vivemos. Em vez disso, ele aponta para a fonte de toda alegria e contentamento: alegrem-se *no Senhor*. Nosso bem-estar deve estar ancorado em nossa identidade como filhos de Deus. Em Jesus, somos aceitos, curados, perdoados e restaurados. Para vencer a pressão, precisamos olhar para o alto. "Então o Deus da paz estará com vocês" (4.9).

Mais perto do que se imagina

TEMA 45: Reflexões sobre Filipenses

> Nunca estamos mais perto de Cristo do que quando nos encontramos perdidos, maravilhados com seu amor indizível.
>
> John Owen

> O Senhor está perto dos que têm o coração quebrantado e resgata os de espírito oprimido.
>
> **Salmos 34.18**

Quanto mais fundo no mar um mergulhador avança, mais escuro e assustador o ambiente se torna. Da mesma forma, quanto mais distante no universo um astronauta viaja, mais a luz parece escassa. São situações marcadas pela solidão e por um sentimento de abandono. Nossa mente pode vagar por lugares assim também. Você se identifica com isso? Se sim, não tema a escuridão; pois ao seu lado está o "Pai que criou as luzes no céu. Nele não há variação nem sombra de mudança" (Tg 1.17).

Entender isso é como ver luzes de um bote de resgate quando estamos à deriva. A escuridão pode até não se dissipar de uma vez, mas, de repente, a jornada para a segurança se torna possível. É o que Paulo diz aos filipenses. Após pedir que eles se alegrassem, ele explica por que deveriam fazê-lo: "Lembrem-se de que o Senhor está próximo" (Fp 4.5). Pare só por um momento e reflita sobre isso. Não importa como você esteja se sentindo agora, o Senhor está perto. Mais perto do que você imagina — na verdade, ele nunca deixou de estar ao seu lado.

Isso pode parecer simples, mas é transformador. Porque Jesus se sacrificou na cruz, o véu se rasgou e, agora, nada pode nos separar do amor de Deus. A constante companhia do Espírito Santo e a certeza de que Jesus jamais nos deixará é o sustento para as jornadas difíceis. Ele é o nosso resgatador. Permita que as palavras de Paulo ecoem na sua alma hoje. Se ajudar, repita isso em voz alta: o Senhor está perto... o Senhor está perto... *o Senhor está perto!*

LEIA

Filipenses 1.20-30

ORAÇÃO

Senhor, obrigado por tua presença constante em minha vida. Mesmo nos momentos mais sombrios e solitários, ajuda-me a lembrar que tu estás sempre perto, cuidando de mim. Amém.

Oração: antídoto contra a preocupação

Orem totalmente; orem do princípio ao fim! Até que Deus se incline dos céus e desça.

Reuben A. Torrey

Entregue suas aflições ao Senhor, e ele cuidará de você; jamais permitirá que o justo tropece e caia.

Salmos 55.22

LEIA

Filipenses 2.1-18

ORAÇÃO

Pai, venho a ti em oração e entrego todas as minhas preocupações. Ajuda-me a confiar em tua fidelidade e a apresentar todos os meus pedidos com gratidão. Em nome de Jesus. Amém.

A carta aos Filipenses apresenta ferramentas preciosas que nos capacitam a viver com esperança em meio a qualquer circunstância. Paulo ensina aos irmãos daquela cidade que, em Jesus, podemos aprender a viver com resiliência, paz e amor, ainda que em uma cultura implacável que insiste em nos oprimir.

Filipenses 4.6 é um dos versículos mais encorajadores e mais desafiadores de toda a Bíblia: "Não vivam preocupados com coisa alguma". Espere um pouco. Paulo está dizendo que não devemos nos preocupar com nada? Isso parece bastante radical e maravilhoso ao mesmo tempo — afinal, quem não gostaria de simplesmente desligar a ansiedade com o simples apertar de um botão? Contudo, se o versículo acabasse assim, estaríamos perdidos.

Que bom saber que o apóstolo não conclui sua argumentação nesse ponto. Primeiro ele nos mostra o objetivo (não ficarmos ansiosos por nada) e, depois, um dos principais meios para alcançá-lo: a oração. É por isso que Paulo continua a escrever: "em vez disso, orem a Deus pedindo aquilo de que precisam e agradecendo-lhe por tudo que ele já fez". O primeiro passo para resistir à ansiedade é orar com um espírito de gratidão. Essa disciplina derruba as fortalezas mentais e move as montanhas no domínio espiritual. Portanto, ao depararmos com um problema, seja ele grande ou pequeno, nossa primeira atitude deve ser apresentar essa situação ao Senhor em vez de tentar resolvê-la com nossos recursos escassos e limitados. Dessa forma, "a paz de Deus, que excede todo entendimento [...] guardará seu coração e sua mente em Cristo Jesus" (Fp 4.7).

Como anda sua vida de oração? Você pode orar agora mesmo, mas antes de apresentar seus pedidos a Deus, adore-o por quem ele é e agradeça-lhe por tudo o que ele já deu a você.

Uma paz inimaginável

TEMA 45: Reflexões sobre Filipenses

Poucas coisas adornam e embelezam mais a profissão de fé cristã do que exercitar e manifestar o espírito de paz.

A. W. Pink

Eu lhes deixo um presente, a minha plena paz. E essa paz que eu lhes dou é um presente que o mundo não pode dar.

João 14.27

As reviravoltas inesperadas da vida podem nos fazer cambalear. Diante de uma perda repentina, do fim de um relacionamento, de uma doença ou dificuldade financeira, sentimos como se não tivesse mais volta. Em nosso horizonte parece haver somente dor, estresse e uma sensação consumidora de exaustão. Essa é a realidade: a vida é dura de vez em quando, mesmo para os cristãos. É por isso que a carta aos Filipenses é poderosa. Ela nos assegura de quem Deus é e daquilo que pode nos oferecer.

Ler essa carta pode nos auxiliar a atravessar tempos de turbilhão mental. Quando nossa mente está imersa no caos, a Palavra de Deus nos traz à tona com uma promessa: "a paz de Deus, que excede todo entendimento [...] guardará seu coração e sua mente em Cristo Jesus" (Fp 4.7). Que afirmação! Pare e pense um pouco sobre isso. Quando nos sentimos exauridos, sem forças e sobrecarregados, Deus nos oferece sua paz como um refúgio onde podemos encontrar segurança e ser restaurados.

Ao meditar sobre a paz de Deus, lembre-se que ela transcende, ultrapassa e excede tudo o que já experimentamos — é um dom sobrenatural. Não podemos conquistá-la por nossos esforços, só podemos recebê-la como um presente, uma dádiva. É assim que o Senhor Jesus refere a ela: "um presente que o mundo não pode dar" (Jo 14.27). Jesus disse isso aos discípulos às vésperas de ser crucificado. Aqueles doze homens estavam prestes a passar pela maior reviravolta de suas vidas: ver aquele que consideravam o Messias ser executado de forma brutal. Mesmo assim, o Senhor disse a eles que não havia motivo para pânico: "não se aflijam nem tenham medo. Lembrem-se do que eu lhes disse: 'Vou embora, mas voltarei para vocês'" (14.27-28).

LEIA

Filipenses 2.19-30

ORAÇÃO

Senhor Deus, clamo pela paz que excede todo entendimento. Nos momentos de dor, estresse e exaustão, envolve-me com tua presença e guarda meu coração. Amém.

Uma questão de perspectiva

TEMA 45: Reflexões sobre Filipenses

Nossa bondade, se é que temos alguma, origina-se na bondade de Deus.

William Tyndale

Jesus despertou, repreendeu o vento e disse ao mar: "Silêncio! Aquiete-se!". De repente, o vento parou, e houve grande calmaria.

Marcos 4.39

LEIA

Filipenses 3.1-11

ORAÇÃO

Senhor Jesus, ajuda-me a fixar meus pensamentos em tudo que agrada a ti. Ensina-me a encontrar alegria e gratidão mesmo em meio às dificuldades. Em teu nome. Amém.

A palavra-chave para a nossa reflexão hoje é "perspectiva". Como vemos a vida neste momento? Quando as tempestades vierem — o que certamente ocorrerá —, será que conseguiremos administrar a inconveniência e a dor e encontrar motivos de alegria e contentamento? Independentemente das circunstâncias, Paulo explica aos filipenses qual deve ser o padrão de pensamento do cristão: "Concentrem-se em tudo que é verdadeiro, tudo que é nobre, tudo que é correto, tudo que é puro, tudo que é amável e tudo que é admirável. Pensem no que é excelente e digno de louvor" (Fp 4.8).

Paulo não está dizendo que devemos negar ou suprimir as emoções negativas. Na verdade, ele nos encoraja a não perder de vista a perspectiva da eternidade, a manter uma mentalidade cristocêntrica. De acordo com Paulo, devemos ser disciplinados em relação a nossos pensamentos e, intencionalmente, buscar refletir sobre as coisas que agradam a Deus. Em essência, a vida não é sobre evitar tempestades. Isso é impossível. É sobre navegar entre elas com os olhos voltados para Jesus.

Como cristãos, isso significa que devemos reter uma perspectiva de vida pautada no Senhor, confiando que somente ele pode nos sustentar pelo caminho. Entre todas as coisas nobres, corretas, puras, amáveis e de boa fama listadas pelo apóstolo, Jesus é a melhor. Ele é digno de todo o nosso louvor e de cada pensamento que cruza nossa mente. Portanto, faça este exercício: pense em três coisas boas que aconteceram a você nesta semana. Reflita sobre elas, e depois, agradeça ao Senhor. Esse é um hábito simples que pode transformar fortemente a sua forma de pensar e, consequentemente, a sua vida.

Pensamentos redimidos, atitudes transformadas

TEMA 45: Reflexões sobre Filipenses

> Senti que confiava em Cristo, somente nele para a salvação, e foi-me dada a garantia de que ele havia tirado meus pecados e me salvado da lei do pecado e da morte.
>
> John Wesley

> Sejam meus imitadores, como eu sou imitador de Cristo.
>
> **1Coríntios 11.1**

Ler a Bíblia, ouvir sermões e até mesmo meditar em um devocional diário como este são disciplinas muito úteis, mas apenas pensar sobre esses assuntos não produz frutos duradouros. Em algum momento, precisamos transformar todo nosso conhecimento em ação. Foi o que Paulo pediu aos filipenses: "Continuem a praticar tudo que aprenderam e receberam de mim, tudo que ouviram de mim e me viram fazer" (Fp 4.9).

Ao longo dos últimos dias, estamos refletindo sobre a carta de Paulo aos Filipenses — especialmente o capítulo 4 — a fim de aprendermos a resistir a padrões mentais negativos que drenam nossa esperança e nos afastam de Deus. Nesse processo, tornamo-nos cientes de que não podemos fazer isso sozinho; precisamos da ajuda. Reconhecer nossa insuficiência é o primeiro passo para desenvolver a dependência de Deus. No entanto, na sequência da caminhada, precisamos, intencionalmente, colocar em prática as ferramentas espirituais sobre as quais temos refletido e desenvolver uma maneira de aplicá-las em nosso dia a dia.

Você não precisa se tornar um expert em teologia imediatamente, mas precisa começar de algum lugar, dar o primeiro passo. Por isso, hoje, escolha uma das disciplinas espirituais que exploramos nos últimos dias. Pode ser um período de oração ou o hábito da gratidão. Desenvolva um plano simples, mas intencional, sobre como integrar essas práticas na sua vida. Se você acha isso desafiador, lembre-se do que Paulo disse: "Continuem a praticar tudo que aprenderam e receberam de mim". Precisamos de pessoas que estejam alguns passos à nossa frente na jornada da fé, para nos ajudarem a navegar pelos momentos desafiadores da vida, pessoas que nos servem de exemplos de como seguir a Jesus. Quem pode ser essa pessoa na sua vida?

LEIA

Filipenses 3.12-21

ORAÇÃO

Senhor, obrigado por me mostrares a importância de transformar pensamentos em ações. Ajuda-me a aplicar essas verdades em minha vida e a desenvolver práticas espirituais que me aproximem de ti. Amém.

O Deus de toda a paz

TEMA 45: Reflexões sobre Filipenses

O Senhor dá a seu povo alegria perpétua quando caminhamos em obediência a ele.

Dwight L. Moody

Pois um menino nos nasceu, um filho nos foi dado. O governo estará sobre seus ombros, e ele será chamado de Maravilhoso Conselheiro, Deus Poderoso, Pai Eterno e Príncipe da Paz.

Isaías 9.6

LEIA

Filipenses 4

ORAÇÃO

Maravilhoso Deus e Pai, tu nunca abandonas os que te buscam. Estás sempre perto e, por isso, te louvo. Ajuda-me a caminhar dia após dia contigo. Amém.

Buscar a sabedoria de Deus enquanto atravessamos a complexidade da vida diária em um mundo que jaz sob o poder do maligno: é o que fizemos nos últimos dias ao estudar a carta de Paulo aos Filipenses. Em meio a tantas lutas, podemos pensar que Deus está distante de nós e que estamos sempre aquém do padrão de santidade que ele exige em sua Palavra. Talvez os filipenses pensassem da mesma forma. Paulo então, começa a caminhar para a conclusão de sua carta com estas palavras de consolo e esperança: "Então o Deus da paz estará com vocês" (Fp 4.9).

O apóstolo não diz apenas que teremos paz ao longo de nossa jornada na fé. Ele diz que o próprio Príncipe da Paz estará ao nosso lado. Ou seja, não desfrutamos apenas das bênçãos, podemos também nos deleitar com a presença do Abençoador!

A vida pode ser brutal às vezes. Pode nos deixar no chão. Podemos nos sentir mentalmente no vale da sombra da morte, sem sinal de saída. E ainda assim, como cristãos nunca estamos sozinhos. Uma das belezas mais incríveis da fé cristã é que nosso Deus não está zangado ou distante, mas sim perto de nós e pronto a demonstrar sua misericórdia. Ele é Emanuel, o Deus conosco.

Não importa pelo que você esteja passando, o quão ansioso esteja ou quanto pense que tenha falhado, lembre-se da verdade: Deus é por você e se importa com as suas dores. Portanto, nada mais apropriado que concluir um estudo em Filipenses com as últimas palavras do apóstolo àquela igreja: "Que a graça do Senhor Jesus Cristo seja com o espírito de vocês" (Fp 4.9).

Mostra-me teus caminhos, Senhor

TEMA 46: Clareza e direção

Se eu caminho com o mundo, não posso caminhar com Deus.

Dwight L. Moody

O Senhor é bom e justo; mostra o caminho correto aos que se desviam. Guia os humildes na justiça e ensina-lhes seu caminho.

Salmos 25.8-9

Andar em círculos. Essa é uma metáfora que indica falta de progresso. O mundo busca nos distrair e nos fazer questionar se estamos indo na direção certa. Talvez sua vida esteja assim, repleta de distrações e estímulos que você é incapaz de processar. Tudo isso drena nossa energia e nos leva à exaustão. Contudo, enquanto lutamos contra a fadiga e a insegurança, podemos buscar o auxílio da Palavra de Deus.

O salmo 25 atende a nosso desejo de orientação e nos mostra o que fazer quando precisamos de um norte. O rei Davi compôs esse salmo expressando seu desejo de ser guiado pelo Senhor e, ao que tudo indica, ele obteve resposta enquanto ainda escrevia seus versos: "O Senhor é bom e justo; mostra o caminho correto aos que se desviam. Guia os humildes na justiça e ensina-lhes seu caminho" (Sl 25.8-9).

Esses versículos mostram que Deus sempre revelará sua vontade àqueles de coração humilde e que o buscam verdadeiramente. Se nos desviarmos, Deus nos conduzirá de volta ao caminho certo, pois ele sempre está ao nosso lado. Se existem áreas da sua vida onde a incerteza tomou conta, não perca mais tempo tentando descobrir o caminho por si mesmo. Volte-se humildemente ao Senhor e clame por ajuda. Confie! Deus está dirigindo sua vida, mesmo nos momentos em que você buscou respostas e direcionamento nos lugares errados. Por isso, nos dias em que sentir que está dando voltas no mesmo lugar, lembre-se desse salmo e da verdade para a qual ele aponta: Cristo é nosso alvo e nossa esperança.

LEIA

Salmo 25

ORAÇÃO

Senhor Deus, ensina-me teus caminhos e leva-me a cumprir os propósitos que tens para minha vida. Que eu te glorifique por onde for. Em nome de Jesus. Amém.

Um pedido por sabedoria

TEMA 46: Clareza e direção

> Se alguém anseia pela sabedoria de Deus, terá de renunciar à sua própria sabedoria e pedir a luz divina.
>
> João Calvino

Se algum de vocês precisar de sabedoria, peça a nosso Deus generoso, e receberá. Ele não os repreenderá por pedirem.

Tiago 1.5

LEIA

Tiago 1

ORAÇÃO

Amado Deus, dá-me uma mente como a de Cristo para lidar com todas as situações e circunstâncias. Ajuda-me a buscar-te e a conhecer-te profundamente. Em nome de Jesus. Amém.

Muitas vezes sentimos que estamos correndo atrás do vento. Nossa lista de tarefas é longa, mas acabamos sempre com a sensação de não estar fazendo nada. Caminhamos atribulados e frustrados, sempre com a esperança de nos recompor mais à frente para tentar dar conta de tudo o que temos para fazer. No entanto, buscar maior produtividade quando estamos com a mente agitada é um erro. A lógica é simples: se não estamos raciocinando claramente, cada pequeno problema a ser resolvido torna-se difícil e frustrante.

Geralmente, não pensamos em pedir ajuda a Deus para tomar pequenas decisões. Costumamos buscá-lo apenas quando deparamos com grandes questões, pois pensamos que somos capazes de resolver sozinhos as pequenas coisas. Assim, perdemos oportunidades de receber o conselho e a bênção de Deus nos menores detalhes. Não perca mais nenhuma oportunidade. Peça a Deus que limpe seus pensamentos e direcione suas decisões. E, então, espere confiantemente, pois, como Tiago nos mostra, Deus é generoso em nos conceder sabedoria.

Porém, se você começar a duvidar, leve esse pensamento cativo a Cristo e escolha confiar. Ouvir e confiar são partes importantes da adoração e da oração. Não oramos somente para ver o agir de Deus; muitas vezes, a oração nos mostra qual direção devemos seguir. Por meio da oração, alinhamos nosso coração ao de Deus, e isso faz com que tudo fique mais claro.

Se sua mente está desordenada, talvez você precise desistir de tentar descobrir o caminho certo por conta própria. Por meio do Espírito Santo, recebemos a mente de Cristo e a sabedoria de Deus. Isso é um dom que está à nossa disposição. Basta pedirmos.

Confiança em meio ao caos

TEMA 46: Clareza e direção

Orar com fé não significa que tudo que pedimos acontecerá. Significa que confiamos que Deus nos escutará e ajudará da melhor forma.

John Piper

Ainda assim, confio que verei a bondade do Senhor enquanto estiver aqui, na terra dos vivos.

Salmos 27.13

Em nossa caminhada com Deus, pode ser desafiador demonstrar humildade e admitir que não sabemos o que estamos fazendo. Também pode ser difícil confiar em suas promessas quando tudo ao redor parece sair do controle. Quando Davi escreveu esse salmo, ele estava na iminência de ser atacado por seus inimigos. Em seu lugar, seria fácil deixar as dificuldades abalarem nossa confiança em Deus — afinal, as circunstâncias de Davi não pareciam corresponder às palavras que o Senhor havia decretado.

Deus havia escolhido Davi como rei e lhe prometido um legado eterno, quando disse que um de seus descendentes reinaria para sempre (2Sm 7). No entanto, inimigos ainda buscavam destituir seu governo e batalhas ameaçavam sua paz. Em momentos assim, somos tentados a desistir e a questionar as promessas de Deus e sua fidelidade. No entanto, o salmo 27 não parece o discurso de um rei desanimado ou de alguém que já perdeu a esperança. Na verdade, esse salmo é o brado de um guerreiro confiante: "O Senhor é minha luz e minha salvação; então, por que ter medo? O Senhor é a fortaleza de minha vida; então, por que estremecer?" (Sl 27.1).

Davi certamente ficou inseguro diante dos problemas, mas se recusou a deixar o medo do desconhecido tomar conta de seu coração. Esse é o tipo de fé que precisamos desenvolver, já que temos um privilégio ainda maior do que aquele desfrutado por Davi. Sabemos quem foi o descendente prometido a Davi: Jesus Cristo, o homem perfeito capaz de derrotar até mesmo nosso maior inimigo — a morte.

LEIA

Salmo 27

ORAÇÃO

Amado Deus, tu és minha luz e a minha salvação. Dá-me uma fé inabalável como a de Davi, para que eu possa levar esperança aos que sofrem. Amém!

"Não amem este mundo"

TEMA 46: Clareza e direção

Ele nos levará ao céu. Este mundo que vivemos não é o nosso lar.

Charles H. Spurgeon

E este mundo passa, e com ele tudo que as pessoas tanto desejam. Mas quem faz o que agrada a Deus vive para sempre.

1João 2.17

LEIA

1João 2

ORAÇÃO

Amado Deus, peço que me protejas das distrações mundanas e mantenha meus olhos focados naquilo que é eterno. Usa-me para a tua glória e para conduzir mais pessoas à mensagem da cruz. Amém.

Devemos orar para que Deus nos torne conscientes da batalha espiritual em que vivemos, pois isso nos tornará mais capazes de reconhecer as armadilhas do inimigo e, por conseguinte, de evitá-las. O apóstolo João adverte para não amarmos o mundo nem as coisas terrenas. Mas o que é exatamente o "mundo" a que ele se refere?

João não está falando em termos materiais, como se não devêssemos desfrutar de nada nesta vida. O apóstolo está alertando seus leitores a não idolatrar desejos mundanos, para que não sejam corrompidos com os propósitos e com os sonhos vazios que o mundo oferece. Ao fazer isso, João também nos lembra que até mesmo desejos lícitos podem ser pervertidos por anseios pecaminosos.

Os princípios deste mundo são vistos nos comportamentos, atitudes e ambições de nossa cultura, como a imoralidade, a ambição e o orgulho. Nossa sociedade busca satisfazer seus desejos a qualquer custo e de formas que desagradam a Deus. É um mundo movido pelo desejo de riqueza, bens materiais, fama e poder — e muitos mentem, roubam e até mesmo matam para conquistar o que desejam. Por fim, como um exemplo do orgulho que há no coração humano, as pessoas só amam a si mesmas e desejam ser vistas como melhores do que as outras; as redes sociais são o palco ideal para aqueles que desejam ser admirados.

Apesar da condição pecaminosa da cultura ao nosso redor, não devemos desanimar. Deus é maior e já venceu o mundo, e seus propósitos não podem ser frustrados pelo pecado. Ele é capaz de nos guiar através da escuridão e nos convoca a vivermos como filhos da luz em meio às trevas.

Um Deus onisciente

TEMA 46: Clareza e direção

Por que somos tão vagarosos para confiar em um Deus infinito?

William S. Plumer

Os olhos do Senhor passam por toda a terra para mostrar sua força àqueles cujo coração é inteiramente dedicado a ele.

2Crônicas 16.9

Tentar controlar a própria vida é exaustivo, além de contradizer a fé que afirmamos ter. Dizemos que confiamos em Deus, mas na realidade ficamos sobrecarregados tentando consertar e controlar as situações por conta própria. Nossa confiança em Deus precisa extrapolar o mero discurso e impactar também nossas atitudes com uma postura de dependência, em vez de autossuficiência.

A passagem de hoje trata de um rei pouco conhecido na história de Judá, mas cuja conduta apresenta princípios valiosos. Deus havia dado descanso a Asa por causa da sua dependência do Senhor. Ele fora vitorioso em batalhas contra povos estrangeiros, como os etíopes e os líbios, uma nação que possuía um "exército enorme, com todos os seus carros de guerra e cavaleiros" (2Cr 16.8). Contudo, ao se ver diante de um conflito contra o rei Baasa, de Israel, o rei de Judá tem uma mudança repentina de comportamento. Em vez de clamar a Deus como fizera tantas vezes, Asa se voltou para seus próprios meios de lidar com a situação, fazendo mau uso dos tesouros do templo e colocando sua esperança em uma imprudente aliança militar.

Esse rei, cuja fé havia resultado em vitória no passado, decidiu recusar o auxílio de Deus. Quando a vida fica difícil, podemos nos perguntar se Deus está cego ou indiferente a tudo o que estamos enfrentando. No entanto, há um lembrete escondido nas palavras que o profeta Hanani usou para confrontar Asa: "Os olhos do Senhor passam por toda a terra para mostrar sua força àqueles cujo coração é inteiramente dedicado a ele" (2Cr 16.9). Servimos a um Deus onisciente. Ele está atento a cada detalhe de nossa vida e deseja fortalecer aqueles que depositam sua confiança nele.

LEIA

2Crônicas 16.1-10

ORAÇÃO

Senhor, na minha fraqueza tu és forte. Que teu Espírito me ajude a desistir de controlar tudo e a depender de meus próprios recursos. Em nome de Jesus. Amém.

Coragem!

TEMA 46: Clareza e direção

Deus conhece o caminho por onde você anda; mas você não conhece o dele.

Elisabeth Elliot

Imediatamente, porém, Jesus lhes disse: "Não tenham medo! Coragem, sou eu!".

Marcos 6.50

LEIA

Marcos 6.45-52

ORAÇÃO

Senhor, que meu coração e mente sejam inundados por tua perfeita paz. Onde houver caos, que tu tragas a calma; e onde houver medo, que ele seja substituído pela fé. Amém.

Você já passou por algo tão assustador que chegou a questionar: "Jesus, onde tu estás nessa situação?". Às vezes, quando as circunstâncias nos oprimem, pode parecer que o Messias está ausente. Os discípulos devem ter se sentido assim quando se viram em águas turbulentas e agitadas por fortes ventos. Foi uma tempestade aterrorizante, com ondas subindo, batendo fortemente contra o barco e jogando a embarcação de um lado para o outro. Não havia como eles, ou o barco, estarem preparados para aquilo — aqueles homens estavam completamente engolidos pelo medo, sentindo-se desamparados.

Isso é natural, pois somos consumidos pelo medo em meio a circunstâncias inesperadas. Especialmente quando nos sentimos sozinhos, quando não parece haver uma saída. Porém, mesmo quando a tempestade ofusca nossa esperança, Jesus nunca nos perde de vista. Enquanto os discípulos estavam no barco remando inutilmente e lutando por suas vidas, Jesus estava na encosta da montanha orando. Ele os viu e desceu até eles caminhando sobre o mar. Os discípulos, assustados, pensaram se tratar de um fantasma, mas Jesus imediatamente falou com eles: "Não tenham medo! Coragem, sou eu!".

Deus está dizendo a mesma coisa a você hoje. Ele não está fugindo de nossa confusão. Ele sobe no barco para passar pela tormenta conosco. Em meio a todas as dores e sofrimentos que parecem sacudir nossa vida de um lado para o outro, podemos vê-lo se aproximar. Não precisamos mais gritar de medo: o Senhor está perto e, por isso, estamos seguros.

O Deus que nos conduz

TEMA 46: Clareza e direção

Muitas vezes, Deus opera de maneiras que não se alinham com nossa lógica, pois a natureza ou essência dele é distinta da nossa.

Jackie Hill Perry

O Senhor ia adiante deles. Durante o dia, guiava-os com uma coluna de nuvem e, durante a noite, fornecia luz com uma coluna de fogo. Isso permitia que caminhassem de dia e de noite

Êxodo 13.21

Todos nós passamos por dias em que tudo parece dar errado. Em momentos assim, podemos procurar apoio nas Escrituras na esperança de encontrar uma resposta para nossas perguntas e esperança em meio à dor. Durante esses momentos, meditar em Êxodo 13.21 pode trazer grande alívio: "Durante o dia, guiava-os com uma coluna de nuvem e, durante a noite, fornecia luz com uma coluna de fogo".

Após resgatá-los do Egito, Deus conduziu os israelitas pelo deserto. Ele os guiou milagrosamente com uma nuvem, durante o dia, e com uma coluna de fogo, ao anoitecer. Como seria bom ter uma nuvem para nos mostrar o caminho a seguir em alguns desertos, não é mesmo? Assim como aconteceu com os israelitas, podemos ser tomados por uma sensação de desespero ao perceber que estamos vagando por um deserto.

Pode ser que o caminho que Deus traçou para nossa vida seja a jornada mais difícil; ele pode nos conduzir ao deserto e até mesmo nos fazer acampar ali por um tempo. Mas nunca nos abandonará lá. Deus não conduziu seu povo pelo caminho mais curto ou mais fácil, mas pelo caminho árduo que culminou na orla do mar Vermelho. Foi uma jornada longa e difícil, que expôs a dependência contínua de Israel. Mas Deus sempre esteve adiante deles. Se andarmos no caminho certo, Deus estará conosco. E se formos pelo caminho errado, ele corrigirá nossa rota.

LEIA

Êxodo 13.17-22

ORAÇÃO

Senhor Deus, ajuda-me a olhar para cima, conhecer a verdade e seguir pelo caminho certo. Sei que não caminho sozinho, nem mesmo pelo vale da sombra da morte. Amém.

Uma vida de oração

TEMA 47: Testemunho fiel

Por mais bem preparado que o pregador esteja, sem oração suas pregações terão pouco efeito na conversão de pecadores e na santificação do povo de Deus.

Augustus Nicodemus

Estejam sempre alegres. Nunca deixem de orar. Sejam gratos em todas as circunstâncias, pois essa é a vontade de Deus para vocês em Cristo Jesus.

1Tessalonicenses 5.16-18

LEIA

1Tessalonicenses 5.1-22

ORAÇÃO

Senhor, obrigado pelo privilégio de poder falar contigo em oração. Que eu possa compartilhar contigo meus medos, aflições e alegrias, e interceder por meus familiares, amigos e líderes. Amém.

Ao longo dos próximos dias, vamos refletir sobre como podemos testemunhar fielmente a respeito do evangelho e da graça que nos alcançou. Este e os próximos seis devocionais têm como base conselhos e ensinamentos dados pelo pastor Augustus Nicodemus, em seu livro *Confissões de um pregador* (Mundo Cristão, 2023). Esse livro foi escrito para auxiliar pastores, pregadores e líderes em seus ministérios. No entanto, seu conteúdo pode ser edificante para todos os cristãos que buscam viver o evangelho de maneira fiel e integral.

Em primeiro lugar precisamos desenvolver uma vida de oração. O livro de Atos está repleto de momentos nos quais vemos os apóstolos orando em busca de fortalecimento, direção e ousadia para pregarem o evangelho mesmo em meio a perseguição e escassez. O apóstolo Paulo é ainda mais direto e diz que nunca devemos deixar de orar. O pastor Augustus, ao escrever para pregadores, diz que esses homens devem separar um tempo todos os dias para ter intimidade com o Senhor. Contudo, mais importante ainda é desenvolver um estilo de vida voltado à oração: "Por mais importante que seja mantermos regularmente uma hora diária de oração, nada pode superar o que chamarei aqui de *espírito de oração*, uma atitude mental e espiritual em que nos percebemos na presença de Deus e em constante contato com ele".

Esse é um conselho válido para todos nós: a fim de desenvolvermos um senso de dependência de Deus e nos tornarmos mais conscientes de sua presença, devemos buscá-lo em oração várias vezes ao dia. Podemos nos achegar diante do trono de Deus com confiança, graças ao sacrifício de Cristo — esse é um privilégio do qual não podemos abrir mão.

Estudar a Palavra

TEMA 47: Testemunho fiel

O que eu estou querendo dizer é que o pregador deve conhecer profundamente a Bíblia para poder pregá-la de maneira convincente, persuasiva e eficaz.

Augustus Nicodemus

Ó Deus, tu és meu Deus; eu te busco de todo o coração. Minha alma tem sede de ti; todo o meu corpo anseia por ti nesta terra seca, exausta e sem água.

Salmo 63.1

Para que possamos testemunhar de Cristo, precisamos cultivar uma rotina de leitura da Palavra de Deus. O apóstolo Paulo nos ensina que "toda a Escritura é inspirada por Deus e útil para nos ensinar o que é verdadeiro e para nos fazer perceber o que não está em ordem em nossa vida" (2Tm 3.16). A Bíblia é o registro da revelação de Deus para nós, e nela vemos seu amor em ação na busca por salvar o homem perdido — nela aprendemos sobre Jesus Cristo.

Em *Confissões de um pregador*, Augustus Nicodemus trata da importância de estudarmos a Palavra de Deus, a fim de não apenas conhecê-la, mas também transmiti-la com fidelidade. Apesar de ser um livro voltado para aqueles que pregam, esse é um conselho de grande importância para todos os cristãos, já que todos nós devemos estar preparados para explicar sobre a esperança que temos (1Pe 3.15). Ou seja: devemos ser capazes de explicar, com clareza, que cremos em Cristo e que fomos resgatados por ele.

Devemos ler a Bíblia diariamente buscando alimentar nossa alma. Através dela, Deus nos exorta, ensina, fortalece, e nos faz crescer no entendimento da obra redentora de Cristo por nós. Por isso, não permita que a rotina, os afazeres, as muitas demandas do trabalho ou qualquer outra atividade impeçam você de ter um tempo diário e de qualidade com a Palavra de Deus. Todas as vezes que abrimos nossas Bíblias, o Criador do universo se revela a nós.

LEIA

Salmo 63

ORAÇÃO

Pai celestial, obrigado por tua Palavra, que nos guia e sustenta. Ajuda-me a cultivar uma rotina diária de leitura e estudo da Bíblia, buscando compreender e viver tuas verdades. Amém.

Compartilhar a Palavra

TEMA 47: Testemunho fiel

Um pregador evangélico,
ao expor um texto bíblico,
procurará mostrar, como aquela
passagem revela Cristo ou
algum aspecto de sua obra.

Augustus Nicodemus

Consagrem a Cristo como o Senhor de sua vida. E, se alguém lhes perguntar a respeito de sua esperança, estejam sempre preparados para explicá-la.

1Pedro 3.15

LEIA

1Pedro 3.13-22

ORAÇÃO

Senhor, obrigado pela oportunidade de conhecer e viver o evangelho da graça. Peço que me dês sabedoria, graça e coragem para compartilhar as boas-novas com todos que encontro. Amém.

Nos últimos dias, estamos meditando sobre como viver uma vida que testemunhe de Cristo e do evangelho da graça para todas as pessoas à nossa volta. Já refletimos sobre a importância da oração e da leitura da Bíblia e, hoje, nosso foco será sobre a importância de compartilharmos as boas-novas com graça e sabedoria em todas as oportunidades que Deus nos permitir. Essa é a instrução do apóstolo Paulo a nós: "Vivam com sabedoria entre os que são de fora e aproveitem bem todas as oportunidades" (Cl 4.5).

O pastor Augustus Nicodemus nos lembra que a proclamação da mensagem sobre a pecaminosidade do homem e a graça de Deus manifestada em Cristo sempre teve um papel central na narrativa bíblica. Noé foi chamado de pregador da justiça, pois pregava aos pecadores de sua geração enquanto construía a arca. Abraão também foi um porta-voz de Deus em sua geração, assim como Moisés e todos os profetas do Antigo Testamento. O próprio Senhor Jesus era um pregador da Palavra. Como afirma Nicodemus: "Aquele que é a Palavra encarnada transmitiu a verdade de Deus ao povo, indo por toda parte, ensinando e pregando".

Sabemos, claro, que Deus capacitou alguns irmãos com dons específicos para a pregação do evangelho. Há evangelistas, pastores e mestres, mas isso não quer dizer que apenas essas pessoas devem compartilhar as boas-novas. Todos que foram alcançados pela graça devem seguir o exemplo de Noé, Abraão, Moisés, Paulo, dos demais apóstolos e do Senhor Jesus e compartilhar a Palavra. Portanto, peça ao Espírito que lhe conceda sabedoria e graça para contar aos outros sobre essa tão grande salvação que o alcançou.

Santidade

TEMA 47: Testemunho fiel

O fato de que minha santificação é imperfeita não me impede de afirmar e ensinar que Deus demanda de nós santidade em nossos caminhos.

Augustus Nicodemus

Aqueles que pertencem a Cristo Jesus crucificaram as paixões e os desejos de sua natureza humana.

Gálatas 5.24

É impossível termos uma vida de testemunho sem buscarmos a santificação. A Bíblia nos diz que nosso Deus é santo e, por isso, nós que fomos regenerados por ele devemos buscar imitá-lo em nosso procedimento, no nosso falar, nos nossos pensamentos e na forma como nos relacionamos. Em sua carta aos Gálatas, Paulo diz que os que pertencem a Cristo devem crucificar a carne e seus desejos. Essa é uma forma de o apóstolo dizer que não pertencemos a nós mesmos, e sim a Cristo.

Em *Confissões de um pregador*, o pastor Augustus Nicodemus afirma que "devemos humildemente corrigir nossa vida e buscar, com a graça de Deus, alcançar o patamar de santidade que nos é apresentado nas Escrituras". Ele fala ainda sobre a importância de confessar nossos pecados a Deus em arrependimento sincero, pois "os pecados não tratados entristecem o Espírito Santo, perturbam a comunhão com o Senhor e apagam o espírito de oração".

Devemos zelar por nossa vida de santidade e estar sempre prontos para confessar — e para abandonar — nossos pecados. Se você tem dificuldade para vencer práticas pecaminosas, procure ajuda. Apresente essa situação diante de Deus em oração, mas também conte com o apoio de irmãos e líderes maduros na fé. Persevere na luta contra o pecado, contando com a graça de Deus e o fortalecimento do Espírito.

LEIA

Gálatas 5

ORAÇÃO

Senhor, reconheço minha necessidade de santificação. Dá-me força para crucificar minhas paixões e desejos, buscando uma vida que o Espírito Santo que habita em mim. Amém.

Conservando o primeiro amor

TEMA 47: Testemunho fiel

O pregador pode cair na rotina e perder o primeiro amor pela pregação e conversão de pecadores. A melhor maneira de evitar isso é a comunhão diária com Deus.

Augustus Nicodemus

Contudo, tenho contra você uma queixa: você abandonou o amor que tinha no princípio.

Apocalipse 2.4

LEIA

Apocalipse 2.1-7

ORAÇÃO

Senhor Jesus, reconheço que, como a igreja de Éfeso, posso perder a chama do meu amor por ti. Renova em mim a paixão e o fervor que tive no início da minha jornada contigo. Amém.

A passagem de hoje mostra o próprio Senhor Jesus advertindo a igreja de Éfeso. Essa igreja tinha sido fundada pelo apóstolo Paulo, que passou quase três anos naquela cidade trabalhando para solidificar aquela igreja, também pastoreada por Timóteo e, posteriormente, pelo apóstolo João. Era uma igreja repleta de boa doutrina e conhecimento bíblico, e seus membros abundavam em boas obras. Ainda assim, aquela igreja perdeu a chama do primeiro amor por Cristo. Um risco que todos nós corremos.

O pastor Augustus Nicodemus relata que durante seus anos como professor em seminários bíblicos, viu muitos alunos iniciarem a jornada cheios de fervor. Porém, com o tempo, esses alunos se acostumaram com as coisas divinas: "Não se via mais neles o zelo, o amor e o cuidado com os ensinamentos das Escrituras, com uma vida santa e reta, e com a paixão pelos perdidos. Parecia que as verdades bíblicas, as grandes doutrinas da graça, a própria pessoa de Cristo não mais os impressionavam".

Não podemos deixar que a rotina, o cansaço e demandas da vida (nem mesmo as atividades na igreja) nos tornem mecânicos no nosso relacionamento com Deus. Devemos buscar renovar diariamente nossa paixão por Deus, através da leitura da Palavra e da oração, pedindo ao Senhor que nos permita ver o extraordinário da graça de Deus em nosso dia a dia. Que o Senhor nos ajude, e que a cruz de Cristo continue a encher nosso coração de assombro e maravilhamento por causa da graça revelada por meio do sangue nela vertido em nosso favor.

A centralidade de Cristo

TEMA 47: Testemunho fiel

"Queremos ver Jesus." Esse é, com certeza, o pedido da congregação, que espera que o pregador pregue Cristo, e não a si mesmo.

Augustus Nicodemus

Pois foi do agrado do Pai que toda a plenitude habitasse no Filho, e, por meio dele, o Pai reconciliou consigo todas as coisas. Por meio do sangue do Filho na cruz, o Pai fez as pazes com todas as coisas, tanto nos céus como na terra.

Colossenses 1.19-20

Em seu livro, *Confissões de um pregador*, o pastor Augustus Nicodemus reflete sobre a importância da centralidade de Cristo na pregação e na vida do cristão: "Para Paulo e os demais autores do Novo Testamento, a Lei de Moisés, os profetas, e os Escritos falavam de Cristo e da salvação através dele. O Antigo Testamento, com suas profecias e história, encontra cumprimento pleno e final em Cristo e na nova era inaugurada por ele".

Jesus é o centro e cumprimento de todas as promessas e profecias. Jesus é o conteúdo e motivo da aliança da graça que Deus faz conosco, pois é somente por seu sacrifício na cruz que temos a redenção e podemos ser feitos filhos de Deus. O próprio Senhor Jesus diz que a missão do Espírito Santo em nós seria exaltar a sua pessoa e obra: "Mas eu enviarei a vocês o Encorajador, o Espírito da verdade. Ele virá do Pai e testemunhará a meu respeito" (Jo 15.26).

Se queremos testemunhar fielmente a respeito de Cristo, precisamos compreender que nossas palavras e atitudes devem apontar para Cristo. Devemos ser transformados gradativamente à sua imagem, isto é, ser cada vez mais parecido com ele.

As boas-novas, nos lembra Nicodemus, não têm a ver somente com moralidade e ética, mas principalmente com a graça maravilhosa de Deus, revelada na pessoa, obra, vida, morte e ressurreição de Cristo. Tamanha graça nos regenera por completo, pois nascemos de novo para uma vida marcada pela habitação do Espírito Santo em nós. Portanto, ser cristão significa ser como Cristo, buscando imitá-lo em tudo. "E agora, assim como aceitaram Cristo Jesus como Senhor, continuem a segui-lo" (Cl 2.6).

LEIA

Colossenses 1.15-23

ORAÇÃO

Senhor Jesus, ajuda-me a refletir tua graça, amor e santidade em todas as áreas do meu ser. Que minhas palavras e ações apontem sempre para ti, e exaltem teu sacrifício por mim. Amém.

Sendo inspirados pelo testemunho de outros

TEMA 47: Testemunho fiel

Nada concede mais autoridade espiritual a um pregador que o testemunho de sua vida reta e santa diante de Deus.

Augustus Nicodemus

Você me ouviu ensinar verdades confirmadas por muitas testemunhas confiáveis. Agora, ensine-as a pessoas de confiança que possam transmiti-las a outros.

2 Timóteo 2.2

LEIA

2Timóteo 2

ORAÇÃO

Senhor Jesus, agradeço por todos os homens e mulheres que têm servido fielmente ao longo da história. Que teu Espírito continue a me guiar e capacitar para viver uma vida que também testemunhe de ti. Amém.

Ao longo dos últimos dias, refletimos sobre as características que devemos cultivar para testemunharmos de Cristo. Fizemos isso à luz da Palavra e também através das experiências compartilhadas pelo pastor Augustus Nicodemus, em seu livro *Confissões de um pregador*. Nesse livro, o pastor Augustus conta muitas situações vividas em seus mais de quarenta anos de ministério pastoral. São experiências de uma vida inteira caminhando com Cristo, aprendendo a discernir e obedecer a voz de Deus.

Meditar sobre essas histórias nos inspira, fortalece e ensina de forma prática sobre a jornada cristã. Por isso é tão importante conhecer o testemunho dos muitos homens e mulheres que Deus usou ao longo da história, uma vez que o Espírito Santo tem capacitado servos fiéis para ensinar e edificar outros crentes ao longo da história da igreja. São homens e mulheres falhos, como nós, que foram alcançados pela viva esperança do evangelho. Eles tiveram seus momentos de dificuldade, pensaram em desistir e foram consolados e fortalecidos pelo próprio Senhor e por outros irmãos na fé. Isso nos enche de esperança e propósito, pois mostra que Deus deseja nos usar para fazer o seu nome conhecido.

Lucas começa o livro de Atos dizendo que seu Evangelho seria uma narrativa sobre tudo o que o Senhor Jesus havia feito e ensinado. E essa história continua em Atos! Por meio do Espírito, Deus continua a agir na igreja, e não somente através dos apóstolos, mas ao longo de toda a história posteriormente. Ainda hoje, Jesus continua se movendo neste mundo por intermédio do testemunho de vida de cada um que o ama e está disposto a servi-lo.

Vencendo a solidão

É aqui que a fé começa: no deserto, quando você está sozinho e com medo, quando as coisas não fazem sentido.

Elisabeth Elliot

Não tenha medo, pois estou com você; não desanime, pois sou o seu Deus. Eu o fortalecerei e o ajudarei; com minha vitoriosa mão direita o sustentarei.

Isaías 41.10

Em alguma medida, todos apreciamos ter um tempo só para nós. Trata-se daquele momento de solitude em que nos desligamos de tudo, em que nos recolhemos em nossa própria companhia e descansamos, para reflexão pessoal e outras coisas. Isso é natural e deve ser feito, pois tais momentos servem para revigorar nossas forças e nos preparam para retomar a rotina mais dispostos.

Mas, além dessa solitude saudável, existe a solidão que é prejudicial e fonte de grande sofrimento. Quando nos recolhemos em momentos de descanso, estamos diante de uma situação benéfica e positiva. No entanto, quando estamos presos em uma solidão permanente e com dificuldades de nos reconectar à vida normal, nos vemos diante de algo perigoso e doloroso. Nesses casos, é necessário clamar pela ajuda divina e recorrer ao auxílio de irmãos, amigos e familiares. Em alguns casos, é necessário buscar ajuda médica.

Ao longo dos próximos dias, aprenderemos a forma correta de encarar essa situação, relembrando o papel do Espírito Santo como nosso eterno Consolador, aquele que está presente conosco e que nunca nos abandona. Além disso, aprenderemos também como ajudar e encorajar aqueles que estão com dificuldade de sair desse quadro. Que a Palavra de Deus nos seja auxílio em todo o tempo!

LEIA

Isaías 41.10-13

ORAÇÃO

Deus e Pai, ajuda-me a cuidar de meus sentimentos. Que o Espírito Santo me auxilie a equilibrá-los, e que eu possa sempre sentir o teu cuidado nos momentos difíceis. Amém.

Sozinho numa terra estranha

Quanto mais do céu desejamos, menos da terra cobiçamos.

Charles H. Spurgeon

Não tenha medo nem desanime, pois o próprio SENHOR irá adiante de vocês. Ele estará com vocês; não os deixará nem os abandonará.

Deuteronômio 31.8

LEIA

Deuteronômio 31.6-8

ORAÇÃO

Pai celestial, obrigado por tua presença constante em minha vida. Sustenta-me com tua fidelidade, como fizeste com José, e dá-me forças para perdoar aqueles que me feriram. Amém.

Os primeiros laços afetivos que estabelecemos são com nossa família. Esses laços são inicialmente formados com nossa mãe, ao longo de nossa concepção. É dela que recebemos sustento, e tudo o que ocorre com ela nos afeta, assim como tudo o que ocorre conosco a afeta. Então, quando nascemos, esses laços se estendem a outras pessoas: ao pai, aos irmãos, à família mais ampla. É natural nos sentirmos seguros e acolhidos na companhia da família. Distanciar-se da família costuma ser o primeiro grande rompimento que precisamos enfrentar, e isso não é algo fácil de lidar.

José, filho de Jacó, sentiu isso na pele. Seus irmãos, em quem ele confiava e dos quais deveria receber afeto e apoio, o venderam como escravo para mercadores ismaelitas. Ele enfrentou, de forma muito traumática, o afastamento familiar, além de precisar conviver com a dor de saber que havia sido traído pelos próprios irmãos. Num dia ele estava seguro dentro de casa, no outro estava em outro país, longe de tudo e de todos que conhecia.

Ainda assim, José não se entregou. Mesmo num ambiente diferente, ele continuou confiando em Deus. A fé em Deus o sustentou e o ajudou a não se abater em meio àquela terrível situação. Esse é o grande aprendizado da história de José: por mais dolorosos que sejam os rompimentos ou afastamentos familiares, por mais que as relações fraternas — ou a falta delas — nos causem dor e nos sintamos sozinhos, Deus, nosso Pai no céu, está conosco sempre. Viver fundamentado em Deus não apenas nos livra da solidão, como também nos capacita a liberar perdão para aqueles que nos feriram e ajudar aqueles que nos causaram dor.

O papel das boas amizades

TEMA 48: Vencendo a solidão

Feliz de fato é aquela igreja cujos membros não só desejam alcançar o céu, mas também desejam levar os outros com eles.

J. C. Ryle

Sozinha, a pessoa corre o risco de ser atacada e vencida, mas duas pessoas juntas podem se defender melhor.

Eclesiastes 4.12

No livro de Rute, a Bíblia conta que, durante um período de grande dificuldade em Israel, uma mulher chamada Noemi, com seu marido, Elimeleque, e seus dois filhos, partiram para a terra de Moabe. Lá eles se estabeleceram: os filhos cresceram, se casaram, e tudo parecia ir muito bem. Após alguns anos, porém, Elimeleque faleceu, e quando Noemi ainda estava de luto pelo marido, seus dois filhos também morreram. Noemi ficou arrasada, praticamente sozinha no mundo. Para expressar sua dor e solidão, pediu até que não a chamassem mais de Noemi, mas sim de Mara, que significa amargura, tamanho era o sofrimento que estava sentindo.

Quando descobriu que as coisas em sua terra haviam melhorado, Noemi decidiu voltar para Israel, e foi então que algo surpreendente aconteceu. Rute, uma de suas noras que havia ficado viúva, não deixou que Noemi partisse sozinha. Noemi tentou convencê-la a voltar para a casa dos pais, mas Rute amava imensamente sua sogra e foi com Noemi de volta para Israel, permanecendo ao lado dela durante toda a sua vida.

A amizade e o amor de Rute foram um bálsamo na vida de Noemi. Também em nossa vida, às vezes a solidão é causada por sérias perdas sérias que enfrentamos, mas a convivência com bons amigos é indispensável para vencermos a solidão. Rute entendeu isso e se recusou a deixar Noemi partir sozinha. Ela abraçou a chance de ser uma amiga verdadeira que não mede esforços para contribuir com o bem do outro. Precisamos aprender a ser isso para os outros, e buscar cultivar relacionamentos para também encontrarmos esse refrigério.

LEIA

Rute 1–2

ORAÇÃO

Senhor Deus, obrigado pelas pessoas que colocaste em minha vida. Ajuda-me a ser um amigo verdadeiro, assim como Rute foi para Noemi. Em nome de Jesus. Amém.

Vencendo a solidão para enxergar a realidade

TEMA 48: Vencendo a solidão

Tratamos as coisas presentes e sensíveis como realidades, e as futuras e eternas como fábulas, quando deveríamos fazer o inverso.

Robert Cecil

O justo enfrenta muitas dificuldades, mas o SENHOR o livra de todas elas.

Salmos 34.19

LEIA

1Reis 19

ORAÇÃO

Senhor Deus, obrigado por tua presença e cuidado, mesmo nos momentos de solidão e desesperança. Renova minha visão para enxergar a realidade através da tua perspectiva. Amém.

A solidão causa muito sofrimento na vida daqueles que a vivenciam. Além disso, ela também turva a visão, distorcendo a verdade em mentira e não nos permitindo ver as coisas como elas são. Sobretudo, ela nos leva a ter uma visão equivocada de Deus.

Depois de vencer os profetas de Baal no monte Carmelo, o profeta Elias foi ameaçado de morte por Jezabel. Essa rainha idólatra vinha matando os profetas do Senhor, de modo que ninguém ousava se levantar contra suas idolatrias. Deus usou Elias para confrontá-la, desmascarando seus falsos profetas e mostrando que só o Senhor era Deus em Israel. Ainda assim, Elias se sentiu amedrontado. Provavelmente, ele pensou nos outros profetas que haviam sido assassinados e, por isso, partiu para se esconder, temendo a morte e se esquecendo do cuidado divino.

Nesse momento de isolamento, o Senhor confrontou Elias por sua atitude, lembrando-o de que ainda havia sete mil pessoas que permaneciam fiéis a Deus mesmo debaixo da influência idólatra e das ameaças de Jezabel (1Rs 19.18). Esse relato nos mostra o quanto precisamos buscar em Deus refúgio para não nos entregarmos à solidão, pois ela nos leva a um lugar de desesperança em que começamos a duvidar da soberania e do cuidado do Pai. No entanto, mesmo que não consigamos enxergar a luz, mesmo que não consigamos ver o caminho à frente, mesmo que nossa percepção esteja comprometida, Deus permanece disposto a nos ajudar. E ao clamarmos, ele virá nos socorrer, trazendo clareza e alívio.

O distanciamento que agrada a Deus

TEMA 48: Vencendo a solidão

O grande peso da eternidade
está dependurado pelo
pequeno fio do tempo.

T. B. Brooks

Alegrem-se e exultem, porque uma grande recompensa os espera no céu. E lembrem-se de que os antigos profetas foram perseguidos da mesma forma.

Mateus 5.12

Solidão nem sempre significa afastamento físico; muitas vezes, a solidão está ligada ao distanciamento de propósitos. Ou seja, podemos sentir-nos solitários mesmo estando rodeados por uma multidão. Foi o que aconteceu com o profeta Jeremias. Chamado por Deus para transmitir sua mensagem, ele tentou diversas vezes se esquivar dessa responsabilidade. Afinal, quando o profeta apresentava a Palavra do Senhor confrontando o pecado e a rebeldia do povo, ele era desprezado e mal visto. Jeremias não era alguém que as pessoas convidariam para uma festa de aniversário, um casamento ou uma conversa casual. Isso o deixou cada vez mais triste e solitário.

Como cristãos, precisamos ter em mente a história de Jeremias ao considerar nossa vida em sociedade. Somos chamados à santificação, a viver de acordo com a vontade de Deus, em contraste com a vontade do mundo. Certamente em algum momento da vida, isso resultará em choques, pois o mundo se opõe aos princípios do Senhor.

No entanto, não precisamos nos entristecer com isso; precisamos nos alegrar no fato de que fazer a vontade de Deus nos aproxima dele, mesmo que nos afaste do mundo. E essa deve ser nossa principal preocupação: estar mais próximos do Senhor a cada dia, fazendo sua vontade e cumprindo seus desígnios. Além disso, precisamos caminhar com pessoas que compartilham do mesmo propósito de vida que nós. Os irmãos e irmãs em Cristo que, como nós, amam o Senhor e querem honrá-lo serão sempre nossa melhor companhia. Portanto, se cumprir a vontade de Deus levar pessoas a se distanciarem de você, busque consolo e companhia no Espírito Santo que habita em seu coração. Ele não o abandonará.

LEIA

Jeremias 15.10-21

ORAÇÃO

Senhor Deus, fortalece-me para permanecer firme em teus propósitos. Ajuda-me a encontrar alegria em tua vontade e na comunhão com meus irmãos em Cristo. Em nome de Jesus. Amém.

DEZEMBRO

Confiante em meio às provações

TEMA 48: Vencendo a solidão

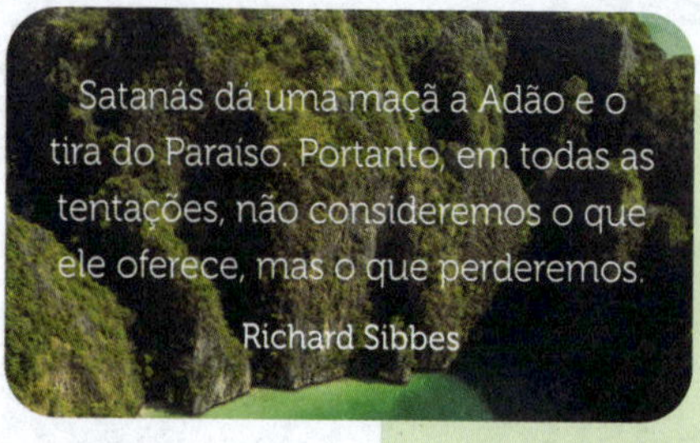

Os que confiam no Senhor renovam suas forças; voam alto, como águias. Correm e não se cansam, caminham e não desfalecem.

Isaías 40.31

LEIA

Isaías 40.28-31

ORAÇÃO

Senhor Deus, ajuda-me a entregar todas as minhas dificuldades em tuas mãos e a confiar plenamente em tua bondade e misericórdia. Em nome de Jesus. Amém.

Vários motivos podem nos levar à solidão: perdas, decepções, frustrações. Ainda assim, precisamos estar constantemente conectados com o Senhor para ter clareza de que ele está conduzindo a nossa vida soberanamente. Se não conseguirmos enxergar a mão de Deus agindo, entendendo que por vezes ele usa as provas para nos fazer crescer, acabaremos interpretando as dificuldades de forma incorreta, e isso também pode nos lançar na solidão.

A história de Jó é uma das mais icônicas de toda a Bíblia. Deus permitiu que esse homem fosse severamente provado. Jó, que era muito rico, perdeu toda a sua fortuna em poucos dias. Além dos bens que havia conquistado, também perdeu num único dia um tesouro ainda maior: todos os seus filhos. Logo se viu sozinho e gravemente doente. As pessoas se afastaram dele, e os amigos que vieram visitá-lo o acusaram de estar passando por tudo aquilo por ter cometido algum pecado contra Deus.

Nós também podemos vivenciar provas como as que Jó passou, ainda que em diferentes escalas. As dificuldades podem surgir por diversos motivos, sendo uma delas a provação divina. Quando nossa fé é posta à prova, o objetivo do Senhor não é nos castigar, mas nos ensinar e nos fazer crescer. Jó compreendeu isso e glorificou a Deus, declarando que tudo está sob o controle do Senhor. Ele não se desesperou, antes buscou respostas no Senhor e se manteve fiel e confiante.

Com Jó, aprendemos que, se permitirmos que as tristezas e sofrimentos da vida dominem nosso coração, perderemos a chance de aprender com Deus sobre sua graça e nossa total dependência dele. Portanto, quando enfrentar dificuldades, busque refúgio em nosso Deus bondoso, misericordioso, soberano. Ele é nosso Pai celestial e nos ama. Confie nisso.

Uma oração para o coração solitário

TEMA 48: Vencendo a solidão

E, por causa de minha prisão, a maioria dos irmãos daqui se tornou mais confiante no Senhor e anuncia a mensagem de Deus com determinação e sem temor.

Filipenses 1.14

Algumas das epístolas escritas pelo apóstolo Paulo são conhecidas como "Cartas da prisão", porque foram escritas durante o período em que ele esteve encarcerado por pregar o evangelho. A vida de Paulo, de fato, é um exemplo de entrega total a Deus e de trabalho incessante na propagação da fé em Cristo. Essa dedicação, ao contrário de proporcionar-lhe status, fama e relevância, resultou em dor, sofrimento, perseguição e vários momentos solitários na prisão, tudo por amor a Cristo.

De maneira espetacular, Paulo foi usado por Deus nesses momentos de solidão para abençoar outras vidas. As cartas que ele escreveu nesses períodos são lidas até hoje por todos que têm contato com a Bíblia, e milhões de pessoas foram abençoadas no mundo todo por meio da mensagem divina contida em cada uma delas. Assim, aprendemos com o apóstolo que, em meio a circunstâncias solitárias, podemos fazer algo melhor do que nos desesperar ou nos entregar à tristeza. Podemos dar frutos.

Aproveite cada momento disponível em sua vida para orar mais e servir mais. Agradeça a Deus porque as Escrituras não nos deixam no escuro quando o assunto é solidão, e peça ao Senhor que o ajude a colocar em prática seus ensinamentos tão preciosos, entendendo que o Espírito Santo estará com você em todos os momentos. Peça também por boas amizades, e que você seja um bom amigo para os que se sentem sozinhos. Viva em comunhão com seus irmãos e irmãs em Cristo e encontre alegria e amparo na convivência na igreja.

LEIA

Filipenses 1.12-14

ORAÇÃO

Senhor Deus, dá-me força para enfrentar a solidão, cultivar amizades e servir aos outros. Mostra-me como dar frutos para a tua glória. Em nome de Jesus. Amém.

Confiando nossas dúvidas a Deus

TEMA 49: Fé no impossível

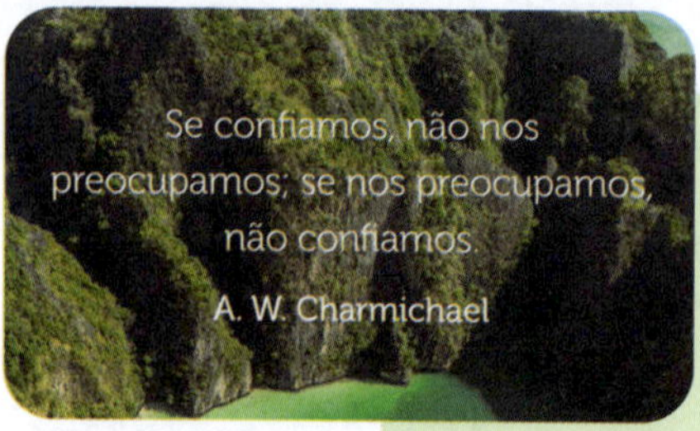

Portanto, não olhamos para aquilo que agora podemos ver; em vez disso, fixamos o olhar naquilo que não se pode ver.

2Coríntios 4.18

LEIA

2Coríntios 4.13-18

ORAÇÃO

Senhor, tu és o Deus do impossível. Ajuda-me a expandir minha fé e a crescer em conhecimento de quem tu és. Em nome de Jesus. Amém.

A velha questão do "Por quê?" tem atormentado muitos de nós em nossa caminhada. É uma pergunta que aprendemos a fazer desde pequenos e que vai permanecendo em nossa mente e coração, à medida que circunstâncias e provações entram em nossa vida. Essa pergunta incômoda tem o poder de nos manter presos e nos roubar a alegria. Em pouco tempo, as dúvidas e o desânimo começam a nos atacar: "Será que Deus se esqueceu de mim?".

Paulo, o escritor do versículo-chave de hoje, sofreu agressões, espancamentos, prisões e um "espinho na carne" que Deus nunca removeu. E, no entanto, Paulo disse que não devemos desanimar. "Ainda que nosso exterior esteja morrendo, nosso interior está sendo renovado a cada dia. Pois estas aflições pequenas e momentâneas que agora enfrentamos produzem para nós uma glória que pesa mais que todas as angústias e durará para sempre" (2Co 4.16-17).

A perspectiva de Paulo pode nos chocar, pois suas provações estavam longe de serem pequenas e momentâneas! No entanto, ele se apegou ao plano maior de Deus para sua vida. Este é o segredo do apóstolo para uma confiança inabalável: "Portanto, não olhamos para aquilo que agora podemos ver; em vez disso, fixamos o olhar naquilo que não se pode ver" (2Co 4.18).

Paulo captou a verdade crucial de que, com nossa perspectiva, enxergamos apenas parte da história, porém Deus pode transformar os momentos de dúvida em algo poderoso e muito mais valioso do que o conforto temporário e terreno que muitas vezes desejamos. Sem suas tribulações, Paulo nunca poderia ter espalhado o evangelho. Deus quer usar suas dúvidas da mesma maneira. Ele não o esqueceu nem o abandonou. Ele ama você e está trabalhando para redimir até suas maiores dores.

Tudo é possível

TEMA 49: Fé no impossível

Para as pessoas isso é impossível, mas não para Deus. Para Deus, tudo é possível.

Marcos 10.27

A maioria de nós gosta que nosso mundo funcione previsivelmente, de modo que possamos controlar. Os dias vão passando e tudo é bastante agradável até que, de repente, mudanças ocorrem, e mal conseguimos reconhecer nossa própria vida. Às vezes parece como se tivéssemos caído num lugar incerto no tempo, sem nenhuma pista de como fomos parar lá.

Durante a travessia do mar Vermelho, o povo de Israel estava caminhando em direção à liberdade após anos de escravidão no Egito. No entanto, os israelitas avistaram os egípcios marchando na direção deles. Não havia qualquer possibilidade racional de atravessar. Aterrorizados, clamaram ao Senhor. Moisés, então, diz: "Não tenham medo. Apenas permaneçam firmes e vejam como o Senhor os resgatará neste dia. Vocês nunca mais verão os egípcios que estão vendo hoje. O próprio Senhor lutará por vocês. Fiquem calmos!" (Êx 14.13-14). Na sequência, Deus diz a Moisés: "Por que você está clamando a mim? Diga ao povo que marche! Tome sua vara e estenda a mão sobre o mar. Divida as águas para que os israelitas atravessem pelo meio do mar, em terra seca" (14.15-16).

Como Moisés diante do mar, impossibilidades não nos faltam. O que talvez nos falte é sermos ousados no Senhor diante das coisas impossíveis. O que impede você de acreditar em coisas impossíveis? Quando experimentar momentos sombrios da vida, olhe para cima e veja o Deus que lhe oferece sua graça. Aproxime-se de seu Criador. Ele sabe tudo o que é possível para você, e ele quer que você também saiba. Basta dizê-lo em voz alta: "Todas as coisas são possíveis com Deus".

LEIA

Êxodo 14.5-31

ORAÇÃO

Senhor Jesus, peço-te que me dês o dom da fé. Ajuda-me a crer em ti para além do que eu creio agora, e que eu possa ver cada vez mais o teu reino vir sobre a terra. Em teu nome. Amém.

Vivendo pela fé diante do impossível

TEMA 49: Fé no impossível

Uma palavra final: Sejam fortes no Senhor e em seu grande poder.

Efésios 6.10

LEIA

Efésios 6.10-18

ORAÇÃO

Deus, torna-me mais obediente à tua voz. Que eu possa falar o que tu queres que eu diga, e ir aonde queres que eu vá, a fim de que minha vida glorifique a ti. Em nome de Jesus. Amém.

O que você faz quando é ferido, traído ou ofendido? É nesses momentos que viver de acordo com as ordenanças das Escrituras para perdoar e dar a outra face pode parecer cruel e irrealista. O que Paulo nos ensina na passagem de hoje é que as pessoas não são nosso verdadeiro problema. O diabo é nosso verdadeiro inimigo e está tramando contra nós. No entanto, as Escrituras nos lembram que podemos tomar uma posição contra os esquemas do inimigo.

Em Efésios 6.11, o apóstolo Paulo nos diz: "Vistam toda a armadura de Deus, para que possam permanecer firmes contra as estratégias do diabo". Podemos nos sentir impotentes quando o inimigo agita tempestades em nossa vida, mas não somos. Por causa de Cristo, somos vitoriosos, não vítimas. A chave é estar ciente disso. Paulo nos encoraja a buscar o Espírito Santo, que nos fortalece. Deus não nos chama para encontrar um poder dentro de nós mesmos a fim de superar as batalhas que enfrentamos. A razão pela qual podemos ser fortes no Senhor é que o mesmo poder de Deus que ressuscitou Cristo dentre os mortos habita em nós através do Espírito.

Quando temos consciência do poder de Deus, temos a disposição de fazer o que a Palavra de Deus ordena que façamos em tempos de conflito. E não há nada mais poderoso do que uma pessoa vivendo o que a Palavra de Deus ensina. A verdadeira vitória está em nossa disposição de caminhar em obediência a tudo o que as Escrituras nos pedem. Mesmo quando parece não fazer sentido, mesmo quando parece dolorosamente impossível e injusto, a Palavra de Deus é boa, e é para nosso bem. E o Espírito nos capacita para vivê-la a cada dia.

Crendo em Deus para o impossível

TEMA 49: Fé no impossível

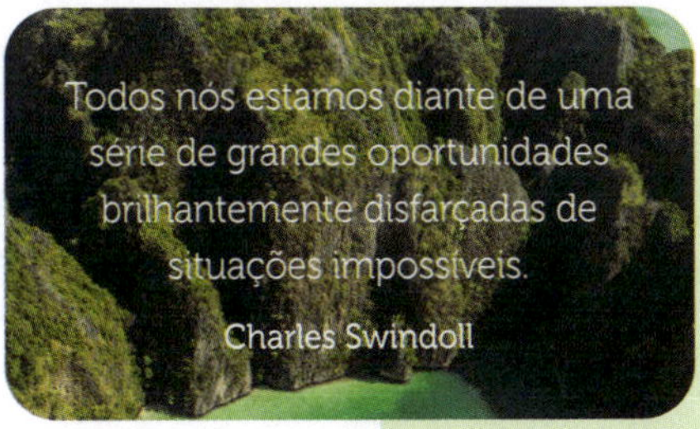

Existe alguma coisa difícil demais para o Senhor? Voltarei por esta época, no ano que vem, e Sara terá um filho.

Gênesis 18.14

Esperar a resposta de Deus para nossas súplicas pode ser difícil. Entre orações cheias de dúvidas e a resposta de Deus, vivemos épocas de espera, algo com que Sara estava familiarizada. Por várias décadas de seu casamento, ela esperou em Deus para tornar-se mãe. As Escrituras nos oferecem um vislumbre de como essa espera impactou Sara. Em Gênesis 16.2, Sara sugeriu que Abraão dormisse com sua serva para construir uma família através dela. As ações de Sara visavam obter o herdeiro que ela desejava para seu marido. Em sua dor e confusão, ela tentou manipular as circunstâncias porque não via outra saída.

Deus desafiou Sara quando ele respondeu a Abraão, questionando: "Existe alguma coisa difícil demais para o Senhor? Voltarei por esta época, no ano que vem, e Sara terá um filho". Apesar da incredulidade de Sara, Deus cumpriu sua promessa. Ela ficou grávida e deu à luz um filho, a quem deu o nome de Isaque. Essa criança prometida foi a encarnação do que Sara pensou ser "muito difícil para o Senhor".

Há algo em sua vida que parece impossível? Pode ser uma doença, uma necessidade financeira, um membro da família desobediente ou um relacionamento difícil. Não importa o que seja, ou qual resolução Deus tem preparada, coisas que parecem impossíveis são possíveis com ele. Embora não possamos controlar como ou quando Deus responde à oração, suas palavras a Abraão também respondem à nossa dúvida: "Existe alguma coisa difícil demais para Deus?". A resposta a esta pergunta ecoa: "Não, nada é muito difícil para ele". Ele é capaz de fazer o que parece impossível.

LEIA

Gênesis 18.2-14

ORAÇÃO

Senhor Deus, mostra-te presente em nossa vida, a fim de que lembremos que tu podes fazer todas as coisas, no teu tempo e à tua maneira. Em nome de Jesus. Amém.

Quando a paz parece impossível

TEMA 49: Fé no impossível

Tu guardarás em perfeita paz todos que em ti confiam, aqueles cujos propósitos estão firmes em ti.

Isaías 26.3

LEIA

Isaías 26.1-4

ORAÇÃO

Senhor Jesus, obrigado por teu dom da paz. Guia-me em teus caminhos e ajuda-me a permanecer confiante na nova identidade que tenho em ti. Em teu nome. Amém.

Nossos sentimentos são bases frágeis quando se trata de tomar decisões. É apenas a verdade da Palavra imutável de Deus que nos mantém de pé em terreno sólido. A passagem de hoje nos mostra o alicerce sólido que temos quando nossa força vem do próprio Deus. O profeta Isaías estava ansioso pelo fim de todas as coisas. Ele sabia que, embora as coisas não parecessem boas naquele momento, Deus nos promete que seus planos são sempre bons. Ele está nos encaminhando para aquele dia em que limpará cada lágrima de nossos olhos. Ele planejou a nossa paz.

Mas não nos é prometida apenas a paz do outro lado da vida, na eternidade. Isaías nos diz como podemos experimentar e caminhar em força e paz hoje: Deus promete manter em perfeita paz aquele cuja mente está firme em Deus. Em outras palavras, aqueles com a mente focada, sustentada e amparada pela Palavra de Deus estarão em perfeita paz. É uma paz que engloba tudo. É Deus, pelo poder de seu Espírito que habita em nós, dando-nos a força interior para enfrentar o que quer que venha ao nosso encontro externamente.

Isso não significa que as circunstâncias serão pacíficas. Não significa que todos os nossos problemas e dificuldades melhorarão de uma hora para outra. Também não significa que teremos respostas a todas as nossas orações instantaneamente. Mas significa que nossa mente pode ser sustentada pela Verdade em vez de ser inundada por pensamentos de medo e ansiedade. Deus está sempre fazendo mais do que podemos ver ou imaginar, operando em todas as coisas para o bem: um dia de alegria que não terá fim. E isso nos dá paz perfeita, aqui e agora.

O trabalho durante a espera

TEMA 49: Fé no impossível

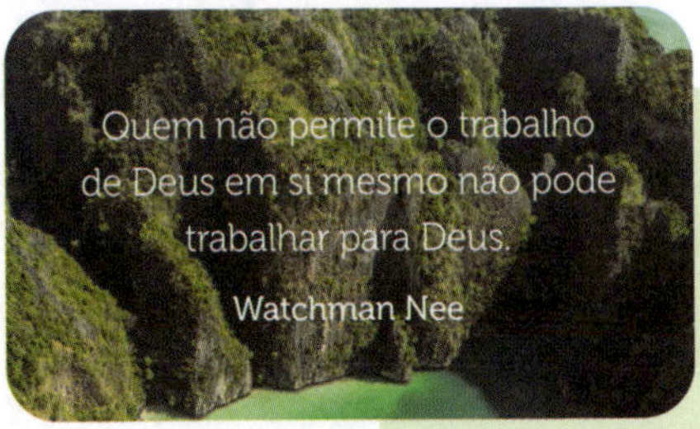

Espere pelo Senhor e seja valente e corajoso; sim, espere pelo Senhor.

Salmos 27.14

A espera é uma das ferramentas favoritas de Deus para chamar nossa atenção. Na passagem de hoje, o salmista nos instrui a esperar pelo Senhor e ter bom ânimo enquanto esperamos. Duas vezes em um versículo, somos instruídos a esperar pelo Senhor.

Noé esperou pela chuva. Abraão e Sara esperaram 25 anos pela chegada do filho da promessa. José esperou treze anos na prisão em razão de um crime que não cometeu. Moisés esperou quarenta anos para ser chamado por Deus. Daniel esperou durante a noite em uma toca cheia de leões. Davi esperou na caverna. Paulo esperou na prisão. E o próprio Jesus esperou trinta anos para começar seu ministério, embora já estivesse pronto para exercê-lo muito antes. Se Deus pediu até mesmo a Jesus que esperasse, o que nos faz pensar que podemos pular o processo? Não há atalhos para nosso processo de fé.

Então, como podemos esperar bem? A Bíblia nos dá alguns exemplos. Enquanto Noé esperava pela chuva, ocupava-se com o que tinha: muita madeira e algumas instruções. Enquanto Daniel esperava, permaneceu fiel em oração e firme em convicção. Enquanto José esperava na prisão, deu o melhor de si em cada pequena tarefa que lhe foi dada, e permaneceu perto de Deus. Da mesma forma, Jó, Davi, Paulo e o próprio Jesus esperaram pacientemente e começaram o ministério que Deus chamou cada um deles a fazer, cuidando das pessoas ao seu redor. Sempre há trabalho a fazer enquanto estamos esperando.

Quando escolhemos nos render ao que Deus está fazendo em nossa situação, a espera nunca é desperdiçada. O Senhor entra na jornada daqueles que esperam. Que possamos continuar a confiar nele enquanto ele se revela ao longo do caminho.

LEIA

Salmo 27

ORAÇÃO

Senhor Deus, tu és minha luz e minha salvação. Ajuda-me a eliminar as preocupações e os medos de minha vida, e usa-me para ajudar a iluminar a vida dos outros. Amém.

Orando mesmo na dificuldade

TEMA 49: Fé no impossível

Então Cristo habitará em seu coração à medida que vocês confiarem nele. Suas raízes se aprofundarão em amor e os manterão fortes.

Efésios 3.17

LEIA

Efésios 3.14-19

ORAÇÃO

Senhor Jesus, obrigado por teu Espírito Santo. Peço que pela tua unção e poder eu caminhe em santidade e outros possam a ver ti através da minha vida. Em teu nome. Amém.

Para muitos cristãos, a oração é um dos maiores desafios da caminhada de fé. Embora saibamos que somos instruídos a orar, todos nós temos dificuldade quanto à oração. Por vezes, lutamos com a concentração. Assim que curvamos a cabeça ou dobramos o joelho, nossos pensamentos começam a se fragmentar e se dispersar. Em vez de falar com inteireza com Deus, pensamos em nossas "listas de afazeres", em nossas tensões relacionais ou no que está acontecendo pelo mundo afora.

A priorização do tempo de encontro com Deus em oração também pode ser negligenciada por amores menores. Nosso telefone toca, alguém interrompe nosso fluxo, ou simplesmente nos lembramos de algo que esquecemos de executar. Podemos ainda lutar para saber o que dizer, e como dizê-lo a Deus.

Diante da dificuldade nessas áreas, precisamos encontrar uma solução. Em Efésios 3.17-19, encontramos quatro elementos primordiais da oração: a adoração, a confissão, a gratidão e a intercessão. Ao iniciar nosso tempo de oração, podemos adorar a Deus pelo que ele é, com uma postura de rendição e humildade. Paulo sabia que seus problemas se reduziam diante da magnitude de quem Deus é. Então, olhamos para nós mesmos e confessamos nosso pecado, que se torna claro na presença de um Deus santo. Não nos punimos por nosso pecado; em vez disso, uma vez que admitimos nosso erro, passamos à ação de graças ao Deus que nos perdoou e nos purificou. Nesse momento, estamos prontos para apresentar nossos pedidos e interceder pelos outros.

Lembre-se: o propósito da oração não é apenas obter respostas. O propósito é desenvolver uma relação íntima e pessoal com o Deus que nos ama. Alcançar esse propósito torna os desafios da vida mais do que suportáveis. De fato, podemos encontrar alegria enquanto caminhamos no meio deles.

O impacto da ressurreição

TEMA 50: O impacto da ressurreição

Considerem-se mortos para o poder do pecado e vivos para Deus em Cristo Jesus.

Romanos 6.11

Ao longo dos próximos dias, refletiremos sobre o fato mais importante de toda a história humana: a ressurreição de Cristo. Nada se compara à ressurreição. Ela muda não apenas o rumo de nossa vida aqui, mas muda toda a nossa eternidade! O cristianismo tem como fundamento o fato de que Cristo, o próprio Deus encarnado, morreu pelos nossos pecados e ressuscitou para a nossa salvação.

Paulo afirma em 1Coríntios 15.17: "E, se Cristo não ressuscitou, a fé que vocês têm é inútil, e vocês ainda estão em seus pecados". Se Jesus não ressuscitou dos mortos, pouco importa como conduzimos a vida, porque este tempo vivido na terra é tudo o que teremos. Nossas lutas, nosso sofrimento, nosso trabalho, nada do que fizermos terá qualquer propósito. Se Jesus não ressuscitou somos os mais miseráveis dentre os homens.

Mas, se Jesus realmente ressuscitou dos mortos, tudo muda! A ressurreição prova que Jesus era quem ele dizia ser, o Filho de Deus. A morte de Cristo é a prova do amor de Deus por nós, e é isso que João 3.16 ensina: "Porque Deus amou tanto o mundo que deu seu Filho único, para que todo o que nele crer não pereça, mas tenha a vida eterna".

A ressurreição também é a prova do poder soberano de Deus, que não pode ser contido nem mesmo pela morte. Conforme nos mostra Paulo em Efésios 1.19-20: "Também oro para que entendam a grandeza insuperável do poder de Deus para conosco, os que cremos. É o mesmo poder grandioso que ressuscitou Cristo dos mortos e o fez sentar-se no lugar de honra, à direita de Deus, nos domínios celestiais". A ressurreição de Jesus é o que nos dá esperança, propósito, sentido. É o que nos torna filhos de Deus!

LEIA

Romanos 6.4-11

ORAÇÃO

Senhor Deus, obrigado pela ressurreição de Cristo, que nos dá esperança e propósito. Ajuda-me a viver diariamente na certeza de que Jesus ressuscitou. Em nome de teu Filho. Amém.

Jesus realmente morreu na cruz?

TEMA 50: O impacto da ressurreição

Sua aceitação diante de Deus está entrelaçada na vida e no sacrifício de Jesus Cristo na cruz, não no que outros homens e mulheres pensam sobre você.

Karen Ehman

Por último, apareceu também a mim, como se eu tivesse nascido fora de tempo.

1Coríntios 15.8

LEIA

1Coríntios 15.3-8

ORAÇÃO

Senhor Jesus, obrigado por tua morte e ressurreição, que trouxeram perdão e salvação. Fortalece nossa fé na verdade de tua vitória sobre a morte. Em teu nome. Amém.

Para muitas pessoas parece impossível que Jesus tenha, de fato, ressuscitado dos mortos. Afinal, os mortos não voltam à vida. E, no entanto, Jesus enfrentou a morte e venceu. Isso é o que a Bíblia afirma, e é nisso que cremos. Porém, muitos dizem que isso não seria razoável, argumentando que a melhor explicação para o túmulo vazio é que Jesus não morreu na cruz. Seria possível que os soldados romanos houvessem tirado Jesus da cruz ainda vivo e que, por isso, seu túmulo estivesse vazio e muitas pessoas o tenham visto depois?

A resposta é um categórico "Não!". Jesus foi cruelmente torturado antes mesmo de chegar à cruz. Os açoites romanos eram famosos por sua brutalidade. Causavam hematomas e contusões profundas, chegando ao ponto de dilacerar as costas. Além do mais, a crucificação significava uma morte lenta e extremamente dolorosa por asfixia. A cada vez que Jesus fosse respirar ele precisava elevar o corpo, o que significava raspar as costas dilaceradas na madeira da cruz e ter os pés e os pulsos rasgados mais e mais a cada movimento. A dor da crucificação era tamanha que deu origem à expressão "dor excruciante", dor de cruz. Esse foi o tipo de dor que Jesus enfrentou.

Não restam dúvidas de que Jesus morreu na cruz, tendo suportado uma dor inimaginável. Tudo isso ele fez por mim e por você. Em Isaías 53.5-6 lemos: "Mas ele foi ferido por causa de nossa rebeldia e esmagado por causa de nossos pecados. Sofreu o castigo para que fôssemos restaurados e recebeu açoites para que fôssemos curados. Todos nós nos desviamos como ovelhas; deixamos os caminhos de Deus para seguir os nossos caminhos. E, no entanto, o Senhor fez cair sobre ele os pecados de todos nós". Pela sua morte e ressurreição temos o perdão e o favor de Deus. Aleluia!

O que dizem as testemunhas?

TEMA 50: O impacto da ressurreição

Foi esse Jesus que Deus ressuscitou, e todos nós somos testemunhas disso.

Atos 2.32

Muitos ateus dizem que não há provas da ressurreição. Afinal, não havia ninguém dentro do túmulo para ver Jesus voltar à vida, livrar-se das ataduras, rolar a pedra e sair. Isso é verdade, mas, por outro lado, temos inúmeras testemunhas que confirmam a ressurreição de Cristo. Pessoas que o viram ser crucificado, morto e sepultado e que depois o viram novamente, vivo e saudável. Que tocaram em suas feridas causadas pelos pregos da cruz, que andaram e comeram com ele, que ouviram seus ensinamentos.

Sabemos que pessoas mortas não costumam fazer nada disso. Portanto, a melhor explicação para o que as testemunhas viram é que Jesus, de fato, ressuscitou dentre os mortos. Em 1Coríntios 15.3-8, o apóstolo Paulo traz uma lista considerável dessas testemunhas. Ao refletir sobre essa passagem o apologeta Lee Strobel diz que "este é um testemunho incrivelmente influente de que Jesus apareceu vivo depois da sua morte. Temos nomes de indivíduos e grupos de pessoas específicas que o viram, registrados quando ainda era possível checar com elas a veracidade da afirmação".

Além das pessoas listadas por Paulo, Pedro afirma esse fato em seu discurso em Atos 2.32, ao dizer: "Foi esse Jesus que Deus ressuscitou, e todos nós somos testemunhas disso". Esse é o mesmo homem que havia se escondido em Jerusalém em desalento porque seu Mestre estava morto, mas, dias depois, estava ousadamente anunciando a palavra de Deus. O que mudou? A ressurreição. Assim também deve ser comigo e com você. Porque Cristo ressuscitou, temos uma viva esperança. O fato de que Jesus é Deus, morreu por nós e ressuscitou deve impactar toda a nossa vida e se refletir em nossas palavras e ações. Como Pedro devemos anunciar: Cristo ressuscitou e somos testemunhas disso!

LEIA

Atos 2.32-33

ORAÇÃO

Senhor Jesus, obrigado por tua ressurreição que nos dá esperança e vida. Fortalece nossa fé e nos capacita a compartilhar essa verdade com ousadia e amor. Em teu nome. Amém.

Um encontro com o Cristo ressurreto

TEMA 50: O impacto da ressurreição

Disseram um ao outro: "Não ardia o nosso coração quando ele falava conosco no caminho e nos explicava as Escrituras?"

Lucas 24.32

LEIA

Lucas 24.13-35

ORAÇÃO

Senhor Jesus, ajuda-nos a enxergar tua presença ao nosso lado em todas as circunstâncias. Que tua Palavra aqueça nosso coração e nos lembre de teu grande amor. Em teu nome. Amém.

Dois discípulos caminhavam juntos de Jerusalém para Emaús, um vilarejo próximo. Era domingo de Páscoa, o terceiro dia desde a morte de Jesus. Eles haviam crido nele. Não havia quem fosse como ele em palavras e obras. Seu amor e compaixão, sua sabedoria e autoridade. Parecia que o tempo de Deus havia chegado para seu povo, que seu Messias prometido finalmente traria o reino de Deus à terra.

Mas toda aquela alegria e esperança se desfez quando os cravos foram pregados em seus pulsos e pés. Naquela cruz ele bradou aos céus perguntando por que Deus o havia abandonado. Essa era a mesma pergunta que os discípulos se faziam. Por mais que conversassem entre si, não conseguiam entender. Depois de todas aquelas maravilhas, Jesus morre?

Então, um homem na estrada veio lhes perguntar por que estavam tão tristes. Os dois não podiam acreditar que aquele homem não soubesse do que havia acontecido em Jerusalém, mas contaram, de toda forma. Enquanto caminhavam, o estranho começou a discorrer sobre as Escrituras. Quanto mais ele falava, mais o coração deles se aquecia. Convidaram-no para comer com eles e, enquanto ele partia o pão, reconheceram que era o próprio Jesus à sua frente, ressurreto. Toda a sua tristeza se converteu em alegria. O Mestre estava vivo! Correram de volta para Jerusalém a fim de contar a maravilhosa notícia aos outros.

Essa história tem muito a nos ensinar sobre o impacto da ressurreição em nossa própria vida. Nossas transgressões mereciam a morte, mas Cristo suportou todo o peso da justa ira de Deus em nosso lugar. Então, Deus o ressuscitou. Ele pagou o preço e agora, em seu corpo ressurreto, intercede por nós diante de Deus, como nosso advogado. Por isso, podemos entrar diante do trono da graça e achar favor de Deus para nós hoje. Aleluia!

Consequências da ressurreição

TEMA 50: O impacto da ressurreição

Em breve o mundo não me verá mais, mas vocês me verão. Porque eu vivo, vocês também viverão.

João 14.19

Em sua última noite com os discípulos antes de sua crucificação, Jesus lhes disse: "Em breve o mundo não me verá mais, mas vocês me verão. Porque eu vivo, vocês também viverão" (Jo 14.19). Naquela ocasião os discípulos não entenderam o que Jesus queria dizer, e o coração deles se entristeceu. Então, ele lhes disse que não se assustassem, pois "não existe amor maior do que dar a vida por seus amigos" (15.13).

Foi o que o Senhor fez por nós. Na cruz, Cristo suportou em nosso lugar o peso da condenação e da morte, causadas pelo pecado. Por ser perfeito, Jesus triunfou sobre a morte. Voltou à vida, como disse a seus discípulos que faria! E, como prometeu, jamais nos abandonará. Ele estará conosco todos os dias, até o fim dos tempos. Nunca estaremos sozinhos na caminhada desta vida, pois Cristo sempre estará ao nosso lado.

Além disso, o Senhor nos prometeu que, após sua ressurreição e ascensão, ele nos enviaria o Espírito Santo. Aquele que nos consola em nossas angústias, que nos guia a toda a verdade e que nos ilumina a mente e o coração para discernirmos as coisas de Deus. Em Atos 2, após a ascensão do Cristo ressurreto aos céus, vemos a descida do Espírito Santo prometido e o nascimento da igreja, a comunidade daqueles que são salvos do poder do pecado e da morte pela obra de Cristo. Agora, o Espírito de Deus habita permanentemente em nós, os que cremos. Nós somos o templo do Espírito Santo. A casa de Deus. Como Jesus prometeu que seria, ele habita em nós, e nós habitamos nele!

LEIA

João 14.16-20

ORAÇÃO

Senhor Jesus, obrigado por tua presença constante através do Espírito Santo. Ajuda-nos a lembrar que nunca estamos sozinhos e que habitamos em ti, assim como tu habitas em nós. Amém.

A esperança da ressurreição

TEMA 50: O impacto da ressurreição

> **Mas Cristo de fato ressuscitou dos mortos. Ele é o primeiro fruto da colheita de todos que adormeceram.**
>
> **1Coríntios 15.20**

LEIA

1Coríntios 15.20-26

ORAÇÃO

Senhor Jesus, obrigado por venceres a morte e nos dares a esperança da vida eterna. Ajuda-nos a viver sem temor da morte, confiando na promessa de que viveremos para sempre contigo. Amém.

Jesus disse: "Eu sou a ressurreição e a vida. Quem crê em mim viverá, mesmo depois de morrer" (Jo 15.25). Com isso, o Senhor nos ensina que, por causa de sua morte e ressurreição, todo o que nele crê tem a vida eterna. A morte não será o fim da jornada. Muitas pessoas temem a morte, mas aqueles que estão em Cristo não precisam temer, pois, ao ressuscitar, Jesus venceu o poder da morte.

Sabemos que a morte entrou no mundo pelo pecado. Essa foi uma das consequências do pecado de Adão. Mas a Bíblia nos diz que Jesus é o segundo Adão. Na cruz de Cristo o ser humano é redimido do pecado e de suas consequências. Assim como Cristo ressuscitou dos mortos, também nós ressuscitaremos quando ele retornar. É o que nos ensina o apóstolo Paulo em 1Coríntios 15.20-22: "Mas Cristo de fato ressuscitou dos mortos. Ele é o primeiro fruto da colheita de todos que adormeceram. Uma vez que a morte entrou no mundo por meio de um único homem, agora a ressurreição dos mortos começou por meio de um só homem. Assim como todos morremos em Adão, todos que são de Cristo receberão nova vida".

Porque Cristo venceu a morte e ressuscitou, nós também não permaneceremos na morte, mas seremos ressuscitados por Cristo em sua vinda. Teremos, então, um corpo glorificado, semelhante ao de Cristo. Um corpo que não sofrerá mais com doenças ou morte. Essa é a nossa esperança! Graças à ressurreição de Cristo, a morte não é o fim. Teremos vida eterna. Habitaremos para sempre com o nosso Senhor, e ele nos "enxugará dos olhos toda lágrima, e não haverá mais morte, nem tristeza, nem choro, nem dor" (Ap 21.4).

Vivendo a ressurreição hoje

TEMA 50: O impacto da ressurreição

Ele entregou sua vida para nos libertar de todo pecado, para nos purificar e fazer de nós seu povo, inteiramente dedicado às boas obras.

Tito 2.14

Em sua carta à igreja de Roma, o apóstolo Paulo adverte: "Sabemos que nossa velha natureza humana foi crucificada com Cristo, para que o pecado não tivesse mais poder sobre nossa vida e dele deixássemos de ser escravos. Pois, quando morremos com Cristo, fomos libertos do poder do pecado" (Rm 6.6-7). Um pouco mais à frente, ele completa: "Não deixem que o pecado reine sobre seu corpo, que está sujeito à morte, cedendo aos desejos pecaminosos. Não deixem que nenhuma parte de seu corpo se torne instrumento do mal para servir ao pecado, mas em vez disso entreguem-se inteiramente a Deus, pois vocês estavam mortos e agora têm nova vida" (6.12-13).

A advertência de Paulo é para que nos lembremos que a morte de Cristo nos justifica e sua ressurreição inaugura o tempo da graça. Ou seja, já não estamos debaixo do jugo da lei nem do pecado. Sabemos que a lei serviu até Cristo para nos mostrar nossa incapacidade de cumpri-la integralmente e salvar-nos a nós mesmos. Todo ser humano é pecador e carece da graça de Deus. Isso foi o que a lei revelou. A cruz, por sua vez, revela o amor de Deus, que em seu Filho aplicou a pena pelos nossos pecados, a fim de nos justificar.

Diante de tão grande salvação, Paulo nos diz que devemos permanecer firmes e fugir do pecado. Somos capazes de fazer isso porque, pela obra de Cristo, o pecado já não tem domínio sobre nossa vida. Agora, somos redimidos por Cristo e habitados pelo Espírito Santo, que nos capacita a viver em santidade, alegria e pureza. Em Cristo podemos ter nossa mentalidade e ações transformadas. Se morremos com Cristo, com ele viveremos!

LEIA

Romanos 6

ORAÇÃO

Senhor, quero viver uma vida santificada. Que eu possa recordar que, pela morte e ressurreição de Cristo, o pecado não tem mais domínio sobre mim. Em nome de Jesus. Amém.

Perdoar é deixar a dor ir

TEMA 51: Perdão

Que outro Deus há semelhante a ti, que perdoas a culpa do remanescente e esqueces os pecados dos que te pertencem? Não permanecerás irado com teu povo para sempre, pois tens prazer em mostrar teu amor.

Miqueias 7.18

LEIA

Miqueias 7.18-19

ORAÇÃO

Pai, obrigado porque, por causa de Jesus, sei o que significa perdoar. Que, por meio do teu Espírito Santo, eu tenha o poder de me libertar da mágoa e ser curado. Amém.

Nos próximos dias refletiremos sobre o ato de perdoar. Muitas vezes pensamos que, ao perdoar alguém que nos feriu, estamos permitindo que essa pessoa saia impune ou que concordamos com o que ela fez. Entretanto, nenhum dos dois casos é verdadeiro.

O perdão consiste em reconhecer o que foi feito e, em vez de nos apegar à dor e retribuir com alguma forma de punição, deixá-la ir, oferecendo ao outro misericórdia, graça e paz. Oferecemos graça a quem quer que nos machuque porque todos nós já estivemos no lugar de quem precisava receber graça. Experimentamos o perdão do Salvador, que mudou nossa vida. Não importa o que tenham feito contra nós, devemos estender misericórdia e graça, assim como nós mesmos recebemos misericórdia todos os dias de Jesus.

Quando oferecemos graça, a paz é consequência, pois a unidade de uma relação foi restaurada, e também porque não mais carregamos o peso daquele erro ou mágoa. A essência do perdão é a unidade. Nem sempre é a coisa mais fácil de fazer, mas ao perdoar estamos nos permitindo responder à mágoa e à dor da mesma forma que Cristo fez. Ao perdoar, estamos permitindo que outros experimentem Jesus por meio do amor que lhes destinamos, apesar de suas falhas. Permita-se deixar de lado a raiva, o ódio e a mágoa que você tem guardado. Abra seu coração para amar e ver os outros como Cristo vê você.

Deus tem novidades e maravilhas para nós

TEMA 51: Perdão

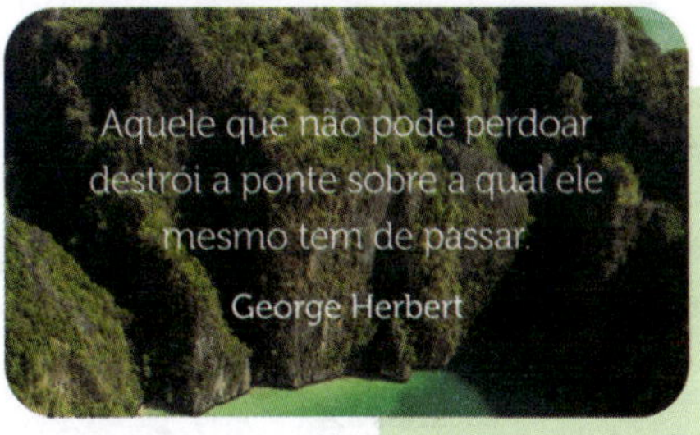

Grande é sua fidelidade; suas misericórdias se renovam cada manhã.

Lamentações 3.23

Deus quer fazer coisas novas e maravilhosas em nossa vida todos os dias. Ele deseja nos mostrar sua bondade e seu favor e nos levar a lugares que pensávamos ser impossíveis de alcançar. Mas pode ser difícil enxergar essas coisas novas quando estamos acorrentados ao passado. Se alguém nos faz mal, perdoá-lo raramente é a primeira coisa que nos vem à mente. No entanto, rancor e amargura não nos ajudam; na verdade, atrapalham. Nunca seremos capazes de experimentar plenamente o novo se vivermos apegados a algo do passado — o que foi feito a nós, o que não deu certo ou o que alguém disse a nosso respeito. Essas coisas não passam de distrações.

As distrações muitas vezes invadem nossos pensamentos e acabam ditando as escolhas que fazemos, a visão que temos da vida ou como amamos as outras pessoas. Devemos vê-las pelo que realmente são: distrações projetadas pelo inimigo para nos deter e nos impedir de seguir em frente. Ele adoraria que ficássemos presos e permitíssemos que a amargura, a raiva e a falta de perdão criassem raízes em nosso coração.

Mas a boa notícia é que temos o poder dentro de nós, por meio do Espírito Santo, para resistir aos esquemas do inimigo e escolher o perdão. O Espírito Santo nos ajuda a perdoar, capacitando-nos a viver o perdão incondicional que recebemos de Deus por meio de Cristo Jesus. No momento em que escolhemos o perdão, estamos abrindo o coração para que Deus trabalhe para nosso crescimento e nos leve ao amadurecimento. O perdão abre espaço para que uma coisa nova seja feita em nossa vida, à medida que abrimos mão daquilo que nos impede de entrar na plenitude de nosso destino preparado por Deus.

LEIA

Lamentações 3.22-23

ORAÇÃO

Pai celestial, ajuda-me a deixar o passado para trás e a perdoar. Enche meu coração com teu amor e tua paz, removendo toda amargura. Em nome de Jesus. Amém.

19 DEZ

Perdão leva à transformação

TEMA 51: Perdão

Então o anjo disse aos que ali estavam: "Tirem as roupas imundas dele". E, voltando-se para Josué, disse: "Veja, removi seus pecados e agora lhe dou roupas de festa".

Zacarias 3.4

LEIA

João 8.1-11

ORAÇÃO

Senhor Jesus, liberta-me da vergonha e da culpa do passado. Ajuda-me a aceitar teu perdão e a viver transformado por teu amor. Amém.

A vergonha é um espelho que nada nos mostra além de nossos erros e fragilidades. Ela pode nos condenar e nos dar uma sentença de vergonha e pesar. Mas Cristo, que não tem pecado, quebra essa mentira e, em vez disso, após nos levar ao arrependimento genuíno, oferece liberdade da condenação e verdadeira transformação.

No Evangelho de João, Jesus mostra seu perdão a uma mulher que foi pega em flagrante de adultério. Jogada ao chão, essa mulher foi apresentada a Jesus como uma pecadora que precisava enfrentar julgamento e condenação. Então, depois de desafiar a pecaminosidade da multidão, Jesus esperou enquanto cada pessoa se afastava deixando a mulher diante dele. Jesus olhou para ela e perguntou: "Nenhum deles a condenou?" (Jo 8.10). Não havia sobrado ninguém para condená-la, então Jesus diz à mulher a última coisa que ela esperava ouvir: "Eu também não a condeno. Vá e não peque mais" (8.11). Trata-se de uma demonstração poderosa do perdão que Jesus nos oferece.

Talvez você esteja carregando a vergonha e a culpa de seus erros. Há perdão em Jesus! Ele está diante de você com as mãos estendidas, oferecendo liberdade da vergonha. Mesmo quando o mundo rotula você como um pecador que precisa enfrentar julgamento e condenação, Jesus tem perdão a seu dispor. Ele quer libertá-lo e trazer verdadeira transformação para sua vida.

Faça de hoje o dia em que você se levantará e se livrará da vergonha e da culpa. Aceite o perdão que está disponível em Jesus Cristo. Permita que ele transforme seu coração através do Espírito Santo e o liberte das correntes antigas. Nosso Deus é um Deus compassivo. Acredite que ele é o único que pode trazer o verdadeiro perdão à sua vida.

Uma nova vida após o perdão

TEMA 51: Perdão

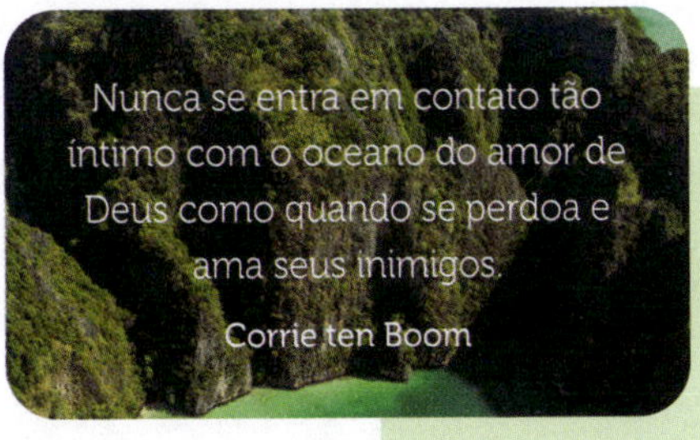

E tudo isso vem de Deus, aquele que nos trouxe de volta para si por meio de Cristo e nos encarregou de reconciliar outros com ele.

2Coríntios 5.18

Deixar de lado nossa dor depois de carregá-la por tanto tempo pode ser difícil. Dar passos em direção ao perdão não é mesmo fácil. Sendo honestos com nós mesmos, nem sempre temos vontade de ser os primeiros a perdoar. Justificamos nossa falta de perdão dizendo que temos direito à nossa raiva e amargura, agindo como pessoas feridas, e não como pessoas libertas.

Lembre-se que, em Cristo, você tem nova vida. Um novo começo livre das dores e das mágoas do passado. Uma nova vida na qual pode deixar de lado os sentimentos feridos e permitir que Deus restaure suas emoções e sua mente. Além disso, ao não se permitir ser rotulado pelo que fizeram com você, você também está libertando a outra pessoa de ser rotulada pelo que ela fez. Você a está libertando de seus erros e fracassos do passado ao dar passos em direção ao futuro, e a está liberando de ser o destinatário dos sentimentos de raiva que você pode estar nutrindo contra ela.

A fé não ignora a dor que você carregou, mas oferece a cura. Quem perdoa demonstra crer que Deus ainda está trabalhando na vida de ambos, ofensor e ofendido, a fim de trazer bondade, integridade e restauração. O Senhor trará cura a esses lugares quebrados, se você confiar que ele pode fazê-lo. Ele quer levantar o peso dessa dor; tudo o que você precisa fazer é ter fé de que, à medida que avançamos além de nós mesmos e de nossa própria limitação, estamos entrando na nova vida que temos em Cristo. No florescer dessa nova vida Deus transforma nosso coração e nos aproxima dele.

LEIA

2Coríntios 5.17-19

ORAÇÃO

Pai amado, ajuda-me a perdoar e a deixar de lado a dor do passado. Renova meu coração e minha mente, trazendo a cura e a restauração que só tu podes dar. Amém.

Liberdade para amar novamente

TEMA 51: Perdão

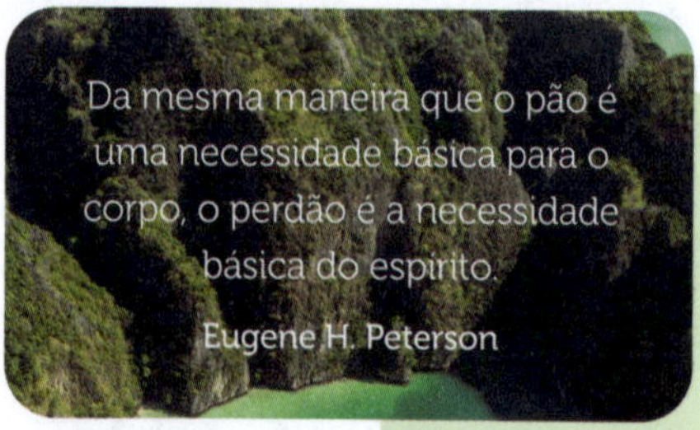

> **Eu lhes darei um novo coração e colocarei em vocês um novo espírito. Removerei seu coração de pedra e lhes darei coração de carne.**
>
> **Ezequiel 36.26**

LEIA

Ezequiel 36.25-27

ORAÇÃO

Senhor, ajuda-me a deixar o passado para trás e a abrir o coração para o amor. Que eu veja a dor como algo que me fortaleceu, e não como uma barreira. Em nome de Jesus. Amém.

O perdão não apenas nos liberta do passado, mas também, por meio dele, encontramos a liberdade para fortalecer nossos relacionamentos e nos aperfeiçoar no amor. No entanto, quando permitimos que o passado enraíze a amargura em nosso coração, perdemos a oportunidade de Deus nos moldar e nos tornar melhores. Você talvez não queira abrir seu coração para amar os outros porque tem medo de ser magoado. Essa bagagem o sobrecarrega, e você fica cansado demais para mudar.

Já é tempo de deixar a bagagem para trás e ver que o futuro e os relacionamentos que esperam por você não podem ser tratados da mesma forma que no passado, porque o que Deus tem para você no futuro não é o mesmo que o machucou no passado. Ele tem uma vida de plenitude e de amor em mente para você, mas você precisa deixar o passado para trás a fim de experimentar essa novidade de vida. Aprender a amar e a confiar exige esforço e mudança de perspectiva; requer que você siga em frente e perdoe, mas também que reconheça que sua vida não acabou. Após superar algo, há sempre a oportunidade de recomeçar.

Comece a olhar para o passado com uma nova lente: em vez de ver o que aconteceu como algo que o enfraqueceu, assuma a perspectiva de que o passado — a mágoa e a dor — o fortaleceu. Você está mais forte do que antes, e agora tem o poder de amar os outros com mais liberdade. Não está mais preso à dor do passado. Você tem a liberdade de entrar em relacionamentos renovados e saudáveis, em que seu coração e suas emoções estarão seguros e protegidos. Escolha desapegar-se do ressentimento. Escolha amar novamente.

Um propósito além do nosso passado

TEMA 51: Perdão

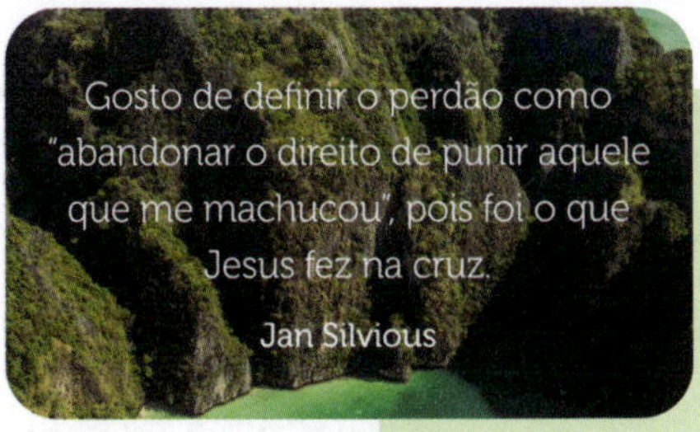

> Gosto de definir o perdão como "abandonar o direito de punir aquele que me machucou", pois foi o que Jesus fez na cruz.
>
> Jan Silvious

> Eu lhes devolverei o que perderam por causa dos gafanhotos migradores, dos saltadores, dos destruidores e dos cortadores; enviei esse grande exército devastador contra vocês.
>
> **Joel 2.25**

Existe uma vida além de nosso passado: os erros que cometemos, a dor que sofremos, a perda que nos tornou outra pessoa. Deus pode transformar nossas feridas e cicatrizes em evidências de superação e vitória. Há esperança e um futuro disponível para nós agora, se estivermos dispostos a desapegar e perdoar. Há um futuro em nome de Jesus esperando por nós, portanto não precisamos ter medo de seguir em frente.

Do outro lado da sua dor existe uma cura à sua espera; e não cura apenas para você, mas também para os outros. Vivemos em um mundo profundamente corrompido pelo ódio e pela raiva. Às vezes, passamos pela dor por causa do mundo imperfeito em que vivemos. No entanto, Deus pega essa dor e cria um propósito lindo a partir dela. Temos que confiar que Deus tem o poder e a capacidade de pegar os pedaços quebrados e criar algo novo a partir deles. A verdade é que ele é o único que pode fazê-lo; só ele tem o poder de curar as feridas que sofremos no passado e nos levar a um futuro cheio de vitórias.

Deus não quer que vivamos cheios de dor e mágoa. Ele quer tirar esses fardos de nós e nos mostrar o que tem planejado para nossa vida: planos que visam nos aproximar do propósito e destino que ele traçou para nós. Os erros que cometemos no passado não podem nos impedir, a menos que permitamos. Basta acreditarmos que Cristo é mais do que suficiente para nos carregar através da dor e levar-nos aonde devemos estar.

LEIA

Joel 2.25-26

ORAÇÃO

Pai celestial, ajuda-me a deixar o passado para trás e abraçar o futuro cheio de esperança que tens para mim. Cura minhas feridas e transforma minha dor em vitória. Em nome de Jesus. Amém.

O perdão cura os relacionamentos

TEMA 51: Perdão

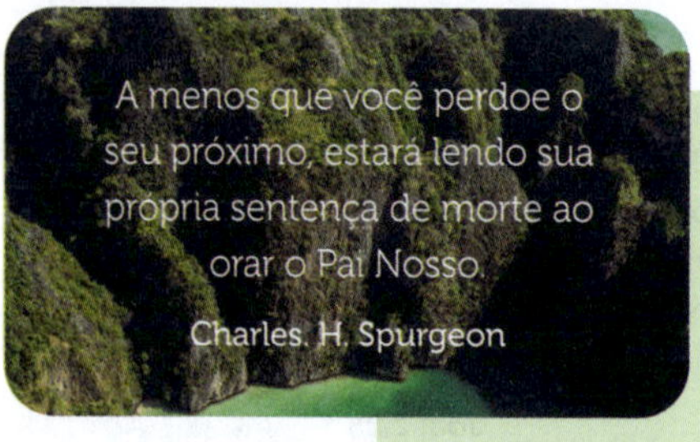

O sensato não perde a calma, mas conquista respeito ao ignorar as ofensas.

Provérbios 19.11

LEIA

Provérbios 19.11

ORAÇÃO

Pai amoroso, ensina-me a perdoar como tu perdoas. Que eu possa demonstrar o teu amor incondicional aos outros, vivendo em perdão e graça. Em nome de Jesus. Amém.

Se não perdoamos as palavras e as ações dos outros, ficamos amargos ou ressentidos e nossos relacionamentos sofrem. Quando perdoamos, os relacionamentos podem ser curados e crescer. O perdão é poderoso porque nos permite amar os outros assim como fomos amados por Deus e perdoados por meio de Cristo.

No maior ato de amor que este mundo já conheceu, Deus enviou seu próprio Filho para ficar em nosso lugar a fim de que pudéssemos experimentar o amor incondicional e o perdão de nossos pecados. Tudo o que temos a fazer é nos voltar para ele crendo que ele é capaz de nos perdoar e restaurar. Para cada coisa que podemos ter feito, Deus nos perdoou, então quem somos nós para fazer diferente?

Embora não sejamos Cristo e não possamos oferecer a salvação aos outros, podemos ser semelhantes a Cristo e oferecer perdão e amor a alguém. Talvez você não esteja disposto a perdoar porque acredita que o que foi feito a você foi muito doloroso ou imperdoável. Mas lembre-se de que Deus não escolhe perdoar alguns pecados e outros não; ele traz perdão a todos os que creem nele. Portanto, decida perdoar. Como crentes, somos chamados a perdoar e a amar com o mesmo coração de Cristo. Com isso, você demonstrará ter o entendimento de que todos cometemos erros e fazemos coisas que machucam os outros.

Toda vez que aquela sensação de falta de perdão se aproximar de seu coração, lembre-se novamente de que você já decidiu perdoar. Dê esses passos em direção ao perdão e à semelhança de Cristo. Desse modo, você terá o poder de fazer grandes coisas para o reino porque permitiu que Deus o usasse para mostrar seu amor aos outros.

Herdeiros do reino dos céus

TEMA 52: Caminho para a paz e a completude

Minhas mãos criaram os céus e a terra; eles e tudo que neles há são meus. Eu, o Senhor, falei! Abençoarei os de coração humilde e oprimido, os que tremem diante de minha palavra.

Isaías 66.2

Nos próximos dias, mergulharemos nas bem-aventuranças. Falaremos sobre como encontrar paz, cura e completude. Afinal, vivemos em uma cultura obcecada por notoriedade, status e glamour. Os conceitos de propósito e satisfação estão cada vez mais dependentes desses pilares sociais. Assim, somos incentivados a gastar tempo, pensamentos e recursos tentando alcançar *mais*. Mais dinheiro, mais influência, mais seguidores. Quanto mais temos, mais satisfeitos nos sentimos, não é verdade?

A proposta pode parecer sedutora, mas não é assim que funciona. O fato é que vivemos em uma sociedade na qual paz interior e prazer estão em alta demanda. Para a maioria de nós, experimentar esse senso de completude é raro. Mais comum é nos sentirmos sobrecarregados e até perdidos. Então, como podemos redescobrir nosso caminho? Como encontrar contentamento, vivendo uma vida intencional, com propósito e significado?

A cosmovisão cristã oferece uma resposta. No início do Sermão do Monte Jesus ilustra seu reino e convida seus seguidores a uma jornada rumo à verdadeira completude. Na primeira bem-aventurança, Jesus diz: "Felizes os pobres de espírito, pois o reino dos céus lhes pertence" (Mt 5.3). Esse princípio confronta diretamente nossas normas culturais. Menos, segundo Jesus, é mais. Os herdeiros do reino de Cristo serão aqueles que reconhecem sua necessidade do favor de Deus, e não aqueles que tentam exaustivamente conquistar tudo por si mesmos.

Na economia do reino, o poder será dado ao pobre, não ao rico. Ou seja, aqueles que estão cientes de suas falhas, limitações e fraquezas serão exaltados na presença de Deus. Essas são notícias de paz. Em vez de fingir sermos fortes o tempo todo, podemos reconhecer nossa vulnerabilidade, sabendo que admitir nossa urgência pelo amparo do Senhor é exatamente o que nos leva à sua linda presença.

LEIA

Mateus 5.3-12

ORAÇÃO

Deus, muitas vezes me sinto espiritualmente desajustado. Ajuda-me a encontrar completude em ti e em teu reino. Em nome de Jesus. Amém.

Não fuja de seus sentimentos

TEMA 52: Caminho para a paz e a completude

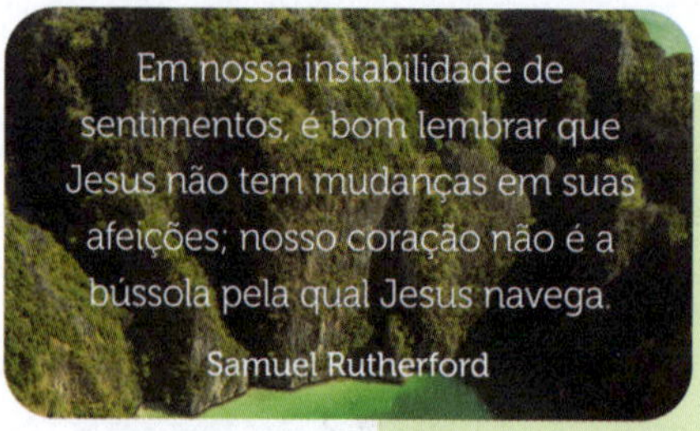

O Senhor está perto dos que têm o coração quebrantado e resgata os de espírito oprimido.

Salmos 34.18

LEIA

Mateus 5.3-12

ORAÇÃO

Pai celestial, recebo tua consolação em meio às minhas tristezas e reconheço minhas fraquezas diante de ti. Enche meu coração com tua paz e restauração. Amém.

Vale a pena refletir sobre o conceito de bênçãos por um momento. Todos queremos ser "abençoados" — mas o que isso significa? O termo grego original tradicionalmente traduzido por "bem-aventurado" poderia ser mais bem vertido como "feliz, muito feliz". É uma palavra que transmite mais do que sentimentos de felicidade temporários ou materialistas, comunicando, em vez disso, um senso profundo de bem-estar e completude em relação a Deus. Jesus usa as bem-aventuranças para nos ensinar como enxergar a vida, firmados na alegria e paz resilientes que encontramos somente nele.

Em Mateus 5.4, portanto, lemos: "Felizes os que choram, pois serão consolados". Ora, isso parece uma contradição. Estaria Jesus dizendo que você será feliz quando for triste? Na verdade, Jesus está revelando princípios valiosos que podem nos ajudar nos momentos mais dolorosos da vida ao buscarmos completude nele. O primeiro deles é este: *Tudo bem ficar triste*. Vivemos em um mundo caído. Suprimir as emoções negativas pode ter um efeito contrário para nosso bem-estar. Em contrapartida, expressar a dor é algo saudável de se fazer. Todos precisamos de espaço para "sentirmos os nossos sentimentos" em nossa vida. E Jesus nos assegura de que seremos confortados ao fazer isso. Se nos recusamos a prantear quando for necessário, vivendo escondidos atrás de falsos sorrisos, nossa visão do conforto será sempre elusiva.

A segunda abordagem é esta: *Reconhecer nossas fraquezas diante de Jesus é uma virtude*. Ao admitir a Deus nossas falhas e nosso pecado, pranteando nossa miséria e ansiando por seu perdão, ele trará cura e restauração. Essa é uma linda jornada de arrependimento. Deus nunca nos abandonará. Não precisamos esconder nossos erros. Deus é um Pai perfeito e nada que façamos poderá nos separar de seu amor.

Humildade é força

TEMA 52: Caminho para a paz e a completude

Se você não pode fazer mais nada além de viver uma autêntica vida cristã — paciente, gentil, bondosa, pura —, já estará deixando muitas bênçãos neste mundo.

J. R. Miller

Se vocês são sábios e inteligentes, demonstrem isso vivendo honradamente, realizando boas obras com a humildade que vem da sabedoria.

Tiago 3.13

Se você está preparando um currículo para se candidatar a um novo emprego, duvido que considere incluir "humildade" como um de seus melhores atributos. Não é algo assim tão glamouroso. Na verdade, a humildade é geralmente vista como uma fraqueza pela nossa cultura. Não valorizamos a gentileza discreta. Em contrapartida, celebramos aqueles que são expansivos e agressivos em sua busca por fama ou riqueza. Aos olhos do mundo, a humildade não é uma boa estratégia para chegar ao sucesso.

Uma visão cultural como essa torna ainda mais fascinante a promessa de Jesus em Mateus 5.5: "Feliz os humildes, pois herdarão a terra". Não os fortes. Não os ricos. Não os extrovertidos. Não os líderes carismáticos. Os humildes. Eles herdarão a terra. Mais uma vez, Jesus está revelando que a sabedoria de seu reino é diferente, o avesso dos costumes do mundo. Se queremos encontrar a verdadeira completude, precisamos nos engajar com essa realidade invertida, confiando em Deus, e não na cultura, pois somente ele sabe o que é melhor para nós.

Isso significa que devemos refletir sobre o significado da humildade. Os humildes são os gentis. São aqueles que não se reafirmam em detrimento dos demais. Não usam de poder para coagir ou expandir as próprias ambições. Em vez disso, agem fiel e sutilmente, buscando o bem das pessoas mediante a busca diligente pelos caminhos de Deus. São aqueles que confiam em Deus para direcionar os resultados dos acontecimentos. Reconhecem que sua força própria não é vantajosa em nada e, consequentemente, se submetem de todo o coração a Jesus. Sabem que herdarão a terra por causa da majestade do Rei, e não por suas próprias conquistas pessoais. O humilde arca com a pressão de alcançar sucesso e poder com tranquilidade, sabendo que essas coisas pertencem ao Senhor.

LEIA

Mateus 5.3-12

ORAÇÃO

Senhor, ensina-me a viver com humildade, confiando em tua força e direção. Que eu seja sempre gentil e busque o bem dos outros, sabendo que a verdadeira completude vem de ti. Amém.

Tenha sede de Deus

TEMA 52: Caminho para a paz e a completude

Alguém tem sede? Venha e beba, mesmo que não tenha dinheiro! Venha, beba vinho ou leite; é tudo de graça! Por que gastar seu dinheiro com comida que não fortalece?

Isaías 55.1-2

LEIA

Mateus 5.3-12

ORAÇÃO

Senhor, desperta em mim fome e sede de justiça. Que eu busque sempre refletir teu caráter em tudo o que faço, encontrando paz e propósito em ti. Em nome de Jesus. Amém.

Ao estudar as bem-aventuranças, temos construído juntos um trajeto para a completude, refletindo acerca das realidades e padrões do reino de Jesus. Aprendemos que as verdadeiras bênçãos nesta vida vêm do reconhecimento de nossas fraquezas, demonstrando vulnerabilidade e vivendo humildemente. Esse é um caminho pouco percorrido em nossa sociedade, mas é verdadeiramente digno de nosso investimento e aplicação. Jesus afirma que esse é o caminho para a paz, cura e restauração de nossa alma.

Seguir Jesus e descobrir a completude disponível nele não é uma busca passiva. Em um mundo que constantemente disputa por nossa atenção, encontrar a paz através da vivência dos caminhos do Senhor não é algo que acontecerá "acidentalmente". Precisamos ser intencionais Em Mateus 5.6, na quarta das bem-aventuranças, Jesus deixa claro: "Felizes os que têm fome e sede de justiça, pois serão saciados".

Como seres humanos, somos constantemente dirigidos pelo estômago. Quando o corpo nos comunica que está com fome ou sede, é inevitável que procuremos comer ou beber. Fome e sede são necessidades básicas que nos impelem a agir. Jesus nos encoraja a ter a mesma reação quando se trata de viver segundo sua justiça. Aqueles com fome e sede de justiça reconhecem que Deus é a verdadeira fonte que devem buscar para ter o caráter de Deus formado em si. Eles buscam a Deus calorosamente, reconhecendo que sempre há mais dele para conhecer, e se voltam para refleti-lo a um mundo que carece de seu amor. Fazendo isso, descobrem que eles mesmos são plenos, e enxergam propósito e significado em tudo o que fazem. Decidir viver do jeito de Jesus é o caminho mais rápido para a satisfação duradoura.

O maior é aquele que serve

TEMA 52: Caminho para a paz e a completude

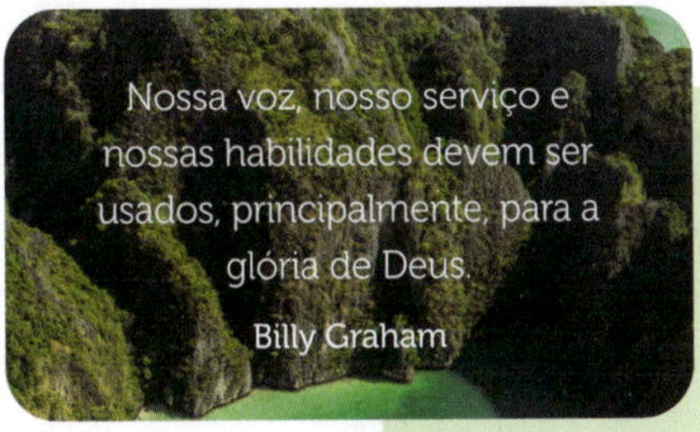

O generoso prospera; quem revigora outros será revigorado.

Provérbios 11.25

Na correria e na complexidade da vida, podemos involuntariamente reduzir nossa vida espiritual a uma busca essencialmente egoísta. Nosso desejo de bem-estar pessoal pode se tornar um foco tão grande que nos leva a parar de servir os outros e nos sacrificar por eles, enquanto procuramos "priorizar a nós mesmos". Almejamos realização pessoal, correndo atrás de paz interior, mas de forma desconexa do nosso entorno. Nossa jornada de fé se torna individualista e, assim, não impacta mais ninguém.

Esse não é o perfil de Jesus. Por mais que seja legítimo que pratiquemos o autocuidado, é importante lembrar que nossa espiritualidade é uma atividade tanto comunitária quanto individual. Muitas das bênçãos do reino de Deus não podem ser experimentadas fora de sua comunidade. O coração de Jesus, apesar de contrário à nossa intuição, nos ensina a nos esvaziarmos para que encontremos contentamento e plenitude. Estas são as palavras de Jesus na quinta bem-aventurança: "Felizes os misericordiosos, pois serão tratados com misericórdia" (Mt 5.7).

Essa é uma bem-aventurança diretamente atrelada à comunidade. Não há como ser misericordioso sozinho. Da mesma forma, não se pode amar ou servir o próximo sem convivência com os outros. Muito da vida abundante de Deus reside em nossas interações próximas com as pessoas. Experimentamos cura ao estender amor aos outros. Somos revigorados ao servir o próximo. Somos renovados ao perdoar quem nos ofendeu. Assim como queremos viver na segurança da misericórdia e graça de Jesus, precisamos também estendê-las àqueles à nossa volta. É ao nos esvaziarmos que descobrimos a plenitude sobrenatural que buscamos todo esse tempo.

LEIA

Mateus 5.3-12

ORAÇÃO

Pai amoroso, ajuda-me a viver em misericórdia, estendendo graça e amor aos outros. Ensina-me a encontrar plenitude ao servir e perdoar. Em nome de Jesus. Amém.

Mantenha-se humilde

TEMA 52: Caminho para a paz e a completude

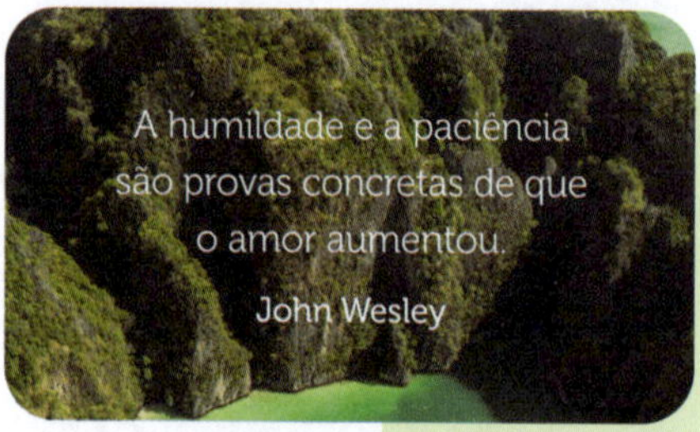

Aproximem-se de Deus, e ele se aproximará de vocês. Lavem as mãos, pecadores; purifiquem o coração, vocês que têm a mente dividida.

Tiago 4.8

LEIA

Mateus 5.3-12

ORAÇÃO

Senhor, purifica meu coração para que eu possa ver-te claramente. Ajuda-me a buscar tua santidade com sinceridade e humildade. Que minha vida seja um reflexo do teu amor. Amém.

Você alguma vez desejou que Jesus simplesmente entrasse em seu quarto e lhe dissesse exatamente quais escolhas deveria fazer na vida? As coisas às vezes podem ser tão confusas que nos vemos sem saber o que fazer. Nosso desejo é sentar face a face com o Senhor e apresentar a ele nossos dilemas, um por um.

Um desejo como esse faz da sexta bem-aventurança algo lindamente encorajador. Em Mateus 5.8, Jesus diz: "Felizes os que têm coração puro, pois verão a Deus". Que promessa cativante! Como cristãos, todos nós desejamos ver Deus com clareza. Queremos conhecê-lo intimamente e desfrutar de sua amizade. Esse é o âmago do encontro da completude. E Jesus nos conta como chegar lá. Isso pode ser uma realidade!

Quando nosso coração é puro, vemos Deus em nossa vida. Através do Espírito Santo, nos tornamos cientes da presença de Deus conosco e capazes de ouvir sua voz. Não é como se Deus não estivesse lá quando nosso coração erra. Acontece que o pecado embaça nossa visão, tornando mais difícil enxergar a presença do Pai. Note que a passagem não diz: "Felizes os que têm coração perfeito". Pureza não é o mesmo que perfeição. Nenhum de nós possui um coração perfeito. Nem de longe! Todos somos motivados por desejos egoístas e danosos. Isso é parte de nossa humanidade.

Coração puro se refere àqueles com desejo genuíno de buscar a santidade de Cristo, apesar de suas muitas fraquezas. Nosso coração é a parte mais importante do nosso relacionamento com ele. Deus procura sinceridade, humildade e vulnerabilidade interior. Ele busca corações humildes e abertos a serem moldados ao se voltarem para ele. Isso é algo que todos nós podemos fazer. Por isso, busque a Deus com um coração puro, e você o verá.

Pacificadores

TEMA 52: Caminho para a paz e a completude

Esforcem-se para viver em paz com todos e procurem ter uma vida santa, sem a qual ninguém verá o Senhor.

Hebreus 12.14

As palavras de Jesus nas bem-aventuranças ilustram um lindo retrato da vida em seu reino. Viver do jeito de Jesus é a verdadeira bênção que nos leva a um caminho de plenitude. Essa jornada está disponível para todos nós. Hoje exploraremos a sétima bem-aventurança. Em Mateus 6.9, Jesus diz: "Felizes os que promovem a paz, pois serão chamados filhos de Deus".

Paz é um recurso raro em nossos dias. Todos nós desejamos paz em nosso interior, nos relacionamentos, em nosso país e no mundo. Porém, em vez de nos dizer diretamente como encontrar paz, Jesus nos encoraja a estabelecer a paz em primeiro lugar. Defende que no ato de pacificar a verdadeira bênção é encontrada. Isso é algo desafiador. Se queremos experimentar o profundo *shalom* que Jesus oferece, também precisamos estabelecer essa paz. Temos um papel a cumprir nesse sistema! Então, ao buscar promover a paz aonde formos, receberemos ela também.

Mas como podemos ser pacificadores hoje? Há muitas respostas possíveis. Isso certamente envolverá intencionalidade. A paz não acontece por acidente. Pode implicar, por exemplo, ser uma voz firme de pacificação em uma situação de tensão. Ou simplesmente sentar-se com uma pessoa que está sobrecarregada e orar com ela. O que quer que seja, ore ao Senhor pedindo que ele faça de você um verdadeiro canal de sua paz. Jesus nos diz que, agindo assim, receberemos a sublime recompensa de sermos chamados filhos de Deus. Pacificar é, essencialmente, uma afirmação de identidade. Esse é um de seus propósitos como filho de Deus. Quanto mais você se levantar em fé para ser um pacificador, mais encontrará a completude profunda e duradoura que temos na segurança de ser filhos de Deus.

LEIA

Mateus 5.3-12

ORAÇÃO

Pai celestial, faz de mim um pacificador. Que eu leve tua paz a todos os lugares, refletindo tua presença em minha vida. Em nome de Jesus. Amém.

Guardando nossas resoluções para nós mesmos

CONCLUSÃO

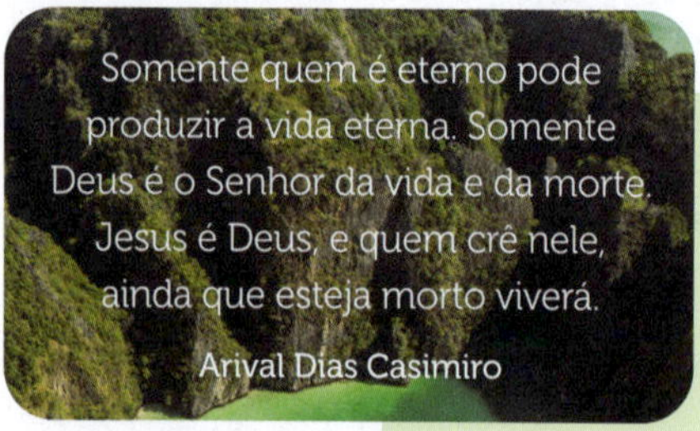

O rei de Israel respondeu: "O guerreiro que se arma com sua espada para lutar não deve se vangloriar como o guerreiro que já venceu".

1Reis 20.11

LEIA

1Reis 20.1-11

ORAÇÃO

Querido Deus, ajuda-me a ter domínio próprio e disciplina no próximo ano. Que eu possa me concentrar em agradar-te, a fim de que olhes para mim e digas: "Bom trabalho, servo bom e fiel". Em nome de Jesus. Amém.

De acordo com estudos científicos, parece que algumas pessoas obtêm gratificação mental apenas por falar em alcançar novos objetivos, sem realmente embarcar na jornada para alcançá-los. Por isso, eles recomendam mantermos nossas resoluções para nós mesmos. Embora isso se oponha ao entendimento comum de responsabilidade, pode haver alguma verdade nisso.

Quer se trate de resoluções negligenciadas, propostas de negócios que não se concretizam ou promessas políticas vazias, vivemos em uma sociedade de declarações por vezes sublimes. No entanto, aprendemos da maneira difícil que as palavras são desprovidas de valor sem o compromisso firme de vivê-las na prática. O tempo e a verdade andam de mãos dadas.

A Bíblia é bastante clara ao defender que ações falam mais alto que palavras. Em 1Reis 20.11, Ben-Hadade, rei de Arã, enviou mensagens ameaçadoras a Acabe, rei de Israel, tentando intimidá-lo, como um atleta que se vangloria antes mesmo de ter a vitória garantida no jogo. Diante da ameaça final, Acabe disse ao mensageiro do Ben-Hadade: "O guerreiro que se arma com sua espada para lutar não deve se vangloriar como o guerreiro que já venceu". Em outras palavras, guarde o brado de vitória para depois de ter alcançado o objetivo.

Essas são palavras que vale a pena memorizar. Elas falam vividamente conosco hoje, diante de mais um ano de potencial e promessas. O princípio bíblico por trás delas é: Não se vanglorie, e se você se gabar de algo, que seja de Cristo. Embora seja tentador fazer-nos parecer mais interessantes, ambiciosos ou produtivos do que realmente somos, em nossas resoluções de ano-novo optemos por escolher alvos e compromissos em particular, diante de Deus, enquanto ouvimos seu chamado para nossa vida. Nada é mais importante do que um relacionamento verdadeiro e sincero com ele.

Índice de temas

TEMA 08: A PACIÊNCIA NA PRÁTICA

19 FEV Praticando a paciência

20 FEV O dilema do equilíbrio

21 FEV Paciência e amor

22 FEV Paciência nas tribulações

23 FEV Suportando com paciência

24 FEV Companheiros da paciência

25 FEV Deus, o maior exemplo de paciência

TEMA 09: A BÍBLIA E OS ESPORTES

26 FEV A disciplina de um atleta

27 FEV Esporte e o crescimento espiritual

28 FEV Bíblia, esporte e disciplina

01 MAR Bíblia, esporte e perseverança

02 MAR Bíblia, esporte e foco

03 MAR Bíblia, esporte e trabalho em equipe

04 MAR A história de Eric Liddell

TEMA 10: REFLEXÕES SOBRE O EVANGELHO DE JOÃO

05 MAR Jesus na Festa dos Tabernáculos

06 MAR A mulher adúltera

07 MAR Jesus cura um cego de nascença

08 MAR Jesus, o Bom Pastor

09 MAR A ressurreição de Lázaro

10 MAR Jesus ungido em Betânia

11 MAR A entrada triunfal em Jerusalém

TEMA 11: O SONO

12 MAR Descansar em vitória

13 MAR Deus está perto

14 MAR Dormir é cuidar do corpo

15 MAR Viver e dormir em segurança

16 MAR A dádiva do sono

17 MAR Dormir sem medo

18 MAR Adoração no sono

TEMA 12: LIBERDADE EM CRISTO

19 MAR Livres pela fé

20 MAR A verdade liberta

21 MAR Crer diariamente

22 MAR Somos justificados, portanto, somos livres

23 MAR Deus liberta os que se rendem a ele

24 MAR Liberdade em meio à adversidade

25 MAR Misericórdia gera salvação

TEMA 13: ADORAÇÃO NA PRÁTICA

26 MAR Uma introdução à adoração

27 MAR Adorando com a oração

28 MAR Adorando com a música

29 MAR Adorando com o tempo

30 MAR Adorando com os pensamentos

31 MAR Adorando com nossos talentos

01 ABR Adorando com nossos bens

TEMA 14: A CARTA AOS HEBREUS E A IMPORTÂNCIA DA CRUZ

02 ABR O sangue de Jesus

03 ABR O sangue de Cristo

04 ABR Um sacrifício definitivo

05 ABR Um sacrifício contínuo

06 ABR Um convite

07 ABR Chamados a perseverar — Parte 1

08 ABR Chamados a perseverar — Parte 2

TEMA 15: A CRUZ E A PÁSCOA

09 ABR A loucura da cruz

10 ABR Abandonado

11 ABR Perdoado

12 ABR Liberdade

13 ABR Está consumado!

14 ABR Desamparado

15 ABR A Páscoa

TEMA 16: RELATOS DA RESSURREIÇÃO

16 ABR A ressurreição em Mateus

17 ABR A ressurreição em Marcos

18 ABR A ressurreição em Lucas

19 ABR A ressurreição em João — Parte 1

20 ABR A ressurreição em João — Parte 2

21 ABR A ressurreição segundo Paulo

22 ABR A ressurreição segundo Pedro

TEMA 17: PRODUTIVIDADE À LUZ DA BÍBLIA

23 ABR Comece o dia com Deus
24 ABR Planejamento e prioridade
25 ABR Foco e diligência
26 ABR Descansando e confiando
27 ABR Trabalho em equipe
28 ABR A disciplina espiritual da gratidão
29 ABR Equilíbrio

TEMA 18: UM REI CHAMADO JESUS

30 ABR Um Rei humilde
01 MAI Um Rei que cuida de nós
02 MAI Um Rei soberano e servo
03 MAI Um Rei que nos salva
04 MAI Um Rei que clama em meio à dor
05 MAI Um Rei que sofre
06 MAI Um Rei que se entrega para morrer

TEMA 19: AS CELEBRAÇÕES DO POVO DE DEUS

07 MAI Páscoa
08 MAI Festa dos Pães sem Fermento
09 MAI Pentecostes
10 MAI Festa das Trombetas
11 MAI Festa dos Tabernáculos
12 MAI Dia da Expiação
13 MAI Festa do Início da Colheita

TEMA 20: A PRESENÇA DE DEUS

14 MAI A presença de Deus por meio da oração
15 MAI A vinda do reino de Deus
16 MAI Um salmo de Moisés
17 MAI A presença por meio do Espírito
18 MAI A graça da presença de Deus no sofrimento.
19 MAI A presença de Deus com Moisés
20 MAI Elias se encontra com Deus

TEMA 21: MUDANÇA E TRANSFORMAÇÃO

21 MAI A cura de um endemoniado
22 MAI O chamado de Levi
23 MAI A transfiguração
24 MAI A pregação de Filipe em Samaria
25 MAI O encontro de Jesus com Nicodemos
26 MAI A mulher adúltera
27 MAI A cura de um cego em Betsaida

TEMA 22: CONFORTO E PROPÓSITO

28 MAI Conforto ou amadurecimento?
29 MAI A força de Deus em nossas lutas
30 MAI Quando não vemos esperança
31 MAI Quando o medo nos paralisa
01 JUN Coragem para seguir
02 JUN Provisão para os problemas
03 JUN Coragem contra a oposição

TEMA 23: AMOR

04 JUN Um novo mandamento
05 JUN Amar os inimigos
06 JUN Um amor inabalável
07 JUN Um amigo que se entrega
08 JUN Sem amor, nada serei
09 JUN O que é o amor
10 JUN Porque Deus amou tanto o mundo...

TEMA 24: A PALAVRA DE DEUS

11 JUN Uma arma afiada
12 JUN Uma instrução a Timóteo
13 JUN Amor à Palavra
14 JUN A verdade que nos liberta
15 JUN Deleitando-se na Palavra de Deus
16 JUN Um lembrete importante
17 JUN Uma árvore frondosa

TEMA 25: O ESPÍRITO SANTO

18 JUN A obra do Espírito
19 JUN Duas maneiras de viver
20 JUN A obra da Trindade
21 JUN Os últimos dias
22 JUN Templo vivo
23 JUN Jesus promete o Encorajador
24 JUN Pentecostes

TEMA 26: AS FERRAMENTAS DO DISCIPULADO

25 JUN O custo do discipulado
26 JUN Coragem
27 JUN Resiliência
28 JUN Identidade
29 JUN Curiosidade e autoconhecimento
30 JUN Telescópio espiritual
01 JUL *Lectio divina*

TEMA 27: ENFRENTANDO O MEDO

02 JUL O Deus presente em nossas cicatrizes
03 JUL O futuro aos olhos de Deus
04 JUL Agindo apesar do medo
05 JUL Entregando nossas preocupações
06 JUL Vida após a perda
07 JUL A obra de Deus em nós
08 JUL Quando a oração não parece o suficiente

TEMA 28: O REINO DE DEUS NO EVANGELHO DE LUCAS

09 JUL Jesus é tentado no deserto
10 JUL Um centurião demonstra fé
11 JUL Uma definição do reino
12 JUL A vinda do reino de Deus
13 JUL Jesus e as crianças
14 JUL O preço do discipulado
15 JUL O filho pródigo

TEMA 29: TORNANDO-SE UM BOM AMIGO

16 JUL O poder da amizade cristã
17 JUL A começar em mim…
18 JUL O dom da hospitalidade
19 JUL O dom de ouvir
20 JUL Como exortar
21 JUL Misericórdia e perdão
22 JUL Amizades eternas

TEMA 30: PERDÃO

23 JUL Chamado ao arrependimento
24 JUL Jesus é o exemplo de perdão
25 JUL A oração e o perdão
26 JUL A pesca maravilhosa
27 JUL Instruções para a vida cristã
28 JUL Há um limite para o perdão?
29 JUL Prosseguindo para o alvo

TEMA 31: SANTIFICAÇÃO

30 JUL Um processo contínuo
31 JUL A santificação dos olhos
01 AGO A santificação do trabalho
02 AGO A santificação das palavras
03 AGO A santificação da mente
04 AGO A santificação da família
05 AGO A santificação de nossas mãos

TEMA 32: RENDIÇÃO

06 AGO Morte e vida
07 AGO Rendição para a correção
08 AGO A rendição de nossos esforços
09 AGO A rendição de nossos questionamentos
10 AGO A rendição de nossa incredulidade
11 AGO A rendição dos meus direitos
12 AGO A rendição do nosso orgulho

TEMA 33: AS BÊNÇÃOS DE DEUS

13 AGO Bênção em meio à angústia
14 AGO As bênçãos espirituais em Cristo
15 AGO O batismo de Jesus
16 AGO Sábios e abençoados
17 AGO A bênção do contentamento
18 AGO A bênção da generosidade
19 AGO A bênção das tarefas comuns

TEMA 34: REFLEXÕES SOBRE 2CORÍNTIOS

20 AGO A verdadeira fonte de força e identidade
21 AGO A fraqueza e a glória do evangelho
22 AGO À espera de um corpo glorioso
23 AGO O ministério da reconciliação
24 AGO Uma nova criatura: já e ainda não

25 AGO O sofrimento de Paulo

26 AGO Uma tristeza que produz... salvação?

TEMA 35: CURA

27 AGO A cura do nosso passado

28 AGO A cura de nossa incredulidade

29 AGO A cura de um leproso

30 AGO Mais leprosos são curados

31 AGO A cura por meio da esperança

01 SET O Deus que enxerga nossa dor

02 SET Quando o perdão ainda dói

TEMA 36: ESPERANÇA ETERNA

03 SET A esperança da vida eterna

04 SET Planejada antes que tudo viesse a existir

05 SET Afinal, como será a vida eterna?

06 SET O pobre moço rico

07 SET Uma realidade além do que podemos conceber

08 SET Aos vitoriosos...

09 SET Assim na terra como no céu

TEMA 37: PRATICANDO A FIDELIDADE

10 SET Direitos, deveres e fidelidade

11 SET A fidelidade para cumprir nosso chamado

12 SET A fidelidade no trabalho

13 SET A fidelidade nos talentos

14 SET A fidelidade nas relações familiares

15 SET A fidelidade no casamento

16 SET A fidelidade de Deus

TEMA 38: LIDANDO COM AS DIFICULDADES

17 SET O Deus que nos vê

18 SET O sofrimento presente

19 SET Honestidade com Deus

20 SET Aprendendo a obedecer

21 SET Alegria eterna

22 SET Aquilo que tanto esperamos

23 SET Quando Deus parece distante

TEMA 39: DEUS, NOSSO AJUDADOR

24 SET Andar pela fé

25 SET A primeira multiplicação dos pães

26 SET Graça abundante

27 SET Uma armadilha sutil

28 SET Barnabé, o encorajador

29 SET A armadura de Deus

30 SET A videira e os ramos

TEMA 40: APRENDENDO COM AS DIFICULDADES

01 OUT A Queda

02 OUT Batismo e tentação

03 OUT Jesus é tentado no deserto

04 OUT O pecado de Davi

05 OUT Morte em Adão, vida em Cristo

06 OUT Montanhas e vales

07 OUT O perdão divino

TEMA 41: OS ÚLTIMOS CONSELHOS DE PAULO

08 OUT Permaneça firme na fé

09 OUT Apegue-se à Palavra

10 OUT Fuja das paixões carnais

11 OUT Ore continuamente

12 OUT Pregue a Palavra

13 OUT Seja generoso

14 OUT Seja um exemplo para o rebanho

TEMA 42: AMAR A DEUS E AO PRÓXIMO

15 OUT Conhecer e amar

16 OUT Um exemplo a seguir

17 OUT Perdão e gratidão

18 OUT "Quem não ama não conhece a Deus"

19 OUT Um naufrágio, uma ilha e muita bondade

20 OUT Superpoderes

21 OUT O homem perfeito

TEMA 43: AS SETE IGREJAS DO APOCALIPSE

22 OUT Éfeso: trabalho e perseverança

23 OUT Esmirna: vitória em meio à tribulação

24 OUT Pérgamo: o dever de zelar pela sã doutrina

25 OUT Tiatira: anseio pelo retorno de Jesus

26 OUT Sardes: fortaleçam-se na fé

27 OUT Filadélfia: um convite aos fracos

28 OUT Laodiceia: repreensão amorosa

TEMA 44: HISTÓRIAS SOBRE IDENTIDADE E REDENÇÃO

29 OUT Mantenha o sabor

30 OUT Uma história redimida

31 OUT Nenhuma dor é ignorada

01 NOV Lento em irar-se

02 NOV Descanso em meio à noite

03 NOV Mais que vencedores

04 NOV Uma aliança indestrutível

TEMA 45: REFLEXÕES SOBRE FILIPENSES

05 NOV Quando a alegria parece distante

06 NOV Mais perto do que se imagina

07 NOV Oração: antídoto contra a preocupação

08 NOV Uma paz inimaginável

09 NOV Uma questão de perspectiva

10 NOV Pensamentos redimidos, atitudes transformadas

11 NOV O Deus de toda a paz

TEMA 46: CLAREZA E DIREÇÃO

12 NOV Mostra-me teus caminhos, Senhor

13 NOV Um pedido por sabedoria

14 NOV Confiança em meio ao caos

15 NOV "Não amem este mundo"

16 NOV Um Deus onisciente

17 NOV Coragem!

18 NOV O Deus que nos conduz

TEMA 47: TESTEMUNHO FIEL

19 NOV Uma vida de oração

20 NOV Estudar a Palavra

21 NOV Compartilhar a Palavra

22 NOV Santidade

23 NOV Conservando o primeiro amor

24 NOV A centralidade de Cristo

25 NOV Sendo inspirados pelo testemunho de outros

TEMA 48: VENCENDO A SOLIDÃO

26 NOV Vencendo a solidão

27 NOV Sozinho numa terra estranha

28 NOV O papel das boas amizades

29 NOV Vencendo a solidão para enxergar a realidade

30 NOV O distanciamento que agrada a Deus

01 DEZ Confiante em meio às provações

02 DEZ Uma oração para o coração solitário

TEMA 49: FÉ NO IMPOSSÍVEL

03 DEZ Confiando nossas dúvidas a Deus

04 DEZ Tudo é possível

05 DEZ Vivendo pela fé quando as coisas parecem impossíveis

06 DEZ Crendo em Deus para o impossível

07 DEZ Quando a paz parece impossível

08 DEZ O trabalho durante a espera

09 DEZ Orando mesmo na dificuldade

TEMA 50: O IMPACTO DA RESSURREIÇÃO

10 DEZ O impacto da ressurreição

11 DEZ Jesus realmente morreu na cruz?

12 DEZ O que dizem as testemunhas?

13 DEZ Um encontro com o Cristo ressurreto

14 DEZ Consequências da ressurreição

15 DEZ A esperança da ressurreição

16 DEZ Vivendo a ressurreição hoje

TEMA 51: PERDÃO

17 DEZ Perdoar é deixar a dor ir

18 DEZ Deus tem novidades e maravilhas para nós

Compartilhe suas impressões de leitura,
mencionando o título da obra, pelo *e-mail*
opiniao-do-leitor@mundocristao.com.br
ou por nossas redes sociais

Esta obra foi composta com tipografia Avenir e Museo Slab
e impressa em papel Offset 75 g/m² na gráfica Eskenazi